글로벌 아시아의
이주와 젠더

이 도서의 국립중앙도서관 출판시도서목록(CIP)은 e-CIP 홈페이지(http://www.nl.go.kr/ecip)에서 이용하실 수 있습니다.(CIP제어번호: CIP2011000296)

글로벌 아시아의 이주와 젠더

이화여자대학교 아시아여성학센터 기획 | 허라금 엮음

MIGRATION AND GENDER
IN GLOBALIZED ASIA

한울
아카데미

■ 일러두기
1. 원문에서 이탤릭체나 볼드체로 강조된 부분은 고딕체로 표시했다.
2. 본문의 각주는 저자 주를 기본으로 하며, 역자 주의 경우 별도로 표시했다.

발간사

　이 책은 이화여자대학교 아시아여성학센터가 마련한 국제 학술 심포지엄 등을 통해 발표된 국내외 학자들의 논문으로 이루어졌다. 1995년 설립된 아시아여성학센터는 '아시아 여성학'이라는 공통분모 아래 해마다 다양한 주제로 국제 학술 심포지엄을 개최해왔으며, 이는 국내외 여성학자들의 주요한 학술 토론의 장으로 자리매김하고 있다. 이 책의 저자들은 지구화가 만들어내는 여성 이주에 관심을 갖고, 아시아 여성 이주로 인해 일어나는 각국의 현황에서부터 이주여성의 인권 문제, 가족구조의 변화 등을 비롯해서 산업화가 진행됨에 따라 새롭게 등장하는 노인 보살핌 제도화 등에 이르는 문제들을 다루고 있다. 더 나아가서 지구화시대의 변화들을 어떤 가치와 인식의 관점에서 접근해야 할 것인지에 대해 논의한다.
　경제적 차원의 지구화가 밀도 높게 진행되면서 여성들이 여러 형태로 국가의 경계를 넘어 이동하는 것은 이 시대를 특징짓는 주요 변화 중 하나이다. 세계적으로 급증하고 있는 여성 이주는 개인적인 차원뿐 아니라 사회, 국가 등 다양한 수준에서 물질적·비물질적 변화를 낳고 있다. 이로 인해 여성 이주는 각국의 주요한 정책적 관심사이며, 학문적으로도 중요한 연구대상이 되고 있다. 여성의 이주가 가져온 가족, 마을, 국가 등 다양한 층위에서 나타나는 변화의 의미를 어떻게 평가하고 해석할 것인지 그 자체가 간단치 않은 문제이기 때문이다.
　국내에서도 여성 이주는 지난 몇 년 사이 인문·사회과학 연구 분야에서 중요한 연구 주제로 새롭게 부각되고 있다. 그러나 여성 이주가 사회적 관심을 받기 시작한 역사가 비교적 짧은 만큼 학문적으로 그 논의 폭이 넓지 않다. 독자들은 한국, 일본, 중국(연변), 베트남, 필리핀, 스리랑카 등 각지의 학자가 참여한 이 책을 통해 여성의 이주로 인한 아시아 지역 가족구조의 변화가 여성들의 일상과 삶을 어떻게 재편하고 있는지, 또한 그런 변화가 아시아 지역의 미래에 어떠한 변수로 작동할 것인지 등의 질문에 대한 연구에 다가갈 수 있을 것이다. 그뿐 아니라 결혼이주와 이주노동이라는 주제가 송출국과 유입국이라는 서로 다른 위치에서 어떻게 다른 의미를 가질 수밖에 없는지, 여성 이주가 왜 개인적인 선택의 문제로만 볼 수 없는 글로벌 경제라는 구조적 문제의 성격을 갖는 것인지 등등에 대해서도 생각해볼 기회가 될 것이다. 특히 아시아 여성의 이주를 젠더 관점에서 접근한 연구를 찾기 어려운 현실에서, 이 책이 각 주제에 관심을 갖고 있는 연구자 및 일반인에게 도움이 될 수 있기를 기대한다.

　이 책이 출간되는 데 함께한 많은 분들을 기억하고 싶다. 한국과 일본에서 두 차례 열린 "한일 연속 심포지엄"을 비롯한 "지구화시대 여성주의 윤리학의 쟁점들", "이주의 시대, 아시아의 여성 이주와 가족구조의 변동" 등 여성 이주라는 주제 아래 기획한 일련의 심포지엄 취지에 맞추어 자신의 연구를 발표해준 학자들 한 분 한 분에게 감사한다. 책 출간 준비로 인해 논문 발표 당시로부터 적지 않은 시간이 지났음에도, 필자들은 원고 수정 등 책 편집에 필요한 후속 요구에 기꺼이 응해주었다. 필자들 외에도 기획을 도와 심포지엄을 진행하는 등 수고를 아끼지 않은 강가람, 김두나, 임태연, 김영선, 이은주 등 아시아여성학센터의 전임 연구원들, 논문 번역의 수고를 맡아준 이원형, 김양희, 이경아, 김은주, 김선미, 천수정, 후지이 다케시에게 감사한다. 또한 이 책의 출판을 결정해준 도서출판 한울과 편집자 이소현 님에게도 감사를 빼놓을 수 없다. 마지막으로, 이원형 연구원에게 특별한 고마움을 표시해야 할 것 같다. 전공과 관심이

다양한 여러 지역의 필자들이 집필한 데다 다수의 번역자가 참여한 까닭에 문체나 용어 등이 통일되지 못할 수도 있었던 이 책의 1차 원고를 꼼꼼히 읽고, 필요할 때는 필자들과 수차례 교신하면서 글을 정리해준 이원형 연구원의 노고가 없었다면, 이 책은 나오지 못했을 것이다.

2011년 1월
이화여대 아시아여성학센터 소장
허라금

차례

발간사 ··· 5

서문 아시아 여성 이주, 가족의 변화, 그리고 향후 과제 ············· 13

1. 들어가는 글 | 13
2. 왜 여성이 이주하는가? | 17
3. 여성 이주와 가족구조의 변동 | 20
4. 초국적 가족, 재편되는 보살핌 수급 | 28
5. 나가는 글 | 31

제1부 지구화와 여성

제1장 긍정, 고통, 그리고 임파워먼트 ····································· 37

1. 들어가는 글 | 37
2. 변형적 또는 긍정의 윤리학 | 41
3. 고통과 취약성에 대한 질문 | 48
4. 긍정에 관하여 | 52
5. 우리에게 일어난 일들을 가치롭게 하기 | 57
6. 변신의 윤리학에서의 타자성에 관한 질문 | 61
7. 나가는 글 | 65

제2장 초국가적 여성 공동체와 지구적 정의 ························· 70

1. 들어가는 글 | 70
2. 배경가정들 | 71
3. 민족주의와 세계시민주의에서 정의 요구의 행위주체 | 78
4. 정의 요구를 구성·지지하는 초국가적인 여성들의 공동체 | 86
5. 나가는 글 | 97

차례

제3장 젠더와 재생산 ··· 102

1. 들어가는 글 | 102
2. 인종 정체성과 비교해본 성 정체성 | 107
3. 성의 생물학적 토대 | 111
4. 재생산과 이성애 | 116
5. 젠더에 대한 유물론적 접근 | 119

제2부 아시아 이주의 현장과 가족구조의 변동

제4장 연변 조선족 농촌 여성들의 '한국바람' ···················· 129

1. 들어가는 글 | 129
2. 연구방법 및 연구대상 | 132
3. 연변 H마을 여성들의 한국이주 배경 및 도경 | 133
4. 연변 H마을 가족구조의 변동 | 137
5. 나가는 글 | 140

제5장 스리랑카의 여성 이주노동자와 변화하는 가족 ············ 144

1. 들어가는 글 | 144
2. 스리랑카 노동이주 약사(略史) | 145
3. 국제 여성 이주의 두드러진 특징 | 149
4. 가구 내부 및 상호 관계의 변화 | 153
5. 이주자 가족의 이동성 | 156
6. 나가는 글 | 159

제6장 태국 불교의 영성 추구와 가족 ······························ 162

1. 가족에 관한 불교의 양가감정 | 162
2. 가족과/또는 불교에서 여성의 수계(授戒) | 165

차례

    3. 불교에서 여성의 수계 문제: 왜 중요한가? | 173
    4. 변화하는 가족과 여성의 영적 추구 | 177
    5. 나가는 글 | 178

제7장 떠도는 삶, 필리핀 '가족'과 해외 노동이주의 감정성 ·········· 182

    1. 들어가는 글 | 182
    2. 필리핀 해외 노동이주: 지역의 목적국과 노동이주의 여성화 | 184
    3. 감정문화와 가족 이데올로기 | 188
    4. 여성들의 떠도는 삶 그리고 여성, 어머니, 가족생활에 관한 변함없는 사회적 요구 | 192
    5. 이데올로기적 갈등과 현실적 갈등 | 199
    6. 나가는 글 | 203

제8장 이주여성 가족들의 변화: 베트남에서 한국, 대만에 이르기까지 ··· 207

    1. 들어가는 글 | 207
    2. 가족, 결혼이주여성의 국가: 마을 연못에서 큰 바다까지 | 213
    3. 국제결혼이 친정식구들에게 미치는 영향 | 219
    4. 이주여성의 안전을 돕고 여성·아동매매를 방지하기 위한 지원활동 | 225
    5. 나가는 글 | 227

제9장 사랑과 경제의 관계를 통해 본 이주결혼 ····························· 231

    1. 들어가는 글 | 231
    2. 사랑과 친밀성의 정치경제학 | 236
    3. 상업적으로 거래되는 사랑과 결혼 | 240
    4. 이주결혼에서의 사랑과 경제 | 245
    5. 나가는 글 | 250

차례

제3부 여성 이주의 시대, 변화와 과제

제10장 국제결혼과 한국 가족의 부계적 성격 ············ 257

1. 들어가는 글: 한국 가족의 변화 | 257
2. 한국 농촌과 국제결혼 | 261
3. 필리핀 여성의 결혼이주와 젠더 | 264
4. 농촌의 필리핀 아내와 한국 남편 가족 | 267
5. 수도권의 한국 아내와 필리핀 남편 가족 | 272
6. 나가는 글: 한국 가족의 부계적 성격은 유지되는가? | 275

제11장 이주, 그리고 일본의 도전받는 '가족' ············ 280

1. 들어가는 글 | 281
2. 일본의 국제결혼 개관 | 283
3. 공인된 가족을 넘어: JFC와 그 어머니들의 운동 | 285
4. 나가는 글 | 292

제12장 경계 없는 가족?: 여성 이주와 초국적 가족 ············ 296

1. 들어가는 글 | 296
2. 여성 이주가 남겨진 가족들에게 미치는 영향 | 297
3. '전체' 가족 재결합이 만병통치약인가? | 305
4. 이주와 가족을 위한 정책과제 | 311
5. 나가는 글 | 315

제13장 한국 다문화가족 관련 법제에 대한 고찰 ············ 324

1. 들어가는 글 | 324
2. 다문화가족의 현황 | 326
3. 다문화가족 관련 법제 | 334
4. 나가는 글 | 372

차례

제14장 일본 개호보험제도하의 보살핌 '위기'와 교훈 ·············· 377

1. 들어가는 글 ǀ 377
2. 개호보험제도와 가족·젠더 ǀ 379
3. 보살핌을 둘러싼 두 가지 '위기' ǀ 382
4. 도출된 새로운 정책과제 ǀ 387

제15장 동아시아 고령자 개호 시스템의 전개와 과제 ·············· 393

1. 들어가는 글 ǀ 393
2. 복지국가론 속의 동아시아 ǀ 395
3. 세 대상의 개호보장제도·시책의 전개와 특질 및 과제 ǀ 398
4. 나가는 글 ǀ 416

서문
아시아 여성 이주, 가족의 변화, 그리고 향후 과제

허라금 (이화여자대학교 아시아여성학센터 소장)

1. 들어가는 글

사람들이 일을 하기 위해 국경을 넘나드는 것은 역사 속에서 면면히 이어져온 행위이지만 21세기에 지구화(Globalization)와 더불어 특별히 여성 이주에 주목하는 것은 그 영향이 개인뿐 아니라 사회 전체, 나아가 전 지구적 체계에 큰 변화를 불러올 만큼 그 규모가 커지고 있기 때문이다. 21세기 여성 이주의 큰 특징 중 하나는 단순히 물리적인 노동으로만 치부해 버릴 수 없는 보살핌의 영역이 재화와 용역이 교환되는 '시장'의 영역에 포함됐다는 점이다. 아시아 여성들이 보살핌 노동력을 제공하기 위해 고향을 떠나 산업선진국으로 분류되는 다른 아시아 국가로 유입되는 것은 '보살핌 노동이주의 지구적 현상'의 아시아 지역 버전이라 할 수 있다. 학자들은 이 현상에 주목해 1990년대 말부터 이주여성들에 관한 연구를 활발히 진행해왔다. 이주여성에 대한 정책적 관심과 학문적 토론 역시 증가하고 있다.

1992년 중국과의 정식 수교 이후 중국 조선동포 여성의 국내 유입과, 1997년 소위 IMF 이후 외국인 근로자들의 유입이 1990년대 국내 여성 이주의 특징이었다면, 2000년대의 특징은 간병, 가사 등의 서비스 분야가 실질적으로 개방됨으로써 전통적인 보살핌 노동을 하는 외국 여성 및 조선족 여성의 급증에서 찾을 수 있다. 더불어 베트남, 필리핀, 캄보디아 등 동남아 국가 여성들과 결혼한 한국 남성들이 증가함에 따라 결혼이주 여성들의 유입이 증가하고 있는 것도 손꼽을 만한 현상이다. 결혼이주 여성과 그 자녀들을 한국 사회로 포섭하기 위해 사용하기 시작한 '다문화주의'라는 말이 사회 일반에 익숙해질 만큼 국제결혼 가정에 대한 관심과 지원 정책의 개발이 활발하다. 이처럼 아시아 지역 여성들의 유입은 2000년대 한국 사회의 모습을 특징짓는 한 축이라 할 수 있다.

이 글은 오늘날 지구화의 특징이 되고 있는 '여성 이주', '가족 변화', '보살핌 위기'라는 세 현상에 주목한다. 여기에서 '지구화'란 전 지구적 경제가 신자유주의 경제체제로 재편됨에 따라 나타나는 일련의 삶의 환경 변화, 즉 정치, 사회, 문화, 종교 등의 변화 전반을 가리키는 응축된 의미로 사용된다. 이런 지구화를 평가적 차원에서 어떻게 풀이할 것인가는 논의영역에 따라, 또 논자의 관점에 따라 달라질 것이다. 지구화를 일종의 신(新)식민화 과정으로 보는 논의도 있지만, 다양한 행위자들이 만들어내는 변화 생성과정이라는 차원 역시 존재한다. 지구화가 만들어내는 변화 속에서 여성들이 어떻게 움직이고 있으며, 그 움직임 속에 여성들이 애초에 기획하고 상상했던 것들이 어떤 장애들로 인해 굴절되고 변화하는지 찾아내는 노력이 이 글의 우선적인 관심이다. 또한 이 글은 이 책의 전체적인 기획 의도와 구성을 간략히 소개함으로써 책을 안내하고, 이 책에 실린 아시아 지역 학자들의 여러 논문들을 토대로 보살핌 여성 노동이주의 시대에 필요한 정치학의 과제를 제안하고자 한다.

이 책의 제1부는 '지구화'라는 큰 흐름 속에 위치해 있는 아시아 여성 이주를 어떤 관점에서 어떤 지향을 가지고 접근할 것인가에 관한 것이다. 세 편으로 이루어진 제1부의 필자는 모두 철학자들이며 모두 인문학적 성격의 글들로 구성되어 있다. 먼저 브라이도티(Braidotti)는 우울증, 애도, 부정성에 집중하는 현대 윤리이론의 경향에 맞서 긍정의 윤리학을 제안한다. 그녀는 긍정의 윤리학이 타자들과의 관계에서 어떠한 윤리적 상호작용을 하는지, 만약 기쁨이라는 정서가 타인과의 상호 작용과 자유에 대한 주체의 능력을 성취하고자 하는 힘이라고 정의한다면 구체적으로 윤리적 행동과 관련해서 이는 어떻게 해석될 수 있는지, 초국가적인 페미니스트 정치학을 위한 '주체'라는 비전이 갖는 정치적 함의는 무엇인지 등, 이 시대 여성주의 주요 질문을 중심으로 긍정의 윤리학을 전개하고 있다. 이어서 강혜령은 지구화라는 흐름이 전 세계 여성들의 삶에 부정적인 영향을 미친다는 입장에 선다. 노동인력의 여성화 속에서 여성화된 세계 노동인력의 가치 하락, 그리고 지구적 제도의 의사결정과정에서의 절차적 부당함이 그 부정적 양상으로 지적된다. 강혜령은 지구적 정의론을 논하는 데는 주류 논자들이 취하고 있는 규범적 이상주의가 아니라 비이상적인(non-idealistic) 구조적 맥락주의가 적합하다고 본다. 또한 지구적 정의를 위해 민족주의와 세계시민주의에 호소하는 것이 갖는 한계를 지적하면서 지구적 정의의 행위주체로서 여성들의 초국가적인 공동체를 제시한다. 제1부의 마지막 부분에 실린 앨코프(Alcoff)의 글은 언어, 종교, 국적과 인종 등이 서로 다른 아시아 각 지역의 여성들을, 왜 또는 어떻게 '아시아 여성 이주'라는 범주로 묶어 접근할 수 있는가라는 질문에 대해 한 가지 답을 제시한다. 이 글에서 앨코프는 여성들이 비록 저마다 문화와 역사를 달리하는 서로 다른 삶의 맥락 속에 위치하지만, 동시에 사회적으로 가시적인 정체성(visible identity)을 공유하는 집단이라는 점에 의미를 둔다. 그녀는 여기에서 더 나아가 이들 집단을 하나로 묶는 근거들에 대한 세밀한 논변을 제시하고 있다.

제2부는 여성 이주의 사회적 현상과 그로 인한 가족관계의 변화에 주목하는 아시아 여러 나라 학자의 사회과학적 성격의 글을 묶었다. 여기에

는 필리핀 여성들에 관한 연구가 상대적으로 많이 포함됐는데, 이는 여성 이주 연구 초기부터 필리핀 여성들이 비교적 주목을 많이 받아왔던 데에 기인한다. 영어를 할 수 있는 필리핀 여성들이 다른 아시아 지역 여성들보다 먼저 미국, 영국, 글로벌 도시 홍콩 등 영어권 지역은 물론 산유부국인 서아시아 지역, 스페인 등 지구 곳곳의 이주 가사노동시장에 먼저, 또 광범위하게 진출했기 때문에 일찍이 주목을 받았던 것이다. 이 밖에 스리랑카, 베트남, 중국(연변), 태국 등의 송출국 관련 연구가 실려 있다.

아시아 지역 여성 이주와 그로 인한 가족구조의 변화에 주목한 이 책 대부분의 필자들은 이주노동 환경에서 여성들이 겪게 되는 취약한 인권의 문제를 우선적으로 지적한다. 또한 이 여성들이 자신의 가족으로부터 멀리 떠나 경제발전지역의 다른 가족들을 돌보게 됨으로써 발생하는 보살핌의 아이러니, 즉 이들 아시아 여성들이 타지에서 일을 하는 동안 정작 자신의 가족 보살핌은 방치되는 문제, 더 나아가 젠더관계, 가족관계의 변화 문제, 이 여성들이 경험하는 정체성의 문제 등을 언급한다.

젠더 관점에서 접근하는 필자들은 자신이 속해 있는 국가 안에서 일어나고 있는 결혼 또는 취업 여성 이주 현상이 어떤 맥락 속에서 이루어지고 있으며, 송출국과 유입국 양 지역 모두에서 가족구조의 어떤 변화를 가져오는지, 그 변화 속에서 이들 여성이나 그 가족들이 겪는 문제들은 무엇이며, 또 그 문제들을 어떻게 해결할 수 있을지에 대해 고민하고 있다. 이들은 수집한 관련 통계를 제공하기도 하고, 여성들을 직접 만나 얻은 서사와 경험을 토대로 해서 젠더화된 제도와 문화 현장에서 갖게 되는 이들 경험의 특수성을 포착해내고 있다. 또한 이주노동자로서의 경험이 이들 여성의 삶을 어떻게 재구성하고 있는지에 대해서 말하기도 하고, 그 과정에서 어떤 부당한 일들이 일어나고 있는지를 밝혀내기도 하며, 이를 해결할 수 있는 제도적·비제도적 정책이나 지원이 무엇인지를 고민하기도 한다. 이들이 처한 어려움이 발생하는 사회, 문화, 정치적 맥락을 드러내는 데서 나아가 구체적인 법적·제도적 현황을 밝히고 개선방향을 제시하기도 한다.

제3부는 향후 과제를 함께 모색하기 위한 논의의 장으로 구성되었다. 우선 김민정은 결혼이주를 통해 한국에 온 필리핀 여성들을 통해, 한국 가족의 부계적 성격의 변화 가능성을 탐색한다. 오가야 치호(Ogaya Chiho) 역시 필리핀 여성과 일본 남성 사이에서 태어난 일본계 필리핀 자녀(Japanese Filipino Children: JFC)들과 그 어머니들의 운동을 통해 일본의 '가족' 개념이 점차 도전받고 변화·확장되고 있음을 실증하고 있다. 그리고 초국가적 가족 현상에 주목한 오이시 나나(Oishi Nana)의 글에 이어서 다문화사회에 적합한 법적·정책적 변화의 방향을 찾기 위해 현행 관련 법제도 현황을 살펴보는 장명선의 글이 실려 있다. 이 역시 다문화사회로 나아가기 위한 법적 정비의 필요성을 구체적으로 논하고 있다.

한편 여성 이주와 취업으로 인한 소위 선진국의 '보살핌 공백'과 머지 않은 고령(화)사회에 대한 적절한 대응 역시 우리 시대의 중요한 과제로 대두되었다. 이와 관련해 제3부의 마지막 두 편의 글에서는 보살핌 문제를 집중적으로 다룬다. 특히 고령사회가 될수록 시급한 노인 보살핌 문제에 대한 제도적 해결방안을 고민하기 위해, 우리보다 먼저 노인수발제도를 도입해 시행착오를 겪은 일본의 상황을 살펴본다. 마지막으로 시노자키 마사미(篠崎正美)의 글을 통해 인구 고령화에 따른 보살핌 수급의 문제를 사회적으로 해결하기 위한 아시아 국가들의 제도적 현황과 문제를 짚어보는 것으로 마무리했다.

2. 왜 여성이 이주하는가?

'전 지구적 현상'이 되고 있는 이 같은 여성의 이주노동은 왜 일어나고 있는가? 보살핌의 수요가 전 지구적으로 증가하고 이로 인해 이런 수요의 연결망이 전 지구적으로 형성되고 있는 맥락은 무엇인가?

취업형태로 여성이 가사노동에 종사하게 된 역사는 짧지 않다. 흔히 산업화와 도시화가 가사 서비스 일자리의 성장원인이라고 설명한다. 즉, 산업화 및 도시화는 하인을 고용할 수 있는 중산계급을 생산하고, 비숙련 여성노동자들이 남아돌게 함으로써 생기는 현상이라는 것이다. 아시아에서도 1960~1970년대 산업발전이 진행되면서 농촌으로부터 도시로의 인구이동이 증가했고, 가족들과 도시에 온 기혼 농촌 여성들은 주로 도시 가정의 가사일이나 보육기관 등에서 일을 얻게 되었다(Khoo, Smith and Fawcett, 1984). 1960년대 지구적인 발전정책이 전개되는 시점에서 일어난 이런 현상을 두고 어떤 이들은 발전단계의 진입 초기단계, 도시화에 따른 특징으로 보기도 한다(Boserup, 1970). 일단 산업선진국 단계에 완전히 들어가면 여성취업의 기회가 많아지고, 중산층 가족의 규모도 부부 중심의 소자녀로 작아짐에 따라 가사노동자의 수는 급격히 줄어들고, 또 가전제품의 도움 및 식품, 세탁 등의 시장화, 상업화가 가사일의 부담을 덜어주게 될 것이라는 것이다. 이런 관점에서 보자면, 가사노동이라는 직업은 산업발전이 상당히 진행된 '현대사회'와는 어울리지 않는 일종의 전근대적 직업(premodern occupation)인 셈이다.

그러나 이 같은 해석은 여전히 늘어나는 가사노동시장의 확대를 설명해내기 어렵다는 한계에 봉착한다. 소위 '선진국' 안에서도 직업적 보살핌 노동과 서비스 직종이 늘어나고 그 영역에 진입하는 여성인구가 증가하고 있는 현상은 무엇인가? 가사일이 기계화·시장화되는 방식으로 재편되고, 산업화가 지식·기술산업단계에까지 이른 현재에도 여전히 집안일과 가족들을 돌보아줄 싸고 유순한 여성 노동력의 수요가 늘고 있는 현상이 지속되는 이유는 무엇인가? 지난 20여 년간 가사 및 보살핌 영역의 여성취업 이동은 국내적 이동이 아니라 국가적 성별분업화의 성격을 띠면서 "유모 사슬", "지구적 보살핌 사슬"(Hochschild, 2003)로 진화하고 있다. 이로 인해 여성이 전체 이주노동인구의 절반을 차지할 정도로 계속해서 늘어나고 있고, 이 때문에 '이주의 여성화'라는 용어까지 등장하고 있는 실정이다. 이런 현상은 전 지구화 과정에서 일어나고 있는 경제의 지구적 구조조정과 밀접한 연관이 있다.

지구적 경제구조 조정이 이런 변화에 중요한 역할을 하는 여러 방식들을 오이시 나나(Oishi Nana, 2005)는 네 가지 정도로 요약한 바 있다. 첫째, 전통적으로 안정된 '남성' 일자리가 구조조정에 의해 불안정해지면서 경제부국의 중산층 여성들이 노동시장에 점점 더 많이 진입하게 되었고, 이로 인해 이들이 했던 가사노동을 대신할 노동 수요가 늘어났다는 것, 둘째, 기업 등의 강도 높은 성과 요구와 경쟁이 심화됨에 따라 많은 가족들이 일과 가족을 양립하는 것이 어렵게 되었고, 보살핌을 담당할 공적 시스템 역시 부실하거나 부재하다는 것, 셋째, 국제적인 사업들이 확대되면서 산업선진국뿐 아니라 개발도상국에서도 신흥 부자계급이 생겨났고, 많아진 신흥부자들은 공립 보육시설보다는 24시간 집안에 대기하면서 오랫동안 집안일과 그들의 아이들만을 신경 써서 돌봐줄 입주 가사도우미를 더 선호한다는 것, 넷째, 많은 산업화된 국가가 고령사회가 되고 있다는 점, 즉 고령인구가 많아지면서 노인들을 돌볼 간호사들의 수요 역시 증가하고 있고 전통적으로 간호는 여성 일자리 범주라는 점 등이다.

오이시 나나가 말한 이상 네 가지 요인 이외에도, 신자유주의 경제체제가 지구적 차원으로 확립되면서 각 국가 간 노동인구의 이동이 보다 자유로워졌다는 점, 고부가가치산업 중심의 세계 경제발전구조로 인해 국가, 지역 간의 경제적 빈부 차이가 확대되고 있다는 점 등을 꼽을 수 있다.

그러나 위의 일반론이 여성 이주가 일어나는 커다란 틀의 설명을 제공해 주긴 하지만 각 지역에 대한 구체적 설명으로 채택하기에는 역부족이다. 아시아 지역에 속한 나라들 사이에도 종교, 문화, 경제, 정치, 역사적 상황에 상당한 차이가 존재하기 때문이다. 또한 같은 나라에 속해 있다 하더라도 이주여성들이 처한 환경이 동일하지 않다는 점에서, 이주여성의 다양하고 복잡한 경험을 대변할 수 없음은 말할 나위가 없다. 아시아 여성 이주는 이주와 연결된 이들 각 나라의 상황, 다양한 지점에 있는 여성이 속해 있는 의미의 맥락들을 파악하려는 방향에서 접근되어야 한다. 또한 이주노동 여성과 국제결혼 여성들이 많아지는 데 따른 가족관계의 변화, 여성 자신의 정체성의 변화 등에 대해서도 주목할 필요가 있다.

3. 여성 이주와 가족구조의 변동

1) 이주하는 여성, 이주하는 마을

전통적 자급경제가 무너지고 자본주의 시장경제가 아시아 지역 곳곳을 지배하게 되면서, 가정은 화폐 수입에 의존하게 되었고 높아진 생필품 물가를 감당하기 위해서 보살핌 영역으로 해외취업이 가능한 많은 아시아 지역 여성들이 국경을 건너게 되었다.

제2부 첫 번째 글에서 김화선은 「연변 조선족 농촌 여성들의 '한국바람'」을 통해 이런 상황을 보여준다. 그리고 가히 한국 취업 '열풍'이라 할 만한 연변 조선족 마을의 이주와 이들이 밟는 이주절차에서의 어려움을 말해주고 있다. 중국의 개방개혁정책 실시 이후, 농촌 지역 많은 주민들은 기존 사회주의 배급경제 대신 자립을 요구하는 자본주의화된 중국 사회에서 살아남기 위해 도시나 해외로 취업이동을 하게 된다. 중국 조선족의 경우, 같은 언어를 사용해 의사소통의 장애가 없는 한국으로 여성들이 대거 나감으로 인해 연변 등 조선자치구 지역에서는 마을 전체가 흔들린다는 기사까지 나오고 있다. 여성들의 해외취업으

로 인해 가족은 물론 마을 자체의 존립이 크게 위협받고 있는 것이다.

이런 변화는 많은 경우 마을의 변화일 뿐 아니라 여성 자신의 변화이기도 하다. 가부장적 유교나 불교가 지배적인 문화에서 살아온 여성들의 경우, 해외취업을 통해 생계부양을 감당하게 된 후 자신의 몸에 대한 통제력이 이전보다 강해지는 긍정적 측면이 존재한다. 스리랑카의 이주여성을 연구한 자야틸라카(Jayatilaka)는 「스리랑카의 여성 이주노동자와 변화하는 가족」에서 해외취업을 통해 경제적 주도권을 갖게 된 여성들이 가족 내에서 권력을 획득하고 젠더관계의 주도권을 갖는 양상을 짚어낸다. 이주의 결과로서 여성의 사회적 이동성, 경제적 독립성, 상대적 자율성이 증가하는 사례를 관찰한 것이다. 오랜 노동이주의 역사를 지닌 스리랑카의 경우, 1950년대 이후 중동국가의 발전, 가사노동자 수요의 지속적인 증가로 인해 여성 이주노동자들의 고용률이 남성에 비해 급격히 상승했으며, 지난 몇십 년 사이 이주노동력의 여성화라는 급격한 변화를 맞이하게 되었다. 그러나 여성이주자들은 주로 가사도우미나 미숙련 노동자로 고용되는 까닭에 낮은 수준의 근로환경에서 일하고 있다. 또한 여성 이주근로자들은 본국에 자녀가 있는 경우가 대부분이어서 지속적인 여성의 장거리 이주는 필연적으로 가족구조의 변화로 이어지게 된다.

2) 여성을 둘러싼 담론 지형: 국가, 종교, 가족

여성 이주는 젠더관계는 물론 그 가족들의 삶에 커다란 변화를 초래한다. 무엇보다 가족을 돌보는 일들을 여성들이 해왔었기 때문에 이들의 빈자리가 더욱 클 수밖에 없다. 그렇기 때문에 이 여성들은 자신이 책임져야 한다고 믿어온 가족들을 보살피고, 자녀들과 함께 있어주지 못한 것에 대해 늘 불안해하고 자주 죄책감을 갖는다. 예를 들어, 가사도우미나 보모로 일하는 여성들은 다른 가족의 아이들을 돌보면서 어머니로서의 역할을 대리 체험하기도 한다. 자신의 아이와 비슷한 또래의 아이를 보다 정성들여 돌보는 것으로써 두고 온 자신의 아이에 대한 그리움과 미안함을 달래는 것이다. 그리고 자신이 아이들과 함께 있지 못하는 것은 아이들 장래를 위한 양육비와 교육비를 벌기 위한 것이라고 스스로 믿으며 아이들 곁에 있어 주지 못하는 것에 대한 죄책감을 이겨내기도 한다. 자신의 부재를 가족 미래를 위한 희생 혹은 가족의 행복을 위한 것으로 재정의하는 것이다. 그들은 정기적으로 생활비를 보내고 가족의 생일이나 명절 때가 되면 선물을 보내는 것으로 자신의 빈자리를 채워본다.

이주여성들의 젠더관계 및 가족관계, 더 나아가서 이들 여성의 사회적 위치는 보살핌을 둘러싼 의미의 각축과 깊은 관련을 맺고 있으며, 국가의 정책적 시각과도 관계가 깊다. 예를 들어, 아시아 지역에서도 필리핀, 인도네시아의 해외취업 여성은 많은 반면, 같은 빈곤국인 방글라데시, 파키스탄 등의 해외취업 여성은 흔하지 않다. 이런 차이는 인도의 푸르다(Purdah)와 같이 여성이 집 밖에 나가는 것을 금기시하는 종교문화적 관행이나 국가마다 다른 여성 해외취업에 대한 관점, 여성 송출정책과 관련이 있다. 이를테면 여성의 해외취업을 '애국'으로 장려하는 필리핀과, 해외취업 여성들이 성병을 옮기고 있다고 근거 없이 비난하고 낙인찍는 방글라데시, 두 나라 사이에 존재하는 정책적 시각 차이를 제외하고는 이들 국가의 해외취업 여성들 숫자의 편차를 설명하기 어렵다.

또 한편, 여성의 이주 결정에 큰 영향을 주는 요인으로 빈곤과 더불어 가족문화적인 요인을 빼놓을 수 없다. 이들은 가족의 보다 나은 미래를 위해 이주를 결심하며, 그 미래에는 자녀들에 대한 고려가 포함된다. 여성들은 남성과는 다른 위치에서 다른 정보와 자원에 의존해 숙고하고 결정하게 되는데, 대부분 인간 행위의 선택이나 결심은 사회에서의 그의 구조적 위치에 따르기 때문이다. 대부분 여성들은 공적 영역에서 일어나는 정치 경제학적 거시적 담론들보다는 가정이나 이웃, 공동체 안에서 접하는 생활 담론들에 영향을 받는다. 특히 보살핌 노동시장으로 가는 여성들 대부분이 자녀를 둔 기혼여성이기 때문에, 이주여성들의 선택이 어떤 결과로 이어질 것인가를 탐색할 때 가족의 역할, 가족 내 여성의 역할, 어머니, 아내로서의 책임 등을 둘러싼 담론들이 어떻게 진행되는가는 매우 중요하게 살펴보아야 할 지점이 된다.

사타-아난드(Satha-Anand)의「태국 불교의 영성 추구와 가족」은 지배적인 종교문화가 설정한 여성 역할과 이주의 관계를 엿보게 한다. 태국의 제도화된 영성 추구방식과 태국 여성의 이주취업이 어떤 관계 속에 있는지를 시사한다. 사타-아난드는 여성이 가족 생계를 책임지는 태국의 사회적 현상을 국교인 불교제도에서 찾고 있다. 그녀는 여성출가(비구니)를 허용하지 않는 남성승려 중심의 태국 불교제도가 출가한 남성을 대신해 여성에게 과도한 경제적 짐을 지운다고 분석한다. 태국 불교교리가 어머니로서, 아내로서, 딸로서 가족을 돌보고, 불교제도 유지의 경제적 책임을 감당하도록 여성들에게 삼중의 짐을 지운다는 것이다. 태국의 젊은 여성들이 가족들을 위해 도시로 또는 해외로 떠나는 것을 당연한 것으로 여기는 데에는 불교가 문화적으로 큰 영향을 미쳤음을 추측하게 한다.

반드시 태국의 경우가 아니더라도, 농촌경제가 대부분인 아시아 지역사회의 담론들 역시 여성에게 주로 가족 '보살핌'의 책임이 있다고 믿는다. 가족들을 먹이고 입히는 등 가족의 생존경제를 책임지는 것을 여성의 일로 여기는 것이다. '보살핌'에 어떤 의미를 부여하는가는 그들이 속해 있는 사회 성원들이 공유한 관념들로부터 오며, 그들이 공유하는 규범들과 연결되어 있다. 불교문화가 지배적인 태국의 경우 이들 관념과 규범들이 불교를 통해 전승된 기억, 이미지, 이야기, 신화들에 의해 구성된다면, 유교나 이슬람 지배적인 다른 아시아 지역에서는 각 종교문화적 기억 등에 기반한다는 점 역시 주지의 사실이다. 이런 사회적 환경은 그들 사회의 독특한 관행을 형성하면서 그들 구성원이 사물을 지각하고 판단하는 데 영향을 미치며, 더 나아가 어떤 선택이 합법적인지, 또 해야 할 것인지에 대한 공동의 감각(common sense)을 갖는 데 기여한다. 그만큼 그것은 성원들 모두에게 깊이 각인된 의미체계로 작동하기 때문에 어떤 한 개인이 개인적 차원에서 그런 관념과 규범을 벗어나 자신의 행위를 선택하기란 매우 어렵다.

드 구즈먼(De Guzman)의 글 역시 이런 필리핀 이주여성의 상황을 보여준다. 이주노동과 관련한 영화, 신문기사, 미술작품, 이주노동자들이 쓴 시 등 문화 텍스트 분석을 바탕으로 한 이 글은, 필리핀 노동자들의 계속되는 해외이주가 가족 이데올로기의 핵심을 차지하고 있는 감정문화(emotion culture)를 통해 뒷받침되고 있음을 말해준다. 전통적인 가족 내 성별분업 및 성역할 고정화를 강조하는 감정문화는 필리핀 가족의 근본원리로 작동하며, 가족 사랑과 같은 감정 이데올로기는 현재 필리핀 디아스포라의 근거로 작동하고 있는 것이다.

이주여성들은 자신이 속해 있는 문화의 지배적인 관념과 규범에 호소해 자신의 위치를 설정하고 그 위치에 따른 역할에 도덕적 의미를 부여한다. 그들은 "가족을 돌봐야 할" 책무를 다하지 못했다는 데서 죄책감을 느끼며, 자신에 대한 자긍심 역시 "나는 현재 가족을 위해 일하고 있는 것"이라는 데서 찾는다.[1] 이처럼 전통 가부장적 사회의 성역할과 관련된 관념과 규범들이 주된 것이지만 여기에는 글로벌 자본주의의 가치 지향 역시 복합적으로 반영되어 있다. 실제로 여성이 자신의 위치를 확보하고

---

[1] 중동건설이 붐을 이뤘던 1960~1970년대 중동에 해외취업한 남성들을 '산업역군'으로 명명하고 그들의 해외에서의 노고가 국가를 건설하는 일로 강조되었던 것과 비교해보라.

스스로의 가치를 높이 평가할 수 있게 해주는 힘은 그들이 벌어들이는 수입에서 나온다. 해외시장 수요가 있는 값싼 보살핌 노동력이 그들이 갖고 있는 자원의 핵심이다. 국가는 여성의 보살핌 능력을 자원화해 외화를 벌어들이는 데 관심을 두며, 여성 자신도 성역할 본분이라는 문화적 믿음을 배반하지 않으면서 동시에 그것을 통해 가족들과 자신의 삶을 윤택하게 하는 데 필요한 돈을 번다는 글로벌 자본주의 시대의 가치를 추구하는 데 힘의 원천이 놓여 있다. 결혼이주를 감행하는 많은 아시아 지역 여성들의 동기 역시 자신과 가족의 좀 더 나은 경제적 성취와 무관하지 않다.

현재 국제결혼한 한국 가정 중 가장 큰 비율을 차지하는 베트남의 국제결혼 여성을 연구한 리티퀴(Le Thi Quy)의 글에서도 국제결혼을 선택하는 베트남 여성들의 동기에 경제적인 부분이 크게 작용한다는 점을 확인할 수 있다. 「이주여성 가족들의 변화: 베트남에서 한국, 대만에 이르기까지」는 베트남 이주여성의 현황과 증가 이유, 이주과정에서의 문제점, 가족과의 관계, 안전한 국제결혼을 위한 제언 등 다각적인 측면을 다룬 글이지만, 베트남 여성들이 국제결혼을 하는 주된 이유가 경제적인 것이며, 가족들이 국제결혼을 격려하고 부추기기도 한다는 점을 확인해준다. 가족관계가 돈독한 편인 베트남 여성들의 경우 국제결혼이 행복할 경우 여성들은 친정으로 돈을 보내는 등 경제적인 도움을 주지만, 반대의 경우 가족생활 양식의 혼란을 주고, 가족들의 걱정거리가 된다는 것이다.

그러나 이주결혼을 선택하는 여성이나 취업을 위해 이주하는 여성의 임파워먼트가 경제적 수입능력에 우선적으로 의존할 때, 이들 여성의 사회적 위치가 매우 보잘것없는 것도 부인할 수 없는 현실이다. 그 일이 고국에 있는 가족의 가난을 어느 정도 극복할 수 있게 해줄지는 모르지만, 그녀가 일하는 유입국에서 그녀는 여전히 가난한 나라에서 온 값싼 노동자이거나 가난한 가정의 외국인 아내일 뿐이다. 또한 리티퀴가 지적한 것처럼 남편과의 관계가 원만하고 결혼이 성공적인 경우가 아니라면 여성들은 고향의 가족에게 경제적 도움을 주기는커녕, 자신의 안전도 보장할 수 없는 처지에 놓이기도 한다. 파레냐스(Parreñas, 2001)가 이들을 지구화가 만들어낸 '재생산의 국제분업'에 참여한 '하인들(Servants of Globalization)'로 표현하고 있는 것도 이 때문이다.

3) 보살핌과 경제, 그 대립적 이분법

그렇기에 이들은 "도움을 필요로 하는 이들을 돌보는 자"로서 자신을 정체화하는 전략을 구사하기도 한다. 그들은 스스로를 단지 값싼 해외취업 노동자가 아니라 돌봄이 필요한 이들을 보살피는 값진 일을 하고 있는 자로 호명함으로써 자신의 도덕적 자부심을 표현한다. 자신의 일에 대한 의미 부여를 통해 자존감을 유지하는 것이다. 그러나 "도움이 필요한 사람들을 돕기 위해" 외국에서 온 자로서가 아니라 단지 가난 때문에 돈을 벌기 위해 온 자로 보는 인식이 지배적인 사회에서 누군가를 돕는 행위자로서의 의미 부여가 이들 여성의 자존감의 토대가 되기에는 턱없이 부족하다.

그들이 '돌보는 자', '돕는 자'로서 위치할 수 없게 하는 원인에는 보살핌과 상품활동을 대립시키는 이분법적 구분이 있다. 보살핌은 그 대가를 목표로 하는 행위일 때 진정한 보살핌으로서의 가치를 상실하게 된다는 것이 바로 보살핌과 상품적 거래를 상호 배타적으로 이분화하고 위계화하는 통념이다. 이것은 노동하는 자로서 주체화하는 것과 도덕적 능력을 가진 자로서 주체화하는 것이 상반되거나 양립할 수 없는 것이 아님에도 실제 '보살핌'을 둘러싼 사회적·문화적·경제적 논의들 속에서는 마치 대립되는 가치나 의미구조로 통용된다.

관계를 유지·재생산하는 보살핌이나 육체적 필요에 응하는 보살핌을 금전적, 혹은 그에 상응하는 다른 대가를 받고 그것 때문에 타인에게 제공하는 것은 그 관계를 도구화한다는 점에서 일단 관계 그 자체를 목적으로 하는 것과는 다른 종류의 활동으로 구별하곤 한다. 그러나 그 구별이 항상 동일한 방식이나 의미를 지니는 것은 아니다. 보살핌의 의미를 둘러싼 담론들은 시장과 가정이라는 상상적 공간을 경계 짓는 울타리를 사이에 두고, 보살핌이 무엇을 위해, 누구를 위해 제공되느냐 ─ 또는 보살핌 관계가 무엇에 의해 매개되는가 ─ 에 의해 이루어진다. 금전적 또는 물질적 대가를 위해 행해지는 보살핌은 기본적으로 타인의 안녕과 성장을 위한 가족 보살핌과 구분된다. 전자는 시장의 논리에 따르며, 후자는 사랑과 헌신의 논리에 따른다. 전자는 상품화된 관계인 반면, 후자는 인격적 관계이다. 전자는 합리적 계산에 의해 운영되지만, 후자는 비합리적 가치에 의해 유지된다. 이제 시장에 나온 상품화된 보살핌에게 귀속되는 특성은 가족 보살핌의 논리를 가질 수 없고, 그 반대도 마찬가지이다. 이렇게 두 보살핌이 상호 배타적으로 개념화되면서 이 둘은 더 이상 공유하는 것이 없는 전혀 다른 활동의 양극단에 위치한 것으로도 설정되곤 한다.

이런 이분법적 구분은 이주결혼의 경우에서도 다르지 않다. 제2부 마지막 글인 이재경의 「사랑과 경제의 관계를 통해 본 이주결혼」은 이주결혼의 맥락에서 사랑과 경제적인 것의 이분법이 어떻게 결혼이주 여성들을 주변화하는지를 논하고 있다. 그녀는 결혼산업, 감정 및 서비스 노동, 돌봄산업 등 '감정 자본주의'가 전 지구적으로 확대되는 것에 주목한다. 그녀는 전통적으로 여성의 성역할로 여겨졌던 감정, 사랑, 애정, 친밀성, 보살핌 등의 영역은 경제적인 것과 분리된다는 근대적 신화가 도전을 받고 있음을 보여준다. 더 나아가서 후기 근대사회에서 어떻게 사랑과 친밀성이 자본주의와 결합하는지, 사랑과 친밀성에 대한 개인의 욕망과 경제적 필요가 어떻게 복잡한 층위들 속에서 상호 결합 또는 협상되는지 등을 다루고 있다. 이재경은 이 글에서 사랑과 친밀성의 상업적 거래를 어떻게 평가할 것인가를 해결하기 어려운 고민으로 남겨놓고 있지만, 상호 분리되고 일견 모순적인 것으로 보이는 사랑과 경제에 대한 분석이 후기 근대 친밀성과 한국 가족의 변화를 이해하는 데 필수적인 과제임을 분명히 하고 있다.

보살핌이나 결혼이 시장에 나오는 것에 대한 거부감은 사랑이 돈으로 거래되는 것에 대한 두려움으로 환원해볼 수 있다.[2] 사랑의 가치가 돈에 의해 평가됨으로써 결국 사랑은 사라지게 될 것이라는 공포이다. 순수한 사랑에 의한 결합만이 성공적인 가족을 약속하는 반면, 경제적 동기가 개입된 결혼은 사랑하는 가족 간의 결합을 만들지 못할 것이라는 믿음이다. 그러나 한국 사회의 맥락에서 결혼이 상업적으로 거래되는 현상을 다룬 이 글은 이런 믿음이 근거가 없다는 것을 드러낸다. 비록 상업적으로 거래되는 측면이 강한 결혼이라도 그 동기나 과정을 경제적 요인으로만 환원할 수 없다는 것이며, 이주결혼에서 사랑과 경제가 어떻게 상호 결합되는가를 살펴보는 것이 중요하다는 점을 일깨운다.

4. 초국적 가족, 재편되는 보살핌 수급

1) 국제결혼 가족, 초국가적 가족

이 같은 아시아 여성 이주는 어떤 사회적 변화들을 가져올 것인가? 이

---

[2] 보살핌이 거래의 대상이 되는 것에 대한 반대는 그것이 '보살핌'의 본성을 해칠 것이라는 생각에서 나왔다. 보살핌은 타인을 위한 행위이며, 더 나아가 도움을 필요로 하는 누군가를 돕는 활동이라는 점에서 기본적으로 윤리적인 행위로 분류할 수 있다. 이런 윤리적 활동을 상품으로 거래하는 것이 과연 옳은 행동인가 하는 것이 이들의 쟁점이다. 상품으로서 보살핌을 거래한다는 것은 보살핌을 주는 것을 대가로 이득을 취한다는 것이며, 이것은 보살핌이 갖는 본래적 의미인 이타성을 벗어난다는 우려이다.

문제는 무엇보다 가족과의 관계에서 중요한 위치에 있는 여성들의 이동이라는 주제에서 자연스럽게 하게 되는 질문이다. 아시아 지역 내 국제결혼의 증가나 기혼여성들의 해외취업이주가 가족에 어떤 변화를 가져올 것인가? 특히 양계적 성격의 동남아시아 여성의 국제결혼의 증가는 한국의 부계가족제도에 어떤 영향을 미치는가? 더 나아가, 해외취업한 여성과 고국에 남겨진 가족들과의 관계 등 새로운 형태의 초국적 가족관계는 어떤 이해와 정책을 요구하고 있는가?

국제결혼을 다룬 김민정의「국제결혼과 한국 가족의 부계적 성격」은 최근 급증한 한국 사회의 국제결혼이 갖는 변화 가능성에 주목한 글이다. 한국인 남편과 필리핀 출신 아내, 한국인 아내와 필리핀 출신 남편의 사례를 통해 국제결혼의 젠더 문제를 한국 가족의 부계적 성격과 결합해서 분석하고 있다. 그녀는 동남아 문화권의 친족인식이 양변 친족체계라는 점에 주목해 2000년대에 들어와 급증한 이들 국제결혼이 한국 가족의 부계적 성격에 어떤 영향을 미칠 것인가라는 흥미로운 질문을 던진다.

한편, 오가야 치호는 한국보다 국제결혼이 좀 더 일찍 성행했던 일본에서의 일본계 필리핀 자녀들과 그 어머니들의 운동을 다룬다. 필리핀 여성과 그들의 일본계 필리핀 자녀들이 그들 지위에 대한 공식적·비공식적 인정을 요구하는 운동과 투쟁을 다룬 이 글에서는 이들의 운동이 일본 내에서 소위 '일본인 가족'이라는 공인된 개념을 흔들면서 대안적인 초국적 가족의 가능성을 만들고 있음을 소개한다.

이미 이 글 서두에서 언급했던 오이시 나나의 글 역시 지구적 여성 이주가 만들어내는 가족 변화에 주목한다. 그녀는 증가하는 여성의 이주가 어떻게 본국의 가족생활을 변동시키고 있는가에 관심을 갖고 관련 현상을 분석한다. 그녀는 북미 지역에 취업한 아시아 여성과 본국의 가족들 사이의 법적, 지리적, 심리적 경계가 어떻게 발생하고, 그들의 삶을 변형시키는지를 세심히 분석하고 있다. 흔히 취업이주한 여성이 자신의 가족과 함께 살 수 있도록 취업국에서 가족 입국을 허용하는 정책이 우선적으로 요청되고 있지만, 오이시 나나는 그것 역시 이들 가족 문제를 해결하기에 충분치 않음을 보여준다. 특히 그녀가 질문하는 것은 여성들이 도착국에서 영주권이나 시민권을 획득한 뒤에도 왜 이주여성과 가족들 간의 갈등이 끝나지 않는가이다. 그녀는 많은 초국가적인 가족들에게 가족 재결합정책과 같은 일련의 '선진적인' 정책들 역시 만병통치약이 아님을 말해주고 있다.

2) 어떤 제도, 어떤 연대

제13장 장명선의 「한국 다문화가족 관련 법제에 대한 고찰」은 제목 그대로 국내 법제에 주목한다. 결혼이민자와 외국인 근로자의 현황 검토와 더불어 현 다문화가족 관련 법제에 대한 주요 내용을 살펴보고, 그 문제점과 개선과제를 제시한다. 다문화가족 관련 법제로 국제법규와 「헌법」 등에 대해 개괄적으로 검토하고, 「재한외국인처우기본법」(2007), 「다문화가족지원법」(2008), 「결혼중개업의 관리에 관한 법률」(2007), 「외국인 근로자의 고용 등에 관한 법률」(2004), 조례 등을 집중적으로 다루고 있다.

사사타니 하루미(笹谷春美)의 글은 고령자 보살핌을 위해 실시하고 있는 일본의 개호보험제도를 다룬다. 여성 이주 문제에서 여성 해외취업 일자리를 만들고 있는 인구 고령화에 따른 보살핌 문제를 생각하지 않을 수 없다. 많은 산업화 국가가 고령사회가 되고 있고, 고령인구가 많아지면서 노인들을 돌볼 보살핌 인력 수요 역시 증가하고 있으며, 이 같은 현상이 다른 아시아 지역 여성의 이주를 부르는 하나의 축이 되고 있다는 분석은 이 글의 서두에서도 언급한 바 있다. 사사타니 하루미는 고령사회에 일찍이 들어선 일본에서 노인 보살핌 위기에 대처하기 위해 만들어진 개호보험제도가 오히려 '보살핌의 위기'라 칭할 만한 허점투성이라고 평가한다.

그녀는 그 원인을 보살핌 담당 인력의 만성적인 부족에서 찾는다. 이런 부족이 결국 보살핌 질의 저하로 이어진다. 또한 도우미들의 재량권을 제한하는 규정들이 생겨남에 따라 고령자에 대한 서비스 규제가 엄격해져서 요양자와 도우미 상호 간의 불만족이 쌓이며, 낮은 고용조건과 가혹한 노동환경이 보살핌 노동자들을 현장에서 이탈하게 한다. 보살핌에서 이러한 악순환의 고리를 끊기 위해서는 무엇이 필요한가?

시노자키 마사미(篠崎正美)는 동아시아라는 보다 큰 틀 속에서 노인 보살핌제도를 살피고 있다. 동아시아 지역의 산업화에 따른 고령화와 이로 인해 필연적으로 요구되는 고령자 사회보장의 움직임 속에서, 아시아에서는 최초로 개호 서비스를 제도화한 일본의 개호상황을 비롯, '효도법'을 제정해 개호 서비스의 사회화라는 길에 들어선 싱가포르, 개호의 가족화와 개호의 사회화라는 '이중 시스템'을 도입한 중국 상해시의 실태를 살피면서 그 제도화 과정에서의 정치적 주도권의 특징을 젠더 관점에서 파악하고 있다. 개발을 서두르고 경제개발을 정책의 최우선 순위에 두어 온 이들 국가들은 개호의 가족화와 개호의 시장화라는 이중의 시스템, 사회보장 재원 억제와 인재 확보를 위한 노동조건 정비, 초고령화와 개호수요 증대 등의 개호 시스템에 대한 공통된 과제를 안고 있음을 알 수 있다. 이 글은 바로 이런 과제를 위해 동아시아 국가와 지역의 활발한 연대가 필요함을 강조한다.

5. 나가는 글

지구화 과정 속에 일어나는 아시아 여성 이주 연구에서 놓치지 말아야 할 것을 언급하는 것으로 이 글을 맺고자 한다. 그것은 의미의 정치학의 필요성이다. 아시아 지역 여성들의 이동은 송출국, 유입국, 또 그 경계를 넘어선 곳에서 여성들 자신의 정체성, 가족관계, 국가와 시민의 관계 등 도처에서 익숙했던 것들을 흔들면서 낯선 경험을 하게 한다. 이런 변화는 기존의 관념들 역시 해체하기 때문에 우리는 눈앞에 전개되는 현실을 어떻게 해석하고 평가해야 할지 의미의 혼란에 빠지곤 한다. 가족이란 무엇인가, 사랑과 친밀성의 상업적 거래를 어떻게 평가할 것인가, 국적이란 무엇인가 등등 여러 가지가 있다.

이런 질문에 대한 대답은 여전히 간단하지 않고, 함께 풀어가기 위해 계속해야 할 고민의 주제가 되어야 할 것이다. 어떤 교환이 불가피하거나 혹은 필요하고, 어떤 교환이 우리 삶을 위협하는가, 어떤 경계가 불가피하거나 혹은 필요하고, 또 어떤 경계가 우리의 삶을 위협하는가라는 질문, 그리고 이와 관련한 도덕적·정치적 경계에 대한 논의는 이주시대가 우리에게 주는 과제라고 할 수 있다.

정책적·법적·제도적 모색만큼이나 우리가 간과하지 말아야 할 것은 담론적 영역에서의 모색이다. 어떤 것이 기존에 익숙한 방식과는 다른 새로운 형태로 재편될 때, 여기에는 여러 가지 의미의 정치학이 작동한다. 기존의 방식을 자연스럽고 정당한 것으로 보게 했던 의미망을 흔드는, 새로운 현실을 수용하는 데 필요한 의미 변화가 요구되기 때문이다. 이런 과정에서는 주어진 옳고 그름의 판단 근거나 기준 대신 새로운 근거와 기준들이 생성되고 경합한다. 서로 다른 의미망, 개념의 패러다임들이 상호 교차 경합하면서 접점을 만들어가는 것이다. 이때 일어나는 판단 논쟁은 기존 공유하는 믿음들에 호소하면서, 서로 정당화의 형식을 통한 시비의 가림인 것처럼 진행되지만 실은 그것은 서로 다른 개념체계를 지향하는 힘들 간의 밀고 당기는 정치적 활동이다.

보살핌을 제공하는 이주여성들의 문제 역시 가부장적 전통 속에서 여성 가족원이 가족에게 책임졌던 보살핌이 지구적 경제시장의 임금노동이 되면서, '보살핌'을 둘러싼 의미 정치학이 전개되는 과정에 놓여 있다. 이 의미 정치학은 단지 관념적 차원의 사변에 머물러 있는 것이 아니다. 그것은 이주 보살핌 노동시장에 진입해 있는 여성들의 자존감과 그들에 대한 사회적 평가에 직접적으로 작용하는 것으로서, 여성들의 고통스런 현실을 가중시킬 수도 있고 훨씬 나은 삶의 경험을 구성해낼 수도 있는 현실적 효과를 갖는다. 그렇기에 여성주의 의미 정치학은 법적·정치적 제도 변화를 추동하기 위해, 또 변화가 사회적 약자인 여성들에게 그 짐을 일방적으로 지우는 방향이 되지 않도록 하기 위해 항상 함께 가야 하는 것이다.

참고문헌

Boserup, Ester. 1970. *Woman's Role in Economic Development*. London: Allen & Unwin.

Hochschild, Arlie Russell. 2003. "Love and Gold." in Barbara Ehrenreich and Arlie Russell Hochschild(eds.). *Global Woman: Nannies, Maids and Sex Workers in the New Economy*. NY: A Metropolitan/Owl Book.

Khoo, Siew-Ean, Peter C. Smith and James T. Fawcett. 1984. "Migration of Women to Cities: The Asian Situation in Comparative Perspective." *International Migration Review*, Vol. 18, No. 4, pp. 1247~1263.

Oishi, Nana. 2005. *Women in Motion: Globalization, Labor Migration, and State Policies in Asia*. Stanford: Stanford University Press.

Parreñas, Rhacel Salazar. 2001. *Servants of Globalization*. Stanford: Stanford University Press.

제1부
지구화와 여성

제1장
긍정, 고통, 그리고 임파워먼트

제2장
초국가적 여성 공동체와 지구적 정의

제3장
젠더와 재생산

제1장 긍정, 고통, 그리고 임파워먼트

로지 브라이도티 (네덜란드 유트레흐트 대학 인문학부 교수)

1. 들어가는 글

대부분의 사회이론가들은 우리 시대의 공적 토론이 비판이론과 급진적 인식론이 중심이었던 정치에 대한 관심으로부터 윤리, 종교 규범, 가치에 관한 담론을 새로이 강조하는 쪽으로 대체되고 있다는 데 동의한다. 이러한 '윤리적 전회(ethical turn)'는 페미니즘을 포함한 많은 학문과 담론 영역에 영향을 주었다. 윤리적 가치에 대한 토론은 새로운 지배적 서사가 발생한, 기술적으로 매개된 세계 속에서 빠르게 변화하는 지구화된 사회적 맥락에 관한 응답으로 보일 수 있다. 이러한 토론은 급진적 회의주의와 포스트모더니즘 시대의 해체적인 양상을 기본적인 가치들에 관한 새로운 믿음으로 대체하고, 보다 친숙한 주제들을 다시 가져온다. 그

---

* 이 글은 2008년 이화여대 아시아여성학센터에서 주최한 "2008 International Summer Lecture Sessions: Feminist Ethical Issues in Globalization"에서 "Affirmative Ethics and Bio-Politics"라는 제목으로 발표된 후 수정·보완되어 *Asian Journal of Women's Studies*, Vol. 14, No. 3(2008), pp. 7~36에 수록된 "Affirmation, Pain and Empowerment"를 번역한 것이다.

중 첫 번째는 인류 진보의 역사적인 지배적 양식으로서의 자본주의 시장경제의 불가피성이다(Fukuyama, 1989, 2002). 두 번째 주제는 '이기적 유전자'(Dawkins, 1976)와 새로운 진화심리학이라는 표피 아래 있는 생물학적 본질주의라는 우리 시대의 상표이다. 세 번째로 중요한 지배적 서사는 종교의 귀환에 관한 것인데, 이는 특히 세속화된 유럽에서 발생했다. 이 같은 '탈세속화(post-secular)' 전회는 신흥종교들의 재창조를 이끌었는데, 이 종교들은 대개 유일신 종교의 다양한 측면 또는 원시종교의 교의, 그리고 새 시대 종교의식의 복합체이다(Braidotti, 2008 참조). 이 같은 새로운 사회적 상황에서 동양 종교들의 영향은 막대한데, 여기에는 서구에서 가장 빠르게 성장하는 철학이자 일상적 실천 중 하나인 불교도 포함된다. 그러나 이 글에서 본 주제에 관해 더 깊이 논의할 수 없음을 유감으로 생각한다.

이처럼 상대적으로 반동적인, 또는 최소한 전통적인 지배적 서사의 귀환은 거대한 긴장이라는 지구적 맥락에서 발생한다. 우리는 지금 증가하는 안보행위와 점점 확대되는 비상사태의 압력 아래 군사화된 지구적·사회적 공간에 살고 있다. 상호 동의적 파괴(Mutually Agreed Destruction: MAD)라는 냉전시대의 독트린은 자기과신적 파괴(Self-Assured Destruction: SAD)라는 세계적 개념으로 바뀌었다. 핵무기 편집증은 테러리스트에 대한 지속적인 전쟁을 벌이게 만들었다. 이처럼 새로운 종류의 적은 흔히 그/녀(테러리스트)와 싸워줄 것으로 기대되는 바로 그 국가와 시스템 내에 존재하는데, 대개는 불가해한 이들의 이미지를 고려했을 때 정치경제는 불특정한 공포 중 하나이다. 우리는 바이럴(viral) 정치의 시대에 접어들었는데, 이는 모든 것을 망라하지만 특정한 대상은 없는 테러와 사회적, 그리고 도덕적 공황까지 촉발하는 시대이다. 따라서 어떤 사태에도 대처할 수 있는 총체적 보장이 필요하다. 사건은 일촉즉발이고 발생할 수밖에 없으며, 대량 살상무기는 어디에나 저장되어 있기 때문이다. 테러리스트에 의한 공격, 폭발, 참사는 확실히 일어날 것이며, 이는 오직 시간의 문제일 뿐이다. 런던의 테이트모던 갤러리 벽에 쓰인 낙서는 다음과 같이 말하고 있다. "냉전 이후, 지구 온난화(After Cold War, Global Warming)!" 이런 맥락에서, 특히 2001년 9·11 이후 대규모 정치행동주의는 집단적 슬픔을 표현하는 공공의례로 대체되었다. 우울증의 정치학이 우세해졌다. 미치고(MAD) 난 뒤에는 우리 모두 슬프다(SAD).

물론 연민의 눈으로 현 국제정세를 보자면 훨씬 슬픈 일들이 많다. 우리의 사회지평은 전쟁에 시달리고 죽음에 사로잡혀 있다. 우리는 종교적 믿음을 가진 사람들이 '생존권'이라는 이름으로 사람들을 죽이는 문화에서 살고 있다. 게다가 중대한 전염병들은 신체적 취약성을 증대시키고 있는데, 이 전염병에는 HIV나 에볼라, 사스, 조류독감 같은 새로운 것도 있고 결핵과 말라리아처럼 보다 전통적인 것도 있다. 건강은 이제 공공정책 이슈 이상의 문제가 되었다. 이는 인권 문제이자 국가방어에 관한 문제이다. 모든 종류에 관한 새 시대의 치료법이 퍼져가는 동안, 우리의 정치적 감수성은 필자가 '법의학적 이동(forensic shift)'이라 부르는 것을 움켜쥐었다. 우리는 점점 더 죽는 방법에 관해 걱정한다. 포스터(Foster, 1996)는 우리의 분열적인 문화정치를 상처와 고통, 괴로움에 대한 강박관념을 뜻하는 '외상적 사실주의(traumatic realism)'라 묘사한다.

'리얼리티 텔레비전'과 토크쇼는 이처럼 일반화된 도덕적·감정적 비참함, 즉 전 지구적 병적학(病跡學)(Seltzer, 1997)에 관한 사례로 넘쳐난다. 체현된 주체의 관리에 관한 생명정치의 양상들은 건강, 신체단련, 장수(長壽), 체중조절을 목적으로 하는 사회적 실천의 급증과 자기 자신을 위한 그 밖의 수많은 기술을 낳는다. 반복되는 주제는 유연성에 관한 것인데 이는 따라서 체현된 자아의 취약성과 고통 회피에 관한 것이기도 하다. 유전적 체질과 진화에 관한 생물유전학적 담론들은 이 주제를 강화한다. 기술적으로 매개된 사회적 맥락의 도전에 이르기까지 살 수 없을 것이라는 공포는 불만과 불안에 대한 담론을 생산한다.

　정치철학은 이러한 양상을 반영한다. 아감벤(Agamben, 1998)의 '헐벗은 삶(bare life)'에 대한 강조는 죽음의 방법과 정도(程度)를 규제하는 장치로서의 주권 권력을 드러낸다. 권력은 체현된 주체, 즉 말 그대로 시체되기(becoming-corpse)에 일어날 법한 결핍에 관한 경계영역(liminal grounds)을 구분한다. 데리다(Derrida, 2002)는 법과 정치적 권위가 자리한 신비적 토대와 그것들이 해방시킨 폭력을 재발견했다. 슈미트(Schmitt, 1996)의 정치신학에서 새로워진 관심은 지구화된 세계의 적대적 분위기와 드높은 세속주의의 종말 모두에 잘 들어맞는다. 미국의 신(新)신학적 보수 정치사상에서 레오 스트라우스(Leo Strauss)의 인기(Norton, 2004)도 이와 마찬가지이다.

　이 같은 맥락이 우울증을 향해 가는 비통한 체념이라는 산만한 사회 분위기를 발생시키고 지지할 것이라는 사실은 충분히 예측할 수 있으며 완벽히 이해 가능하다. 필자는 애도의 정치학과 우울증에 관한 정서경제(affective economy)가 본질적으로 반동적이라거나 반드시 부정적이라고 주장하고 싶지는 않다. 수많은 비평이론가들은 우울증의 생산적 본질에 관한 사례와 그것이 갖고 있는 연대 창조를 위한 잠재력을 강력히 주장해왔다(Gilroy, 2004; Butler, 2004a). 필자는 또한 우울증이 타인의 상처와의 동일시를 통해 충성심의 형태를 표현하고, 따라서 그것이 트라우마나 고통에 관한 집단적 기억을 유지함으로써 소속생태학(ecology of belonging)을 활성화한다는 데 동의한다. 필자의 주장은 그보다 우울증의 정치학이 우리 문화에서 지배적이 되었고, 마침내 대안적 접근을 위한 여지를 거의 남기지 않은 채 자기실현적 예언처럼 작동하게 되었다는 것이다. 그러므로 필자는 새로운 형태의 저항을 창조하는 수단으로, 다른 윤리적 관계들에 관한 실험의 필요성을 주장하고자 한다. 따라서 필자의 관심은 긍정의 윤리학에 있다.

2. 변형적 또는 긍정의 윤리학

긍정의 윤리학을 위한 사례의 출발점은 탈구조주의 철학, 보다 정확히는 유럽의 철학적 인본주의에 내포된 주체의 관점에 관한 그들의 비판에서 기인한 가설이다. 인본주의적 주체는 그/녀의 의식과 합리적 의지가 일치한다고 가정한다. 확대하자면 이는 적절한 윤리적 탐구의 대상은 합리적 개인주의에 관한 주체의 보편적 중심과 드덕적 지향성이라는 것을 의미한다. 윤리적 주체에 관한 이 같은 관점은 1970년대 푸코(Foucault)와 들뢰즈(Deleuze)에서 시작된 신(新)니체주의 철학자들에게 도전받아왔다. 그들은 윤리적 주체가 진실과 권력 ―이는 세계 내 타인들에게 작용할 가능성이 크다― 의 영향이라는 관점에서 개념화된다는 생각에 이의를 제기했다. 이 같은 입장은 주체의 보편적이고 도덕적인 본질보다는 실천으로서의 윤리적 관계, 즉 자아에 대한 관계 또는 기술을 우선시한다. 능동적 관계에 대한 강조는 윤리를 상호 관계에 대한 긍정적 태도, 생성적인 힘과 가치를 배양하는 실천으로 정의하는 실용적 접근을 나타낸다. 도덕성이 단지 규칙들의 집합이나 성립된 규약들의 실행인 반면, 윤리적 선(善)은 되기(becoming)에 관해 힘을 부여하는 방법을 규정하는 것으로 정의된다(Deleuze, 1968; Ansell-Pearson, 1999). 이 핵심 개념은 이후에 다시 다루도록 하겠다.

도덕적 본질과는 대조적으로, 관계에 관한 실용적·이론적 접근은 주체의 시야 한가운데서 창조성의 형태를 불어넣는다. 윤리는 창조적 되기, 즉 긍정적 방식의 조합 및 관계 형태의 구성물과 함께 실행되어야 하는데, 이는 또한 들뢰즈가 감응들에 관한 '극화(劇化)'의 방법에서 묘사한 힘들의 결집이다. 이를 니체식으로 보자면, 동일한 활동이 부정성의 긍정적 열정으로 바뀐다는 관점으로 표현될 수 있다. 그리고 이는 창조성에 관한 질문이 된다. 긍정적인 윤리적 관계는 우리의 욕망과 상상을 포함하는 것이자, 미개발로 남겨두었던 자원들을 움직임으로써 부정성 변신의 적절한 형태를 창조한다. 이 정서적 힘들은 실질적이고 물질적인 관계들에서 구체화 되는 강력한 에너지이다. 이 같은 관계들은 타자들과의 상호 접속을 위한 네트워크, 또는 그물망, 리좀(rhizome)을 구성한다. 이는 사실상 정치와 윤리적 행위자를 위한 조건은 현재적 범위에 의존하지 않으며, 대안적 사회관계와 다른 가능한 세계를 창조하는 데 능동적으로 참여한다는 의미이다. 윤리적 사례를 위한 가능성의 조건은 적대적이지 않고, 따라서 부정(否定)으로 나타나지 않는다. 대신 이 조건들은 긍정적이며 힘을 주는 대안 창조를 추동한다. 이 같은 발생적 측면에 대한 강조는 또 다른 중요한 요소를 포함한다. 즉, 윤리적 관계를 인간영역 내로 제한하지 않고 인간 타자성의 예들까지 포함한다는 점이다. 오히려 이는 윤리적 관계를 비인간적(non-human)이고 탈인간적(post-human)이며 초인간적 힘과 맺는 상호 관계에 열려 있는 것으로 보는 것이다. 이는 탈(脫)인간중심주의적이며 생명중심적이다.

비인간의 윤리적 관계에 대한 강조는 또한, 단지 자연적인 면만이 아니라 사회적이며 정신적인 면이라는, 용어적으로 가장 광범위한 의미로서 환경에의 의존을 강조한다는 점에서 생태철학이라 칭할 수도 있다(Guattari, 2000). 우리의 기술발달 정도를 고려한다면, 소속생태학을 강조하는 것이 생물학적 결정주의라는 실수를 저지르는 것은 아니다. 그보다는 오히려 주체들이 그 안에서 복합적 관계를 구축하는 자연문화의 연속체(Haraway, 1997)를 가정하는 것이다. 또한 필자는 여기서 관련 논의를 더 진행할 수는 없을지라도, 이 윤리를 사회적 지속가능성(Braidotti, 2006)이라는 관점에서 언급하고자 한다. 이러한 윤리적 접근에 따르면, 윤리적 관계의 실천과 실용성은 필수불가결한 것이다. 따라서 우리에게는 되기에 관한 관계적 윤리를 배양함으로써 긍정적 관계의 출현을 위한 조건을 창출해야 할 필요가 있다.

해체주의뿐 아니라 정신분석학에서도 감지되는 헤겔 변증법의 전통과는 대조적으로, 타자성은 구조적 한계가 아니라 긍정적 표현, 예를 들어 반동적이지 않은 대안을 위한 조건이다. 타자는 변신적 조우(遭遇)가 일어나는 문턱이다. 주체, 특히 '다른 것'으로 위치지어진, 즉 '언제나 이미' 다르다고 일컬어지는 주체들에 의해 표현되는 '차이'에는 변신적이거나 창조적 되기에 대한 잠재력이 있다. 이 같은 '차이'는 본질적으로 주어진 것이 아니라 윤리적으로 부호화된 하나의 과정이자 기획이다.

복합성을 지지하는 필자의 입장은 결과적으로 삼중의 변동을 촉진한다. 첫째, 이는 칸트적 보편주의의 도덕 규약에 반(反)해 급진적인 변신의 윤리학을 지속적으로 강조한다. 둘째, 이는 의식에 의해 추동된 보편적 합리성에서 과정존재론, 이른바 감응들과 관계들에 의해 추진되는 주체성의 관점으로 그 초점을 이동시킨다. 셋째, 이는 부정의 논리에서 주체의 발생을 분리하고, 주체성을 긍정적 타자성 — 동일자의 재인(再認)이 아니라 창조로서의 상호 작용 — 에 부착한다. 이 절의 나머지 부분에서 필자는 특히 세 번째 면인 긍정, 또는 부정성에 대한 비판에 집중할 것이다.

하나의 예에서 시작하자. 대부분의 문화들, 특히 유럽에서 타자성은 역사적으로 부정성이나 타락의 장소로 기능해왔다. 차이는 동일자로서의 주체성의 관점에 반하는 위계적 범위에 있는 것으로 간주된다. 주체는 이미 가정되어 있는 많은 가치들과 동일한 것으로 기대된다. 우리 문화에서 이 같은 가치들은 주체를 합리성, 의식, 도덕·인지적 보편주의와 동일시하는 인본주의적 이상(理想)에 의해 만들어졌다. 이 같은 "주체 – 또는 휴머니즘의 '인간(남자)' – 알기"라는 시각은 그 자격 범위 내에 포함되는 것만을 받아들이고 그렇지 않은 것들을 배제한다. 타자성은 이 같은 정의에 따라 배제된다. 이러한 배제와 포함의 논리는 타자들을 주체의 구조적·구성적 요소로 만들어버린다. 이에 의해 타자는 부정적으로 짜맞추어진 동일자의 조각으로 기능한다. 타자들은 결과적으로 주체에 관한 규범, 정상성, 규범적 관점을 정의하는 데 비록 반사적이기는 하지만 중요한 역할을 담당한다.

이러한 타자들은 여성, 게이, 트랜스섹스로도 알려진 성애화된 타자들이고, 민족적이거나 원주민적인, 또는 인종화된 타자들이며, 자연적이고 동물적, 환경적인 타자들이다. 이들은 주체에 대한 지배적 시각에서 배제되어 구성된, 구조적 타자성의 상호 관계의 면(面)들을 구성한다. 이 같은 시각은 암암리에 주체를 남성이자 이성애자, 비인종화(예를 들어, 백인이 되는 것은 존재하기의 '자연스러운' 방법으로 구조화되며, 아름다움에 관한 이상은 '순백'과 동일하게 여겨진다)되어 있으며 비동물, 비식물, 대지에 속하지 않은 존재로 가정한다. 이 같은 차이의 축들은 차이화의 구조로 기능하는데, 이 구조들은 주체에 관해 수용 가능하고 정상적이며 표준적인 시각을 만드는 매개변수를 정의한다. 따라서 지배적 주체는 동일성에 의해 이 같은 규범적 이상과 관계를 맺는다. 왜냐하면 동일성은 이 같은 내재적 규범과의 편차가 제로(零)이기 때문이다. 다시 말해 그는 남성이며, 이성애자, '백인' 또는 가능한 한 백인에 가까운 인종이며, 인간 또는 인간에 가까운 존재이다.

이러한 구조적 타자들이 탈근대성에서 복수심과 함께 재등장했다고 말하는 것은 결과적으로 타자성을 부정의 현장이 아니라 긍정성을 지닌 다기능적 현장으로 만든다는 말과 같다. 예를 들어, 근대 유럽에서의 거대한 해방운동이, 새롭게 나타난 '타자들'에 의해 추동되고 연료를 공급받았던 역사적 사실이 있다. 여성 및 동성애자 인권운동, 반인종주의 및 탈식민 운동, 반핵운동, 장애인운동, 환경운동, 동물권운동까지 포함된 이 운동들은 근대의 구조적 타자들의 목소리이다. 이 운동들은 또한 주체에 관한 기존의 '중심' 또는 지배적 시각의 위기를 보여준다. 철학적 유목론의 언어로 하자면, 이러한 운동은 다수성의 위기와 소수성의 되기 양식을 모두 표현한다(Braidotti, 2006). 이들은 모두 억압, 주변화, 배제의 지점일

뿐 아니라 창발하는 반주체성들에 힘을 주는 예이기도 하다.

힘을 주는 관계들을 위한 탐구에 기반을 두는, 단일적이지 않은 주체를 위한 긍정의 윤리학은 자아가 비인간 또는 '지구적' 타자들을 포함한 타자들과 맺는 상호 관계에 관한 확장된 의미를 제안한다. 타자들과 관계 맺는 이 같은 실천은 자아중심적 개인주의의 거부를 필요로 하며, 이로써 강화된다. 이는 자아의 이해관계와 확장된 의미에서의 공동체 — 이는 누군가의 영역 또는 비인간, 예를 들어 환경적 상호 관계를 포함한다 — 의 안녕을 결합하는 새로운 방식이다. 앞서 주장했듯이 이러한 방식은 지배적인 칸트의 도덕성, 그리고 그에 대한 페미니즘적 대응과의 열린 불일치에 가담하는 다양성에 의해, 그리고 그 안에서 구성되는 주체를 위한 복합적 소속성을 지니는 생태철학이다.

보편적 가치에 관한 질문은 이러한 논의와 상관성을 갖는다. 비록 도덕적 보편주의를 비판하기는 하지만, 긍정의 윤리학은 전반적인 영역에서 가능해진다. 이는 현실에 기반을 둔 미시 보편성의 부분적 형태를 표현하는데, 이 미시 보편성은 집합성, 관계성, 공동체의 건설에 관한 강력한 지각을 바탕으로 한다. 현재의 생명유전학적 자본주의는 인간뿐 아니라 살아 있는 모든 유기체에 공통된 상호 의존에 관한 지구적 형식을 만들어낸다. 이 같은 생명중심적 단일성은 취약성에 대한 일반적 형태의 인정으로서 부정적 유형이 되려는 경향이 있다. 예를 들어, 인간 유전자 프로젝트와 같은 생명기술적 진보는 상업적으로 운영되고 이윤추구적인 기술들을 저지하려는 절박함에 모든 인종을 단일화한다. 프랭클린과 루리, 스테이시(Franklin, Lury and Stacey, 2000: 26)는 이러한 상황을 '범(凡)인본주의'라 부른다. 다시 말해 이는 공통의 위협에 맞닥뜨린 인간과 비인간적 환경 간의 상호 연결에 대한 전 지구적 인식이다. 공포는 강력한 결집요소가 될 수 있다. 공통적인 위협들 내에서 인간과 비인간적 환경들 간의 상호 연결에 대한 지구적인 의미를 뜻하며 공포가 바로 이러한 힘 있는 유대를 가능하게 만드는 것이 된다. 다시 돌아와서 여기에 있는 부정적인 요소들을 살펴보자. 그러나 긍정적인 요소는 대체로 부정적인 요소 언저리에 있기 마련이다. 여기에는 두 가지 긍정적인 요소가 있다. 첫째, 시장 경제에 의해 유도된 지구적인 재맥락화는 또한 상호 연결성의 의미를 생산한다. 둘째, 상호 연결에 관해 갱신된 의미는 윤리학의 필요를 만들어 낸다. '우리'가 이곳에 함께 존재한다는 사실은 공동체에 대한 새로운 요구와, 개인주의와 비판적으로 거리를 둔 단수적 주체들의 귀속감을 발생시킨다. 이는 도덕적 상대주의에 빠지기는커녕 지역적으로 위치지어진 미시 보편주의적 요구들의 급증을 낳는다.

보편성을 지역화하고 그를 통해 이를 부분적 실행들로 만듦으로써 보편성에 대한 우리의 이해를 넓히는 이 같은 경향에 대해 분명하고도 이해를 돕는 예가 하나 있다. 페미니스트 이론뿐 아니라 탈식민, 인종이론 작업에서 강력한 윤리적 주장으로 등장한, 상황지어진(situated) 세계시민주의적 신(新)인본주의이다. 이에 관한 예로는 길로이(Gilroy, 2000)의 플래닛 세계시민주의(planetary cosmopolitanism), 브라(Brah, 1996)의 디아스포라적 윤리학, 글리산트(Glissant, 1997)의 관계정치학, 라클라우(Laclau, 1995)의 미시 보편적 요구들, 바바(Bhabha, 1994)의 '하위주체 세속주의', 시바(Shiva, 1997)의 '반지구화 신인본주의', 힐 콜린스(Hill Collins, 1991)에서 코넬(Cornell, 2002)에 이르는 아프리카 인본주의와 공동체 정신(Ubuntu)에 대해 떠오르는 관심의 물결까지 아우른다. 훅스(hooks, 1990)와 웨스트(West, 1994)가 보여주듯, 아프리카 흑인 페미니즘 이론은 오랫동안 탈세속화되어 왔다.

사이드(Said, 1978)는 계몽에 근거를 둔 보편적 인본주의에 관해 합리적 해석을 전개해야 할 필요성을 처음으로 제기한 주요 서구 이론가들 중 한 명이다. 사이드는 탈식민화된 현존뿐 아니라 식민지 경험과, 그 경험의 폭력적 남용 및 구조적 부정의(不正義)를 고려해야 한다고 강력히 주장했다. 또한 프랑스의 탈구조주의 철학자들은, 유럽인들은 식민주의, 아우슈비츠, 히로시마, 구 소련의 강제노동수용소 — 현대사의 공포 중 극히 일부만 언급한 것이다 — 의 여파에서 그들 자신을 세계의 도덕 수호자이자 인류 진화의 원동력으로 상정하는 유럽의 거대한 망상에 대한 비판을 개진할 필요가 있다고 주장했다. 이 같은 반유럽적 계통은 탈구조주의 세대의 비평이론가들에 의해 수행되고 있으며, 이는 인본주의에 대한 비판의 필수불가결한 지점을 형성한다. 들뢰즈(1968)의 주체에 대한 초월적 관점의 비판, 이리가레이(Irigaray, 1985)의 남근 이성 중심주의의 탈중심화, 푸코(Foucault, 1977)의 유럽 인본주의에 대한 비판, 글리상트(Glissant, 1997)의 혼성화 강조, 데리다(Derrida, 2001)의 환대에 관한 작업이 바로 그러한 예이다.

따라서 서구의 탈구조주의적 관점 안에서 사회적·문화적 비판들이 가진 반인본주의는 동 시대의 인종, 탈식민주의 혹은 비서구적 비판이라는 세계시민적 신인본주의와 함께 읽힐 수 있다. 다른 모든 차이에도, 이러한 두 가지 입장은 모두 인본주의적 개인주의에 대한 포괄적 대안들을 생산한다. 필자는 구조적 차이들을 무너뜨리려 하거나 이러한 차이들을 쉽게 유추하지 않으면서 위치의 정치학을 실천하고 그들 간의 공통점을 찾아내고자 한다. 이는 그들의 노력을 동시화하그, 정치적 목적과 열정을 조율하려는 시도로 이해되어야 한다. 일치점을 그려내는 것은 환원적이라기보다 생산적이다. 이는 생산적 또는 긍정적인 힘으로서의 타자성과의 조우에 관한 방법론적 사례이다. 한편으로 생명중심적이고 평등주의적인 비인본주의, 다른 한편으로 비서구 신인본주의는 혼종적, 유목적, 디아스포라적이고 혼성적인 과정을 각기 다른 지지자들의 상호 연결과 페미니스트 동맹에 대한 보편적인 공통의 주장을 재구축하는 수단으로 뒤바꾼다.

3. 고통과 취약성에 대한 질문

고통에 대한 질문은 항상 서구에서 지배적인 칸트적 규범에서 파생된 윤리적 작업들에 대한 즉각적인 반대로서 제기된다. 변화와 변신, 되기 과정의 긍정성은 이러한 반대를 잘 논증한다. 하지만 이것이 모든 변화가 본질적으로 선하다는 것을 의미하는가? 더 나쁜 것으로 향하는 변화란 없는가? 상처, 고통 그리고 각성이란 무엇인가? 다른 말로 하자면, 생산적 힘으로서의 유목적 되기(nomadic becoming)를 강조하는 긍정의 윤리학은 처음에는 과도하게 낙관적이며 반(反)직관적으로 보일 수 있다. 이 같은 접근을 추동하는 자극은 아직 너무나 추상적이지만, 이는 정치적 변화과정 안에서, 또 그 과정을 통해 고통의 공-현존(co-presence)을 완전히 인지하는 데 기반한다. 이는 고통에 대한 존중과, 철저한 변신은 기껏 해봐야 크나큰 노력을 필요로 하고 최악의 경우에는 고통스럽다는 것을 지각하는 데서 태어난다. 여기에는 살아 있는 경험들로부터 온 교훈이 있다. 필자의 정치적 세대, 즉 베이비부머들은 변화를 열망하는 사람들을 특징짓는, 강렬하고 때때로 치명적인 조바심에 제동을 거는 가혹한 현실에 굴복해야 했다(Braidotti, 2008 참조). 우리는 아마도 모두 인간일지 모른다. 그러나 몇몇은 확실히 다른 이들보다 더 인간적(mortal)이었다. 우리는 현존적이며 정치적이고 성적, 최면적, 또는 기술적인 종류에 대한 희망 없는 실험, 그리고 현 상황에 대한 무력증 ― 이는 '스텝퍼드 와이프(stepford wife)'[1] 신드롬으로도 알려져 있다 ― 으로 수많은 표본을 잃었다. 이는 항의가 아니요, 변화를 저지하려는 의미가 있는 것도 아니다. 서론에서 언급했던 것처럼 필자는 우울한 상태와 애도의 수사학은 진일보한 자본주의

---

1) (역주) 사회통념과 남편의 의사에 무조건적으로 따르는 순종적인 아내를 가리킨다(출처: Oxford Advanced Learner's English-Korean Dictionary).

의 논리, 즉 지배적 이데올로기로서 필수불가결하다고 본다. 게다가 지구화시대의 보수적인 정치적 맥락은 이데올로기의 종언과 변신의 정치학이 가지는 비극적 측면에 대한 불평을 지겹도록 탄복하면서 변화에 수반되는 위험을 지나치게 강조해왔다. 필자의 작업은 이 같은 정치적 소심함을 제거하려는 것이다. 필자는 여기서 단지 주의사항 하나만을 언급하고자 하는데, 바로 사회적 변화와 변신의 과정들은 매우 중요하기 때문에, 즉 필수적일 뿐 아니라 필요하기 때문에 이 같은 과정들은 조심스럽게 다루어져야 한다는 것이다. 우리는 변신의 정치학에 수반되는, 고통을 구성하는 요소를 고려해야 하며, 이를 장애물이 아니라 긍정의 윤리학을 위한 주요 자극으로 보아야 한다.

　어떤 순간의 고통에 주목해보자. 유럽 문화에서 고통은 습관과 전통의 힘 때문에 괴로워하는 것과 관련된다. 따라서 이는 부정적 의미를 내포한다. 그러나 만약 이 문제에 유목적 렌즈, 즉 스피노자적이고 들뢰즈적인 페미니스트 도구를 통해 접근한다면, 우리는 고통을 괴로움에서 분리해 고통 그 자체를 볼 수 있게 된다. 고통은 ― 괴로움이나 질투, 분노와 같은 다른 부정적 감각·감정과 마찬가지로 ― 우리에게 무엇을 말하는가? 만약 우리 스스로 이 문제를 탈심리화할 수 있다면, 고통은 우리의 주체성이 감응, 상호 관계성, 타자들이 주는 충격으로 구성된다고 말할 것이다. 주체의 핵심은 감응, 다시 말해 타자들과 상호 관계를 맺는 능력이며, 그들과 영향을 주고받는 것이다. 이 논의를 탈심리화하는 것은 고통을 부정하는 것이 아니라 그것을 통해 다른 작업방법을 찾으려는 것이고, 그리하여 고통과 더불어 살아가려는 것이다. 예를 들어, 스피노자의 코나투스의 이론이나 임파워먼트에 대한 페미니스트의 능동적 욕구와 관련, 주체성에서 정서적인 핵심을 가정한다면, 그리고 윤리학을 관계성으로 정의한다면, 윤리적 관계의 목표는 능동적이고 힘을 주는 타자와의 관계에 대한 욕망을 배양하는 일이 될 것이다. 그렇게 되면 윤리학은 긍정적이고 힘을 주는 방식으로 타자와 관계 맺고자 하는 욕망의 능동적 또는 생산적 본질을 표현하는 것이 될 것이다.

이는 첫 번째로, 앞서 주장한 바와 같이 긍정의 정치학이 적대적 전략에 관한 것이 아님을 의미한다. 정치는 오히려 다중적인 일상 행동주의의 미시정치 실천, 또는 우리 자신과 미래세대를 위해 우리가 살아가는 세계에 대한 세계 안의 중재가 된다. 만약 이러한 목표를 갖고 있다면, 우리는 어떻게 사회적 변화의 정치적 과정과 개인적 변신에 연결되어 있는 고통과 위험, 불편에 접근할 것인가? 이 같은 질문은 우리를 이러한 입장의 두 번째 함축적 의미로 이끈다. 다시 말해, 고통을 괴로움에서 분리하고 윤리적 관계들을 구성하는 데 고통이 긍정적 역할을 할 수 있도록 재고해야 한다. 변신의 윤리학은 주체 알기라는 측면의 급진적 재배치를 수반하는데, 이 재배치는 단순하지도 자기증거적이지도 않으며, 고통에서 자유롭지도 않다. 그렇지 않은 의식고양과정은 존재하지 않는다. 30년이 넘는 지난 세월 동안 우리는 이 문제를 "개인적인 것이 정치적인 것이다"라는 초기 슬로건으로부터 위치의 정치학(Rich, 1987)을 통해 오늘날 다중적으로 위치지어진 관점으로 탐구해왔다. 또한 탈구조주의 페미니즘에서 어떻게 변화를 성취할 것인가에 관한 문제는 익숙한, 따라서 편안한 가치와 정체성으로부터 우리 자신을 탈정체화하는 측면에서 논의되어 왔다(De Lauretis, 1986; Braidotti, 1994).

탈정체화는 고통을 수반한다. 이 고통은 사유와 재현에 관한 소중한 습관을 잃어버린 데 따르는 것이며, 공포, 불안감과 향수(鄕愁)를 야기할 수 있다. 변화는 확실히 고통스러운 과정이다. 만약 그렇지 않았다면 실제로 더 많은 사람들이 탈정체화를 시도했을 것이다. 그러나 이것이 괴로움과 동일시되거나, 그로 인해 부정적 의미를 획득하는 것은 아니다. 이렇게 고통과 괴로움이 동일하다는 믿음은 정치적으로 보수 입장일 수 있으며, 이같은 입장은 앞에서 언급했듯이 결코 필자가 전달하려는 것이 아니다. 필자가 강조하고 싶은 것은 변신의 윤리학 및 정치학 추구에 수반되는 어려움과 고통이다. 또한 사회적 변화를 위해 분투하는 과정에 수반되는 복잡성과 역설에 대해 자각하는 것이다. 어떤 사람의 정체감에 영향을 주는 변화는 특히 섬세한 것이다. 동일시가 어떤 이의 정체감을 지지하는 내적 발판을 구성하는 상황에서, 우리의 상상적 동일시를 제거하는 것은 입던 옷을 벗어던지는 것과 같이 간단한 일은 결코 아니다. 정신분석학은 가상의 재위치화가 복잡하며, 털갈이를 하는 것처럼 시간을 필요로 한다는 사실을 알려주었다. 더군다나 이 같은 질적인 종류의 변화는 분자적이며 개인적인 수준에서 보다 쉽게 일어나며, 이러한 변화들을 공적 담론과 공통의 사회적 경험으로 바꿔내는 것은 복잡하며 위험스러운 일이기도 하다. 게이튼스와 로이드(Gatens and Lloyd, 1999)와 같은 스피노자적 페미니스트 정치사상가들은 사회적으로 체현되고 역사적으로 근거를 둔 변화들이 '집단적 상상하기' — 공동의 도덕성이라고 볼 수도 있는, 변화를 현실화시키고자 하는 공통의 욕망 — 의 결과라고 주장한다.

주체 형성의 지배적인 모델로부터 탈정체화하는 것이 어떻게 생산적이고 창조적인 일일 수 있는지에 관한 구체적인 예들은 다음과 같다. 모든 종류의 유목적 주체들은 동일한 통찰을 확인하고 있다. 다중위치성은 상실의 부정적인 의미를 긍정적인 것으로 바꾸는 것이다. 첫째, 페미니스트 이론은 소수자 되기 또는 젠더 변신하기의 과정에 진입하기 위해 지배제도 및 남성성과 여성성 재현으로부터의 급진적 분리를 기반으로 한다. 그렇게 함으로써 페미니즘은 비판을 우리의 성애화된 자아들을 경험하고 체화하는 대안 창조와 결합시킨다. 대중매체의 비난과 정치적 보수주의의 마케팅에도, 유럽 여성들이 전통적 젠더 및 성역할로 회귀하려는 노스탤지어적 욕망을 갖고 있다는 믿을 만한 증거는 없다.

둘째, 인종 담론에서 인종차별과 백인 특권이 지속되고 있다는 인식은 주체를 구성하는 데 일반적으로 용인된 시각을 심각하게 분열시켰다. 이는 한편으로는 흑인성의 비판적 재평가(Gilroy, 2000; Hill Collins, 1991), 다른 한편으로는 백인성의 급진적 재위치화를 낳았다(Ware, 1992; Griffin and Braidotti, 2002). 마지막으로 필자는, 유럽인으로서 보다 '겸손한' 관점을 기꺼이 받아들이기 위해 모린(Morin, 1987)이 어떻게 마르크스주의적 세계시민주의를 포기했는지에 대한 그의 설명을 언급하고자 한다. 이러한 과정은 긍정적이면서 동시에 부정적인 영향들을 포함하고 있는데, 이를테면 마르크스주의의 실현되지 않은 약속에 대한 실망은, 미국과 구소련 사이에 끼어 불안하고 분투하며 주변적 위치에 있던 전후 유럽에 대한 연민과 일치한다. 이는 돌봄과 책임에 관해 새로운 의미를 만들어내는데, 이 의미는 모린이 자신의 역사에서 조정과 변신의 현장으로서의 유럽에 대한 탈민족주의적 재정의를 포용하도록 만든다(Balibar, 2002).

유익한 또는 긍정적인 면들은 이 과정의 부정적인 면과 균형을 이룬다. 이 이익들은 인식론적이자 그 이상으로 확장되는 것이기도 한데, 거기에는 우리의 실제 삶의 조건에 관해 보다 적절한 지도학이, 그럼으로써 덜 연민적인 해석이 포함되어 있기 때문이다. 토포스(topos) ― 이는 고통을 괴로움과 동일시하고 심층적 변화를 괴로움과 동일시한다 ― 로부터 자유로워지기는 자기 앎에 대해 보다 적절한 수준을 낳는다. 그것은 우리의 평가를 더욱 명료하게 하며, 따라서 보다 적절하고 지속가능한 관계들을 위한 기반을 닦는다. 이는 일반적으로 부정적 힘에 부과된 중요성이 균형에서 벗어난 것이며, 재고될 필요가 있음을 의미한다.

4. 긍정에 관하여

고통이라는 주제에 보다 덜 심리학적이고 더 개념적인 측면으로 접근한다면, 우리는 이 논쟁에 관해 더욱 친숙한 면들을 제대로 인식할 수 있을 것이다. 관계적 작업으로서 긍정적 가치들을 추구하는 것은 선과 악의 구별을 무효로 하며, 이를 긍정과 부정, 또는 긍정적·부정적 감응들 사이에 있는 어떤 것으로 대체한다. 이는 힘과 관계들의 강도에 연동된다.

긍정의 윤리학에서 긍정적인 것은 부정적인 감응들이 변신할 수 있다는 믿음이다. 이는 모든 감응들, 심지어 우리를 고통, 공포, 불신, 비탄으로 얼어붙게 만드는 것에 대한 역동적인 견해들을 암시한다. 두려움, 공포, 충격은 약한 탈인격화 효과를 지닌다. 이러한 트라우마적 사건은 강력한 반작용 형태에 깃들어 있는, 에고(ego)에 연동된 지각들을 잃게 만든다.[2] 그럼에도 긍정의 윤리학은 모든 사건들 안에는 그것을 극복하고 추월할 수 있는 잠재력을 포함하고 있다고 가정하기 때문에 그 사건의 부정적인 힘은 변위될 수 있다. 현실화의 순간은 또한 부정성을 중화하는 순간이다. 윤리적 주체는 사건을 탈인격화하고 사건의 부정적 힘을 변화시키는 자유를 움켜쥘 능력을 지닌 존재이다. 유목적 되기는 상실의 고통을 소속감의 다양한 형태와 복잡한 연대라는 능동적 생산으로 긍정적으로 변신시키는 과정에 주목한다. 따라서 긍정의 윤리학은 움직임(motion)을 감정(e-motion)으로, 능동성을 운동과 과정, 되기를 창출하는 행동주의로 되돌린다. 이러한 변화는 부정적 감정들이 지닌 반복 패턴에서 모든 것이 달라지게 한다.

부정적 감응들에 관해 부정적인 것은, 규범적 가치판단은 아니지만 엄밀하게는 억류, 봉쇄, 군힘의 영향인데, 이 영향은 구타, 충격, 폭력행위, 배신, 트라우마, 또는 단지 심각한 권태의 결과로 나타나는 것이다. 부정적 열정들은 자아만 파괴하는 것이 아니라 자아가 타자 ― 인간과 비인간 타자 모두 ― 와 관계를 맺고, 그럼으로써 타자 안에서, 또 타자를 통해 성장

---

[2] 트라우마에 관한 임상심리학 연구는 이를 입증하며, 또한 긍정적인 해결로 끝맺어진 트라우마에 관한 많은 사례를 증명한다. 그러나 여기에서 이에 대해 다룰 수는 없다.

하는 능력까지 훼손한다. 부정적 감응들은 높은 수준의 상호 의존, 타자에 대한 결정적 신뢰—이는 주체에 대한 비통일적 관점과 긍정의 윤리학 모두에서 핵심적인 것이다—를 표현하는 우리의 능력을 손상시킨다. 여기서는 삶을 '조에(zoe)'—발생적 힘—로 보는 생기론적 개념이 중요해진다. 왜냐하면 이는 내가 살고 있는 삶은 나의 것이 아니며, 나의 이름—개인화와 차별화되기 위한 생산적 힘—을 짊어지고 있지 않다고 강조하기 때문이다. 따라서 부정적 열정에 의해 부정되는 것은 역동적 힘으로서 생명의 힘 그 자체, 연결과 되기의 흐름이다. 이것이 바로 부정적 열정이 고무되어서도, 그것들이 너무 오래 머물게 함으로써 보상받게 해서도 안 되는 까닭이다. 부정적 열정들은 블랙홀이다.

 이는 고통을 피하려는 칸트적 도덕의 정언명령이나, 고통을 도덕적 행위와 윤리적 상호 작용의 방해물로 보는 시각과는 전혀 다른 지점에 그 강조점을 둔다. 긍정의 윤리학은 고통 회피에 관한 것이 아니며, 오히려 상처와 상실, 박탈에 뒤이은 체념과 수동성을 초월하기에 관한 것이다. 존재는 타자에 의한 잠재적 위해로부터의 자기방어와 면역의 형태로서의 도덕적 규칙 및 규약을 적용하는 것에 대항해 윤리적이 되어야 한다. 고통을 참작한다는 것은 출발점이다. 그러나 이 과정의 목적은 고통에 의해 야기된 수동성과 무기력의 영향을 극복하는 방법을 탐구하는 데 있다. 내적 혼란과 균열, 고통 역시 윤리적 변신 가능성을 위한 조건이다. 고통을 통해 이를 가로지르는 질적 도약은 되기의 긍정적 방법들을 현실화하는 동작이다. 이는 사회적 기획으로서의 희망을 건설하는 몸짓이다.

 페미니즘은 여성이 이 변신의 과정, 우리가 가지지 못했던 것을 주는 과정, 제한된 사회적 지평의 비참함과 제약을 벗어나 가능성 있는 세계들을 창조하는 과정을 지속하기 위해 사회적으로 기대되고 고무되는 윤리적 주체임을 가르쳐준다. 이는 계몽적 역설로 생각될 법하지만, 윤리적 변신의 과정을 이끄는 데 우위를 점하는 것은 이미 심신이 피폐해진 사람들이나 고통과 상처로 괴로워하는 사람들이다. '더 나은 자질'은 그들이 남들보다 먼저 상처를 입었고, 고통을 경험했다는 사실로 이루어진 것이 아니다. 왜냐하면 그들은 이미 어떤 존재적 구분의 다른 편에 있으며, 그들은 어떤 면-긍정적인 면-에서는 이례적이기 때문이다. 그들은 가치전위(轉位)의 현장에 있다. 괴물들(Braidotti, 2002)과 일탈적 타자에 관한 이전 저작에서 필자는 이 패러독스를 비정상성 규범-또는 정상적이고 바람직한 이상-에서 떨어져 나간 것들의 생산적 본질이라는 측면에서 분석했다. 타자들, 외계인, 외국인, 괴물스럽거나 낯설어 보이는 타자들은 창조적 잠재력과 충격적인 새로운 조합을 위한 강력한 약속의 현장이다. 그들에게 마음을 터놓고 이러한 긍정적 측면을 보는 것이 지배적 주체들이 해야 할 일이다.

마르크스주의 인식론과 탈식민주의, 페미니스트 입장 이론은 항상 '주변'을 이루는 '타자'가 지닌 특권적 앎의 위치를 인식해왔다. 주변과 주변화된 사람들 안에는 엄청난 양의 앎이 존재한다. 인종차별정책 이후의 남아프리카공화국에서 '진실과 화해위원회'라는 세계사적 현상을 수행한 만델라(Mandela)라는 인물이 그 예가 될 수 있다. 이는 인정에 대한 공적 의례이자, 고통을 유대와 부활의 집단적 의례로 변신시킨 사례이다. 이는 차이를 불러일으키고, 복수와 부정적 감응의 영원한 회귀를 자리에 앉히지 않는 반복 형태이다. 부정성을 보다 지속가능하고 삶을 보다 향상시키는 것으로 변신시키는 대규모 훈련인 것이다. 인내는 이 같은 변신과정을 위한 스피노자적 암호명이다.

인내는 신체-이는 열정 또는 힘이 현실화되는 구체적 현장이다-라는 공간에서 행해진다는 공간적 측면을 갖는다. 인내는 이 힘들에 의해 영향을 받는 능력의 일종으로 고통의 지점, 또는 극도의 기쁨에 대한 감응과 즐거움을 이끌어낸다. 인내는 고통에 의해 소멸됨 없이 그 고통을 지탱하도록 싸울 것을 지시한다. 그러나 인내는 또한 시간의 지속과 관련해 시간적 차원을 가진다. 이는 기억과 관련되어 있다. 강렬한 고통, 잘못, 배신, 상처는 쉽게 잊히지 않는 것이다. 고통스러운 사건들에 관한 트라우마적 충격은 이 사건들을, 필자가 앞서 말했듯이 빠져나오기 힘든, 끊임없는 불굴의 현재 시제에 고정시킨다. 이는 바로 견딜 수 없는 것의 영원한 회귀, 그리고 보통 말하는 대로 쓸모없거나 시기상조이거나 부적절한 양상으로 되돌아오는 것들의 회귀이다. 그러나 기억하기가 고통 그 자체의 회귀와 반복을 수반하는 한 이 고통스러운 사건들은 역설적으로 기억하기 어려운 것이기도 한데, 사람은 고통을 회피하려는 경향이 있기 때문이다.

정신분석학은 이러한 역설에 관해 유용한 통찰을 준다(Laplanche, 1976). 무의식의 유사성에 관한 프로이트(Freud)의 논리는 억압된 것의 회귀에 대한 개념을 이해하기 위한 중요한 실마리를 제공한다. 그러나 이 논리는 비밀스러우며 어느 정도는 보이지 않는 실마리이기도 하다. 이 실마리는 공간을 증후의 경련으로, 시간을 현재에 대한 사유가능성을 채굴하는 지름길로 압축한다. 크리스테바(Kristeva)의 비체(abject) 개념은 정신분석학에 포함되어 있는 일그러진 시간성을 아주 명료하게 표현한다. 크리스테바는 부정성에 의해, 이해할 수 없고 사유 불가능하며 당연하지 않은 지식에 의해 작동되는 구조적 기능을 강조한다.

들뢰즈는 이러한 타자성을 '카오스(chaos)'라고 부른다. 그리고 이를 가능한 모든 형식에 대한 잠재적 형성으로서 긍정적인 것으로 정의한다. 다른 한편, 라캉(Lacan)과 데리다는 카오스를 인식론적으로 형식, 구조, 언어에 앞선 것으로 정의한다. 이러한 정의는 시간, 그리고 필자의 논의 목적에서 보다 중요한, 부정성에 관해 급진적으로 갈라지는 두 가지 개념을 만들어낸다. 헤겔을 추종하는 라캉에게 이해 불가능한 것은, 스피노자와 베르그송(Bergson), 니체(Nietzsche)를 추종하는 들뢰즈에게는 잠재성이다. 이는 수많은 중요한 이동을 생산해냈다. 이를테면 부정성에서 긍정적 감응들로, 엔트로피적인 것에서 생산적 욕망으로, 이해 불가능한 것에서 현실화되는 잠재적 사건으로, 구성적 외부에서 상호 일치성을 요구하는 정서기하학으로, 우울과 분열에서 자유로운 연결망 같은 주체로, 인식론적인 것에서 탈구조주의 철학에서의 존재론적 회귀 같은 것들이 그것이다.

물론 니체 역시 이전에 비슷한 주장을 펼친 바 있다. 니체의 영원회귀는 신경증의 강박적 양상의 반복도, 트라우마적 사건을 표시하는 부정적 삭제의 반복도 아니다. 그것은 긍정성으로서의 영원회귀이다(Ansell-Pearson, 1999). 유목적이며 들뢰즈 - 니체적 관점에서 볼 때 윤리학은 본질적으로 부정성을 긍정적 열정으로 변신시키는, 이를테면 고통 너머로 이동하는 것에 관한 것이다. 이는 고통을 부정한다기보다 오히려 이를 활성화하고 고통을 통해 작동하는 것이다. 또한 여기서 긍정성은 경솔하게 낙관하거나 인간의 괴로움에 대해 부주의하게 방기하지 않는다. 이는 바우만(Bauman, 1993)과 손택(Sontag, 2003)이 지적했듯이, 감정이입적인 공-현존(co-presence) 방식을 통해 타자의 고통에 대한 연민 어린 목도(witnessing)를 수반한다.

5. 우리에게 일어난 일들을 가치롭게 하기

보다 문제적인 두 가지 측면이 제기될 필요가 있다. 첫 번째는 우리 문화가 고통을 괴로움과 동일시함으로써 고통을 기화하는 경향이 있으며, 그 결과 고통이 불평의 이데올로기를 촉진시킨다는 진부한 얘기에서 기인한다. 현대 문화는 요구와 보상이라는 쌍둥이 원칙에 기반을 둔 공중도덕성을 장려하고 보상해왔다. 법적·경제적 해결은 마치 고통스러운 상해, 지속된 고통, 장기간에 걸친 부정의(不正義)의 결과에 대한 답이 될 수 있는 것처럼 보인다. 이 같은 경향을 실증하는 사례들은 도둑맞은 재산, 예술품, 은행예금의 반환을 통한 홀로코스트(Shoah) 보상이다. 비슷한 요구들이 아프리카에서 북아메리카로 강제이주한 노예들의 후손에 의해 제기되었고, 보다 최근에는 소련 공산체제가 야기한 피해, 그중에서도 유태인과 이전의 다른 시민들에게 행해진 사유재산 몰수에 대한 보상이 있다. 또 다른 두드러진 예는 제2차 세계대전 중 일본의 식민지배 아래 있었던 한국 종군위안부 보상에 관한 논의이다. 우리 시대의 많은 주류 페미니즘 역시, 특히 미국에서는 법적 요구와 경제적 보상 쪽으로 움직여왔다. 필자는 이처럼 정치적·윤리적 문제를 법적·경제적 보상을 통해 해결하려는 경향이 올바른 방향으로 나아가는 길은 아니라고 생각한다. 핵심은 부정성을 초월하려는 작업을 통해 차이를 만드는 것이다. 이는 변신의 긍정적 윤리학을 주류에 대항하는 투쟁으로 만든다.

이로부터 성립된 두 번째 문제는 습관의 힘이다. 주체가 확립된 습관들의 침전물이라는 가정에서 출발하면, 습관의 힘은 관계의 양상과 사회적 상호 작용의 힘을 강화하는 반복 패턴으로 볼 수 있다. 습관은 통일성이라는 외관을 위한 틀거리이며, 주체 내에서 구성된 일관성이다. 들뢰즈 페미니스트의 언어로 하자면, 이는 주체들의 유목적이며 비통일적이고 복잡한 구조가, 비록 일시적일지라도 어떻게 재영토화되고 고정되느냐에 관한 것이다. 우리 문화에서 확립된 습관 중 하나는, 필자가 앞서 언급했듯이 '고통'을 '괴로움'과 동일시하고, 그것들을 정당한 보상과 풍부한 공감을 요구하는 사회적 수행으로 해결하려는 것이다. 따라서 도덕적 자극은 고통을 이해하고 공감하려는 경향과 동일시된다. 그 결과 사람들은 모든 고통을 완화하기 위해 긴 시간을 보내며, 고통에 맞서기 위한 다양한 담론들이 계속해서 돌아다닌다. 다시 말하지만, 필자의 목적은 이러한 담론을 무시하거나 묵살하려는 것이 아니다. 크나큰 괴로움은 항상 그 괴로움의 원천을 알지 못하거나 분명히 표현할 수 없기 때문에, 혹은 너무 잘 알기 때문에 발생한다. 위로, 힘듦의 종결, 정의에 대한 열망은 이해할 만

하며 존중할 만한 것이다. 그러나 필자가 주장하고자 하는 바는 윤리적 측면에서 이 같은 접근은 의심을 야기하며, 결국에는 도움이 되지 않는다는 것이다.

이처럼 외견상으로 급진적인 입장의 첫 번째 이유는 보상의 불가능성과 관련된다. 이러한 윤리적 딜레마는 이미 리오타르(Lyotard, 1983), 그리고 이보다 훨씬 앞서 나치 강제수용소 생존자들과 관련해 프리모 레비(Primo Levi)에 의해 제기되었다. 다시 말해, 공포의 수준이 높거나 낮은 사건들에 직면한 인간들이 경험하는 취약성과 그 같은 체계적 악(惡)은 적절한 보상이 없는, 심지어 상상할 수조차 없는 일이다. 이는 그저 비교가 불가능한, 보상 너머에 있는 고통 또는 상처이다. 이는 권리와 배상의 논리에 입각한 정의 개념이 적용 불가능함을 의미한다. 탈구조주의자 리오타르에 따르면, 윤리는 충분한 보상이 불가능함 – 그리고 '디퍼랑드(differend)' 또는 열린 상처와 살아가기 – 을 수용하는 데 존재한다.

두 번째 이유는 좀 더 실용적인 것이다. 부정적인 것을 긍정적인 감정으로 변형하기, 즉 긍정의 윤리학에 이르는 길은 권리적 측면에서 응징의 논리에 매달리지 않고 고통을 존중하며, 그럼으로써 보상을 받는 이중 목적을 성취한다. 이는 필자가 앞서 주장했듯이 사건의 탈개인화를 통해 고통을 탈심리화 – 이것이 궁극적인 윤리적 과제이다 – 함으로써 성취될 수 있다. 에고에 표시된 반작용을 이동시키고 양적 보상 요구에 매달리는 것은 어떤 사람이 받는 고통이나 부정의, 상처의 근본적인 무의미성을 노출한다. "왜 하필 나인가?"는 극단적인 괴로움과 커다란 고통의 상황에서 가장 흔히 들을 수 있는 반복적 질문이다. 이는 자신의 불우한 운명에 대해 비통함뿐 아니라 극심한 분노를 표현하는 것이다. 이에 대한 대답은 아주 단순하다. 실질적으로 아무 이유도 없다는 것이다. 이에 관한 예는 홀로코스트와 같은 대규모 학살에서 드러난 악의 평범성(Arendt, 1963)과 생존의 무작위성이다. 고통이나 상처, 부정의가 본질적으로 무의미한 일이 있다. 생명은 모든 이유로, 그리고 아무 이유 없이 사라지거나 살아남는다. 다른 이들이 기차를 놓치는 동안, 왜 어떤 이는 9·11에 세계무역센터에 출근했는가? 왜 프리다 칼로(Frida Kahlo)는 전차를 타서, 사고가 나 철심에 찔려야 했는가? 왜 그 옆 사람이 아니라? 어떤 이유도 없다. 이유는 이에 대해 아무것도 할 수 없다. 이것이 바로 핵심이다. 우리는 우리에게 일어난 모든 것들을 가치 있는 것으로 길러내야 한다. 우리는 고통을 의미를 추구하는 데서 분리하고, 그 사건과 공존하는 다음 단계로 이동시킬 필요가 있다. 이것이 바로 부정성을 긍정적인 열정으로 변신시키는 것이다.

이는 운명주의가 아니요, 하물며 체념은 더더욱 아니다. 이는 오히려 부정성을 전복하는 니체의 윤리학이다. 이를 아모르 파티(amor fati; 運命愛)라 부르자. 우리는 우리에게 일어난 것을 가치 있게 만들고, 그것을 관계의 윤리학 내에서 재가공해야 한다. 물론 몹시 불쾌하고 참을 수 없는 사건들도 일어난다. 그러나 윤리학은 이러한 사건들을 긍정적 관계라는 방향으로 재가공함으로써 구성된다. 이는 무심함이나 연민의 부족이 아니라 고통의 무의미성과 보상의 헛됨을 인식하는 명료함의 형태다. 이는 또한 윤리적 사례는 보복이나 보상이 아니라, 오히려 부정성을 능동적으로 변신하는 데 달려 있음을 다시 한 번 강력히 주장한다.

이는 이중의 이동을 요구한다. 첫째로 감응 그 자체는 고통에 대해 냉담하거나 반동적인 영향에서 생산적 잠재력이라는 순리적(順理的) 긍정성으로 이동한다. 두 번째로 질문의 순서 역시 원천이나 기원에 대한 탐색으로부터, 그 한계를 이해함으로써 자유를 성취하는 주체의 능력을 표현·강화하는 질문들이라는 정교한 과정들로 이동한다.

그렇다면 적절한 윤리적 질문이란 무엇인가? 그중 하나는 타자와 맺는 상호 관계, 예를 들어 더욱 '삶'적이고 운동적, 변화적, 변신적인 것을 추구하는 데에서 주체를 지속할 수 있게 하는 것은 무엇인가 하는 것이다. 이는 삶을 차이들의 작동으로서 긍정하는 것이다. 적절한 윤리적 질문은 주체에게 상호 작용과 변화, 성장과 운동을 위한 틀을 제공한다. 윤리적 질문은 신체가 얼마만큼 받아들일 수 있는가와 관련해 적절한 것이어야 한다. 체현된 실재는 상호 관계와 연결의 양상을 얼마나 흡수할 수 있는가? 예를 들어, 우리는 얼마만큼의 행동의 자유를 견딜 수 있는가? 니체를 따르자면, 긍정의 윤리학은 인간성이 자유로부터 생겨난 것이 아니라, 오히려 그 한계성을 지각하는 데서 자유를 얻을 수 있다고 가정한다. 긍정의 윤리학은 부정성이라는 부담으로부터의 자유, 우리의 속박에 대한 이해를 통한 자유에 관한 것이다.

6. 변신의 윤리학에서의 타자성에 관한 질문

긍정의 윤리학은 타자와 맺는 상호 관계에서 주체성을 구성하는 것이다. 이는 노출, 능력, 취약성뿐 아니라 서로를 임파워먼트하는 관계의 형태이기도 하다. 긍정의 윤리학은 탈구조주의로부터 상호 의존성을 주체성의 핵심에서 확장가능성의 형태로 수용하면서 윤리학을 재인의 논리 너머로 이동시키는 것이 필요하다는 인식을 물려받았다. 관계에 대한 강조는 유목적 주체성의 정의적 특성이다. 이는 주체를 구성하는 강렬함을 표현하는 도덕적 작업을 추구함과 동시에 타자, 타자의 고통과 즐거움을 담아낼 필요성을 수반한다. 횡단적 주체성의 체현되고 연결된 형식은, 보편적 도덕성의 칸트적 형태들이 내포하는 봉쇄의 위계적 형태에 대항하고 이를 넘어서는 데서 발생한다. 긍정의 윤리학에 관한 유목적 시각은 되기의 일반적 흐름 안에서 주체를 개체화의 양상으로 보는 일원론적 존재론에서 발생한다. 이는 또한, 발생적인 힘 또는 조에로서의 삶의 개념을 함축하고 있다. 결과적으로 전통적 방식의 자아와 타자 간 구별은 존재하지 않으며, 강렬함의 변주, 공감에 의해 형성된 집단들, 복잡한 동시화만 있을 뿐이다.

주체를 이해하는 데에서, 이처럼 높은 수준의 역동적 횡단성은 비인간적 관계를 참조함으로써 강화된다. 여기서 논의되는 '타자들'은 의인화되지 않은 것이며, 행성의 힘(planetary forces)을 포함한다. 이는 인간중심적 타자를, 특권적 장소와 피할 수 없는 타자성의 지평선으로 만드는 인본주의적 전통과 충돌한다. 이 같은 동일자 - 타자 관계에 대한 급진적 재정의는 삶 자체, 다시 말해 비인간적 힘의 현존에 관한 생명정치학을 강조한다. 이에 관한 예들은 프랭클린과 루리, 스테이시(2000)가 주장한 세포들, 파리시(Parisi, 2004)가 지적한 바이러스와 박테리아, 브릴드와 리케(Bryld and Lykke, 1999)가 오랫동안 주장해온 지구의 타자들(earth others)이 있다. 이러한 탈인본주의 윤리학은 판단의 기준을 개인이 아니라 관계로 가정한다. 이는 커플과 상호 의존적 공-현실(co-reality)을 통해 타자와 영향을 주고받는 긍정적 의미에서, 타자에 대한 개방을 의미한다. 타자에 대한 견제는 상호 관계적 감응성을 통해 발생한다. 이는 한계에 대한 칸트적 교섭이 발생하는 기반을 대체한다. 당신 자신에게 하지 않았으면 하는 것은 타자에게도 하지 말라는 명령은 버려지는 것이 아니라 오히려 확장된다. 긍정의 윤리학에서는 타자에게 해를 가하게 되면 잠재력, 긍정성, 관계 맺기 능력, 그에 따른 자유의 상실이라는 점에서 즉시 반사되어 자기 자신에게 해가 미친다.

이것이 바로 유목적 철학과 수많은 대륙 철학자들 − 이리가레이의 '지평적 초월성' 개념을 급진화한 벤저민(Benjamin, 1988), 리오타르의 '디퍼랑드'(1983)와 '배상되지 않는'이라는 개념, 버틀러(Butler, 2004a)의 '불확실한 삶'에 대한 강조 − 사이의 주요 차이점이다. 이러한 점에 관해 버틀러와의 논의(Braidotti, 2002; Butler, 2004b)를 지속하기 위해, 우리가 탈구조주의 전통의 서로 다른 분파를 표현한다는 가정 아래 이를 우리 각자의 철학에서 타자의 얼굴(the other's face)의 역할에 관한 논의로 확장하고자 한다. 우리는 타자성을 언제나 이미 타협한 일련의 협상을 요청하는 한계 — 이것이 비록 협상 가능한 것이라 하더라도 — 에 대한 표현으로 이해할 수 있다. 이것이 레비나스(Levinas, 1999)의 타자의 얼굴이 가진 기능이며, 확장하자면 데리다의 윤리학이다. 혹은 필자가 앞서 언급한 것처럼, 현재의 조건들에서는 지속되지 않는 가치와 힘을 긍정하는 흐름을 위해 타자성을 촉구, 결집하고 허용하는 방법을 찾을 수도 있다. 즉, 긍정의 윤리학 말이다.

생명중심적인 평등주의는 상호 호혜라는 기대를 부수며, 그 대신에 상호적인 재인의 불가능성과 상호적인 특성 및 상호 의존의 필요성을 부각한다. 부정성이 능동적인 열정으로 변신하는 윤리적 과정은 혹독한 고통의 얼어붙은 울타리에 시간과 움직임을 도입한다. 이는 인내와, 그럼으로써 지속가능한 미래를 위한 새로운 조건들을 창조한다는 점에서 희망을 긍정하는 제스처이다. 이것이 사회이론에서 함축하는 바는 매우 크다.

게이튼스와 로이드는 들뢰즈와 스피노자의 작업에서 긍정의 윤리학의 개념들에 관한 정치적 관련성을 강조한다. 다른 인간 및 비인간 행위자와 상호 관계를 맺는 미덕에 의해 우리는 스스로 하지 않았던 행위들에서조차 책임을 공유한다. 여기서 아렌트(Arendt)를 언급하는 것은 매우 중요하다. 우리가 책임을 지는 이유는 우리가 공동체의 일원이기 때문인데, 공동체에서 태어났다는 이유로 이 자격이 획득되는 한 이를 자발적으로 없앨 수는 없다. 우리는 모두 인간이기 때문에 인간성은 우리의 판단에 관한 준거(準據) 기준이다. 인류는 잠재적으로 모순적인 공동체의 복잡한 다양성에 속해 있다. 따라서 사회성은 타고난 것이며, 이는 정서적·감정적 유대를 수반한다. 여기서 시간적 차원은 또다시 중요해진다. 장소는 공간적일 뿐 아니라 시간적 현장이다. 왜냐하면 장소는 일반적으로 공유된 기억, 그리고 현재까지 영향을 미치고 미래까지 이어지는, 과거에 대한 감각을 수반하기 때문이다. 이를 이해하는 것은 사회적 시민권과, 그로써 권한을 부여받는 윤리적 대리자의 형식 모두에게 중요한 열쇠이다.

개별 인간은 자유와 자기표현을 향한 그/녀의 욕망(코나투스)에 의해 연결성과 그에 따른 사회성에 의해 정의되기 때문에 사회적·정치적 차원들이 주체를 건설한다. 그것은 고유한 인간 능력과도 같다. 다시 말해, 개인적인 것과 정치적인 것 사이에는 어떤 불화도 없음을 의미한다. 인간의 상상력과 해석에 관한 공통의 유대는 개별 인간을 더욱 큰 전체로 묶어낸다. 좋은 통치의 목적은 이 같은 권리를 보호하고 향상하는 데 있는 반면, 나쁜 통치체제는 이 같은 권리를 억압하고 제한한다. 이는 시민권에 대한 행동생물학적 접근이다. 문화와 정치는 각자, 그리고 모두의 잠재력을 어떻게 향상시킬 수 있는지, 그로써 감응성을 포함하는 이성 개념의 힘을 어떻게 발전시킬 수 있는지에 대한 규칙과 제안의 창고이다.

이 같은 부정성의 흐름 전환은 우리의 한계와 상호 의존, 그리고 속박을 인지함으로써 이해의 자유를 성취하는 변신의 과정이다. 이는 다른 신체들과 실재, 존재, 힘들과의 만남과 어울림을 통해 존재의 본질을 기쁨으로 긍정하는 자유를 낳는다. 이는 변신의 윤리학에 충실한 주체들을 위한 임파워먼트의 존재론이다. 윤리학은 이 같은 잠재력에 대한 믿음, 또는 되기를 향한, 그리고 타자와 관계를 지속하고 견디고자 하는 욕망을 의미한다.

되기는 자동사적 과정이다. 이는 어떤 특정한 되기에 관한 것이 아니다. 되기는 오로지 되기가 가능한 존재이거나, 되기에 이끌리거나, 그럴 능력이 있는 것일 뿐이며, 벼랑 끝의 삶이지만 그것을 넘어서지는 않는다. 이는 폭력에 의해 박탈되지 않으며, 오히려 진심으로 연민 어린 것이다. 그것은 어떤 존재의 체화되고 깊이 간직된 한계를, 존재의 힘과 세기, 다양한 타자들과 상호 관계를 맺는 능력에서 필수불가결한 나머지 반쪽이라고 인지하는 데서 시작하는 윤리적·정치적 감각이다. 이는 존재의 강도를 조율하는 작업과 병행해 그것의 현실화 또는 발생의 적절한 양상과 시간을 맞출 수 있도록 해야 한다. 되기는 오직 경험적으로만 체현되고 깊이 간직될 수 있다. 왜냐하면 되기는 상호 관계적이며 집합적이기 때문이다.

7. 나가는 글

긍정의 윤리학은 본질적으로 부정적인 것을 긍정적인 열정으로 변신시키고, 이에 따라 인내의 조건과 지속가능한 변신을 창조함으로써 임파워먼트를 생성하는 관계의 윤리학이다. 사실상 미래는 지속가능한 현실에서 자라나며 그 반대도 마찬가지다. 변신의 정치는 되기의 과정을 견디고 지속하는 공동의 집단적 상상으로서의 미래를 향해 작동한다. 이는 주체성에 관한 유목적 또는 횡단적 모델을 낳는다. 여기서의 주체는 공동의 관심사에 대해 상호적으로 체현된 보금자리로서의 유목적 주체이다. 로이드(Lloyd, 1996: 74)는 이를 "협력적(collaborative) 도덕성"이라 부른다. 이 출발점은 따로 떨어져 있는 것이 아니라 복잡하고 상호 의존적인 공-현실에 있기 때문에 자아-타자의 상호 작용은 각기 다른 모델에 따라 구성된다. 주체가 된다는 것은 고립되어 별개로 존재하는 것이 아니라 타자들에 의해, 그들을 통해 영향받는 데 열려 있음을, 그럼으로써 변신을 겪고 이를 지속할 수 있음을 의미한다. 윤리적 삶은 초월적 가치에 기대지 않고 이질적·비인간적 타자들과 상호 작용하는 다양한 양상에서 서로 연결되어 있음을 자각하는 안에서 주체를 향상시키고 강화하는 삶을 추구한다. 윤리적 선은 세계 속에서 생산적 방법으로 행동할 수 있는 능력을 증대시키는 조건들을 만들어내는 긍정적 생산이다. 긍정의 윤리학은 현재를 가치 있게 만듦으로써, 또한 부정성에 대항할 힘과 능력을 현재와 결합시킴으로써 현재에 적극적으로 참여할 수 있도록 해준다. 여기서 핵심적인 개념은 저항의식의 적대적 양상으로서가 아니라 희망에 대한 사회지평을 함께 건설하는, 소박하고 힘을 주는 제스처로서 시간과 함께, 또한 그 시간에 맞서 사유해야 할 필요성이다.

참고문헌

Agamben, Giorgio. 1998. *Homo Sacer: Sovereign Power and Bare Life*. Stanford: Stanford University Press.
Ansell-Pearson, Keith. 1999. *Germinal Life: The Difference and Repetition of Deleuze*. London and New York: Routledge.
Arendt, Hannah. 1963. *Eichmann in Jerusalem: A Report on the Banality of Evil*. New York: The Viking Press.
Balibar, Etienne. 2002. *Politics and the Other Scene*. London: Verso.
Bauman, Zygmunt. 1993. *Postmodern Ethics*. Oxford: Blackwell's Publisher.
Benjamin, Jessica. 1988. *The Bonds of Love: Psychoanalysis, Feminism and the Problem of Domination*. New York: Pantheon Books.
Bhabha, Homi K. 1994. *The Location of Culture*. London and New York: Routledge.
Brah, Avtar. 1996. *Cartographies of Diaspora: Contesting Identities*. New York and London: Routledge.
Braidotti, Rosi. 1994. *Nomadic Subjects*. New York: Columbia University Press.
_____. 2002. *Metamorphoses: Towards a Materialist Theory of Becoming*. Cambridge, UK and Malden: Polity Press/Blackwell Publishers Ltd.
_____. 2006. *Transpositions: On Nomadic Ethics*. Cambridge: Polity Press.
_____. 2008. "In Spite of the Times: The Postsecular Turn in Feminism." *Theory, Culture & Society*, Vol. 25, No. 1, pp. 1~24.

Butler, Judith. 2004a. *Precarious Life: The Powers of Mourning and Violence*. London: Verso.

_____. 2004b. *Undoing Gender*. London and New York: Routledge.

Bryld, Mette and Nina Lykke. 1999. *Cosmodolphins: A Feminist Cultural Studies of Technology, Animals and the Sacred*. London: Zed Books.

Cornell, Drucilla. 2002. "The Ubuntu Project with Stellenbosch University." Retrieved January 2, 2007, from www.fehe.crg/index.php?id=281

Dawkins, Richard. 1976. *The Selfish Gene*. Oxford: Oxford University Press.

De Lauretis, Teresa. 1986. *Feminist Studies/Critical Studies*. Bloomington: Indiana University Press.

Deleuze, Gilles. 1968. *Difference and Repetition*. translated by Paul Patton. London: Athlone.

Deleuze, Gilles and Felix Guattari. 1992. *What is Philosophy?* New York: Columbia University Press.

Derrida, Jacques. 2001. *On Cosmopolitanism and Forgiveness*. translated by Mark Dooley and Michael Hughes. London and New York: Routledge.

_____. 2002. *Acts of Religion*. London and New York: Routledge.

Foster, Hal. 1996. *The Return of the Real: Art and Theory at the End of the Century*. Cambridge: MIT Press.

Foucault, Michel. 1977. *Discipline and Punish*. New York: Pantheon Books.

Franklin, Sarah, Celia Lury and Jackie Stacey. 2000. *Global Nature, Global Culture*. London: Sage.

Fukuyama, Francis. 1989. *The End of History?* Washington D.C.: United States Institute of Peace.

_____. 2002. *Our Posthuman Future: Consequences of the Biotechnological Revolution*. London: Profile Books.

Gatens, Moira and Genevieve Lloyd. 1999. *Collective Imaginings: Spinoza, Past and Present*. London and New York: Routledge.

Gilroy, Paul. 2000. *Against Race: Imaging Political Culture beyond the Color Line*. Cambridge, MA: Harvard University Press.

_____. 2004. *After Empire: Melancholia or Convivial Culture?* London and New

York: Routledge.

Glissant, Edouard. 1997. *Poetics of Relation.* translated by Betsy Wing. Ann Arbor: University of Michigan Press.

Griffin, Gabriele and Rosi Braidotti. 2002. *Thinking Differently: A Reader in European Women's Studies.* London: Zed Books.

Guattari, Felix. 2000. *The Three Ecologies.* London: The Athlone Press.

Haraway, Donna. 1997. *Modest_Witness@Second_Millennium. FemaleMan ©_Meets _OncoMouse: Feminism and Technoscience.* London and New York: Routledge.

Hill Collins, Patricia. 1991. *Black Feminist Thought: Knowledge, Consciousness and the Politics of Empowerment.* New York and London: Routledge.

hooks, bell. 1990. "Postmodern blackness." in *Yearning: Race, Gender and Cultural Politics.* Toronto: Between the Lines.

Irigaray, Luce. 1985. *Speculum of the Other Woman.* translated by Gillian Gill. Ithaca: Cornell University Press.

Kristeva, Julia. 1982. *Powers of Horror: An Essay on Abjection.* translated by Leon S. Roudiez. New York: Colombia University Press.

Laclau, Ernesto. 1995. "Subjects of Politics, Politics of the Subject." *Differences: A Journal of Feminist Cultural Studies*, Vol. 7, Issue 1, pp. 146~164.

Laplanche, Jean. 1976. *Life and Death in Psychoanalysis.* Baltimore and London: Johns Hopkins University Press.

Levinas, Emmanuel. 1999. *Alterity & Transcendence.* London: The Athlone Press.

Lyotard, Jean Francois. 1983. *Le Différend.* Paris: Editions de Minuit.

Lloyd, Genevieve. 1996. *Spinoza and the Ethics.* London and New York: Routledge.

Morin, Edgar. 1987. *Penser l'Europe.* Paris: Gallimard.

Norton, Ann. 2004. *Leo Strauss and the Politics of American Empire.* New Haven: Yale University Press.

Parisi, Luciana. 2004. *Abstract Sex: Philosophy, Bio-Technology, and the*

Mutation of Desire. London: Continuum Press.

Rich, Adrienne. 1987. *Blood, Bread and Poetry*. London: Virago Press.

Said, Edward. 1978. *Orientalism*. London: Penguin Books.

Schmitt, Carl. 1996. *The Concept of the Political*. Chicago: Chicago University Press.

Seltzer, Mark. 1997. "Wound Culture: Trauma in the Pathological Public Sphere." *October*, Issue 80, pp. 3~26.

Shiva, Vandana. 1997. *Biopiracy: The Plunder of Nature and Knowledge*. Boston: South End Press.

Sontag, Susan. 2003. *Regarding the Pain of Others*. New York: Picador.

Ware, Vron. 1992. *Beyond the Pale: White Women, Racism and History*. London and New York: Verso.

West, Cornell. 1994. *Prophetic Thought in Postmodern Times*. Monroe, Maine: Common Courage Press.

제2장 초국가적 여성 공동체와 지구적 정의

강혜령(미국 네바다 대학교 철학과 교수)

1. 들어가는 글

지구화가 지속됨에 따라 그 혜택과 부담은 국가 간뿐만 아니라 젠더 사이에서도 불균등하게 분배되어왔다. 이처럼 정의의 여건이 새롭게 구성되는 세계적인 현상이라면, 중요한 문제가 표면화된다. 지금까지 철학자들이 무시해온 지구적 정의를 요구하는 새로운 유형의 행위주체가 나타났는가?

최근 지구적 정의에 관한 두 개의 경합적인 이론 모델이 철학적 사고를 지배하고 있는데, 민족주의와 세계시민주의가 바로 그것이다. 사회존재론의 민족주의 모델에서 지구적 정의 요구의 주요 행위자는 민족국가 혹은 국가 공동체로 간주된다. 반면에 세계시민주의 모델에서는 세계시민

---

* 이 글은 2008년 이화여대 아시아여성학센터에서 주최한 "2008 International Summer Lecture Sessions: Feminist Ethical Issues in Globalization"에서 "Transnational Women's Collectivities and Global Justice"라는 제목으로 발표된 후 *Journal of Social Philosophy*, Vol. 39, Issue 3(2008), pp. 359~377에 수록된 "Transnational Women's Collectivities and Global Justice"를 번역한 것이다.

으로서의 개인들이 그러한 행위자로 여겨진다. 이 글에서는 이러한 모델들이 존재론적 조건과, 최근 지구화로 인해 위험에 처하면서 글로벌 경제의 결과로 고통받는 여성들의 정의 요구를 효과적으로 포착하는 정의의 여건을 적합하게 반영하고 있는지에 대해 고찰해보려 한다. 필자는 초국가적인 페미니스트 모델을 대안으로 제안하고자 한다. 이 모델에 입각해 지구화 과정이 정의의 존재론적 조건으로서 초국가화된 사회경제 단위를 만들어냈다는 것과, 그러한 상황에서 초국가적인 여성 공동체가 지구적 정의의 행위주체로 등장한 현상에 대해 논할 것이다. 이들은 자신들의 혜택과 관련된 부담을 지고 있는 다른 사람들의 정의 요구를 옹호함과 동시에 스스로를 위한 공동체로서의 정의 요구를 구성하고 실행하고 있다.

우선 지구촌 세계에서 많은 여성들의 상황을 간단히 그려보는 것으로 시작하고자 한다. 그러고 나서, 민족주의와 세계시민주의에 대한 페미니스트 비평을 언급하고 지구적 정의 요구 행위주체로서 여성들의 초국가적인 공동체를 제시할 것이다. 이러한 공동체들이 지리, 국가, 언어, 문화에 따라 내적으로 다를지라도, 지구화 과정에서 서로 유사하거나 관련되어 있는 위치가 지구적 차원에서의 정의 요구라는 중첩되는 합의에 도달하기 위한 근거를 제공할 것이다. 마지막으로, 이러한 공동체들의 주장이 민족주의와 세계시민주의의 관심사와 양립할 수 있음을 지적할 것이다.

2. 배경가정들

1) 지구적 정의영역으로서의 지구화

이 글에서는 비이상적인 구조적 맥락주의 접근[1]을 적용하고 있다. 맥락주의적 접근은 정의이론이 맥락 관련적, 특히 세 가지 의미가 있는 비

(非)이상적 조건에서 맥락적이라는 것을 내포한다. 첫째, 정의의 여건, 예를 들면 정의를 필수적인 것으로 만드는 그러한 상황들, 둘째, 정의의 여건이 발생시키는 정의의 영역, 셋째, 정의영역에서 구성원들 사이의 사회적 관계, 예를 들어 부담과 혜택이 분배되는 사람들 사이의 관계이다. 정의이론이 맥락 의존적이라면, 정의 이슈가 발생하는 상황을 확인할 때까지 정의 요구의 행위주체가 누구여야 하는지, 누가 누구에게 왜, 또는 어떤 원칙들이 정의 여건에 적용되어야 하는지를 결정할 수 없다. 이러한 접근방식을 고려해볼 때 지구적 정의영역을 간단히 살펴보는 데서 시작할 필요가 있다고 본다. 이것은 현재 프로젝트에 대한 구체적인 맥락을 제공할 것이다.

지구적 정의라는 주제에 관해 계속되고 있는 철학적인 논의들은 국제적인(international) 정의영역과 지구적(global) 정의영역 사이에 뚜렷한 구분을 하지 못하고 있다. 그러나 현재 지구화 추세는 '국제적 정의'라는 용어에 의해 충분히 설명될 수 없는 지구적 정의에 대한 좀 더 명백한 특유의 영역을 구축해가고 있다고 생각한다.

'지구화'는 다양한 방식으로 정의될 수 있다. 여기서 필자는 재거(Jaggar, 2001: 298)와 같은 용어를 사용할 것이다. 재거는 다음과 같이 말하고 있다. '지구화'는 "여러 지역과 국가경제가 하나의 단일한 세계시장으로 급격히 통합되어가는 것"과 "이러한 과정의 정치적이고 문화적(심지어 군사적)인 필연적 결과들"을 가리키기 위해 사용된다. 이러한 광범위한 의미에서 지구화는 새로운 것이 아니다. 그러나 신자유주의 버전의 지구화가 두드러지기 시작할 때 지구적 정의의 새롭고 좀 더 긴급한 이슈들이 발생하기 시작한다.

---

1) 비이상적인 맥락주의적 접근에 대해서는 강혜령(Kang, 2007) 참조.

현대 신자유주의 버전의 지구화는 신자유주의에 의해 이론적으로 지지되고 세계무역기구(WTO), 국제통화기금(IMF), 세계은행(World Bank)과 같은 금융 그리고 정치적인 조직에 의해 제도적으로 통제된다. 이러한 조직들의 정책은 '자유'무역, 민영화, 규제완화, 그리고 구조조정으로 구체화된다(Jaggar, 2001: 298~300).

지구화의 제도화된 특성을 고려할 때, 롤스(Rawls, 1971: 54)가 제도를 위한 정의 원칙이 국내사회에서 개인들과 그들의 행동을 위한 정의 원칙과 구별되어야 한다고 주장한 것처럼, 지구적 제도와 구조의 정의에 관한 담론은 국가 사이에 이뤄지는 관계에 대한 정의 담론과 구별되어야만 한다. 지구화와 그것의 제도를 지구적 정의영역으로 보는 두 가지 근거가 있다.

첫째, 민족국가의 기본적인 구조의 역할과 같지는 않아도, 유사한 역할을 함으로써 지구화 제도는 국경을 넘어 재화의 분배에 영향을 준다. 예를 들면, 세계에서 가장 강력한 입법·사법기관인 WTO는 세계적 차원에서 재화, 서비스, 지적 재산권의 거래에 관한 규칙을 다룬다. 2004년 4월 기준 WTO에는 147개국이 회원으로 가입되어 있었고 전 세계 거래의 97% 이상을 규제했다.[2] 국가경제가 세계시장으로 통합됨으로써 지구적 차원에서 재화의 생산, 교환, 유통, 소비가 발생하는, 상당히 단일한 사회경제 단위가 만들어졌다. 남아메리카와 아프리카의 과일·채소 농장과 남아시아와 중국의 의류공장에서부터 선진국 쇼핑센터의 옷 매장과 슈퍼마켓 선반에까지 공급망이 뻗어 있다. WTO 협정이 사실상 지구적 공급망에 관련된 — 소비자, 생산자, 투자자, 그리고 거래자로서 — 사람들을 위한 이

---

2) World Trade Organization, "What Is the WTO," from http://www.wto.org/english/thewto_e/whatis_e/whatis_e.htm

익과 불이익의 분배를 결정할 때 지구적 정의의 맥락이 존재하게 된다.

둘째, 신자유주의 지구화 제도는 민족국가의 기본적인 사회경제구조를 재형성함으로써 사람들의 삶의 방향에 간접적으로 영향을 미친다. 예를 들면, IMF의 구조조정 프로그램은 60개국이 넘는 채무국의 사회경제적인 재구조화를 야기하고, 그것은 결과적으로 사람들의 삶의 기회와 전망에 깊은 영향을 준다. 특히 사회복지 프로그램에서 정부지출을 감소시킴으로써 공기업을 민영화하고 다른 산업들의 규제를 완화하며, 외국 투자자들에게 판매가능성을 열어주면서, 그리고 국내시장 보호를 제거함으로써 IMF는 국가의 기본적인 구조를 재형성하는 데 이바지한다(Jaggar, 2002: 2).[3] 지구적 정의의 떠오르는 영역으로서 세계화된 세계의 현실은 지구적 정의를 요구하는 어떤 유형의 행위주체가 나타나야 하는지에 대한 질문을 제기한다.

2) 지구적 정의영역에서의 여성들

신자유주의 지구화는 세계화의 혜택과 부담이 국가 간뿐만 아니라 젠더 사이에서도 체계적으로 불공평하게 분배되는 지구적 정의의 새로운 상황을 발생시켰다. 많은 요인들이 신자유주의 지구화가 남성과 비교했을 때 여성들의 삶, 특히 남반구 여성들의 삶에 불균형 효과를 주고 있음

---

3) 게다가 암브로즈(Ambrose, 2001: 104)에 의하면, 사용자 부담금제가 시작되면서 케냐에서는 외래환자 방문이 52%나 감소했고, 파푸아뉴기니에서는 농촌진료소의 의료서비스에의 참여가 약 30% 줄어들었으며, 탄자니아에서는 학교출석률이 53.4%로 떨어졌고, 니카라과에서는 초등학교 학생들의 약 4분의 1이 등록하지 않았으며, 니제르에서는 1986년과 1988년 사이에 이루어진 구조조정 프로그램의 결과로, 1983년에 28%로 이미 매우 낮았던 초등학교 입학률이 1988년 20%로 급격히 감소했다.

을 가리키고 있다. 모든 현존하는 세계적인 젠더 불평등이 지구적 정의의 이슈는 아니지만, 필자는 지구화 과정에서 나타나는 정의에 관련된 불균형적인 부담의 세 가지 측면을 강조하고자 한다. 그 세 가지는 세계 노동인력의 여성화, 여성화된 세계 노동인력의 가치 하락, 지구적 제도의 의사결정과정에서 드러나는 절차적인 부당함이다.

첫째, '세계 저임금 노동인력의 여성화'는 지난 30년간 전 세계 생산이 값싼 여성노동력에 점차적으로 의존해왔음을 의미한다. 세계노동기구(ILO) 보고서에 따르면, 수출가공구역(Export Processing Zones: EPZs)[4]에서 전 세계적으로 노동자의 수가 급격하게 증가했는데, 그 수가 1970년대 5만 명에서 2002년에는 4,300만 명에 이르고 있고, 그중 70~80%가 여성들이라고 한다. 여성들은 과일을 수확하고 포장하며, 옷을 바느질하고, 원예농업에 종사하는 지구적 공급사슬의 끝자락에 위치한 노동자의 대다수를 구성한다. 또한 이민을 받아들이는 국가의 자국민에게 제공되는 것보다 훨씬 더 열악한 조건하에서 "더럽고, 위험하고, 힘든 일"을 하는 이주노동자들이 2002년에는 8,000만 명 이상이 된다(ILO, 2004). 늘어나는 부담에도, 여성들은 여전히 저임금의 서비스 영역이나 농업부문에 몰려 있고, 그들은 일반적으로 살아가기에 불충분한 최저임금을 받고 있다. 빈곤선 아래로 살아가는 근로빈곤층은 총 5억 5,000만 명으로 추산되고 있고, 그중 약 3억 3,000만 명이 여성들이다(ILC, 2004). 어떤 이들은 불충분한 임금과 나쁜 환경에 있는 질이 좋지 않은 직업이라 하더라도 직업이

---

4) EPZs는 "특정한 인센티브를 가진 산업구역이 외국 투자자들을 끌어들이기 위해 세워지고, 수입된 원료들이 다시 수출되기 전에 어느 정도의 가공을 거치는 곳"으로 정의된다(ILO, 1998).
http://www.ilo.org/public/english/dialogue/govlab/legrel/tc/epz/reports/epzrepor_w61/도 참고.

없는 것보다 낫다고 말할지도 모른다. 그러나 분배 정의와 관련된 문제는 그들의 수입이 이 일을 하지 않을 때보다 조금 나은지 그렇지 않은지에 관한 것이 아니라, 그러한 열악한 조건에서 그들이 일한 것에 대한 정당한 몫을 갖는지 여부에 대한 것일 것이다.

둘째, 지구화가 많은 수의 가난하고 취약한 여성들에게 일을 제공하긴 하지만, 이러한 일자리들은 최저임금 기준뿐만 아니라 근로시간과 작업장 안전을 포함하는 근로기준이 종종 위반되는 열악한 근로조건을 특징으로 갖는다. 예를 들면, 리사 라흐만(Lisa Rahman), 마하무다 악테르(Mahamuda Akter), 스크 나즈마(Sk Nazma)라는 방글라데시 출신 10대 소녀들은 마감일을 지키기 위해 한 달에 한 번 쉬면서 일주일 내내 하루에 16시간씩 일하도록 강요당했고, 화장실 사용도 허가를 받아야 했으며, 결사의 자유를 전적으로 거부당했다고 증언한다. 그들은 비정상적이고 열악한 장시간 근무조건이 개선되고, '약간의 존엄성'을 가지고 살기 위해 시간당 14센트에서 34센트로의 임금 상승과, 법적 권리가 존중되기를 바란다.[5] 그러한 조건에서 일하는 여성들이 "우리는 꿈을 접었다. 미래에 대한 유일한 희망은 우리 아이들에게 이와 같은 일이 발생하지 않는 것이다"(Oxfam International, 2004: 16)라고 생각할 때, 이것은 일부 사람들을 "그들이 살아야만 하는 방식에 열등감과 애석함을 느끼도록"(Beitz, 1994; Rawls, 2001) 한다는 점에서 정의 이슈로서 다뤄져야만 한다.

마지막으로, 남반구 여성들은 대부분 그들 삶의 방향을 결정하는 의사결정과정에서 법적 권리와 목소리를 가지고 있지 않다. 옥스팜 보고서

---

[5] http://www.nlcnet.org/campaigns/shahmakhdum에서 확인할 수 있음. 여성 노동자들의 심각한 상황에 관한 유사한 보고서는 옥스팜 인터내셔널(Oxfam International, 2004), ILO(1998), ICFTU(2003)을 참조할 것.

(Oxfam International, 2004)는 지난 20년간 다국적기업체의 법적 권리는 급격하게 확장됐으나 다국적기업에서 일하는 가난한 사람들의 법적 권리는 놀랄 만큼 약화되었다고 언급한다. 게다가 여성들은 세계은행 관리자의 5.5%를 구성하고 있고 IMF 고위직의 2.2%를 차지하고 있다. 거래에 관련된 논쟁을 다루는 WTO 분쟁을 해결하기 위해 1998년에 선발된 총 159명의 거래정책 전문가 중에서 단지 12명간이 여성이었다(UNIFEM, 2002).[6] IMF 186개 회원국 중에서 미국이 17.1%의 투표권을 갖고 있고, 46개의 사하라 이남 아프리카 국가들은 단지 4.3%의 투표권을 가지고 있음을 고려할 때 남반구 여성들의 상황은 더욱 심각하다.[7] 세계적 차원에서 결정된 사항으로 인해 삶에 영향을 받는 가난한 여성들이 의사결정에 참여할 수 있는 민주적인 과정은 존재하지 않는다. 이러한 유형의 불평등한 차이는 현재 지배적인 지구화 제도의 "절차적인 부당함"이라는 정의 문제를 제기하는데, 이것은 "참여라는 면에서 비대칭적인 불균형"뿐만 아니라 "개인들이 관심을 갖는 결과를 도출해내는 의사결정과정으로부터의 정당화되지 않은 배제"를 의미한다(Rawls, 2001).

이 모든 것을 볼 때, 이러한 통계자료들은 저개발국의 많은 여성들이 세계적인 새로운 경제질서에 의해 분명히 영향을 받고 있음을 보여준다. 그러나 지구적 정의 요구의 행위주체가 국가 집합체나 세계주의에서의 개인적인 시민으로 간주될 때 이러한 패턴의 혜택과 부담의 정의에 관한 문제는 모호해진다.

---

6) 세계은행과 IMF라는 주요 의사결정기구인 양 조직의 이사회 수준에서, 세계은행에는 여성 이사가 단 두 명만 있었고, IMF에는 이사 지위를 가진 여성이 단 한 명도 없었다.
7) IMF, "Executive Directors and Voting Power," http://www.imf.org/external/np/sec/memdir/eds.htm.

3. 민족주의와 세계시민주의에서 정의 요구의 행위주체

1) 민족주의에서의 국가 집합체

민족주의자들에 의하면 정의 요구의 주요 행위자는 국가 집합체이다 (Miller, 1995, 1999; Walzer, 1983, 1994). 이러한 입장은 세 가지 관련된 개념에 의해 뒷받침되는데, 공동체적인 사회존재론, 분배 정의를 위한 공동체적인 도덕적 추론, 그리고 가장 거대한 공동체로서의 국가 개념이다.

(1) 공동체적인 사회존재론

정치공동체에서 "언어, 역사, 문화는 공동의식을 만들어내기 위해 함께 어우러진다"(Walzer, 1994). 그러므로 공동체적인 사회존재론에서 개인들은 그들의 언어, 역사, 문화에 의해 구성되고 그것들이 깊이 안착된 존재로 여겨진다. 공동체 구성원들은 사회재화와 목적에 대한 공유된 합의를 형성하는 데 함께 참여한다.

(2) 분배 정의를 위한 공동체적인 도덕적 추론

분배 정의는 제한된 정치공동체 내에서 고려되어야만 하고, 사회재화를 분배하는 기준은 공동체 구성원들 사이에서 공유되고 있는 사회재화에 대한 합의된 이해에서 파생된다. 공동체적인 도덕적 추론에서 분배 정의에 관한 논의를 할 때 호소해야 할 곳은 "사회적 지위를 무시한 합리적 행위자"의 이해도 아니고 철학자들도 아닌 정치공동체 안에 있는 구성원들이 공유하는 암묵적인 합의이다. 이러한 점에서 공동체 내에 위치한 구성원들이 공동체를 위한 사회비판과 정의를 형성하고, 추구하며 수정하는 가장 중요한 행위주체라고 볼 수 있다.

(3) 가장 큰 공동체로서의 국가

분배 정의에 관한 공통의 의미가 형성될 수 있는 가장 큰 정치공동체는 국가이다. 이와 같은 주장은 세 가지 방식으로 지지된다.

① "국가 정체성은 그것을 공유하는 사람들 사이에서 강력한 결속력을 만들기 쉽고, 그러한 유대감은 종교, 민족성 등의 개인적인 차이를 뛰어넘을 수 있을 정도로 매우 강하다"(Miller, 1995). 이러한 것을 볼 때, 정의 요구의 기본 또는 자원의 가치에 관한 합의된 이해는 국가 공동체 내에서 쉽게 이루어질 수 있지만, 모든 구성원들이 공유하고 합의한 정의영역으로 지구적 공동체를 떠올리는 것은 쉽지 않다.
② 특정 영역에서 국가 공동체의 구성원이 되는 것은 자신의 공동체를 우선적으로 생각하는 문제를 구성원들이 함께 결정함으로써 집단 자율성을 표현하는 정치적인 자기결정을 실현하는 것이다.
③ 서로 다른 집단에 속한 사람들 사이에서 분배 정의 문제는 논의가 이뤄지고 있는 집단들이 "의미 있게 평가되는 포괄적 정의인 하나의 단일한 분배에 속할 때 생긴다"(Miller, 1999). 그러나 그러한 분배영역은 지구적 맥락에서는 존재하지 않는다.

이와 같은 세 가지 개념을 살펴볼 때, 국가 공동체는 정치적 자기결정과 분배 정의의 가장 크고 중요한 행위주체이다. 그것은 초국가적인 분배 정의나 그것에 대해 초국적으로 요구하는 행위자가 없을 수 있다는 것을 보여준다. 필자는 국가 간 불평등을 드러내고 공정한 관계를 검토하는 것이 반드시 필요하다는 데 동의하며, 국가 정체성과 시민권의 도덕적 중요성 또한 지지한다. 그러나 이러한 인식이 초국가적인 분배 정의를 고려한 이슈가 존재하고 더 나아가 분배 정의의 초국가적인 행위자가 존재할지도 모른다는 사실을 수반하지는 않는다.

필자의 첫 번째 우려는 민족주의 모델이 국경 안에서 분배 패턴을 형성하는 것뿐만 아니라 국경을 넘어서 하나의 통일된 분배체제를 만드는 글로벌 경제 시스템의 많은 중요한 특성들을 포착하는 데 실패한다는 것이다. 글로벌 경제 내에서 국경을 가로지르는 사람들은 이러한 분배 패턴에 의해 영향을 받고, 이것은 또한 분배의 이익과 불이익의 상대적인 몫에도 영향을 준다－소비자, 생산자, 투자자, 그리고 거래자로서. 이러한 유형의 존재는 구매력의 차이를 고려해야 하는지, 선진국에서 17.99달러에 팔리는 셔츠 한 장에 대해 방글라데시 노동자들이 5센트를 받는 것이 공정하고 정당한 것인지에 대해 묻게 한다(Hayden and Kernaghan, 2002).

이것은 두 가지 차원에서 두 번째 우려를 하게 한다. 국가 공동체의 '공유된 합의'는 주변의 소외된 사람들, 특히 가난한 여성들의 관심사를 반영하는 데 종종 실패하는 것 같다. 이러한 상황 때문에 필자는 국가 공동체의 자기결정 구현이 국가 안에 있는 여성들의 자기결정 실현을 포함하고 있지 않다고 주장한다. 헹(Heng, 1997)이 지적했듯이, 국가와 민족은 여성들의 값싼 노동력으로 인해 경제적인 혜택을 얻는다. 대부분의 경우, 국가와 민족은 (국가 공동체의 공유된 합의를 통해) 국가경제성장이라는 이름하에 가난한 여성들을 값싼 노동력으로 탈바꿈시킴으로써 다국적기업들과 동맹을 맺는다. 그러므로 예를 들면, 수출가공지역에서 여성들의 정의 이슈와 관심사가 국가 공동체 안에서 공유된 합의 개념에 의존함으로써 포착될 수 있는 것인지의 여부가 의문스럽다.

반대로, 분배에 대한 공유되고 있는 합의감각은 종종 국경을 초월한 사람들 사이에서 형성될 수 있다. 선(善)의 구체적인 의미는 민족주의자들이 주장하듯이 언어, 문화, 역사에 따라 달라질 수 있지만, 재화를 어떻게 분배하느냐에 관한 합의는 같은 민족 문화와 역사보다는 같은 관심과 지위에 의해 더 강하게 영향을 받고 있는 것 같다. 세계 공급사슬의 끝자락에 있는 가난한 여성노동자들과 농부들은 서로 다른 국적, 문화, 언어, 지리적 위치를 갖고 있으면서도 같은 언어와 문화를 가진 동료들과 공유하는 것보다 재화 분배의 기준과 인권의 개념에 대해 훨씬 더 폭넓은 합의와 이해를 나누고 있을지도 모른다. 이러한 예로 온두라스에서 한국인 제조업자에게 고용되어 있는 온두라스 여성노동자 집단을 돕는 한국여성노동자회를 들 수 있다. 한국여성노동자회는 온두라스 노동자들의 근로조건을 향상시키고, 임금인상과 건강 편익을 제공하도록 회사에 촉구하고 있다.[8]

요약하자면, 글로벌 경제제도가 분배 패턴을 형성하는 방식을 간과함으로써 정의에 관한 민족주의 모델은 국경을 넘어서 발생하는 부정의(不正義) 문제를 비가시화시킨다. 이러한 부정의 이슈는 가난한 여성노동자들과 농부들에게 불공평한 영향을 줄 뿐만 아니라 다국적기업과 IMF와 같은 초국가적인 경제 또는 정치제도에 의해 발생한다.

2) 세계시민주의에서 세계시민으로서의 개인들

민족주의 모델과 반대로, 지구 정의의 세계시민주의 모델은 국경을 가로지르는 개인들의 도덕적 의무를 인정한다. 이러한 주장은 자유주의의 도덕적 사유와 사회존재론과 관련된 세 가지 원칙 — 개인주의, 보편주의, 공정성 — 에 호소함으로써 지지된다. 이것들은 대부분의 세계시민주의 정의이론가들에 의해 세계시민주의의 결정적인 특징으로 여겨지고 있다(Barry, 1998; Pogge, 1992; Nussbaum, 1996; Jones, 1999).

(1) 개인주의

궁극적인 관심사는 가계(family line), 종족, 민족, 문화, 또는 종교 공동

---

[8] 한국여성노동자회(http://www.kwwnet.org/english/soli/arch/2001011.htm) 참조.

체, 국가 또는 정부가 아닌 인간 혹은 사람들이다.

(2) 보편주의

세계시민주의는 도덕적 무게를 덜 또는 더 소유한 것으로 사람들의 범주를 구분하지 않는다.

(3) 공정성

사람들을 도덕적으로 동등하게 생각하는 것은 국적, 민족종교, 계층, 인종, 그리고 젠더를 도덕적으로 무관하다고 여기는 것이다.

이러한 원칙들을 따르면서, 세계시민주의는 개별 인간들 – 하나의 인간 공동체로서 세계시민들 – 이 도덕 문제의 적합한 대상이고 지구 정의 요구의 적절한 주체라고 주장한다.

개인주의와 보편주의는 여러 가지 다른 방식으로 해석될 수 있다. 어떤 개인이든지 계층, 인종, 젠더, 국적 등의 이유로 도덕적 관심사에서 배제되어서는 안 된다고 생각한다. 또한 집단이 아닌 사람들이 궁극적인 내적 가치를 지니고 있고, 전체 집단의 행복이 아닌 개인들의 행복이 궁극적인 관심사가 되어야 하며, 따라서 정치는 집단에 대한 그들의 영향보다는 집단을 구성하는 개별적인 인간들에 대한 근본적인 영향에 의해 평가되어야 한다는 점에서 개인주의에 동의한다.

그러나 이러한 개인주의와 공정성이 정의 요구의 주체를 국적, 젠더, 계층 등이 제거되고 정의영역 내에서 위치를 없앤 추상적인 인간으로 여기고 다루는 것을 의미한다면, 그러한 형태의 개인주의적 존재론은 개인들이 겪는 부정의가 그들의 정체성과 정치경제적인 위치와 분리될 수 없는 현재 글로벌 경제 시스템에서 부정의의 패턴을 정확하게 짚어내는 데 실패할 수 있다는 우려를 낳는다. 성별화되고 인종차별적인 정의 여건 속에서 개인들의 민족성, 계층, 인종과 젠더를 도덕적으로 무관한 것으로 다루는 것은 도덕적인 평등을 이루는 것보다 부정의를 간과하는 결과를 초래할 수 있다.

예를 들어, 세계시민주의 관점에서 방글라데시 출신인 세 명의 10대 소녀의 정의 요구는, 부담과 혜택이 체계적으로 분배된 사람들 사이의 사회적 관계와 정의 여건으로부터 분리된, '세계적으로 가난한 사람들' 또는 '국경 밖의 먼 곳에 있는 궁핍한 사람들'로 추상화된 개인들의 요구와 개별적인 인간들의 요구로 여겨질 수 있다. 게다가 그러한 추상적인 관점은 왜 이러한 요구들이 정당한지, 누가 도덕적 책임을 져야 하고, 왜 그리고 무엇이 이러한 부정의에 적절한 해결책이 될 수 있는지와 같은 어떤 핵심 이슈를 파악하는 데 필요한 도덕적으로 중요한 특성들을 간과한다. 결과적으로, 세계시민주의는 지구화 과정에서 가장 혜택을 받지 못하는 사람들의 정의 요구를 파악하는 데 불충분하다.

첫째, 싱어(Singer)의 상호 작용 세계시민주의에서 보듯이, 정의 요구 주체를 추상적인 개인들이나 멀리 있는 곤궁한 이들로 보는 세계시민주의 관점은 전환적이고 구조적인 치료책보다 단언적인 치료책을 지원하는 쪽으로 가게 된다. 예를 들면, 빈곤 퇴치를 위한 주요 견해는 세계시민주의에 입각한 최근 작업에서 볼 수 있듯이, 자원의 이동이나 부국이 빈국을 보조하고, 부패한 정부가 그들의 부패정권을 바꾸거나 권력을 포기하도록 국제적인 압력을 사용하는 것을 포함한다(예를 들어, Singer, 1972; Barry, 1998; Rawls, 2001; Nussbaum, 2000; Beitz, 1979). 하지만 그러한 해결책은 근본적인 문제를 외면한다. 선진국의 다국적기업들과 소매업자들이 저개발국으로 하여금 가장 경쟁적인(즉, 가장 낮은) 임금을 제공하도록 조종하고 강압할 수 있는 한, 방글라데시와 같은 정부가 그들의 상태를 향상시킬 수 있도록 노력하는 것은 다국적기업들이 더 싼 노동력을 제공할 수 있는 다른 나라로 이동하는 결과만을 초래할 것이다. 따라서 더 열악한 상태에 놓여 있는 다른 소녀 집단을 착취할 수 있는 가능성을 높이는 것이다. 반면에 가난한 여성노동자들을 공동체 정의 요구의 주체로 여긴다면, 소매업자나 다국적기업으로 하여금 상품에 '양질의 일자리'[9] 또는 '공정무역' 라벨을 붙이게 하거나 전반적인 세계 정치경제 시스템의 공정성에 이의를 제기하도록 법적으로 요구하는 것과 같은 지속적이고 전환적인 해결책들을 발전시킬 수 있을 것이다.[10]

둘째, 정의 요구를 개별적인 인간들의 요구로 보는 것은 지구화 과정에서 발생하는 조직적이거나 정형화된 집단적 부정의를 종종 도외시하도록 만든다. 상호 작용 세계시민주의와 다르게, 포거(Pogge, 2004)의 제도적 세계시민주의는 제도적인 정의와 해결책에 초점을 맞추고 있다. 하지만 정의 요구 주체를 추상적인 인간으로 여기는 세계시민주의 존재론에 입각한 제도적인 세계시민주의는 수출가공구역에서 일하는 4,300만 명의 노동자가 처해 있는 열악한 상태와 여성과 노동자인 그들의 정체성 사이의 관계를 종종 간과한다. 일부 여성노동자들이 젠더와 계층으로 인해 지구화 과정에서 불공평하게 집단적으로 불이익을 받고 있을 때, 여성과 노동자라는 이 두 가지의 구체적인 공동체 권리를 실현시킴으로써 그들의

---

[9] '양질의 일자리(decent work)'란 권리가 보호되고, 적절하고 충분한 사회보호와 함께 적정 소득을 발생시키는 생산적인 일을 의미한다(ILO, 1998).
[10] 게다가 한 옥스팜 보고서는, 만약 가난한 나라들이 세계 수출에서 그들의 몫을 각각 1%씩 증가시킨다면, 1억 2,800만 명을 가난에서 벗어나게 할 수 있는 소득을 얻을 수 있다고 언급하고 있다(Oxfam International, 2004 참고). 만약 농부들이 커피나 바나나 같은 농작물이나 다른 생산품들을 몇 센트 더 받고 팔게 할 수 있는 방법을 우리가 찾을 수 있다면, 그 농부들의 수백만 명의 아이들은 아동노동을 하지 않고 학교에 갈 수 있을 것이다. 또한 그것은 잘사는 나라로부터 오는 원조가 가난한 사람들이 아닌 부패한 독재자의 손으로 넘어갈지도 모른다는 우려를 잠식시킬 것이다.

상태는 더 나은 방향으로 향상될 수 있다. 여성과 노동자라는 그들의 권리를 실현시키지 않고서는 그들의 인권은 보호받지 못할 것이다.

마지막으로, 너스바움(Nussbaum, 1996)의 세계시민주의에서 나타나는 것처럼, 추상적인 개인들을 정의 요구의 주체로 보는 것은 초국가적인 지구화 영역에서 개인들 사이의 구조적인 관계를 모호하게 한다. 예를 들면, 지구화의 수혜자와 지구화의 피해자 사이의 관계가 그것이다. 우리는 선진국에 살고 있는 사람들로서 열악한 조건에서 만들어진 옷과 신발을 착용하고 있다. 그러므로 우리의 책임은 세계시민주의에서 합의된 일종의 인간애에 근거한 단순한 의무가 아니라, 상대방의 짐과 우리의 혜택 사이의 직접적인 관계에서 발생하는 책임이다. 그러나 세계 노동자의 정의 요구를 포괄적인 가난한 사람들의 요구로 받아들이는 것은 쓰나미로 인한 인도네시아 희생자에 대한 우리의 의무와, 열악한 조건에서 우리의 옷을 만드는 인도네시아 여성노동자들에 대한 의무를 구분하지 못하게 한다. 필자가 제안하는 관점은 초국가화된 사회경제영역에서 다르게 위치하고 있는 공동체 사이에 현재 심각한 부정의가 체계적으로 형성되고 있다는 것을 인정하는 초국가적인 정의 존재론을 기반으로 하고 있다. 이러한 것을 고려할 때, 현재 지구적 맥락에서 일부 개인들의 정의 요구는 초국가적인 공동체와 관련된 구성원으로서의 개인들의 정의 요구를 고려함으로써 좀 더 충분히 다루어질 수 있다. 초국가적인 공동체와 관련된 개인들은 젠더, 인종, 계층 혹은 다른 요인들이나 국가 공동체의 정의 요구를 없앤 개별적인 인간의 정의 요구 행위자로 축소되는 것이 아니라, 현재 세계경제에서 더욱 적합한 사회존재론적 주체가 되어가고 있다.

4. 정의 요구를 구성·지지하는 초국가적인 여성들의 공동체

  필자가 제안하는 분배 정의 모델의 존재론은 정의 요구의 행위주체 문제가 관련된 사람들의 혜택과 부담의 상대적인 몫이 결정되고, 그러한 몫을 통해 서로 관계가 만들어지는, 정의영역 안에서 다루어져야 한다고 보는 것이다. 국가경제가 세계시장으로 통합되면서 재화의 생산, 교환, 유통, 소비가 세계적 수준에서 발생하는, 지구적 정의의 영역으로 초국가적인 사회경제 단위가 만들어졌다. 이러한 종류의 국가를 초월한 단위는 새로운 유형의 초국가적인 사회관계뿐만 아니라 분배 정의를 위한 국가를 뛰어넘는 범위를 만들어낸다. 그것의 혜택과 부담이 젠더 사이에 차별적으로 분배되어왔고, 그 결과 많은 여성들이 초국가화된 정의영역에서 집단적으로 비슷하게 위치하고 있는 것을 볼 때, 필자는 자신들의 혜택이 다른 사람들의 부담과 관련된 이들의 정의 요구를 지지함과 동시에 자신들 스스로를 위한 정의 요구를 구성하고 실천하는 초국가적인 여성들의 공동체야말로 지구적 정의의 행위주체가 되어야 한다고 생각한다.

  초국가적인 공동체는 국경을 가로질러 형성된다는 점에서 국가 공동체와 다르다. 게다가 그들이 여성 공동체라는 점에서 국경을 넘는 개별적인 인간들과도 다르다. 마킬라 노동자들과 연대한 중앙아메리카 여성 네트워크가 초국가적인 여성 공동체의 한 예이다.[11] 다음 소절에서 정의 요

---

11) 멕시코에는 4,000개 이상의 마킬라 공장이 있는데, 대부분 다국적기업의 소유이다. 마킬라도라의 정의 연합은 마킬라 노동자들의 근로조건과 삶의 수준을 향상시키기 위해 노력하는 멕시코, 미국, 캐나다에서 온 종교, 노동, 환경, 커뮤니티, 그리고 여성단체에 기반을 둔 100개 이상의 조직으로 구성되어 있다. 마킬라 노동자들과 연대한 중앙아메리카 여성 네트워크는 여성의류부문에서 일하는 노동자들의 삶과 근로조건을 개선하기 위한 목적을 지닌 과테말라, 온두라스, 니카라과, 엘살바도르에서 온 자주적인 여성조직으로 구성된

구의 주체로서의 초국가적인 여성 공동체 개념에 대해 좀 더 자세한 설명을 할 것이다. 그러면서 이 개념이 세계시민주의와 민족주의에 의해 제기된 문제들을 좀 더 잘 풀어나가고 있음을 제시할 것이다.

1) 왜 개인이 아니라 공동체인가?

세계시민주의는 공동체적 집단이 아닌 오직 개인들만이 내적 가치를 가지고 있고, 정의라는 관점에서 근본적인 관심사는 전체 집단의 행복이 아니라 개인들의 안녕[12]이라고 주장한다. 이러한 점에서 세계시민주의 옹호자는 정의 요구 주체를 공동체로 보는 개념에 회의적일 수 있다. 이번 소절에서는 이러한 회의주의에 반대하며, 개인의 행복에 초점을 맞추는 세계시민주의의 관심사항이 공동체 개념을 적용함으로써 더 나은 방향으로 나아갈 수 있음을 보여줄 것이다. 좀 더 구체적으로 말하자면 공동체가 부재한 개인이 아닌 공동체 내에서의 개인이라는 개념을 통해서 말이다. 공동체는 개인이 권리와 행복을 분명히 표현할 수 있는 공간을 제공하고, 개인의 임파워먼트에도 기여한다.

첫째, 공동체는 유사하게 위치한 취약한 개인들이 자신의 정의 요구에 관한 담론에 자유롭게 참여할 수 있는 비공식적이고 공식적인 공간을 제공한다. 자신의 경험을 다른 이들과 함께 토론함으로써 공동체 내의 개인은 그들의 권리 착취에 대한 의식을 일깨울 수 있는 더 나은 위치에 놓일 수 있고 이것을 정의 요구로 개념화할 가능성이 크다. 재거는 하위주체 여성이 침묵을 극복하기 위해 공동체 프로젝트가 인식론적으로 필수적인 것이라고 주장한다. "그들은 공유하고 있는 경험들을 공적 언어로 발전

네트워크이다(Mendez, 2002).
12) 이것은 인권, 역량, 혹은 그 밖의 어떤 것으로 다르게 정의될 수 있다.

시키기 위해서 다른 하위주체 여성들과 협력해야 한다." 그리고 그들은 "집단 자체뿐 아니라 집단을 위한 계급으로서 그것을 구성하는 일부가 되어"야 한다(Jaggar, 1998).[13] 이러한 점은 중앙아메리카 여성 네트워크의 연대 목적에서 볼 수 있다.

> 여성 마킬라 노동자들이 지역경제의 지구화 과정의 결과로 인한 차별과 엄청난 착취 속에서 살고 있는 상황을 고려해볼 때, 그들이 요구하고 제안을 할 수 있도록, 그리고 여성과 노동자로서의 권리를 주장하는 것을 가능케 하는 적절한 공간과 조건의 결핍을 고려한 상황에서, 우리는 이 조직의 도움으로 이와 같은 목적에 기여할 수 있는 공간을 분석하고 만들기 위해 함께 모인다(Mendez, 2002: 126).

둘째, 공동체는 이러한 개인들에게 권한을 부여함과 동시에, 취약한 개인들의 정의 요구를 좀 더 가시화하기 위한 공간을 제공한다. 약자의 입장에 있는 개인들이 분리되어 있을 때, 자신의 권리가 침해되었다는 사실을 인식할 가능성은 희박하다. 설사 자신이 처한 상황이 불합리하다는 것을 인지한 경우에도, 취약한 개인들은 그러한 상황을 피할 수 없거나 '적응적 선호'와 같은 당연한 것으로 여길지도 모른다(Nussbaum, 1996). 다시 말하면, 분리되거나 고립되어 있는 개인들은 불합리한 상황을 체념함으로써 받아들이거나 그 상황을 자신들의 불운으로 설명할 가능성이 크다. 이러한 외침들이 그 침묵을 깰지라도, 사회적 약자인 개인들의 분리된 천 개의 목소리를 듣는 것은 어렵다. 특히 광범위한 지리적 위치, 인종, 계층을 고려할 때 그러하다. 이와는 반대로, 천 개의 취약한 개인들로 구

---

13) 이러한 유형의 공동체들을 사용하는 담론의 예는 재거가 지지하는 담론적인 평등과 개방성을 지닌 페미니스트 실천도덕 담론 모델을 참조할 것.

성되어 있는 공동체의 목소리는 훨씬 듣기 쉽다. 예를 들면, 1995년 이전에 티후아나 마킬라도라의 개별 노동자들의 목소리는 침묵으로 일관하고 있었고 세계 대부분에 들리지 않았다. 하지만 공동체 주체로서 정의를 요구하는 마킬라도라 연대 네트워크의 형성 이후로 이러한 목소리들은 증폭되었고 수많은 청중을 얻게 되었다.

그러나 누군가는 국가 공동체의 공유된 합의가 국가 내에서 억압받는 소수집단의 요구를 반영하지 못하는 것처럼, 정의 요구의 주체로서 공동체의 힘은 그러한 공동체 안에서 더 힘없는 개인들의 자율성과 자기결정권에 불리한 것으로 작용하는 것과 같은 비용을 치르게 될지도 모른다고 논쟁할 수도 있다. 하지만 지구적 차원의 정의 요구 주체로서 여성들의 초국가적인 공동체는 최소한 두 가지 측면에서 국가 공동체와는 다르다. 그들 구성원 사이의 권력 차이가 매우 작고, 회원 자격이 자발적이라는 점에서 그러하다.

첫째, 국가나 민족 공동체는 구성원들의 공유된 정체성을 바탕으로 형성되고 구성원들 사이에 엄청난 권력 차이가 존재한다. 이와는 반대로, 초국가적인 여성 공동체는 그들이 서로 공유하는 여성으로서의 정체성 때문이 아니라 지구화 과정에서 여성들이 더 착취당하고 취약하다는 점에서 나온 공유된 불이익과 무력(無力)상태 때문에 구성된다. 사실상 이는 정의 요구의 중복을 발생시킨다. 공동체 구성원들이 지구화 맥락에서 사회경제적으로 혜택을 받고 있지 못한다 하더라도, 그들은 비슷한 방식과 비슷한 정도로 사회에서 소외되어 있기 때문에 그들 사이의 권력 차이는 상대적으로 작다. 이렇게 권력 차이가 거의 나지 않는 공동체 안에 있는 개인들은 그들의 의견을 자유롭게, 그리고 '실제적이고 참되게' 말할 수 있는 더 나은 위치에 있게 된다(Jaggar, 1998). 그러므로 이러한 공동체 안에서 발생하는 정의 요구는 개인들의 정의 요구를 반영하는 것이라고 볼 수 있다.

둘째, 국가 공동체 내의 구성원들이 비자발적이기 때문에 국가 공동체의 정의 요구가 억압적임을 발견한다고 하더라도 국적 포기를 선택하는 것은 실제적으로 불가능하다. 그러나 지구적 정의 요구를 하는 공동체의 구성원들은 그 요구가 형성되는 방식에 동의하지 않는다면 공동체를 떠나거나 거기에 참여하지 않을 수 있다. 공동체 내의 구성원들이 자발적인 한, 이러한 공동체가 개별적인 구성원들의 자율성을 침해할 가능성은 거의 없다.

2) 왜 국가가 아니고 초국가적인가?

민족주의자들은 한편으로 초국가적인 공동체가 국가의 자기결정과 주권의 가치에 해를 끼친다고 우려할지도 모른다. 이번 소절에서는 정의 요구의 행위주체로서 초국가적인 여성 공동체 개념이 민족국가의 통합성을 유지하는 것과 공존할 수 있음을 논할 것이다.

첫째, 정의 요구 주체로서의 초국가적인 여성 공동체 관점은 "여성으로서, 우리는 나라를 가지고 있지 않다. 여성으로서, 우리는 나라를 원하지 않는다. 그리고 여성으로서, 우리의 나라는 전 세계이다"라고 말한 울프(Woolf, 1938: 109)의 관점으로 축약되지 않는다. 그렇다기보다는 초국가적인 여성 공동체는 그들의 국가와 지리정치학적인 위치에 비판적으로 자리 잡고 있어야 한다. 이러한 비판적인 위치성은 민족국가의 기본 구조를 재형성하면서 지구화 과정이 여성들의 삶에 간접적으로 영향을 미치고, 그것에 의해 다양하게 다른 맥락에서의 정의 여건과 이슈를 불러일으키는 것과, 지구화가 서로 교차하는 "산발적인 헤게모니"(Grewal and Kaplan, 1994)의 형태를 취하는 방식의 결과이다. 이러한 점을 볼 때, 국가와 지구적 맥락에서 여성 공동체의 위치성을 비판적으로 검토하는 것은 지구적 부정의 패턴을 탐지하기 위해 반드시 필요하다.

둘째, 지구적 맥락에서의 사회적 약자가 국가적 맥락에서 또한 사회적 약자인 한, 초국가적인 공동체의 임파워먼트는 국가 내에 존재하는 많은 취약계층의 상황을 향상시킬 것이다. 국가 내 정치에 친숙하고 그것의 영향을 받는 내부 비평가로서의 위치를 감안할 때, 국가 내의 사회 취약계층의 임파워먼트는 아래로부터의 민주화에 기여할 수 있다. 예를 들면, 노동자로서의 권리를 쟁취하기 위해 투쟁했던 한국 여성노동자들은 그들의 시민권과 정치권의 인식을 끌어올렸고, 이것은 그들로 하여금 한국의 민주화운동을 추진하고 아울러 군사정권의 장기집권에 종지부를 찍도록 하는 데에 다른 어떤 행위자들보다 훨씬 더 두드러진 역할을 하게끔 했다(Nam, 2002).

그렇다면 "어떻게 지역적이고 국가적으로 위치해 있는 초국가적인 공동체가 가능할 것인가?"와 같은 의문이 제기된다. 뿌리를 내리되 동시에 그 뿌리로부터 이동하는 과정으로 표현되는 횡단적인 실천 개념(Yuval-Davis, 1997)은 이러한 공동체가 가능하다는 것을 의미한다. 횡단 정치학에 따르면 각 개별적인 참여자(또는 공동체)는 자신의 구체적이고 유물론적 정치 현실에 뿌리를 두고 있으며, 동시에 다른 유물론적 정치 현실에 놓여 있는 여성들을 이해하기 위해서 스스로의 인식을 바꾸려는 시도를 한다(Yuval-Davis, 1997). 이러한 횡단적인 정치를 초국가적인 여성 공동체에 적용할 때, 그 공동체는 투쟁에 대해 그들 자신의 지역과 국가적 맥락을 고려하는 쪽에 약간 더 '뿌리를 두고' 있을 수 있다. 동시에 그들은 지구적 맥락에서 유사하게 또는 다르게 위치하고 있는 사람들과 연계하는 것뿐만 아니라, 더 큰 지구적 정황 속에서 그들의 특수한 경험을 맥락화함으로써 그들의 초점을 변화시킨다. 유발-데이비스가 언급했듯이, 변화과정은 탈자기중심화를 수반하거나(예를 들어, 자기 자신의 뿌리와 가치를 잃는 것), 다른 사람들을 동질화하는 것이 되어서는 안 된다(Yuval-Davis, 1997). 마킬라도라의 정의 연합 공동체는 멕시코, 미국, 캐나다에서 온 노동, 환경, 커뮤니티와 여성단체들로 구성된다. 국적과 지위가 서로 다름에도 구성원들이 그들 국가의 다국적기업 노동정책의 영향과 멕시코 노동자들에 대한 그들 정부의 외교정책의 영향을 비판적으로 의문시할 때 정의 요구는 훨씬 더 효과적으로 이루어진다.

마지막으로, 정의 요구 주체로서 초국가적인 여성 공동체라는 개념은 우리가 외부인들보다 같은 나라 사람에게 더 광범위한 특정 의무를 지고 있다는 민족주의 주장과 양립할 수 있다(Miller, 1995). 같은 국적 사람들에 대한 특정 의무를 갖는다는 민족주의 주장이 사실이라면, 그 주장은 우리 국민이나 정부에 의해 외부인들에게 행해진 어떤 부정의를 바로잡으려는 광범위한 의무를 포함하는 요구로까지 확장되어야만 한다. 그러한 확장된 특수 의무는 초국가적인 여성 공동체의 관점과 양립한다. 그러므로 여성 공동체는 지구적 부정의에 기여하는 부조리한 국가 내/국가 간 정책들을 논의하고 바꾸기 위해 국가 안에서 협력함으로써 초국가적으로도 협업할 수 있다.

3) 왜 다른 공동체가 아닌 여성 공동체인가?

마지막 고려사항은 지구적인 정의가 단순히 여성들만의 문제가 아니며, 여성 공동체에 초점을 맞추는 것이 배타적이라고 말하는 비여성주의 초국가적 정의이론가들의 염려에서 비롯된다. 하지만 이러한 우려는 오해에서 비롯된 것이다. 오히려 지구화가 가난한 여성들[14]에게 뚜렷이 구분되는, 특히 심각한 결과를 초래하고 있다는 사실을 볼 때, 여성들의 초국가적인 공동체에 초점을 두는 것은 더욱 포괄적인 해석을 가능하게 할 수 있다.

---

14) 젠더화된 과정으로서의 지구화를 알아보려면 모가담(Moghadam, 2005), UNIFEM(2002), ILO(2004) 참조.

첫째, 초국가적인 여성 공동체는 다른 초국가적인 공동체의 주장에 의해 포착될 수 없었고 종종 간과되어왔던 여성 공동체의 특수한 정의 요구를 포함할 수 있도록 한다. 국제노동기구는 "여성노동자 문제는 노동자 대다수가 여성이기 때문이 아니라 그들이 남성들과 다른 삶과 노동조건을 경험하기 때문에 더 배려를 받을 필요가 있다"라고 말한다(ILO, 2004). 과테말라에서 식품노동조합과 영농산업으로부터 여성 연대단체가 분리되어 나온 것은 단순히 노동자를 위한 것이 아니라 여성노동자를 위한 특수한 정의 요구를 제기하기 위해서 왜 자주적인 여성 공동체가 필요한지를 보여주는 많은 예 중 하나에 지나지 않는다(Mendez, 2002: 128).

둘째, 사회적으로 가장 취약하고 소외되어 있는 사람들은 매우 다양한 형태의 정의 요구를 모두 아우른다. 세계경제 안에서의 여성노동자들의 정의 요구는 다른 공동체의 정의 요구와 여러 면에서 교차된다. "세계 노동력의 인종차별화된 여성화"(Lowe, 1996)라는 용어에서 볼 수 있듯이, 여성노동자들의 정의 요구에 역점을 두는 것은 단순하게 젠더 정의의 관점만을 포함하는 것이 아니라, 지구적 맥락에서 인종과 계층 정의의 관점 또한 포함하는 더 포괄적인 시각을 필요로 한다.

이러한 이유로 인해 초국가적인 여성 공동체에 중점을 두지만, 이것이 곧 원칙적으로 다른 형태의 다국적인 공동체를 부인하는 것을 의미하지는 않는다. 여성들의 초국가적인 공동체라는 개념 모델은 지구화로 야기되는 부정의의 맥락 속에서 정의 요구가 서로 중첩되는 다른 다국적 공동체를 포함할 수 있도록 확장될 수 있다. 다국적 농업 종사자 공동체는 그들의 정의 요구가 2003년 칸쿤에서 개최된 WTO 의제와 관련된 예로 볼 수 있다. 그러나 초국가적인 여성 공동체와 다른 공동체 사이의 상호 작용 속에서, 탈자기중심적이거나 다른 이들을 동질화해서는 안 되는 횡단적 실천의 변화과정이 다시 요구된다. 이러한 경우, 초국가적인 여성주의 정의 패러다임은 핵심 배경가정, 범주, 개념들을 변화시키지 않고 초국가적인 정의 패러다임으로 확장될 수 있다.

4) 초국가적인 여성 공동체란 무엇인가, 그리고 이는 어떻게 작동하는가?

먼저, 초국적 여성 공동체 개념은 정체성 정치학이나 공동체 정치학의 주체가 아닌 지구화가 진행되는 과정에서 정의 요구의 행위주체에 적용된다. 따라서 그러한 공동체는 서로 공유하고 있는 근본적인 정체성이나 삶의 방식에 의해서가 아니라, 사회경제적 위치와 지역으로 매개된 정의 요구에 의해서 확인된다. 더 구체적으로, 그들은 많은 지역과 국가경제가 하나의 세계시장으로 통합되는 것으로 설명되는 지구화 과정 속에서 그들이 놓여 있는 위치로 식별된다. 그러므로 일부 특정 인종으로서 혹은 여성으로서 공유하고 있는 정체성으로부터 초국가적인 여성 공동체가 기인하는 것은 아니다. 그보다는 신자유주의 지구화가 국가 사이에서뿐만 아니라 젠더 사이에, 그리고 남반구와 북반구 사이에 지구화의 혜택과 부담을 체계적으로 불공평하게 분배하는 정의 여건을 초래했기 때문에 국가를 초월한 여성들의 공동체가 만들어지는 것이다. 이것은 여성들의 정의 요구가 국경을 넘어서 서로 중첩되는 상황을 자아낸다.

둘째, 지구화가 이루어지는 가운데 모든 여성들이 비슷한 위치에 있지 않는 한 '여성들의 초국가적인 공동체'라는 존재는 하나의 보편적인 국제적 여성단체를 의미하지는 않을 것이다. 반대로, 그러한 공동체는 복합적이고 유동적이다. 지구화 구조는 거시적인 수준에서 작동하고, 그것의 영향은 지역적 요소들과 교차하면서 다양한 방식으로 나타나기 때문에 이러한 공동체들은 국경을 넘어서는 다양한 지점에서 특수한 정의 요구와 부합되게 만들어진다.

여성들의 공동체는 그들의 구체적이고 특수한 위치에서 다양한 정의 문제를 제기해왔다. 어떤 이들은 수출가공구역과 자유무역지대에서 여성

노동자들의 권리에 중점을 두고(예를 들어, 마킬라 노동자들과 연대하는 중앙아메리카 여성 네트워크), 다른 이들은 이주 여성노동자들에게 초점을 맞춘다(예를 들어, 아시아 여성 이주 지지론자). 또 다른 일부는 IMF와 세계은행의 구조조정정책이 여성들에게 미치는 영향에 역점을 두기도 하고(예를 들어, 사하라 이남 아프리카의 여성단체), 어떤 이들은 노동력 착취 문제를 강조하며(예를 들어, 노동력 착취에 반대하는 페미니스트), 일부는 다국적기업과 세계은행의 댐 프로젝트에 의해 환경이 파괴되는 문제에 초점을 둔다. 그리고 다른 일부는 세계 군사주의로부터 여성들의 안전을 보장하는 문제에 관심을 둔다(예를 들어, 군사주의에 반대하는 동아시아 - 미국 - 푸에르토리코 여성 네트워크). 또한 정의 요구는 정도의 차이는 있지만 모두 지구화와 연관되어 있다. 어떤 공동체들은 그들 프로젝트의 일부로 지구적 차원의 정의 요구 문제를 제기할 것이고, 반대로 다른 공동체들은 전체 프로젝트로서 그것을 언급할 것이다.[15]

그러나 그 초국가적인 공동체들을 어떻게 구별하느냐에 대한 세 가지 질문이 생긴다. 첫째, 세계적으로 공유된 정의 요구나 하나의 단일한 단체가 있지 않은 상황을 고려할 때, 왜 그 공동체들이 지구 정의를 위한 행위주체로 불릴 수 있는지에 대해 의문스러울 수 있다. 다시 말하자면, 어떠한 근거로 '초국가적인 여성 공동체'를 지구 정의의 행위주체로 여기는가이다. 첫 번째 질문에 답하기 위해서 롤스의 '중첩 합의' 개념을 적용하겠지만 롤스의 개념과는 다소 다른 방식과 다른 목적으로 활용해보고자 한다. 요컨대, 정의 요구가 서로 다르고 정의 요구의 다양성 속에서 일원화되고 공유된 합의가 없을지라도 정의 요구가 신자유주의 지구화의 불공정한 측면을 중심에 두는 한 중첩 합의는 사실상 존재하는 것이다. 그

---

15) 여성들의 초국가적인 운동, 네트워크, 그리고 그들 조직의 더 다양한 예들을 보기 위해서는 모가담(Moghadam, 2005) 참조.

러므로 각각의 정의 요구는 그것이 다른 방식과 다른 단계에서 이뤄질지라도 신자유주의 지구화라는 유사한 과정에 상응해서 발생한다.

둘째, 여성들의 초국가적인 공동체는 사실상 다양한 방식으로 그러한 요구를 제기해왔다. 서로 다른 사회경제적 지위를 가지고 있고 누군가의 부담이 여성 자신들의 혜택과 관련된 사람들을 위해 대변하고 옹호하는 입장에서, 그리고 자신들의 이름으로 스스로의 의견을 말하는 방식으로 말이다. 게다가 초국가적 공동체는 심지어 서로 다른 사회경제적 지위를 가진 구성원들로 종종 구성된다. 어떤 이들은 혜택받는 입장, 또 어떤 이들은 사회적 약자로서의 지위를 가지고서 말이다. 예를 들면, 마킬라도라의 정의를 위한 연합은 그곳 여성들의 권리를 지키는 것에 특수한 중점을 둔 멕시코, 미국, 캐나다 출신의 구성원으로 이루어져 있다. 그렇다면 무슨 이유로 공동체 구성원들이 서로 다른 위치에서도 정의에 대한 공유된 요구와 이해를 나누고 그것에 주목하는가?

미국과 캐나다 출신의 그 여성들이 마킬라도라 노동자들과 다른 사회경제적 위치에 있을지라도 지구화, 특히 북미자유무역협정(NAFTA)은 그들을 마킬라도라 노동자들의 정의영역과 같은 정치경제로 끌어들였다. 이러한 상황에서, 정치경제를 좀 더 공정한 구조로 변화시키기 위한 책임과 더 공평한 관계를 형성하기 위한 책임은 사람들이 서로 협력하도록 만든다. 따라서 전반적으로 동일한 정치경제에서 다른 위치에 있는 사람들은 그 정치경제의 내부자와 마찬가지로 동일하거나 중첩되는 목적을 가지고 공동체에 참여할 수 있다.

마지막으로, 이러한 공동체들은 다양한 단계 – 좁은 지역, 국가, 넓은 지역, 그리고 초국가 단계 – 에서 존재한다. 그것들 중 몇몇이 네트워크상으로 연결되어 있을지라도(예를 들면, 경제 정의를 위한 국제적인 여성연합), 그들 사이에서 중심은 존재하지 않을 것이다. 이러한 상황을 고려할 때, 또 다른 의문이 생긴다. 그와 같은 탈중심화된 지역성을 갖고 있음에도 그러한 지역화된 공동체를 '초국가적인 공동체'로 여기게 하는 이유는 무엇인가? 필자의 대답은, 공동체의 정의 요구는 지리적으로 좁은 지역에서 발생하지만, 그 정의 요구가 지구화 과정에서 생기는 것이라면 지리적으로 지역에서 나오는 정의 요구는 정치적으로 초국가화된 정의영역에서 발생한 것으로 간주되어야 한다는 것이다.

5. 나가는 글

이 글에서 필자는, 우리가 지구적 정의 요구의 주체로서 초국가적인 여성 공동체라는 개념을 적용하기 시작했다는 점을 언급했다. 이러한 공동체들은 국경을 가로질러 형성된다는 점에서 국가 공동체와는 다르다. 그리고 여성들의 공동체라는 점에서 국경을 넘어 형성되는 추상적인 개별 인간들의 공동체와도 다르다. 그들은 계층, 인종, 국적, 섹슈얼리티 구분이 사라진 하나의 보편화된 세계 여성단체에서 갈라져 나온다. 하지만 필자가 여기서 제시하는 공동체는 지구적 정의가 실천되는 것을 기반으로 그들의 계층, 인종, 국적, 섹슈얼리티에 위치해 있다. 지구적 정의 요구의 주체로서 초국가적인 여성 공동체 개념은 긴밀히 관련된 다른 배경가정과 함께 작동하는 더 큰 초국가적인 여성주의 정의 틀의 한 부분이다.

누군가는 필자가 제안하는 모델이 보편적이지 않다는 이유로 반대할 수도 있다. 그래서 필자는 이 틀의 적용가능성의 범위를 확인함으로써 글을 마치고자 한다. 여기서 제시한 초국가적인 여성 공동체 개념은 정체성 정치학의 주체가 아니라 구조적 정의 요구의 주체이다. 이 개념은 예를 들면 모든 연령층에서, 우리의 실제 세계에서 일어날 수 있는 정의 이슈를 다루지 않는다. 이것은 빈곤함이 지구적 요인과 관련되지 않은 국경 밖 먼 곳에 있는 사회적 약자들의 정의 요구를 포착하는 데 적합하지 않을 수도 있다. 그러한 문제에 대해서는 세계시민주의가 이 틀보다 훨씬 더 잘 맞을 것이다. 국경을 넘어선 곳에 있는 사회적 약자들의 불리한 상황이 세계적 구조 요인과 관련되어 있지 않더라도 우리가 그들을 돕는 것은 가능하다. 필자의 해석은 국가들 사이의 국제적인 정의 이슈를 다루는 데에도 적합하지 않다. 여기에는 민족주의가 필자가 말하는 틀보다 분명히 더 잘 적용될 수 있을 것이다. 자기결정과 국가의 통치권은 다른 나라의 공격이나 간섭으로부터 보호되어야 한다. 그보다는 민족주의나 세계시민주의의 철학적 틀로는 충분히 짚어낼 수 없는, 또한 세계적 자매애에 입각한 일종의 세계 페미니즘에 의해서도 포착될 수 없는 현재 신자유주의 지구화에서 발생하는 지구적 정의 이슈를 밝혀보고자 했다.

  이 틀의 범위를 제한하는 것이 결코 힘이 없고 미약하다는 것을 의미하는 것은 아니라고 생각한다. 우리가 복합적인 형태의 부정의 시대를 살아가는 이상, 다층적인 정의 패러다임을 갖추는 것은 좀 더 충분히 정의 이슈를 언급하고 다루는 데 강력한 힘으로 작용할 것이다.

참고문헌

Ambrose, Soren. 2001. "Congress Takes Action IMF/World Bank User Fees." in *Democratizing the Global Economy: The Battle Against the World Bank and the IMF*. Monroe, Maine: Common Courage Press.

Barry, Brian. 1998. "International Society from a Cosmopolitan Perspective." in David R. Mapel and Terry Nardin(eds.). *International Society: Diverse Ethical Perspectives*. Princeton, N.J: Princeton University Press.

Beitz, Charles R. 1979. *Political Theory and International Relations*. Princeton, N.J.: Princeton University Press.

_____. 1994. "Cosmopolitan Liberalism and the States System." in Chris Brown(ed.). *Political Restructuring in Europe: Ethical Perspectives*. London: Routledge.

Grewal, Inderpal and Caren Kaplan. 1994. *Scattered Hegemonies: Postmodernity and Transnational Feminist Practices*. Minneapolis: University of Minnesota Press.

Hayden, Tom and Charles Kernaghan. 2002. "Pennies an Hour, and No Way Up." *New York Times*, July.

Heng, Geraldine. 1997. "'a Great Way to Fly': Nationalism, the State and the Varieties of Third-World Feminism." in Jacqui Alexander and Chandra Talpade Mohanty(eds.). *Feminist Genealogies, Colonial Legacies, Democratic Futures*. New York: Routledge.

International Confederation of Free Trade Unions(ICFTU). 2003. "Export Processing Zones-Symbols of Exploitation and a Development Dead-End." from http://www.icftu.org/www/pdf/wtoepzreport2003-en.pdf

International Labour Organization(ILO). 1998. "Labour and Social Issues Relating to Export Processing Zones." from http://www.ilo.org/wcmsp5/groups/public/---ed_dialogue/---actrav/documents/publication/wcms_114918.pdf

_____. 2004. "Organizing for Social Justice: Global Report under the Follow-up to the ILO Declaration on Fundamental Principles and Rights at Work." from http://www.ilo.org/declaration/lang--en/index.htm

International Monetary Fund(IMF). "Executive Directors and Voting Power." from http://www.imf.org/external/np/sec/memdir/eds.htm

Jaggar, Alison. 1998. "Globalizing Feminist Ethics." *Hypatia*, Vol. 13, Issue 2, pp. 7~31.

_____. 2001. "Is Globalization Good for Women?" *Comparative Literature*, Vol. 53, No. 4, pp. 298~314.

_____. 2002. "A Feminist Critique of the Alleged Southern Debt," *Hypatia*, Vol. 17, No. 4, pp. 119~142.

Jones, Charles. 1999. *Global Justice: Defending Cosmopolitanism*. Oxford, New York: Oxford University Press.

Kang, Hye-ryoung. 2007. "Rethinking Global Justice in Non-Ideal Conditions." Doctoral Dissertation, Department of Philosophy, University of Colorado.

Lowe, Lisa. 1996. *Immigrant Acts: On Asian American Cultural Politics*. Durham, N.C.: Duke Univ. Press.

Mendez, Jennifer B. 2002. "Creating Alternatives from a Gender Perspective: Transnational Organizing for Maquila Workers' Rights in Central America." in Nancy A. Naples and Manisha Desai(eds.). *Women's Activism and Globalization: Linking Local Struggles and Transnational Politics*. London: Routledge.

Miller, David. 1995. *On Nationality*(Oxford Political Theory). New York: Clarendon Press.

_____. 1999. *Principles of Social Justice*. Cambridge, Mass.: Harvard University Press.

Moghadam, Valentine M. 2005. *Globalizing Women: Transnational Feminist Networks, Themes in Global Social Change*. Baltimore, Md.: Johns Hopkins University Press.

Nam, Jeong-Lim. 2002. "Women's Labor Movement, State Suppression, and Democratization in South Korea." *Asian Journal of Women's Studies*, Vol. 8, No. 1, pp. 71~95.

Nussbaum, Martha Craven. 1996. "Patriotism and Cosmopolitanism." in Joshua

Cohen(ed.). *New Democracy Forum*. Boston: Beacon Press.

_____. 2000. *Women and Human Development: The Capabilities Approach*. The John Robert Seeley Lectures. Cambridge, U.K.; New York: Cambridge University Press.

Nussbaum, Martha and Joshua Cohen. 1996. *For Love of Country: Debating the Limits of Patriotism*. Boston: Beacon Press.

Oxfam International. 2004. *Trading Away Our Rights: Women Working in Global Supply Chains*. from http://www.maketradefair.com/en/assets/english/taor.pdf

Pogge, Thomas W. 1992. "Cosmopolitanism and Sovereignty." *Ethics*, Vol. 103, Issue 1, pp. 48~75.

_____. 2004. "'Assisting' the Global Poor." in Deen K. Chatterjee(ed.). *Ethics of Assistance: Morality and the Distant Needy*. Cambridge: Cambridge University Press.

Rawls, John. 1971. *A Theory of Justice*. Cambridge, Mass.: Belknap Press of Harvard University Press.

_____. 2001. *The Law of Peoples: with "The Idea of Public Reason Revisited."* Cambridge, Mass.: Havard University Press.

Singer, Peter. 1972. "Famine, Affluence, and Morality." *Philosophy and Public Affairs*, Vol. 1, No. 2, pp. 229~243.

United Nations Development Fund for Women(UNIFEM). 2002. *Women Challenging Globalization*. A Gender Perspective on the United Nations International Conference on Financing for Development(Monterrey, Mexico: March 18~22, 2002).

Walzer, Michael. 1983. *Spheres of Justice: A Defense of Pluralism and Equality*. New York: Basic Books.

_____. 1994. *Thick and Thin: Moral Argument at Home and Abroad*. Notre Dame: University of Notre Dame Press.

Woolf, Virginia. 1938. *Three Guineas*. New York: Harcourt.

Yuval-Davis, Nira. 1997. *Gender & Nation*. London: Thousand Oaks, Calif.: Sage Publications.

제3장 젠더와 재생산

린다 마틴 앨코프(미국 헌터 칼리지 철학과 교수)

1. 들어가는 글

1970년대 여성주의 이론에 등장했던 여성의 정체성 범주를 둘러싼 논쟁은, 최근에는 형태를 바꾸어 성 정체성을 젠더 정체성, 그리고 섹슈얼리티와 관련해서 가장 잘 이해할 수 있는 방법에 관한 새로운 논쟁으로 변화되었다. 섹스, 젠더, 그리고 섹슈얼리티 범주의 의미와 각 범주들 사이의 관계에 대해서는 논쟁이 진행 중이며, 과연 이 개념들을 분리할 수 있는가 하는 점 역시 논쟁거리이다. 트랜스젠더 운동은 이 개념들을 어떻게 이해할 것인지를 둘러싸고 작은 합의조차 이루어지지 못하게 했다. 아무도 섹스, 젠더, 섹슈얼리티를 이원적으로 정식화하는 것 — 남성/여성, 남성적/여성적, 게이/스트레이트 같은 이원법들 — 을 원하지 않는 것 같다. 그뿐

---

* 이 글은 2008년 이화여대 아시아여성학센터에서 주최한 "2008 International Summer Lecture Sessions: Feminist Ethical Issues in Globalization"에서 "Gender and Reproduction"이라는 제목 으로 발표된 후 수정·보완되어 *Asian Journal of Women's Studies*, Vol. 14, No. 4(2008), pp. 7~27에 수록된 "Gender and Reproduction"을 번역한 것이다.

아니라 정체성 유형의 유연성을 개념화했던 연속성 모델 역시, 그 사이에서 연속성이 만들어질 수 있는 양극을 유지하고 있다는 이유에서 비판되었다. 심지어 데리다(Derrida)가 이리가레이(Irigaray, 1985)의 두 개의 성차에 대한 대안으로 제시한 끝없는 성들의 열린 집합이라는 꿈 역시 여성주의 데리다주의자 진영(예를 들어 Grosz, 1995: 77)으로부터 효과적으로 비판되어왔다. 그렇다면 우리는 여기에서 어디로 갈 것인가?

이 논쟁은 본질적으로 섹스, 젠더, 섹슈얼리티를 가장 잘 이해하는 방식에 관한 존재론적인 논쟁이다. 하나의 입장에 특권을 부여하지 않고서 이 논쟁을 정식화하기는 불가능하다. 예를 들어, 이리가레이가 한 것처럼 섹스 혹은 젠더 대신에 성차라는 말을 사용할 수 있고, 버틀러(Butler)가 가끔 그랬던 것처럼 섹스를 압축하기 위해 젠더라는 말을 사용할 수 있다. 또 위티그(Wittig, 1992) 그리고 보다 최근에는 칼훈(Calhoun, 2003)이 주장한 것처럼 젠더를 섹슈얼리티와 분리하는 데 저항할 수 있다. 이 글의 목적을 위해 필자는 섹스, 젠더, 섹슈얼리티라는 3원 도식을 사용할 것이다. 섹스는 생물학을 언급할 때, 젠더는 사회적이며 수행적인 정체성의 실천을 가리킬 때, 그리고 섹슈얼리티는 한 사람의 성적 지향이나 성적 욕망을 지칭할 때 사용할 것이다. 물론 필자는 이 도식의 문제와 한계에 대해서도 논의할 것이다. 그리고 필자는 여기에 실제로 적용될 수 있는 '여성'이라는 범주가 분명 논의를 거쳐야 함에도 이 논쟁을 '여성의 정체성'에 관한 논쟁으로서 언급할 것이다.

여성의 정체성에 관한 존재론적 논쟁의 초기 단계는 두 가지 주요한 관심에 의해 야기되었다. 첫 번째 원인은 인종, 민족, 계급, 국적, 지역, 섹슈얼리티, 나이, 그리고 신체적 장애 여부 등에 의해 매개되는 여성들 사이의 중요한 차이로부터 나왔다. 이 문제는 여성이라는 범주를 하나로 묶어 일반적으로 정식화하는 것에 대해 심각한 도전을 제기했다. 많은 철학자들(대표적으로 Young, 1997; Frye, 1996; Zack, 2005)이 연속성 혹은 일종의 명목주의 버전 몇 개를 통해 이 도전에 부응하고자 했는데, 그것들은 기본적으로 젠더의 내재적인 속성을 최소화하는 사회구성주의에 의존하고 있었다.

두 번째 원인은 여성의 한계에 관한 결정론 주장과 관련된다. 그 주장들은 많은 여성들로 하여금 매우 제한된 삶을 살아가도록 강제하는 조건들을 감추기 위해 여성 정체성의 '자연성'을 사용하고 있었다. 많은 사람들은 여성 범주를 하나로 묶는 특징을 존재론적으로 주장하게 될 때, 그것이 결정론으로 사용되기 쉽다는 점을 걱정했다. 따라서 범주를 어떻게 정의할 것인지에 관한 존재론적 논쟁은 이 첫 번째 단계에서는 우선적으로 어떻게 차이를 인정하면서 동시에 결정론을 피할 것인가에 관한 것이었다. 그리고 그 주요한 해결책은 어떤 형태의 사회구성주의를 포함하고 있었다. 젠더의 사회적 구성에 대한 모든 주장들은 젠더 정체성의 형성에서 재생산의 역할을 축소하거나 심지어 지워버리기까지 했다.

오늘날 존재론적 논쟁은 논점을 옮겨 두 개의 새로운 이슈에 주로 관련되어 있다. 첫 번째는 여성주의 이론과 LGBT[1] 이론 사이, 혹은 여성학과 LGBT 연구 사이의 관계를 어떻게 이해할 것인가 하는 점이다. 일부에서는 이 구분이 젠더 연구는 여성학에, 그리고 섹슈얼리티 연구는 LGBT 연구에 적절한 대상으로 할당함으로써 만들어지게 된다고 정식화했다. 버틀러(Butler, 1994)는 「적절한 대상에 반대하여(Against Proper Objects)」라는 자신의 논문에서 섹슈얼리티를 젠더로부터 분리할 수 있다는 이 전제에 반대하는 설득력 있는 논증을 제시했다. 젠더에서 "모든 섹슈얼리티를 비워낸다는 것"(Butler, 1994: 543)은 불가능하다는 것이 그녀의 근거이다. 그녀는 여성학(혹은 여성주의 연구)을 LGBT 연구로부터 이런 식으로

---

[1] (역주) 레즈비언, 게이, 바이섹슈얼, 트랜스젠더(Lesbian, Gay, Bisexual, and Transgender).

구분해내는 것은, 젠더 정체성을 한편에, 그리고 "감각, 행위, 그리고 성적인 활동"의 영역을 다른 한편으로 존재론적으로 구분하는 것을 가정하고 있다고 주장한다. 이것은 마치 한 사람의 젠더 정체성이 그 사람이 자신의 성적인 육화(肉化)를 어떻게 경험하는지에 아무런 영향을 미치지 않는다고 간주하는 것과 같다(Butler, 1994: 24). 그렇다면 이 논쟁은 어떤 의미에서는 학문분과에 대한, 즉 두 학문분과의 적절한 대상 영역이 무엇인지에 관한 논쟁인가? 분과 학문의 영역과 방법론에 관한 논쟁은 실제로 섹스, 젠더, 섹슈얼리티, 그리고 이들 세 개념 사이의 관계를 어떻게 이해할 것인지에 관한, 그리고 섹스나 젠더와 독립적으로 섹슈얼리티에 접근하는 것이 가능한지에 관한 존재론적 논쟁을 수반하게 된다.

존재론과 관련된 논쟁을 새롭게 촉발시킨 두 번째 원인은 최근 트랜스젠더 연구의 발전에서부터 나온다. 최근에 와서야 트랜스, 퀴어, 양성애, 그리고 게이들의 삶에 관해서 그럴 듯한 경험적 자료와 이론적 분석, 다시 말해 호모포비아나 이성애중심주의에 의해 상대적으로 덜 왜곡된 지식들이 나오기 시작했다. 이 지식들은 섹스와 젠더 정체성과 함께 현존하는 섹슈얼리티 범주들(레즈비언, 게이 등)에 대해 도전하고 있다. 예를 들어, 파인버그(Feinberg, 1997: xi)는 트랜스 운동(trans movement)의 특징을 "모든 섹스와 젠더 경계와 제약"에 도전하는 것이라고 주장한다. 트랜스 운동은 또한 젠더와 섹슈얼리티에 대한 사회구성주의의 설명과 수행적인 설명의 통설들, 즉 정체성을 탈자연화시키는 설명들에도 도전을 제기하고 있다. 파인버그를 다시 인용해보면, "〈새장 속의 광대(La Cage aux Folles)〉를 본 사람이라면 드래그퀸은 쓰리피스 남성정장을 억지로 껴 입었을 때나 '진짜 남자'처럼 빵에 버터를 바르는 법을 배울 때도 매우 여성적으로 보였다는 것을 기억할 것이다. 왜냐하면 우리의 전체 영혼, 즉 우리 자신의 본질은 좁아터진 젠더 스테레오 타입에 순응하지 않기 때문이다……"(Feinberg, 1997: xi). 달리 말해 파인버그는 표면적인 수행이나 사회적 행위 아래에 감정, 감각, 그리고 경험을 포함하는 트랜스젠더 정체성이 하나의 정체성으로서 존재한다고 주장하고 있다. 이런 식으로 트랜스 운동은 젠더가 옷이나 행동에 의해 결정된다는 생각, 그리고 젠더가 섹슈얼리티로부터 분리될 수 있다는 생각에 대해 새로운 도전을 제기해왔다.

다시 한 번 강조하지만, 여성의 정체성에 관한 존재론적 논쟁을 새롭게 유발한 양대 관심, 즉 LGBT 연구와 여성학 사이의 관계에 대한 관심과 트랜스젠더 운동에서 얻은 교훈에 대한 관심은 둘 다 재생산 이슈에 대해서는 관심을 갖지 않고 발전해왔다. 이 글에서 필자는 이들 존재론적 논쟁을 생물학적 재생산이라는 주제로 끌어들이고자 한다. 재생산이 이들 범주의 의미를 정식화하는 데에서 어떤 역할을 하는가? 만약 젠더와 섹스가 '감각, 행동, 성적인 활동'의 영향권으로부터 명확하게 구분될 수 없다는 버틀러의 주장이 옳다면, 생물학적 재생산의 영역이 구분될 수 있다는 생각은 계속 의미를 갖는가? 섹스, 젠더, 섹슈얼리티도 생물학적 재생산과 관계를 맺지 않는다는 생각은 계속 유효한가?

이 프로젝트를 추구하는 데에서 직면하게 되는 도전은 다음과 같은 것이다. 우리는 재생산이 섹스, 젠더, 그리고 섹슈얼리티라는 범주와 맺는 관계를 이성애 중심주의나 이성애 정상성 규범, 즉 이성애만이 유일하게 정상적이라는 생각을 재각인시키지 않으면서 정식화할 수 있는가? 분명 재생산은 역사적으로 섹스와 젠더의 이원적이고 대립적이며 위계적인 의미를 결정하고 정당화하는 역할, 그리고 섹슈얼리티의 다원성을 비난하는 역할을 해왔다. 다시 말해, 생물학적 재생산은 동성애를 배제하는 정체성에 관한 결정론적 설명을 지지하는 데 사용되어왔다. 이에 대응해 대부분의 여성주의와 LGBT 이론가들은 재생산과 젠더 정체성 사이의 무관련성을 주장해왔다. 그러나 이것이 형이상학적 의미를 갖는 것이었는가? 재생산 범주를 도입함으로써 우리가 섹스, 젠더, 그리고 섹슈얼리티의 존재론을 이해하는 방식이 더 풍부해질 수 있을까? 필자는 먼저 재생산이 섹스 범주를 결정하는, 그리고 젠더 범주에 영향을 미치는 정당하고 실질적인 영향력을 살펴보고자 한다. 그다음 재생산이 젠더와 섹슈얼리티에 관해 행하는 역할의 한계를 짚어본다. 결론에서는 섹스, 젠더, 섹슈얼리티 사이의 관계에 대한 문제로 돌아갈 것이다.

2. 인종 정체성과 비교해본 성 정체성

많은 이론가들이 인종 정체성과 성 정체성을 똑같은 사회적 구성물로 취급하지만, 이 두 정체성 사이에는 몇 가지 중요한 구분점이 존재한다. 성 정체성은 생물학적 재생산에 관련되어 있기 때문에 인종적으로 체현된 특성보다 더 큰 중요성을 띠는 물질적으로 체현된 요소를 성 관련 범주들에 부여한다. 이것이 왜 그러한가를 보기 위해 우리는 인종과 성 사이의 공통성을 먼저 살펴볼 수 있다.

성과 인종은 둘 다 신체의 표면에 표기되어 있는 '가시적인 정체성'이다. 성차별주의와 인종차별주의 이데올로기는 주체성이 오래 전부터 몸의 차이가 갖는 특수성으로부터 발산해나오는 것이라고 상상해왔다. 따라서 젠더 정체성은 성에 의해 결정되는 것으로, 문화적·인종적 정체성은 그 구성원들의 인종적 정체성에 의해 결정되기 때문에 갖게 되는 특성으로 간주되었다. 다시 말해 성차별주의와 인종차별주의 이데올로기는 신체적 특성과 지적, 도덕적, 정서적 속성 사이의 인과성 주장에 기초를 두고 있다.

그러나 인종과 성 각각이 인과성을 주장하는 데 사용하는 신체적 특성은 중요한 차이점을 가지고 있다. 인종차별주의는 피부 색깔, 코나 눈의 모양, 머리카락 종류, 키, 몸의 생김새 등 생물학적으로는 별로 중요하지 않은 신체적 속성들이 인간의 능력이나 지성, 그리고 도덕적 성격과 같은 근본적인 차이들의 외적 표시라는 것을 우리에게 설득시켜야만 한다. 칸트의 악명 높은 주장은 이 분야의 전형적 주장인데, 그는 다음과 같이 말한 바 있다. "……이 사람은 머리부터 발끝까지 완전히 까만데, 이것은 그가 한 말의 어리석음에 대한 명확한 증거이다"(Eze, 1997: 57; 강조는 인용자). 오늘날 칸트가 한 것과 같은 논증을 할 사람은 거의 없을 테지만, 인종적인 신체적 특성은 인과적 근거는 아니지만 적어도 가시적인 암시 차원에서 여전히 지적 능력과 인격적 성향의 '상관적인 기호'로 간주된다. 오늘날 표면적인 신체상의 특질이 인종 간의 실제적인 차이를 유발하는 원인이 될 수 있다는 주장이 그럴듯하다고 보는 사람은 거의 없다. 그러나 여전히 표면적인 신체적 특질은 지적이고 도덕적인 것으로 알려진 차이들을 설명할 수 있는, 보다 더 실제적인 신체적 차이가 분명히 존재한다는 데 대한 암시로 받아들여진다. 인종 간의 유전적 차이에 관해 최근에 이루어진 조사는 인종차별주의의 근거가 될 수 있는, 보다 그럴듯한 신체적 특성을 발견하려는 요구에 의해 동기부여되었다는 추정이 가능하다. 그러나 이 조사는 정반대되는 것을 증명하고 말았다. 즉, 사회적으로 인지되는 인종집단들 간에 사소하지 않은 유전적 차이는 존재하지 않는다는 것이다(Kitcher, 1999 참조).

인종차별주의는 적어도 서구에서는 그 위계를 정당화하기 위한 문화적 차이인 것으로 점점 더 인식되고 있다. 근본적인 차이들은 상대적으로 덜 중요한 인간적 특질이 아니라, 문화적 전통과 실천 안에, 예를 들면 빈곤의 문화나 인간의 문화적 정체성의 핵심에 자리하고 있는 용납할 수 없는 정치적 가치 안에 자리 잡고 있다는 것이다('문화적 인종주의'에 대한 논의는 Grosfoguel, 1999 참조). 이러한 관점에서 신체적 특질은 생물학적 차이가 아니라 문화적 차이의 상관 기호, 혹은 가시화된 암시가 된다. 생물학과 달리 문화는 집단적 특성이 영원하고 불변하며 교육될 수 없다는 주장을 뒷받침하지 않는다. 인종주의자들이 문화를 이런 식으로 사용한다면,

그것은 안정적이고 제한적인 본질을 불안정하고 제한되지 않으며 본질이 있을 수 없는 것(문화)에 귀속시키는 것이 되고 만다. 인종적 차이의 기초를 생물학이 아니라 문화에 돌리게 되면, 차별대우, 교육자원 몰수, 인종격리정책 등을 정당화할 수 없게 된다. 문화적 차이는 인종차별주의가 보다 완고한 생물학적 차이의 효과로 간주되어 경험적으로 지지할 수 없는 전제에 기초해서 작동할 수 있을 때에만 인종주의를 지지할 수 있다. 그럼에도 '문화주의'는 문화적 완고성 주장을 유발하는 인종주의를 감추기 위해 효과적으로 작동하고 있다.

성차별주의는 보다 많은 것과 함께 작동하고 있다. 한 사람이 재생산에서 생물학적으로 구분되는 역할을 하는 것, 즉 임신하고 출산하고 자기 몸에서 생산되는 우유로만 수개월 동안 유아를 먹일 수 있는 능력은, 눈의 모양이나 머릿결보다는 훨씬 객관적으로 중요한 속성이라고 할 수 있다. 물론 성차별주의는 여성의 특수성이 과도하게 여성의 삶을 결정짓도록 만들어왔으나, 이는 점차 신뢰를 잃어가고 있다. 여자아이들이 유전자의 절반을 자신들의 아버지로부터 받고, 남자아이들 역시 어머니로부터 유전자의 절반을 받는다는 사실을 고려할 때, 남자와 여자는 그렇게 다를 바 없다. 재생산 역할이 결정되는 것은 단 하나의 염색체 변이에 의해서인데, 성차별주의 이데올로기는 이것이 인간 기능의 전반적인 능력을 결정한다는 이상한 주장을 하고 있는 것이다. 플라톤(Plato, 2005: 454)조차도 그러한 시각에서 다음과 같이 말한다.

> …… 만약 (남성과 여성의 성이) 단지 여자는 임신을 하고 남자는 수태를 시킨다는 측면에서만 다른 것이라면, 우리는 우리의 목적을 위해 여성이 남성과 다르다고 할 만한 증거는 아직 발견되지 않았다고 말할 것이다. 그리고 우리는 우리의 수호자와 그 아내들이 같은 것을 추구해야 한다고 계속 생각할 것이다.

그러나 재생산 역할의 차이가 갖는 의미가 이상하고 사리에 맞지 않게 강조되어 왔음에도 그것이 성차의 물질적 근간을 제공하고 있음은 사실이다. 그것은 인종 범주들의 표면적 차이들과는 질적으로 다르다.[2] 머릿결이 문화체계의 발전에 대해 갖는 의미에 대한 연구 프로젝트를 옹호할 사람은 거의 없을 것이다. 인종과 관련해서 피부색이나 눈 모양 등이 왜 그리고 어떤 방식으로 근세에 그토록 중요한 존재론적 의미를 얻게 되었는지를 이해하기 위해서는 글로벌 정치경제라든지 식민주의의 역사를 들여다보는 것이 훨씬 더 이치에 맞다. 이는 인종과 관련된 현실을 완화시키거나 인종 정체성이 환상이라고 말하는 것이 아니라, 인종 차이와 인종과 관련된 범주들의 근원이 형이상학적이라기보다는 정치적인 이야기라고 말하는 것이다.

성차의 물리적 기초는 전혀 다른 문제이다. 성 정체성은 인종과는 달리 역사적으로 모든 곳에 존재해왔으며, 보다 생물학적인 실체를 가진 일련의 형태학적인 특질에 기초를 두고 있다. 맥락과 역사는 인종적 특질의 정치적인 의미를 설명하는 데에는 필수적이지만, 재생산에서의 서로 다른 역할의 의미를 설명하는 데는 그렇지 않다. 그뿐 아니라, 남성과 여성

---

[2] 필자가 인종 범주들이 미래에 자연스럽게 사라질 것이라고 가정하고 있는 것은 아니라는 점을 분명히 하고 싶다. 인종 개념은 최소 두 가지의 특수한 관련성이 있는데, 그중에 하나만이 그럴듯한 생물학적 주장을 포함하고 있다. 인종에 대한 다른 일반적인 관련성은 문화적 실천의 역사적인 형성에 관여되어 있다. 역사로 인해 인종적인 신체적 특성들이 실질적인 정체성을 가진 문화적 집단과 상호 연관성을 띠게 되었다. 따라서 인종은 그것이 생겨져 나온 문화적이거나 혹은 인종적인 형성 때문에, 또 부분적으로는 인종적인 경험으로 인해 의미가 있다. 반면에 재생산은 문화가 거기에 다양한 의미를 붙여놓았기 때문에, 즉 여성들이 다른 것처럼 취급되어왔기 때문에만 의미를 갖는 것은 아니다.

이 재생산에서 하는 역할의 차이가 갖는 중요성을 부인하는 것은 직장에서의 평등을 성취하는 데 좋지 않은 전략으로 판명이 났다. 남성과 여성 사이의 같음을 전제한 결과 임신은 장애로 분류되었고(남성 역시 장애를 가질 수 있기 때문에), 적절한 산후휴가에 대한 요구는 그것이 부성휴가와 절대적으로 똑같아야 한다는 주장에 의해 난처하게 되었다. 그리고 성에 의해 차별받지 않는 개인을 선언하는 법 담론 안에서 수유에 대한 권리를 논할 여지는 없어지게 된다. 여성들이 기술적 수단들을 동원하여 그들의 재생산 역할에서 그런 차이들을 '극복'하기를 원하는가 하는 문제는, 우리가 적극적 조치(affirmative action)를 인종적 불평등을 보상하기 위해 꼭 필요한 조치로 만들고 있는 역사적이고 사회적인 조건들을 극복하기를 원하는가 하는 문제와는 완전히 다른 종류의 문제이다. 인종, 민족, 문화 정체성을 한편에 놓고 나이, 장애, 성과 관련된 정체성을 다른 한편에 놓는 전반적인 구분이 가능하다. 이들 정체성은 모두 가시적인 정체성이며, 매개 없이 몸에 표기되어 있는 자연화된 것이다. 그러나 나이, 장애, 그리고 성을 의미하는 표식(그리고 물리적 경험들)은 인종, 민족, 문화를 의미하는 정체성과는 질적으로 다르다. 이렇게 말하는 것은 억압의 다양한 형식이나 목표 사이의 지독함이나 우선순위에 대해 주장하는 것이 아니다. 이것은 단지 성 범주들과 인종 범주들의 물리적 기초의 질에 관해 주장하는 것일 뿐이다. 이제 우리는 성 범주들의 물리적 기초를 어떻게 이해해야 하는가 하는 문제로 돌아갈 것이다.

3. 성의 생물학적 토대

'여성'이 하나의 사회적 구성물이라는 생각을 처음으로 한 것으로 종종 간주되곤 하는 보부아르(De Beauvoir, 1989: xxxxi)는 성 구분 그 자체의 기초에 관해서 명확한 입장을 가지고 있었다. 그녀는 다음과 같이 말했다.

…… 여성은 남자를 뿌리 뽑아버릴 꿈조차 꿀 수 없다. 그녀를 자신에 대한 억압에다 묶어버리는 그 속박은 다른 어떤 것에도 견줄 수 없는 것이다. 성 구분은 생물학적인 사실이지, 인간 역사에서 벌어진 사건이 아니다.

보부아르에 따르면 우리가 '생물학적 사실'에 부여하는 의미, 그리고 거기서부터 끌어오는 함의는 물론 인간적인 해석에 종속되지만, 구분 그 자체는 그렇지가 않다.

그렇지만 우리는 어떻게 구분 그 자체라는 사실의 한계를 정해야 할 것인가? 일부 여성주의자들(가장 유명한 사람은 버틀러)은 재생산이 여기에서 어떤 종류의 객관적인 역할도 하지 않는다고 주장해왔다. 또한 여성으로 지칭되는 사람들 사이에 존재하는 재생산의 다양성으로 인해 재생산을 남자/여자 범주, 혹은 '여성' 범주의 통일성에 대한 인과적 설명으로 사용하는 것은 전적으로 이데올로기적인 것이라고 주장해왔다. 재생산을 할 수 없는 여성도 있고, 재생산을 원하지 않는 여성도 있으며, 재생산을 계속 할 수 없는 여성도, 이제는 재생산을 할 수 없는 여성도 있다. 그렇다면 어떻게 생물학적 재생산이 남자/여자라는 이분법적 범주의 토대가 될 수 있는가라는 것이 그들의 물음이다.

다음에 나오는 논증을 성적인 정체성 범주에 대한 가능한 객관적인 토대 중 하나로 고려해보자.

여성과 남성은 그들이 생물학적 재생산의 가능성과 맺는 서로 다른 관계로 인해 서로 구분된다. 여기서 생물학적 재생산은 임신, 출산, 수유, 그리고 우리 자신의 몸을 아울러 지시하고 있다.

'가능성'이라는 말로 필자는 여기서 단지 논리적인 가능성 이상의 것을 의도했다. 이것은 아리스토텔레스의 구체적인 잠재성이라는 개념에 보다 가까운 것이다. 이 개념은 여성은 미래 혹은 과거에 출산하거나 수유할 수 있는 실제적인 능력을 가지는 것을 기대할 수 있는 사람들인 반면, 남성은 그렇지 않다는 아이디어를 포착할 수 있다. 이 아이디어는 여자들은 실제 그들의 재생산능력이 어떤 조건인지와 상관없이 재생산의 가능성과, 남성과는 다른 관계를 가지고 자라왔으며 살아온 사람들이라는 것이다. 생물학적 재생산의 가능성과 맺는 이 서로 다른 관계는 자궁적출수술을 한 여성이나, 재생산을 할 욕망이나 의도가 없는 여성, 불임여성, 그리고 사춘기 소녀와 완경 이후의 여성 모두에게 다 적절한 것으로 남아 있다. 여성으로 분류되는 사람들은 재생산과 관련해 남성과는 다른 종류의 실천, 기대, 희망, 두려움, 그리고 일반적인 느낌을 가지게 될 것이다. 이것은 실제로 그 가능성과 맺는 관계가 어떠한가와는 무관하다. 즉, 불임여성이든 사춘기 소녀이든, 혹은 완경 이후의 여성이든 재생산할 의도가 없는 여성이든, 여성들은 여전히 생물학적 재생산에 대해 남성과는 다른 관계를 맺는 것이다. 만약 그들이 재생산능력을 상실하고 남자들과 비슷한 상황에 있게 될지라도, 그들이 무언가를 상실했고 따라서 어딘가 다른 현상학적 체화의 경험을 할 수밖에 없다는 사실은 변함없이 남게 된다.

이 서로 다른 관계는 다양한 사회적 분리의 기초가 될 수 있다. 그것은 삶을 통해 서로 다른 형식의 체화 경험으로 발전되어나갈 수 있다. 또 자신의 특정 재생산능력에 대해서 아주 광범위한 정서적 반응들을 생성해낼 수도 있는데, 자부심과 기쁨을 느낄 수도 있고, 좌절과 분노, 죄책감이나 후회를 느낄 수도 있으며, 재생산을 성공적으로 회피한 것에 대해 큰 안도를 느낄 수도 있다. 생물학적 재생산 가능성과의 관계에 따르는 이들 다양한 정서적 부속물들은 그 사람이 위치해 있는 특정 문화적 맥락에 의해 매개된다. 재생산 가능성은 환영받고 긍정적으로 기대하는 대상이 되기도 하고, 공포나 혐오, 혹은 무관심이나 체념의 대상이 되기도 하는데, 이것은 분명히 그것이 일어나는 조건, 그리고 그 이후의 삶의 조건에 따라 결정된다. 그럼에도 재생산 가능성과 맺는 이 관계는 성 정체성을 결정한다. 남성은 일련의 다른 가능성, 선택, 정서적 반응, 경험을 갖는 것이다. 남성과 여성이 자신의 재생산능력을 잃거나 포기할 때, 그들은 무언가 서로 다른 것을 잃거나 포기하는 것이다. 따라서 남자와 여자라는 이원 범주는 객관적 근거를 가진 것이지, 단지 하나의 이데올로기가 아니다.

그러나 젠더와 섹슈얼리티는 어떤가? 필자가 한 것처럼 섹스를 생물학적 재생산 가능성과 맺는 서로 다른 관계에 의해 결정되는 것으로 정의하는 것은, 우리의 염색체에 대한 단순한 사실 이상을 내포하고 있다. 가능성과의 관계는 일반적으로 미지의 것이거나 무의식적인 현상이 아니라, 살아 있는 존재에 관한 알려진 현상이다. 우리는 우리 자신의 실제 가임 상태에 관해 실수를 할 수는 있지만, 그렇다고 하더라도 그것이 남자와 여자가 가능성과 서로 다른 관계를 맺는다는 사실 자체를 변경시키지는 않는다. 예를 들어, 한 불임여성은 남성이 경험하는 것과는 다른 방식으로 안도나 상실감을 경험할 수 있는데, 그것은 각자가 상실한 것이 무언가 구분되는 것이기 때문이다. 가능성에 대한 관계는 살아 있는 경험에 관한 무의식적인 조건이 아니라 하나의 기지(旣知)의 사실이기 때문에, 그것은 우리들의 정서적인 삶, 우리의 선택, 우리의 상상, 그리고 우리의 체화 경험과 체화된 사회관계에 대해서 영향을 미칠 것이다. 남자와 여자가 성관계에서 임신 가능성의 위험을 질 때 그들은 뭔가 다른 위험을 감수하고 있는 것이다. 따라서 그 구분의 객관적 기초는 현상학적인 효과를 갖는다. 그리고 이것이 문화적 맥락에 의해 매개되기 때문에 다양하다고 하더라도, 효과가 있다는 중요한 점만은 그대로 남는다. 달리 말해, 문화 체제에 의해 의미를 부여받게 되고, 다양한 경험과 실천을 낳게 되는 다양한 가능성들이 있다. 따라서 섹스라는 최소 범주는 젠더와 섹슈얼리티라는 수행적인 실천, 살아 있는 경험, 그리고 자연적인 것과는 반대되는 사회적인 역할과 기능을 포함하는 더 큰 영역에 영향을 미친다는 점이 인정되어야만 한다.

섹스, 젠더, 그리고 섹슈얼리티 사이의 관계를 어떻게 이해해야 할까? 재생산, 젠더, 그리고 섹슈얼리티 사이의 상호 연결을 설명하는 하나의 공통적인 방식이 있을 수 있다는 것은 분명 잘못된 것이다. 이 공통의 설명이란 생물학적 재생산이라는 객관적인 사실로부터 생겨나, 젠더와 섹슈얼리티를 포함해 살아 있는 완전한 정체성에까지 이르는 하나의 단순한 인과적 이야기가 있음을 전제하고 있다. 그리고 이러한 이야기의 종착점은 보통 여성적인 젠더와 이성애적인 섹슈얼리티로 귀결되곤 한다. 이같은 설명은 우리의 재생산과 관련된 삶을 납득할 수 없는 방식으로 다른 모든 것의 충분조건으로 만들어버린다. 우리가 공격적인지, 수동적인지, 믿을 만한지, 혹은 전도가 유망한지, 경쟁적인지 혹은 감정이입적인지 등등 예상대로 대조적인 특성 범주들과 관련해 개성에서부터 실천에 이르기까지 모든 것을 결정하는 것이다(그러한 인과적 설명에 대해 최근에 나온 여성주의 반대 논증을 보려면 Warnke(2007: 4장) 참조). 그와 같은 인과적 주장에 대한 증거는 불충분하다. 그러나 우리의 재생산과 관련된 삶이 갖는 정서적인 측면은, 필자가 이미 주장한 대로 재생산이 이루어지는 사회, 그리고 그 안에서도 사회계급에 따라 상당히 다양할 것이다. 따라서 재생산은 문화적 특수성과 다양한 형식의 젠더와 섹슈얼리티에 대한 분석에 반드시 포함되어야 하지만, 그것이 이들 모든 것을 단순하게 결정하는 것은 결코 아니다.

그러나 재생산이 완전히 결정적이지 않다면, 그것은 여전히 젠더와 섹슈얼리티 범주에 관련성이 있는가? 필자는 재생산이 수행되고 실천되는 다양한 방식이 있고 따라서 그것을 경험하는 방식도 다양하다는 사실을 인식하면서 재생산이 이 둘 모두에 관련성이 있다고 주장할 것이다. 필자는 결정론적이고 선형적인 인과모델이 아니라, 이 가능성과의 서로 다른 관계가 특정 문화에 의해 매개되는 젠더들과 섹슈얼리티들이 발전되어나 가는 다양한 방식에서 하나의 요소가 되는 그런 전일적인 분석을 발전시킬 것이다. 재생산에 관련된 사실은 젠더와 섹슈얼리티를 구성하는 그물망의 일부이다. 그 그물망 안에는 문화와 역사의 특수성들이 함께 영향을 미치고 있다. 그리고 재생산 요소가 젠더와 섹슈얼리티에 미치는 효과는 달라질 수 있어서, 문화적 맥락에 따라 그 중요성이 커지기도 하고 또 줄어들기도 한다.

4. 재생산과 이성애

재생산 관련성에 대한 이러한 설명이 불러일으키는 즉각적인 물음은, 그것이 이성애주의, 그리고 강제적 이성애와 관련성을 갖는다는 점에 대해서이다. 이 이슈는 분명히 결정론의 문제, 그리고 애초에 여성의 정체성에 관한 존재론적 논쟁을 불러일으켰던 차이의 문제와 연결되어 있다. 필자는 우리가 젠더와 섹슈얼리티에 대한 재생산의 관계를 어떻게 이해해서는 안 되는지에 대한 하나의 논증, 그리고 어떻게 그 관계를 이해해야 되는지에 대한 또 하나의 논증을 제시하고자 한다.

성 정체성이 인간 재생산에서의 생물학적 분업에 기초한 객관적인 정체성 유형이라는 주장은 강제적인 이성애를 규정하지는 않는다. 다시 말해, 아이들을 재생산하기 위한 필수적인 수단으로서 이성애적 결합을 강제하지 않는다. 그 이유는 앞으로 설명할 것이다. 따라서 그것은 이성애적인 섹슈얼리티나 전통적인 여성 젠더 정체성을 강제하지 않는다. 그것은 그러한 주장을 하는 데 사용될 수 있지만, 논리적으로나 경험적으로 꼭 그렇지는 않다. 물론 임신은 생물학적 재료가 남성과 여성 양쪽에서 나와야 한다는 점에서 이성애적 결합을 요구하지만, 이 사실은 우리 모두 알고 있듯이 가까운 장래에 잠재적으로 변화될 수 있다. 그러나 남성과 여성 양쪽으로부터 나오는 생물학적 재료가 필수적이라는 점은 중요한 점으로 남는다. 따라서 그러한 구분과 해부학적 차이가 이 과정에 필수적이라는 사실은 객관적이며 또 객관적으로 의미가 있다.

그러나 이 사실이 갖는 객관적인 의미는 생물학적 구분과 일치하는 범주화 유형을 정당화한다. 다시 말해, 그것은 인간을 남자와 여자로 분류하는 것을 정당화하는 것이다. 그러나 그것이 이성애 관계가 종의 재생산을 위해 필수불가결한 초석이라는 주장을 정당화하지는 못한다. 완전하고 의미 있는 인간 재생산은 임신과 분만을 넘어서는 보살핌에 대한 계획을 포함하고 있어야 한다. 인간으로 태어나는 아기의 연약함과 상대적으로 긴 수유기간을 생각해야 하기 때문이다. 이성애는 몇 가지 지점에서 임신과 연결되지만, 완전한 의미에서 인간 재생산과 연결되지는 않는다.

어떤 사회적 조건에서는 이성애가 재생산에 명백하게 해로울 수 있다. 그것은 성공적인 임신, 유아와 아동에 대한 충분한 보살핌에 꼭 필요한 양육을 제공하지도 못하고, 또 성숙하고 합리적으로 기능할 수 있는 인간으로 발전시키는 데 꼭 필요한 모든 것들을 지원하지도 못한다. 강제적 이성애는 어머니들에게 독립할 수 있는 선택지를 더 적게 줌으로써 그들을 폭력과 학대에 더 취약하게 만들 수도 있다. 진화와 성적 선호에 관련된 새로운 연구는 재생산과 무관한 성관계, 그리고 다양한 종류의 관계를 결속시키는 공동체적 실천이 집단의 생존에서 결정적인 역할을 한다는 사실을 보여준다(Hrdy, 1999; Zuk, 2002; Roughgarden, 2004 참조). 임신을 넘어 이성애 관계를 유지하는 것은 아이들의 욕구를 충족시키는 하나의 방법이지만, 성공적인 재생산을 위해 꼭 필요한 것도 아니고, 또 이성애 관계를 유지하는 것만 배타적으로 강조하는 것이 틀림없는 최적 상태를 보장하지도 않는다. 강제적이고 배타적인 이성애 제도를 가진 많은 사회에서 아동학대와 방치가 점점 늘어나고 있다.

재생산에서 가장 중요한 것은 아이들이 어느 정도 안정적으로 보살핌을 주는 어른들에게 접근할 수 있어야 한다는 것이다. 필자를 포함해 우리들 중 많은 사람들은, 생물학적으로는 무관하지만 우리의 생물학적 부모의 무관심과 학대, 혹은 그들의 단순한 부재를 극복할 수 있도록 해주었던 한 명 혹은 그 이상의 성인들로부터 받은 보살핌과 지원 덕분에 생존할 수 있었다. 생물학적 연결은 지속적인 헌신을 담보하지 않는다. 그뿐 아니라 생물학적으로 연결되지 않았다고 해서 꼭 안정적인 헌신을 기대할 수 없는 것도 아니다. 1970년대에 파이어스톤(Firestone, 1970)은 우리가 여성을 해방시키고자 한다면 임신을 없애야 한다고 주장했다. 그러나 이 주장은 생물학이 임신하고 양육하는 여성들이 남성에게 의존하는 시기를 만들어냄으로써 가부장제를 낳는다는 생각에 기반을 두고 있었다. 그러나 사실 반드시 남성에게 의존해야 할 이유는 없다. 따라서 재생산은 이성애적 결합의 지속을 필수적으로 요구하지는 않는다. 섹스는 안정적으로 확립된 보살핌 관계에서 중요할 수 있다. 따라서 레즈비언 섹스는 일부 재생산하는 여성들에게 필요한 관계를 확립하는 데 꼭 필요할 수 있다. 이러한 주장들이 보여주는 것은, 비단 입양이나 대리모, 혹은 인공수정 같은 경우가 아니라 하더라도, 강제적이고 배타적인 이성애가 재생산에 필수적인 것은 아니라는 것이다. 성공적인 재생산을 위해 꼭 필요한 것은 어느 정도의 안정성을 가진 성인의 보살핌, 서로 지지하고 사랑하는 관계를 유지하는 성인들, 그리고 임신이다.

칼훈(Calhoun, 2003)은 동성애자들이 정상적인 이성애 생물학적 핵가족을 왜곡시킬 것이라는 두려움이 실제로는 하나의 투사에 지나지 않는다고 믿을 만한 좋은 증거가 있다고 지적한다. 많은 아이들이 그들의 두 생물학적 부모가 한 지붕 아래에서 사는 것과는 다른 여러 가지 방식으로 이성애 부모들에게서 양육되고 있다는 것이다. 많은 이성애 가족에는 한

부모와 재혼을 통한 재조합 가족 등 다양한 형태의 가족이 포함되어 있다. 필자 자신의 훌륭하고 '정상적인' 이성애 가족 안에서 필자는 어떤 의미에서 네 명의 부모, 한 명의 '완전한' 형제자매와 서로 다른 엄마를 가진 세 명의 '절반의' 형제자매를 가지고 있다. 다시 말해 나에게는 한 명의 아버지, 한 명의 새아버지, 한 명의 어머니, 한 명의 새어머니가 있다. 나는 아버지보다는 새아버지와 더 가깝고, '완전한' 형제자매보다는 '절반의' 형제자매들과 더 가깝다. 칼훈은 우리가 가족이라는 말로 의미하는 것, 그리고 실제 가족이 어떻게 구성되는가는 자발적인 선택들, 우연적인 사회적 상황들, 그리고 생물학적 재생산 등의 복합적인 조합이라는 것을 지적하고 있다. 이것은 모든 가족에게 사실이고 비단 게이나 레즈비언 가족만 그런 것은 아니라는 것이다. 이성애 가족이나 동성애 가족 둘 다 종종 생물학적 가족관계보다는 선택한 가족관계를 포함하고 있다(입양아 혹은 새어머니, 새아버지의 경우처럼). 이에 대해 이성애 부모만이 모든 사람들이 유전적으로 관계를 가진 정상적인 가족 단위를 생산할 수 있다고 주장할 수 있다. 그러나 사회는 가족의 의미를 이 단 하나의 형태에만 제한하지는 않는다. 왕가(王家)는 이에 대한 예외가 될 수 있을 것이다. 이성애에 대한 동성애 혐오에 사로잡힌 기술들은 이성애 가족과 동성애 가족 사이의 차이를 지나치게 과장한다. 그러나 사실 두 가족은 모두 다양한 감정적 관계와 개입들을 포함한다.

5. 젠더에 대한 유물론적 접근

젠더 정체성에 대한 유물론적 접근은 재생산관계의 생물학적 연결을 다른 모든 관계들에 비해 특권화하지 않을 것이다. 또 체화 경험의 현상학을 정체성의 다른 측면들 위에 두지도 않을 것이다. 그러나 섹스만이 아니라 젠더와 섹슈얼리티에 대한 완전한 설명은 몸을 가지고 살아온 체화 경험을 포함해야만 한다. 의지에 따르는 행동의 실천과 수행만을 다뤄서는 안 되는 것이다. 예를 들어, 임신 경험의 중요성을 인정해서 대리모와 계약을 경솔하게 유사한 것으로 취급하는 것(Bender, 2006)은 피해야 한다. 신체를 통해 구현되는 다양한 관계들은 인간이 어떻게 상호 작용하느냐는 문제에서 중요하게 작용한다. 임신, 수태, 수유, 그리고 특히 유아 시절부터 지속적으로 밀접한 신체적 접촉을 갖는 것과, 가족 구성원들 사이의 신체적인 유사성 등에서 이 점이 잘 드러난다. 임신, 수태, 그리고 아이의 아동기를 어머니와 함께 지내지만 DNA는 공유하지 않는 아버지와, 정자만을 제공한 아버지의 물질적 연결, 이 두 아버지 사이의 물질적인 차이를 생각해보자. 두 아버지는 모두 그들의 아이와 물질적인 연결을 가지고 있다고 할 수 있다. 그러나 그 물질성은 서로 다른데, 그 다름은 정도의 차이가 아니라 종류의 차이이다. 이 경우 수태에 정자를 제공하지 않은 아버지는 아이와 신체적으로 닮지 않았다고 하더라도 여전히 중요한 물질적인 연결을 갖고 있다.3) 이제 아버지의 성이 남자인 경우와 여자인 경우를 고려해보자. 이 경우 아버지의 생물학적 성은 친밀한 신체적 접근성으로 인해 형성된 물질적 연결을 희석시키지 않는다. 그러므로 유물론적 접근은 생물학적 연결을 다른 물질적이고 현상학적인 연결보다 우위에 놓지 않는다. 따라서 이성애적 연결을 동성애적 연결보다 우위에 놓지도 않는다.

---

3) 얼굴 생김새나 키와 같은 신체적인 특성의 유사성은 우연의 일치로 간주될 수 있다. 그러나 아이가 어느 부모와 함께 자라게 되면, 그들은 독특한 버릇, 걷는 방식, 말하는 습관, 몸의 자세 등을 지니고 다닐 것이다. 이것이 물질적인 기초와 함께 신체적인 유사성을 구성하게 되어, 아이의 발달단계를 통해 유사성을 유지하게 될 것이다.

그렇다면 가족은 젠더 그리고 섹슈얼리티와 어떤 관계를 갖는가? 필자는 젠더와 섹슈얼리티를 구성하는 요소들의 전체적인 그물망 안에서 물질적인 재생산이 하나의 요소로 존재한다는 것을 주장한다. 재생산은 레즈비언이나 스트레이트 여성의 자기-경험과 자기-이해에서 중심적인 것일 수도 있고 아닐 수도 있다. 다시 말해 누군가가 게이이거나 스트레이트이거나 혹은 다른 무엇이라는 것은 그 사람이 재생산을 어떻게 경험하는가에 관해 결정적이지 않다. 따라서 한편으로 필자는 재생산이 문화적이고 역사적으로 매개되는 젠더와 섹슈얼리티의 형성에 포함된다는 것을 주장하면서, 다른 한편으로 그것이 게이와 스트레이트 정체성 사이의 신뢰할 만한 구분에 연관되지는 않는다고 주장한다.

재생산 영역을 친족관계 영역에 결정적으로 중요한 것으로 생각할지도 모른다. 친족은 개인을 다양한 유형과 크기의 가족 단위로 조직화하는 사회체계로 이해되는데, 그 안에서 역할, 관계, 기능이 규정되고 분배된다. 우리 사회에 현재 존재하고 있는 친족구조 안에서 레즈비언은 '비(非)여성'으로 이해되어야 한다는 칼훈(Calhoun, 2003)과 위티그(Wittig, 1992)의 주장에 동의하는 것이 이치에 맞다. 그들은 가족으로부터 일반적으로 배제되어 있으며, 이 배제는 물질적으로는 아닐 때조차도 이념적으로나 담론적으로는 강력하기 때문이다. 칼훈(Calhoun, 2003: 32)은 다음과 같이 말한다.

> …… 레즈비언이 된다는 것은 '여성'이라는 범주 전체를 탈출하는 것이다. 그것은 '여자'와 '남자'라는 이중 도식 안에서 젠더를 갖지 않고 섹스를 갖지 않게 되는 것이다.

레즈비언은 비유적으로 제3의 성, 혹은 사이에 끼인 성을 차지한다. 따라서 칼훈은 우리가 이것을 이해하지 못한다면 우리는 여성 일반의 경험과 대조적으로 레즈비언이 부닥치는 억압의 특수한 형식을 잘못 진단하게 된다고 주장한다. 레즈비언이 직면하는 특수한 억압이란 인정받는 가족 애착과 감정적 관계라는 공적인 영역으로부터의 배제, 그리고 그러한 관계들의 사적 영역을 발전시키려는 그들의 시도에 대한 금지 두 가지이다. 레즈비언들은 그렇게 친족체계로부터 추방당한다. 이 때문에 그들을 '비(非)여성'으로 이해할 만한 것이다. 그들은 사회적 역할, 기능, 행위, 실천을 취하는 젠더화된 의미의 여성이 아닌 것이다.

레즈비언의 이러한 배제에 대한 한 대응으로, 정체성 범주들을 재생산과 친족체계 전체로부터 분리해서 존재하는 것으로 특징지으려는 시도가 있을 수 있다. 이렇게 되면 개인의 자발적인 관계만을 강조하면서 생물학적 재생산, 물질적 연결, 그리고 친족체계 안에서의 사회적 역할은 경시하게 된다. 이 지점에서 필자는 버틀러(Butler, 1994: 19)의 다음 주장에 동의한다.

> 우리는 친족을 넘어서는 섹슈얼리티에 대한 욕망을 성적인 사유에서의 어떤 유토피아적인 긴장의 한 징후로 읽을 수도 있다. 그것은 실패할 수밖에 없으며, 우리의 친족에 대한 개념이 가장 규범적이고 억압적인 양식에 얼어붙어 있기를 요구한다. …… 이런 의미에서의 친족은 어떤 긍정적인 형식으로 동일시되기보다는 부계주의의 강제적인 이성애제도, 그리고 생물학의 상징적인 과도-결정(over-determination)을 넘어설 수 있는 어떤 재정의의 지점으로 나타날 것이다.

만약 우리가 "생물학의 상징적인 과도 - 결정"이 섹스가 아니라 젠더와 섹슈얼리티의 영역에서만 일어나는 것을 이해한다면, 이 주장에 동의한다. 중요한 것은, 우리가 젠더와 섹슈얼리티의 범주들을 어떻게 개정하고 재정의할 것인가를 분석하면서 생물학적 재생산을 삭제하거나 소거할 필요가 없다는 점이다. 왜냐하면 그것은 때로 구성주의자들이 상상하는 것보다 더 중요하며, 또 전통주의자들이 고집하는 것보다 관계 규범의 전체 범위에 대해 확실히 덜 결정적이기 때문이다. 으리가 재생산이 하는 역할을 인정한다고 해도, 부계주의와 이성애 규범이 정체성의 존재론에 의해 강제되는 것이 아니다. 그렇다면 우리는 호모포비아와 이성애주의로부터 탈출하기 위해 젠더로부터 탈출할 필요도 없다. 우리는 젠더를 보다 더 복합적이고 확장된 것으로 재개념화할 필요가 있다.

섹스, 젠더, 섹슈얼리티라는 3원 도식이 형이상학적인 의미를 갖는지 여부가 해결되어야 할 문제로 남아 있다. 필자는 섹스 범주를 남자와 여자가 재생산의 가능성과 맺는 서로 다른 관계토 제한해서 사용하는 것이, 임신에 대한 객관적인 생물학적 필요사항을 이해하는 것이라고 주장했다. 임신은 분명히 매우 중요하다. 그러나 그것이 부모 - 아이 관계의 전체 혹은 대부분의 이야기는 아니다. 그것은 또 현실에 있는 부모 - 부모 관계의 본성을 결정하지도 않으며, 게이와 스트레이트 가족의 재생산과 관련된 네트워크의 차이를 구분하는 수단을 제공하지도 않는다. 우리는 생물학적 임신의 이원 기능에 이름을 부여하기 위해 섹스 범주를 필요로 한다. 그리고 그럴듯하고 포괄적인 설명을 개발시킬 능력을 보유하기 위해서 이 범주와 젠더와 섹슈얼리티 정체성 형성 사이의 연결을 유지하는 것이 결정적으로 중요하다. 그러나 재생산은 젠더와 섹슈얼리티의 하나의 요소만을 제공한다. 섹스가 특정 젠더와 특정 섹슈얼리티 형성에 관련된 풍부한 특수성의 원인이 될 수도 없고 또 그것을 다 설명할 수도 없다.

참고문헌

Bender, Leslie. 2006. "'To Err is Human': ART Mix-ups — A Labor — Based Relational Proposal." *Journal of Gender, Race, and Justice*, Vol. 9, No. 3, pp. 443~508.

Butler, Judith. 1994. "Against Proper Objects." *Differences: A Journal of Feminist Cultural Studies*, Vol. 6, Issue 2/3, pp. 1~27.

Calhoun, Cheshire. 2003. *Feminism, the Family, and the Politics of the Closet: Lesbian and Gay Displacement*. New York: Oxford.

De Beauvoir, Simone. 1989. *The Second Sex*. translated by H. M. Parshley. New York: Random House.

Eze, Emmanuel Chukwedi(ed.). 1997. *Race and the Enlightenment*. Cambridge, Mass.: Blackwell Publishers.

Feinberg, Leslie. 1997. *Transgender Warriors: Making History from Joan of Arc to Dennis Rodman*. Boston: Beacon Press.

Firestone, Shulamith. 1970. *The Dialectic of Sex: The Case for Feminist Revolution*. New York: William Morrow.

Frye, Marilyn. 1996. "The Necessity of Differences: Constructing a Positive Category of Women." *Signs*, Vol. 21, No. 4, pp. 991~1010.

Grosfoguel, Ramón. 1999. "'Cultural Racism' and Colonial Caribbean Migrants in Core Zones of the Capitalist World Economy." *Review*, Vol. XXII, No. 4, pp. 409~434.

Grosz, Elizabeth. 1995. *Space, Time and Perversion: Essays on the Politics of Bodies*. New York: Routledge.

Hrdy, Sarah Blaffer. 1999. *Mother Nature: Maternal Instincts and How They Shape the Human Species*. New York: Ballantine Books.

Irigaray, Luce. 1985. *This Sex Which is not One*. translated by Catherine Porter. Ithaca, New York: Cornell University Press.

Kitcher, Philip. 1999. "Race, Ethnicity, Biology, Culture," in Leonard Harris(ed.). *Concepts of Racism*. New York: Prometheus Books.

Plato. 2005. *The Collected Dialogues of Plato*. Edith Hamilton and Huntington

Cairns(eds.). translated by Lane Cooper. Princeton, New Jersey: Princeton University Press.

Roughgarden, Joan. 2004. *Evolution's Rainbow: Diversity, Gender and Sexuality in Nature and People*. Berkeley, California: University of California Press.

Warnke, Georgia. 2007. *After Identity: Rethinking Race, Sex, and Gender*. Cambridge: Cambridge University Press.

Wittig, Monique. 1992. *The Straight Mind and Other Essays*. Boston: Beacon Press.

Young, Iris Marion. 1997. *Intersecting Voices: Dilemmas of Gender, Political Philosophy, and Policy*. Princeton, New Jersey: Princeton University Press.

Zack, Naomi. 2005. *Inclusive Feminism: A Third Wave Theory of Women's Commonality*. Lanham, Maryland: Rowman and Littlefield.

Zuk, Marlene. 2002. *Sexual Selections: What We Can and Cannot Learn from Animals*. Berkeley, California: University of California Press.

제2부
아시아 이주의 현장과 가족구조의 변동

제4장
연변 조선족 농촌 여성들의 '한국바람'

제5장
스리랑카의 여성 이주노동자와 변화하는 가족

제6장
태국 불교의 영성 추구와 가족

제7장
떠도는 삶, 필리핀 '가족'과 해외 노동이주의 감정성

제8장
이주여성 가족들의 변화
베트남에서 한국, 대만에 이르기까지

제9장
사랑과 경제의 관계를 통해 본 이주결혼

제4장 연변 조선족 농촌 여성들의 '한국바람'

김화선(연변대학 여성연구센터 교수)

1. 들어가는 글

요즘 중국 조선족 사회는 한국방문취업제비자(H-2)를 받기 위한 조선족의 '실무한국어시험' 인터넷 등록을 둘러싸고 많은 담론이 생겨나고 있다. 2008년 6월 23일 낮 12시부터 시작된 2008년 제2차 실무한국어시험 인터넷 등록[1])에서 1시간여 만에 전국 21개 시험장소에 배정된 4만 4,480명이 접수를 마쳤다고 하는데, 이날 시험등록을 희망한 조선족은 8만여 명이나 되었다고 한다. 조선족 언론은 "전쟁 방불케 한 방취제 원서접수", "방취제 시험등록 하늘의 별 따기", "9월분 방취제시험등록 순식간에 만료", "혼란 속에 치러진 인터넷 등록전(戰)" 등 제목의 기사를 내보냈다. 또한 2008년 2월 20일에 진행된 2008년 제1차 한국방문취업제를

---

* 이 글은 2008년 이화여대 아시아여성학센터에서 주최한 "지속가능한 미래를 위한 국제 심포지엄: 이주의 시대, 아시아의 여성 이주와 가족구조의 변동"에서 「연변 조선족 농촌 여성들의 '한국바람' 연구: 연변 H마을 여성들의 경험을 중심으로」라는 제목으로 발표되었다.
1) 중국 교육부시험센터 한국어능력시험 인터넷지원 주소: http://topik.etest.net.cn

위한 실무한국어시험등록은 "20분 만에 거덜"이 났는데 시험등록을 마친 조선족 인구는 3만 4,530명이었다. 결과적으로 2008년 한국방문취업을 위한 한국어시험을 치를 자격을 얻은 조선족은 8만 명에 육박하는데 시험에 합격하고 한국 정부의 추첨에 따라 한국 방문 취업비자를 받을 수 있는 인구는 약 2만 3,000여 명이다. 한국 정부가 중국과 러시아의 무연고 동포를 대상으로 '방문취업제' 정책을 실시한 첫해인 2007년, 한국어시험을 통과하고 추첨을 거쳐 방문취업비자를 받은 중국 조선족은 2만 2,863명에 달했다. 이는 중국 조선족 사회에 한국 이주취업을 원하는 잠재적 인구가 많다는 것을 말해주기도 하고, '중한이산가족'이 계속 생겨나고 있다는 것을 말해주기도 한다. 한국 정부의 방문취업제는 중한수교 이후, 조선족 사회에 제2차 한국바람을 일으키고 있다고 할 수 있다.

  1990년대 초 중국 정부의 전면적 개혁개방정책과 1992년 중한수교를 전후로 중국 조선족 사회에는 국내외 인구유동과 더불어 한국에 돈벌이를 떠나는 '한국바람', '서울바람'이 불기 시작하면서 지난 15여 년간 한국에 가는 조선족 인구가 꾸준히 늘어나 2008년 현재 한국에 체류하고 있는 조선족은 35만 명에 달하고 있다. 193만 명의 인구를 가진 중국 조선족의 해외진출 대상국에서 한국이 가장 많다.[2] 따라서 그동안 조선족 사회에는 '한국바람'에 관한 담론들이 많이 생겨났다. 연변대학 정판룡 교수는 "출국몽과 출국열"이라는 글에서 "……돈을 벌자고 하면 외국에 가

---

2) "최근 중국 조선족들의 거주지역구조가 변화하고 있다. 1982년 이전에는 길림성에 110만 명, 요녕성에 20만 명, 흑룡강성에 60만 명 정도로 일부 지역에 집중적으로 살고 있었지만 최근에는 중국 내에서도 다양한 지역으로 분포가 확산됐다. 동북3성에 35만 명, 하얼빈, 장춘, 선양, 대련 등 송화강 지역에 40만 명, 북경·천진 지역에 15만 명, 황하 하류 지역에 20만 명으로 흩어졌으며, 한국에 35만 명, 일본 8만 명, 미국 5만 명, 러시아 10만 명 등 전 세계로 퍼져 나가고 있다"(황유복, 2008).

야 하며 무엇을 하려고 해도 외국에 가야 한다는 것이 거의 진리처럼 되었다"고 적고 있다.

그동안 조선족 사회의 '한국바람' 관련 담론은 한국 노무경제가 가져다 준 조선족 지역사회의 경제발전3)을 긍정적으로 보는 동시에 중한이산가족들의 가정파열, 부모의 이주로 남겨진 자녀들의 교육심리 문제, 조선족 여성들의 국제결혼, 과소비, '조선족 농촌의 황폐화' 내지 '조선족 사회의 해체' 등을 '한국바람'의 부정적인 현상들로 이야기해왔다. 특히 조선족 여성들의 한국이주와 관련해서 한국 남성과의 국제(위장)결혼이 가장 주목을 받았으며 이에 관한 담론이나 연구물이 여러 편 있다(이승매, 1994; 全信子, 2006; 홍기혜, 2000). '한국바람'은 또한 조선족 사회의 가족구조를 크게 변화시켰다. 중한이산가족, 조부모-손자녀가족, 1인 가족, 노인부부 가족 등 다양한 가족형태가 증가했다.

2005년부터 중국 정부는 농민들의 소득증가를 주요 목표로 하는 '사회주의 신(新)농촌건설' 정책을 추진하고 있다. 이 정책은 수천 년간 내려온 '농업세'를 폐지했을 뿐 아니라 농민들에게 각종 보조금을 주고 있다. 그러나 조선족 농촌마을들은 조선족 농민들의 도시진출, 한국이주노동으로 '탈농화', '황폐화', '고령화'가 가속화되고 있고, 조선족들의 주택, 경작지는 본지방이나 타지방에서 들어온 한족들에게 매매되거나 소작되고 있다.

이 글은 중국의 개혁개방 이후, 특히 조선족 사회의 '한국바람'과 더불어 조선족들의 주요 산업이었던 농업4)을 대신해 서비스 산업이 조선족

---

3) "2005년 연변 조선족자치주의 로무수입이 8만 5,000딸라로 집계되었는데 이는 연변 재정수입의 2배에 해당된다. 5년 동안에 약 30억 1,000만 딸라에 도달하는데 이는 연변의 부동산업을 홍기시켜 도시건설을 추진하고 제3산업을 활성화하는 등 지역경제발전에서 엄청 큰 역할을 일으켰다"(≪길림신문≫, 2006년 1월 17일자).

4) 중국개혁개방 초기인 1980년대 연변 조선족 80만여 명 중 86%가 농촌호구

사회의 주요 산업으로 부상하고 있는 변화에 주목하면서 조선족 사회의 '한국바람'에서 조선족 농촌 여성들의 경제활동의 변화와 이들의 역할이 더 핵심적이라는 견해를 가진다.

연변은 중국에서 유일한 조선족 자치주이며 총 인구 223만 명 중 조선족 인구가 82만 692명으로 총 인구의 36.75%를 차지한다(≪길림신문≫, 2007년 11월 9일자). 2008년 현재 13만여 명의 연변 조선족들이 한국을 중심으로 하는 외국에서 이주노동을 하고 있다. 이들 중 다수가 농촌에 자기 몫의 땅을 가지고 있는 농민 출신이다.

이 글은 연변의 조선족 마을인 H마을 여성들의 경험을 중심으로 조선족 사회에 불어닥친 '한국바람' 속에서 이들은 어떻게 한국이주를 하게 되었고, 그러한 농촌 여성들의 한국이주가 마을의 가족구조를 어떻게 변화시켰는지를 살펴보려고 한다.

2. 연구방법 및 연구대상

주로 질적 방법으로서의 심층면접을 사용했다. 연변 조선족 마을인 H마을의 촌민들을 대상으로 인터뷰 자료를 수집했다. 인터뷰 대상자는 크게 두 집단으로 나눌 수 있다. 하나는 이 마을에 호적을 두고 있고 현재 한국에서 이주노동을 하고 있는 촌민들이고, 다른 집단은 현재 마을에 남아 있는 촌민들이다. 심층인터뷰 대상자들의 간단한 특징은 〈표 4-1〉과 〈표 4-2〉에 나타나 있다.

를 가지고 있었다. 즉, 연변 조선족 사회는 기본적으로 농촌사회였다고 할 수 있다.

3. 연변 H마을 여성들의 한국이주 배경 및 도경

H마을에 호구를 두고 있는 가구는 약 130가구, 그중 한족가구가 7가구 뿐이어서 전형적인 조선족 마을로 불린다. 호구가 없는 가구까지 합치면 약 140가구가 된다.

1990년대 초, 국가의 시장경제체제 건립과 전면적인 개혁개방정책을 맞이하면서 이 마을의 사회경제구조는 1990년 이후에 큰 변화를 맞이하게 되었다. 즉, 명태가공산업의 발전과 한국 이주취업의 발달이다.

1991년에 이 마을의 한 여성이 혼자서 시작했던 명태가공이 10년이 지난 2000년대에 이르러 이 마을 절반 이상의 가구들이 명태가공 전문호로 발전했다. 즉, 1990년대 이후에 이 마을에 명태가공산업이 새로 생겨난 것이다. 2002년 정부에서는 이 마을을 '명태가공기지'로 정했다. 명태가공산업을 발전시키려면 대량의 자금이 필요했다. 자금해결방법에는 국가의 대출을 받는 것과 개인 돈을 빌리는 방법이 있었다. 국가의 규정에 따르면 농민들이 국가은행의 대출을 받으려면 5가구가 한 조가 되어야 받을 수 있다. 만약 5가구 중 한 가구라도 국가의 대출을 갚지 못하면 나머지 4가구는 대출받을 때 저당잡힌 집조(가옥소유증)를 찾을 수 없다. 또한 국가 대출은 상한제한이 있어 필요한 자금에 비하면 많이 부족했다. 그리하여 이 마을 명태가공 전문호들에서는 개인 돈을 빌리는 방법으로 부족한 자금을 해결했다. 그리하여 마을 내부에서, 개혁개방 이후에 먼저 부유해진 사람들한테서 이자 돈을 빌리는 것이 한동안 유행했다. 연변에서 명태가공산업이 돈을 버는 산업으로 각광받으면서 개인 이자 돈을 빌리는 것도 상대적으로 쉬웠다. 돈 있는 사람들도 이자 돈을 놓아 한국에서 일해 버는 돈 못지않은 수입을 올릴 수 있었기 때문이다.

1992년 중한수교 전후, 이 마을 명태가공업의 발전과 거의 동시에 시작된 연변지역의 '한국바람'으로 이 마을에도 한국으로 나가는 사람이 하

〈표 4-1〉 연변 조선족 H마을 여성 면담 사례표

사례	연령	현 거주지	직업경력(중/한)	자녀	현 동거가족
1	1957년생	서울	운수업/식당일, 입주가정부 8년	아들 2명: 한국유학생, 대학생	입주가정부; 한 달 4번 휴식; 중한이산부부 8년 이혼
2	1958년생	서울	돼지고기 장사, 우편장사/ 입주가정부 9년	딸 2명: 큰딸 한국국적, 작은딸 대학생	입주가정부; 한 달 4번 휴식; 중한이산부부 9년 이혼
3	1955년생	서울	식당 사장/ 입주가정부 4년	아들 2명: 큰아들 회사, 작은아들 대학생	입주가정부; 한 달 2번 휴식; 국제이산부부 6년
4	1948년생	H마을	농사, 야채전문호	딸 4명: 1명 마을 내, 2명 한국, 1명 대도시	사별 8년; 5살짜리 외손녀 양육
5	1965년생	H마을	명태가공 전문호	아들 1명: 덴마크 유학생	부부 함께
6	1961년생 한족	H마을	건강이 나빠 주로 가무일; 가끔 야채장사를 함. 농사전문호	아들 2명, 딸 1명: 딸 장애인, 아들 회사직원	부부, 자녀와 함께
7	1945년생	H마을	노인협회 회장	딸 1명: 말레이시아 이주노동	독거 사별 3년

〈표 4-2〉 연변 조선족 H마을 남성 면담 사례표

사례	연령	현 거주지	직업경력(중/한)	자녀	현 동거가족
8	1955년생	H마을	여객운수업, 농사	아들 2명: 모두 대학생	독거 중한이산부부 8년
9	1948년생	H마을	상점 경영, 고리대금업	아들 1명: 일본유학, 취직 딸 1명: 일본유학, 자유직업	독거 중한이산부부 6개월
10	1950년생	H마을	농사, 명태가공업	아들 1명, 딸 1명 기혼; 한국이주노동	노모(83세), 아내, 손녀(5세)

나둘씩 생기기 시작했다. 이 마을에서 가장 먼저 한국에 다녀온 사람은 〈사례2〉의 여성이다. 그녀는 1991년에 한국 친척방문 초청비자로 한국에 가서 약장사도 하고 식당일도 하면서 9개월 동안 체류하다가 1992년 8월 수교 이전에 귀국했다. 그러나 이 마을 사람들이 '한국 꿈'을 이루게 된 것은 1999년부터이다. 1999년과 2000년 사이에 10여 명이 연이어 한국으로 나갔다. 이때 당시 이들은 대부분 브로커를 통해 국제위장결혼, 한국에 시집간 딸의 가짜 부모초청 등 방식으로 인민폐로 7~8만 원의 이주비용을 부담하면서 한국에 나간 경우이다. 2000년 당시 인민폐와 한화와의 환율 차이가 커서 한국에 가서 1년만 일하면 이주비용을 뽑아낼 수 있었다. 당시 많은 농민들은 마을 내에서 이자 돈을 꾸는 방식으로 한국 이주비용을 해결했다.

H마을 조선족들은 대부분이 북한 함경도 배경을 갖고 있어 한국과는 무연고이다. 조선족 농민들이 한국 정부의 출입국 정책에 의해 한국에 가려면 친척방문비자나 노무수출 방식으로 가야 한다. 그러나 이 마을 사람들은 한국과 무연고인 관계로 친척비자를 받을 가능성이 없다. 노무수출로 나가는 것도 쉬운 일은 아니다. 중한정부 합작으로 연변에서 1994년부터 한국으로 노무일꾼을 송출하기 시작했다. 그리하여 한국 정부의 방문취업제가 실시되기 이전인 2006년까지 12년간 한국으로 1만 2,088명의 노무일꾼을 내보냈다. 이들의 성별비례를 볼 때 남성 대 여성의 비례는 7 : 3이었고 민족비례는 조선족 대 한족의 비례가 평균 65% : 35%였다.[5] 따라서 브로커들이 연수, 유학, 참관, 상업고찰, 국제결혼 등 명의를 띤 초청장으로 조선족 인력을 한국으로 수출하는 인력장사를 했다. 이 마을에도 연길시에 있는 큰 브로커와 손을 잡고 작은 브로커로 활동하는 여성이 있

---

5) 김정옥 연변해외경제기술합작회사 경리가 연변의 노무수출 상황 좌담회에서 한 말(2008년 6월 23일, 오후 5~7시, 연변교육학원 4층 회의실).

었다. 1999년과 2000년에 한국에 나간 이 마을 사람들은 대부분 이 여성을 통해 한국에 나갔다.

H마을 사람들에게 명태가공업과 한국 이주취업은 모두 목돈을 벌 수 있는 좋은 기회였다. 1990년대 초반에 먼저 시작된 명태가공업에서 돈을 번 사람들이 한국 이주취업을 하려는 사람들에게 돈을 빌려주어 출국비용 마련에 보탬이 되어주고, 또 한국에서 이주취업을 하는 사람들이 마을 명태가공 전문호에 돈을 빌려주어 명태가공에서 큰돈을 벌 수 있게 도와줌으로써 윈-윈 효과를 보기도 했다. 또한 한국 이주취업을 마치고 영구 귀환한 일부 남성들이 한국에서 벌어온 거액을 마을의 명태가공산업에 투자해서 이득을 보기도 했는데 이 마을의 명태가공산업은 이 마을 귀국 노무자들에게 새로운 창업기회이기도 했다.

그런데 2002년부터 이 마을 일부 명태가공호들이 말린 명태를 수출업체에 납품하고 돈을 받지 못하는 일이 벌어지기 시작했고, 2006년에 와서 이와 같은 사태가 명태가공호 전반에 확산되었다. 대부분의 명태가공호에서는 거액의 빚을 지게 되었는데 명태가공규모가 클수록 피해금액도 컸다. 한 가구당 적게는 인민폐로 7만 원, 많게는 60만 원까지 빚을 지게 되었다. 명태가공에서 거액의 빚을 지게 된 사람들은 한국 이주취업을 빚더미에서 벗어나고 새로운 삶을 이어갈 수 있는 유일한 출로로 생각하고 한국이주를 계획하기 시작했다. 마침 2007년 3월부터 한국 정부가 무연고 동포들을 위해 방문취업제 정책을 실시해서 이들은 최소한의 이주비용으로 한국에 갈 수 있게 되었다. 2007년 말까지 이 마을에서 한국에 나가 있는 인구는 89명으로 그중 여성이 51명, 남성이 38명이다. 이 마을 촌민들의 자녀 중에는 덴마크 모 대학 유학생(남, 22세)도 있고, 독일 모 대학 유학생(여, 30세)도 있으며, 한국 회사의 관리일꾼으로 베트남에 가 있는 여성(33세)과 말레이시아에 이주노동하러 간 여성도 있지만, 촌민들의 해외진출국은 주로 한국이다. 2008년 한 해만 해도 한국에 이주취업을 나가려고 하는 인구는 30여 명이었다. 장애인, 고령자, 건강이 나쁜 사람들을 제외한 거의 대부분의 마을 사람들이 한국으로의 이주취업을 희망하고 있었던 것이다.

4. 연변 H마을 가족구조의 변동

'한국바람'은 이 마을의 가족구조에도 큰 변동을 가져왔다. 한국 이주취업을 떠난 사람들의 상황은 다 좋은 것만은 아니었다. 이 마을에는 한국에서 불법체류 신분으로 취업하다가 붙잡혀 강제추방을 당해 온 사람도 있고, 한국인과의 위장결혼이 발각되어 강제추방을 당해 온 사람도 있다. 결국 이들은 거액의 출국비용을 갚지 못하고 오히려 빚을 떠안게 되었다. 또한 한국에 가려고 브로커한테 선금을 주었다가 출국하지도 못하고 돈을 사기당한 사람도 있다. 마을에서 농사일로 이렇게 진 빚을 갚을 수가 없어 빚이 장기화 되는 경우가 비일비재하다. 한국 이주취업에 성공한 '행운아'나 '한국초청 사기'를 당해 패가망신한 사람이나 이들의 가족구조에는 모두 큰 변동이 일어났다고 할 수 있다.

마을 사람들의 '한국바람'으로 인해 이 마을은 부부 중 한쪽이 한국에 나가 있거나 부모가 한국에 나가고 아이들만 남아 있거나 자녀들이 한국에 나가고 부모만 남아 있는 등 '중한이산가족'이 현재 가장 보편적인 가족형태로 되고 있다. 〈사례 1〉의 경우처럼 네 식구가 네 곳에 갈라져 살고 있는 것이 오히려 정상적으로 생각되고 가족 중에 한국에 나간 식구가 없을 경우, 오히려 '모자란' 것처럼 인식되고 있었다. 필자가 인터뷰를 하면서 발견한 것은 조선족 가구들에서는 조부모 - 손자녀 가족, 아버지 - 자녀 가족, 노인부부 가족, 1인 가구 등 다양한 가족형태가 다수를 차지하고 부모 - 자녀로 이루어진 '정상적' 핵가족 형태는 한족 가구들에서나 찾아

볼 수 있었다.

　2007년 말, H마을에는 아내를 한국에 내보내고 남아 있는 남편(17명)이 남편을 한국에 내보내고 남아 있는 아내(4명)보다 훨씬 더 많았다. 부부가 함께 한국에서 일하고 있는 경우는 18가구가 있다. 이들은 부부가 동시에 한국에 간 경우도 있고, 4년 심지어 8년씩 헤어져 있다가 남아 있던 사람이 한국에 나간 경우도 있다. 부부가 한국에 있다 해도 한국의 노동시장구조 속에서 '정상적인' 부부생활은 불가능하다. 한국 노동시장에서 조선족 남성들은 주로 건축현장에서 일하고 있고, 이 업종의 출퇴근시간은 아침 5시부터 저녁 6시 전후이다. 본 사례 여성들은 모두 입주가정부 일을 하고 있는데 한 달에 두 번 내지 네 번 휴식한다. 〈사례 3〉 여성은 한 달에 두 번 쉬는데 쉬는 날에만 남편이 잡고 있는 월세방에 가서 하루 지내고 입주가정에 들어간다. 식당일을 할 경우도 여성들은 오전 9시부터 저녁 11시까지 일하므로 부부가 함께 식사를 할 수 있는 시간도 함께 쉬는 날에만 가능하다.

　중한이산가족 중에는 부부가 이혼한 상태인 경우도 여럿 있다. 〈사례 2〉는 '가짜' 이혼을 하고 나서 한국 남성과의 국제(위장)결혼으로 한국에 나간 경우이다. 〈사례 1〉은 한국 남성과 결혼한 여성의 (가짜) 어머니 신분으로 한국에 이주해서 불법체류자로 전락되었다. 그녀는 한국에서 국제결혼을 통한 합법적인 신분을 얻기 위해 마을에 남아 있는 남편에게 전화해서 이혼수속을 하도록 요구했다. 또한 남편도 한국 여성과의 국제위장결혼으로 한국에 와서 이주취업을 할 것을 바랐다. 〈사례 10〉의 경우, 거액의 이주비용을 들여 아들과 며느리를 한국에 내보내고 손녀의 양육을 도맡아 했다. 그런데 3년 만에 한국에서 부부관계에 문제가 생겨 며느리가 이혼통보를 해왔고 손녀도 엄마가 데려가게 되었다. 이 마을의 한 중년여성은 남편이 두 번의 한국행에 실패를 하고 거액의 빚을 지게 되자 남편과 이혼하고 한국 남성과 결혼해 국적을 취득한 이후, 노총각 딱지가 붙어 있던 아들과 딸을 한국에 데려가기도 했다.

　마을 명태가공업의 실패는 중한이산가족의 부부관계에도 영향을 주고 있다. 〈사례 3〉의 경우, 1999년에 남편이 한국 이주노동을 떠나고 두 아들과 시어머니를 부양했다. 남편이 송금해준 돈으로 더 큰돈을 벌려고 명태가공업을 시작했다. 그런데 2003년에 사기를 당해 거액의 빚을 지게 되었다. 빚을 갚기 위해 2005년에 한국에 갔다. 그러나 남편이 몇 년 동안 한국에서 번 돈을 명태가공업에 밀어넣고 실패한 일 때문에 그녀는 남편 앞에서 '숨죽여' 살아야 했다.

　〈사례 9〉역시 명태가공업에 투자했던 자금을 사기당하고 59세 되는 아내가 한국 이주노동을 떠난 경우이다. 남편은 사기당한 돈을 얼마라도 찾으려고 집에 남아 있는 경우이다. 〈사례 5〉의 경우도 명태 사기사건으로 2008년에 한국행을 준비하고 있었다. 그러나 부부가 함께 한국에 갈지, 아니면 한 사람만 갈지 고민 중인 상황이었다.

　중한이산가족들의 경우, 농사일을 하는 경우가 극히 드물어 2008년 현재 이 마을에서 아내가 한국으로 나간 이후, 8년째 혼자 농사를 짓고 있는 경우는 〈사례 8〉의 남성뿐이다. 그의 1년 농사수입은 인민폐 8천 원 내외로 아내의 송금이 없는 상황에서 독립적으로 생계를 해결하고 대학에 다니는 둘째아들의 생활비를 겨우 대주고 있다. 마을에 남아 있는 남편들은 그저 놀거나 임시로 일을 찾아 하는 경우가 대부분으로 대체로 경제력이 빈약하다. 이들은 한국에 나가 있는 아내, 자녀, 형제자매들의 한정된 송금에 의해 생활하는 집단이기도 하다.

　중한이산가족에서 특히 어머니들의 이주는 자녀들의 이주와 계층상승에 크게 도움을 주고 있는 것으로 보인다. 〈사례 2〉는 국제위장결혼을 통해 한국국적을 취득했고 큰딸도 엄마를 따라 한국국적을 취득했다. 그녀는 둘째 딸이 중국에서 치과대학을 졸업하면 한국에 데려와 취직시킬 계획을 하고 있었다. 〈사례 1〉은 큰아들이 중국에서 대학을 졸업하고 취직이 마땅하지 않으니 한국유학을 시키고 있었는데, 2009년에 둘째 아들이 중국에서 대학을 졸업하면 한국이나 일본에 유학을 보낼 계획을 하고 있었다.

5. 나가는 글

지금까지 연변 조선족 H마을이 '한국바람'으로 인해 청년인구가 대량 한국으로 이주취업을 떠나고 중한이산가족이 보편적 가족형태로 되어 있으며, 여성들의 활발한 이주취업 활동으로 인해 생기는 가족의 변화에 대해 간단하게 언급했다.

'한국바람'으로 인한 H마을 가족형태의 다양화는 여러 가지 의미를 내포하고 있다고 할 수 있다. 첫째, 중국 조선족 언론에서 조선족 사회 국제 이산가족의 보편화 현상에 대해 가부장적 '가족 위기와 해체'의 보수적 담론이 지배적이다. 그러나 중국의 개혁개방 이후, 사회계층 분화가 일어나면서 가장 낮은 계층으로 밀려나게 된 농민계층에서 국제 이산가족은 가족경제위기 해결을 위한 전략적 선택의 대가로 정당화된다. 가짜 이혼 혹은 진짜 이혼하고 국제결혼으로 한국에 나간 이 마을 여성들은 기존 부부관계의 해체에 대한 문제의식보다 아내가 한국에 나가 힘든 이주노동을 하는 사이 마을에 남아 있는 남성들이 독립적으로 개인생계 해결을 하려는 의지와 마음가짐이 없는 것에 대해 더 회의를 느끼고 있었다. 이산 부부관계가 가족 위기와 해체의 원인이 되기보다 새로운 가족의 변화에 직면해서 가족의 생계가 아닌 본인의 생계마저 해결하지 못하는 조선족 농촌 남성들의 '게으름'과 한국바람에 '들뜬 마음' 등의 요인이 이산부부의 관계를 멀어지게 하는 요인으로 더 크게 작용하는 것으로 보인다.

둘째, 여성들의 한국이주는 가족 내 성역할 변화를 의미하는데, 특히 조선족 사회에서 여성들의 전통적 역할이었던 자녀양육, 남편 보살핌, 노인 보살핌이 부재하다는 것을 의미한다. 마을에서 아내의 이주로 인해 생긴 이산가족에서 재학생 자녀를 두고 있는 남편들이 자녀 돌봄의 직접적 책임을 짊어지면서 가족 내 성역할의 변화를 받아들이는 사례가 여러 경우 발견되었다. 그러나 대다수 농민 아버지들의 열악한 경제상황으로 자녀양육과 자녀 교육의 주요 경제책임을 이주노동을 하고 있는 어머니가 책임지게 되는 상황이다. 또한 농촌의 특성상 학교가 마을에서 멀리 떨어져 있어 중학생 이상의 자녀들은 학교 근처에 셋집을 얻고 주말이나 월말에나 아버지와 만나는 상황이었다.

농촌 여성의 이주는 자녀양육에서 조부모들이 동원되는 상황을 초래하기도 하는데, 가까운 중심도시로 들어가 셋집을 얻고 아이를 시내 학교로 전학시키고 조부모가 보살피게 하는 것이다. 이주한 아내의 보살핌을 받지 못하고 남아 있는 이 마을 남편들 중에는 간경화, 당뇨병 등 각종 질병에 걸린 남성들이 꽤 있었는데, 이들은 대체로 늘 모여 식사를 해결하고 있었고 일시적 쾌락을 추구하는 것을 인생원칙으로 하고 있었다.

셋째, 장기간의 중한이산가족 상태는 개별 가족의 가부장적 토대를 약화시키거나 전통적인 성별분업에 도전을 주고 있는 것처럼 보이나, 여성들이 많이 빠져나간 마을 내부에서 여전히 가부장적 가족담론이 지배적으로 남아 있는 것으로 보인다. '아내 - 한국 이주노동자, 남편 - 마을 빈곤농민' 관계에서 남편보다 훨씬 강한 경제력을 가지고 있는 아내의 '놀부' 남편에 대한 헌신은 남아 있는 남편들에게 부부관계에 대한 새로운 상상력을 주기도 한다.

연변 조선족 농촌사회의 사회경제적 변화와 가족의 변화는 가족의 주요 생계부양자와 가장으로 대변되는 조선족 농촌 남성들의 남성성을 유지하기 어렵게 만든다. 또한 장기화되고 있는 이산부부관계로 인해 감정적으로 혼란스러워하며 가족관계에서 갈등을 경험한다.

국제이산가족은 가족 해체의 요인이 될 수도 있고, 가족자원을 확대할 수도 있다. 한국 사회에서 홀로 이주노동을 하고 있는 조선족 농촌 이주여성들은 집에 남아 있는 남편들이 떠나온 자신들을 대신해 자녀나 노인 돌봄노동을 담당할 것을 요구하고 있으며, 또한 스스로 자신의 건강도 잘 챙길 수 있기를 바라고 있었다. 또한 이주의 주요 목적이 가족의 경제적 향상에 있는 것만큼 남아 있는 남편들이 적어도 아내의 수입에 손을 대지 않고도 자체로 생계해결을 할 수 있기를 바라고 있었다. 그러나 이주여성들의 바람에 부응하지 못하는 대부분의 남편들로 인해 오히려 부부갈등을 심화시키기도 한다. 아직까지 돌봄노동을 가족 내에서 남편이나 노인들을 통해 해결하는 것을 원칙으로 하고 있고, 시장을 이용한다거나 국가에 손을 내미는 현상이 거의 없는 것으로 나타나고 있다.

중한이산가족 내에서 이산부부들은 가족 내에서 충족되어온 친밀성에 위협을 받고 있기도 하다. 친밀성에 대한 욕구는 조선족 이주자들로 하여금 마을에 남겨진 부부 한쪽도 한국에 이주해오기를 희망하게 한다. 그러나 한국의 이주정책은 조선족 농촌부부가 함께 한국에 이주취업할 수 있는 '문턱'을 여전히 높게 느껴지게 하고 있다. 이러한 한국의 이주정책은 중한이산가족이 장기화되는 결과를 초래하고 있기도 하다.

조선족들이 현재 향수하고 있는 한국 정부의 무연고 동포 방문취업제(H-2비자)는 실시된 지 2년이 된 2008년 현재 여러 가지 문제점을 나타내고 있었다.

첫째, 실무한국어 응시제도, 즉 인터넷 등록과정이 불공평하고 응시생들의 고시장 배정에 브로커들이 쉽게 개입되는 심각한 비리온상으로 의혹을 사고 있다. 즉, 2008년 2월 20일~3월 5일, 6월 23~27일 두 차례에 걸쳐 진행된 실무한국어능력시험 인터넷 등록은 비리와 사기로 얼룩진 불공평한 등록과정으로 평가되고 있다.

둘째, 이미 8만 명에 육박하는 조선족 응시생들에게 1년에 2만 3,000여 명의 쿼터 할당인원을 H-2 비자로 입국시킬 수밖에 없기에 나머지 5만여 명의 조선족들은 시험에 통과했다고 가정해도 몇 년을 애타게 기다려야 추첨에 걸려 한국에 입국할 수 있게 된다.

셋째, 한국 정부가 시행하는 현재의 실무한국어능력시험은 출제기준이 고작 소학교 정도의 조선어 수준밖에 안 돼 보편적으로 중학교와 고중을 나온 중국 조선족들에게 억지 시험방법을 도입한 그 자체가 무의미한 '부실공사'라는 지적도 많다.

조선족 농민들은 시험을 치르기 위해 수천 원의 여비를 팔며 수천 킬로미터 먼 타지에서 형식적인 저수준의 한국어시험을 치르고, 추첨에 당선되기 위해 또 수천, 수만 원의 돈을 브로커들에게 '상납'해야 되는 현실이다.

필자는 중국교육부 고시센터에 위임해서 실시하는 조선족들에 대한 실무한국어시험을 폐지하고 직접 인터넷 등록을 통한 추첨으로 방문취업제 대상자를 뽑으며 추첨비례를 확대할 것을 바라는 바이다.

참고문헌

이승매. 1994. 「연변조선족여성들의 섭외혼인에 관해」. ≪녀성연구≫, 제1집.
全信子. 2006. 「中國朝鮮族女性涉外婚姻研究」. 北京中央民族大學 民族學系 博士論文.
황유복. 2008. 「네트워크와 새문화 창조가 조선족의 살길」. 재외동포신문·세계해외한인무역협회 공동주최 새 정부 정책수립을 위한 2008 재외동포정책 세미나 기조연설문(2008.6.30).
홍기혜. 2000. 「중국조선족여성과 한국 남성과의 결혼을 통해본 이주의 성별정치학」. 이화여자대학교 여성학과 석사학위논문.

:: 신문기사 ::
≪길림신문≫. 2006.1.17. 연변 조선족자치주 주장 김진길 인터뷰.
≪길림신문≫. 2007.11.9. 연변 조선족자치주 부주장 민광도 "연변주 2007년도 인구와 계획생육사업 정황" 회보자료.

제5장 스리랑카의 여성 이주노동자와 변화하는 가족

라마니 자야틸라카 (스리랑카 콜롬보 대학교 사회학과 교수)

1. 들어가는 글

사람들이 자의든 타의든 한 곳에서 다른 곳으로 이동하는 것, 이른바 이주는 새로운 현상이 아니다. 그러나 오늘날 지구화시대에서 해외이주는 개인, 가족, 지역 공동체, 국가에 긍정적·부정적 결과를 동시에 가져오는 새로운 요인이 되고 있다. 스리랑카는 지난 몇 년 동안 세계적으로 이주민 송출국이라는 평판을 얻어왔다. 스리랑카의 이주인구는 크게 두 부류로 나뉘는데, 취업을 위해 이주하는 사람들과 정치적 사유로 이주하는 사람들이다. 스리랑카에는 두 종류의 이주 모두 중요하지만 이 글은 여성 노동이주에 집중하고자 한다. 오늘날 노동이주에서 여성 이주의 중요성은 해외취업의 다수를 차지하고 있다는 데 있다. '국제노동의 여성화'로 알려져 있

---

* 이 글은 2008년 이화여대 아시아여성학센터에서 주최한 "지속가능한 미래를 위한 국제 심포지엄: 이주의 시대, 아시아의 여성 이주와 가족구조의 변동"에서 발표된 "Women Migrant Workers in Sri Lanka: Changing Intra and Inter-Household Relations and Mobility in Migrant Families"를 수정·보완한 글을 번역한 것이다.

는 지난 몇십 년간의 여성 장거리 이주는 국제 이주행위에서 중요한 발전이다. 1980년대에 여성 이주, 특히 아시아 내 이주의 괄목할 만한 증가가 있었으며, 현재 이들은 이주자 중 50%를 차지하고 있다(Dannecker, 2005).

스리랑카에서 취업을 위한 이주는 새로운 현상이 아니지만, 지난 몇 년 동안 그 규모와 특성은 사회구조에 새로운 차원의 변화를 가져오면서 진행되어왔다. 2004년 해외취업은 전체 경제활동참가율의 9.30%로 추산된다. 같은 해 해외취업은 전체 취업의 10.17%이다(Sri Lanka Bureau of Foreign Employment: SLBFE, 2004). 해외이주는 이주자들의 해외송금을 통해 차, 고무, 코코넛 같은 전통적 외화벌이를 대체함으로써 거시국가경제에 큰 영향을 끼쳐왔다. 이주가족의 변화 등 미시 수준의 중요 변화도 눈에 띈다. 이 같은 변화들 중 일부는 일시적일 수도 있지만 다른 것들은 개별 가족의 사회·경제적 이동성을 초래하면서 영구적으로 자리 잡을 수도 있다. 따라서 이 글은 가구 내, 그리고 가구 간 관계에서 벌어지고 있는 변화와 여성 이주 가족의 사회·경제적 이동성을 검토해볼 것이다.

2. 스리랑카 노동이주 약사(略史)

스리랑카의 식민지 과거에서 이주는 국가의 중요한 경제적·정치적 힘이었다. 스리랑카는 포르투갈(1505~1658), 네덜란드(1658~1796), 영국(1796~1948)의 식민지였다. 이들 세 나라의 식민통치기간 동안 그에 대한 저항운동이 일어나기도 했는데, 이러한 과정 속에서 이주노동이 국가의 중요 노동력이 된 것은 영국이 통치한 시기였다. 영국은 차(茶)농장에서 일을 시키기 위해 많은 남인도인을 데려왔고, 그들은 결국 스리랑카의 상주 노동력이 되었다. 1948년 독립한 이래 간혹 스리랑카 정부는 인도와 맺은 각기 다른 협정에 따라 몇몇 인도인 이주농장 노동자들을 본국으로 송환

하고 남은 사람들에게는 시민권을 부여하기 위한 대책을 마련했다.

그러나 1950년대부터 스리랑카는 중요한 이주 송출국이 되었다. 점차 증가하는 이주의 중요성은 통계로 확인된다. 오늘날에는 150만~200만 명의 스리랑카인이 일시 또는 영구 이주자로 해외에서 거주하는 것으로 추정된다. 또한 지난 몇 년 동안 스리랑카 전체 노동력의 5% 이상이 한 번은 해외취업을 했다고 한다(Sriskandarajah, 2002). 모든 이주자들이 공식 통계에 잡히는 것은 아니라는 점에서 이주에 관한 통계는 상당히 의심스러워지는데, 몇몇 이주자들은 비공식 경로를 통해 스리랑카를 떠나거나 수용국 내 가능한 개인 연락처를 통해 해외에 취업한 후 스리랑카 해외취업본부(SLBFE)에 등록하지 않기 때문이다(Karunaratne, 2007). 그러나 최근 몇 년간 정부는 이 같은 문제를 극복하기 위해 공항 설문조사를 실시하는 등 일련의 조치를 취하고 있다.

지난 몇십 년 동안 스리랑카에는 지구적·국가적 차원에서 벌어진 수많은 정치적·경제적 발전으로 이주 패턴에 많은 변화가 있었다. 1950~1960년대 초반 스리랑카는 명망 있는 직업을 찾아 선진국, 주로 유럽과 미국으로 간 의사, 엔지니어, 학자, 과학자 등 교육받은 엘리트들의 이주를 겪었다. 당시 스리랑카는 교육받은 사람들의 경력 개발에 필요한 직업을 제공할 수 없었기 때문에 그들은 선진국에서 그런 일자리를 찾아야 했다. 교육받은 많은 사람들은 더 나은 환경을 찾겠다는 동기에서 가족과 함께 영구정착을 위해 이주했고, 이는 스리랑카가 대처해야 했던 '두뇌유출'을 야기했다. 이 같은 현상은 현재 스리랑카의 정치적 불안으로 인해 다시 한 번 벌어지고 있다.

스리랑카로부터 지속적인 이주 흐름이 있기는 했지만, 1970년대 후반과 1980년대 초 서아시아의 발전, 새로운 국가경제정책의 도입에 따라 이주에서 급진적인 변화가 일어났다. 이에 따라 이주 패턴에서 두 가지 흥미로운 사실이 드러났는데, 하나는 이주노동자의 이동방향이고 다른 하나는 이주노동력에서 여성의 등장이다(Gulati, 2006).

이주 흐름의 이동방향 변화와 관련, 서구 산업사회는 의미를 잃었으며, 대신 걸프와 동남아시아 국가들이 숙련·비숙련 해외노동자들을 위한 새로운 경제적 기회를 창출함으로써 그 중요성을 얻었다. 굴라티(Gulati, 2006)가 스토커(Stalker)의 『국경 없는 노동자: 지구화가 국제이주에 미친 영향(Workers without Frontiers: The Impact of Globalization on International Migration)』(2004)에서 인용한 바에 따르면, 걸프협력회의 6개 국가[1]로 이주한 사람들의 숫자는 1975년 110만 명에서 1990년 520만 명으로 증가했다. 그와 동시에 싱가포르, 말레이시아, 태국 같은 나라들이 새로운 산업 국가로 부상함에 따라 이들 나라로 이주한 숫자 역시 증가했다. 그러나 스리랑카는 여전히 해외취업에서 중동국가들에 크게 의존하고 있다.

1950년대 후반 설립된 석유수출국기구(Organization for Petroleum Exporting Countries: OPEC)는 1973년 원유가격을 인상했고, 이는 중동국가들에 커다란 번영을 가져왔다. 중동의 급격한 번성은 새로운 취업기회를 창출한 신(新)개발과 기반시설 활동을 낳았다. 이는 걸프 지역 내에서 수급 불가능한 높은 비율의 인력 참여를 필요로 했기 때문에 해외노동력을 구해야만 했다. 이 같은 상황은 필리핀, 이란, 터키, 인도네시아, 인도, 파키스탄, 방글라데시, 스리랑카 등 노동력 수출국가들에 의해 활용되었다. 이 같은 개발활동에서의 새로운 취업기회와 더불어, 부유한 가족을 위한 가사노동자의 필요에 따라 또 다른 종류의 직업이 창출되었다. 이는 아시아 여성들이 해외취업을 할 수 있는 새로운 기회를 조성했다. 따라서 처음에는 취업을 위해 이들 나라로 이주한 사람들은 남성이 더 많았지만 점차 여성이 그 자리를 차지하게 되었다.

---

1) (역주) 걸프협력회의(Gulf Cooperation Council: GCC): 사우디아라비아, 쿠웨이트, 아랍에미리트연방, 카타르, 오만, 바레인.

〈표 5-1〉 1987~2008년 해외취업을 위한 출국자 수

연도	남성 숫자(명)	남성 비율(%)	여성 숫자(명)	여성 비율(%)	총계(명)
1987	10,647	66.02	5,480	33.98	16,127
1988	8,309	45.09	10,199	54.91	18,428
1989	8,680	35.11	16,044	64.89	24,728
1990	15,377	36.08	27,248	63.92	42,625
1991	21,423	32.97	43,560	67.03	64,983
1992	34,858	28.00	89,636	72.00	124,494
1993	32,269	25.00	96,807	75.00	129,076
1994	16,377	27.22	43,791	72.78	60,168
1995	46,021	26.68	126,468	73.32	172,489
1996	43,112	26.52	119,464	73.48	162,576
1997	37,552	24.99	112,731	75.01	150,283
1998	53,867	33.71	105,949	66.29	159,816
1999	63,720	35.45	116,015	64.55	179,735
2000	59,793	32.82	122,395	67.18	182,188
2001	59,807	32.05	124,200	67.50	184,007
2002	70,522	34.61	133,251	65.39	203,773
2003	74,508	35.51	135,338	64.49	209,846
2004	79,979	37.47	133,474	62.53	213,453
2005	93,896	40.60	137,394	59.40	231,290
2006	90,170	44.65	111,778	55.35	201,948
2007	103,476	47.37	114,983	52.63	218,459
2008*	128,821	51.12	123,200	48.88	252,021

* 추정치

자료: SLBFE, *Department of Census and Statistics*(2008),
http://www.statistics.gov.lk/NCMS/en/statistics/ DIE.shtm

1985년 초 원유가격의 하락과 함께 오일 붐도 끝났다. 이 기간에 개발 및 기반시설 활동 또한 바야흐로 끝이 났으며, 이는 해외노동력의 감소를 가져왔다. 이에 따라 숙련·전문직 노동력에 대한 요구도 감소했다. 그러

나 가사도우미와 공장노동자의 필요성은 계속되었고, 이는 해외송출 노동력에서 여성이 남성을 앞지르는 결과를 낳았다.

걸프 지역의 이 같은 성장이 외국인 노동자들에게 새로운 고용기회를 조성하는 동안 국가적 차원에서 벌어진 급격한 변화 또한 이주 증가에 기여했다. 1977년 스리랑카는 '열린 경제' 모델하에 경제를 자유화함으로써 이전의 경제활동에 대한 통제를 없애는 정책 수정안을 도입, 급진적인 경제정책의 변화를 만들었다. 이러한 신경제정책은 이주를 보다 쉽게 했고, 국가적으로는 새로운 외화의 원천을 가져오는 큰 기회가 되었으며, 실업 문제 또한 덜어주었다. 이에 따라 1985년, 취업과정 규제와 이주노동자 복지 보장이라는 책임을 규정하면서 노동부 산하에 스리랑카 해외취업본부가 설립되었다. 이 같은 세계적·국가적 차원의 성장은 1987~1997년 해외취업 여성의 점차적인 증가를 보임으로써 스리랑카의 이주 패턴에 영향을 미쳤다. 이는 〈표 5-1〉에 잘 드러나 있다.

또한 〈표 5-1〉은 1988년부터 주된 해외취업자는 여성이었으나 2008년에는 이탈리아와 한국 등, 젊은 남성들을 매료시키는 목적국의 등장과 함께 남성이 이 자리를 넘겨받았음을 보여준다. 현재 국제 이주에 관한 국가정책은 여성 이주와 관련된 사회적 비용으로 인해 여성 이주보다는 남성의 국제 이주를 장려하고 있다.

3. 국제 여성 이주의 두드러진 특징

앞서 살펴보았듯이 2008년 외국 노동력의 48.88%는 대개 가사노동자나 공장, 병원, 기타 기관에서 비숙련 노동자로 일하기 위해 이주한 여성으로 구성되어 있다. 아랍에미리트연방, 쿠웨이트, 카타르, 레바논, 요르단, 바레인 같은 나라들은 아시아 여성노동자들을 끌어당기는 주요 이주

유입국이다. 그러나 최근 싱가포르, 말레이시아, 키프로스, 이탈리아 또한 가사노동자들의 수용국이 되었다. 이들 국가는 서아시아와 달리 교양 있고 영어가 가능한 여성을 고용하고자 한다. 따라서 새로운 목적국으로 이주하는 이주노동자들의 프로필은 중동으로 이주한 노동자들과는 다르다. 이들 국가의 노동조건은 전통적인 이주 수용국들보다 낫다.

여성 이주 노동력의 중요한 특징은, 대부분이 가사도우미나 비숙련 노동자로 고용된다는 것이다. 따라서 이주가 여성 경제활동 참가를 높인다 하더라도 그 본질은 낮은 수준에 있다. 이는 〈표 5-2〉에서 드러난다.

앞서도 말했듯이 〈표 5-2〉는 여성 이주와 관련해 중요한 문제를 제기한다. 즉, 여성 이주에서 가사노동의 명백한 우위, 전문가 및 중간 수준 취업의 미미함을 보여준다. 개인 고용주에게 편입되며 수용국의 노동법으로도 보호되지 않는 가사노동은 개별 이주자에게나 국가 모두에 수많은 불행한 경험을 초래해왔다.

이주자들은 취업을 위해 크게 두 가지 채널을 사용한다. 하나는 고용기관이고, 다른 하나는 개인적인 연결망이다. 고용기관에는 크게 두 가지 종류가 있는데, 하나는 등록기관이고 다른 하나는 미등록 보조기관이다. 고용기관을 거치는 이주자들은 처음에는 지역 수준에서 활동하는 보조기관에 연락한다. 이주자들이 이주 전 요건을 모두 갖출 수 있도록 도와주는 것은 보조기관이다. 이들 보조기관은 이주자들의 일자리를 찾아주는 등록기관을 위해 일한다. 등록기관은 정부에 의해 규제되지 않지만, 많은 위법행위 발생을 방치하는 보조기관은 그렇지 않다. 학대와 괴롭힘으로부터 이주자들을 보호하는 데는 수용국의 태도가 중요하다. 스리랑카는 「모든 이주노동자와 그 가족의 권리보호에 관한 국제협약」을 비준했지만 서아시아의 이주 수용국들은 그렇지 않다. 이러한 상황에서 스리랑카 정부는 상호 관계를 강화하고 관계국들이 양해각서(MOUs)에 서명하도록 노력해오고 있다. 이주 과제와 관련한 주요 성과는 '2008년 국가 이주노동정책'을 도입한 것이다.

제5장 스리랑카의 여성 이주노동자와 변화하는 가족 151

〈표 5-2〉 1994~2008년 해외취업을 위한 여성 출국자 수(인력수준으로 구분)

연도	전문가 수준 숫자(명)	전문가 수준 비율(%)	중간 수준 숫자(명)	중간 수준 비율(%)	사무 및 관련 숫자(명)	사무 및 관련 비율(%)	숙련 숫자(명)	숙련 비율(%)	비숙련 숫자(명)	비숙련 비율(%)	가사도우미 숫자(명)	가사도우미 비율(%)	총계(명)
1994	18	0.04	46	0.11	151	0.34	5,453	12.45	2,019	4.61	36,104	82.45	43,791
1995	41	0.03	421	0.33	506	0.40	7,734	6.12	3,906	3.09	113,860	90.03	126,468
1996	43	0.04	309	0.26	477	0.40	4,867	4.07	3,289	2.75	110,479	92.48	119,464
1997	39	0.03	249	0.22	571	0.51	8,670	7.69	3,773	3.35	99,429	88.02	112,731
1998	40	0.04	311	0.29	842	0.79	9,656	9.11	9,751	9.20	85,349	80.56	105,949
1999	78	0.07	423	0.36	940	0.81	12,852	11.08	13,659	11.77	88,063	75.91	116,015
2000	38	0.03	427	0.35	997	0.81	12,131	9.91	9,389	7.67	99,413	81.22	122,395
2001	93	0.07	571	0.46	1,384	1.11	11,501	9.26	7,801	6.28	102,850	82.81	124,200
2002	184	0.14	631	0.47	1,635	1.23	14,911	11.19	7,355	5.52	108,535	81.45	133,251
2003	131	0.10	2,226	1.64	1,437	1.06	16,106	11.90	13,427	9.92	102,011	75.37	135,338
2004	103	0.08	1,170	0.88	842	0.63	11,969	8.97	9,356	7.00	110,034	82.44	133,474
2005	97	0.07	892	0.65	754	0.55	6,806	4.95	3,352	2.44	125,493	91.34	137,394
2006	148	0.13	758	0.68	900	0.81	6,326	5.66	3,987	3.57	99,659	89.16	111,778
2007	68	0.06	529	0.04	607	0.53	6,024	5.24	5155	4.48	102,355	89.02	114,983
2008	155	0.13	1,634	1.33	832	0.68	5,204	4.22	6,338	5.14	108,709	88.24	123,200

자료: SLBFE, Annual Statistical Report of Foreign Employment (2008).

이주자들은 또한 개인적인 연결망을 통해 일자리를 구한다. 이주를 부추기는 것은 이주해 있는 지인들이다. 이미 수용국에 있는 그들은 종종 자신의 친척, 가족, 이웃이나 마을 사람들이 일자리를 구할 수 있도록 도와준다. 이 방식은 계획을 조율하는 이주자가 고용주를 이미 알고 있기 때문에 성공적일 수 있다. 그러나 이 같은 이주자들은 스리랑카 해외취업 본부에 등록되어 있지 않을 수 있으며, 비상시 그들의 정확한 위치를 찾아내기 어렵다.

대부분의 여성이주자들은 가난한 집안 출신이며, 그들은 대개 가난을 이유로 이주한다. 이주자들은 주로 시골 출신이지만 도시 저소득 주민들 사이에서도 이주는 발생한다. 모든 민족의 여성들이 이주하지만 대부분은 신할라족[2]과 무슬림이다. 수용국 내 무슬림 가정부에 대한 요구, 저렴한 대리 수수료, 친숙한 문화적 환경이 무슬림 여성들을 이주하도록 유인한다(Thangarajah, 2004).

〈표 5-3〉에서 보듯이 여성이주자들은 대개 기혼에 아이가 있으며, 그들 중 다수는 25~29세이다. 그 다음으로 많은 연령대는 20~24세와 30~34세이다.

보다 최근의 통계(2008) 역시 25~29세의 이주자들이 가장 많은 숫자를 차지했음을 보여준다. 그러나 2008년에는 40~44세 역시 상당한 비중을 차지했다.

여성들의 이주는 처음에는 2년 정도로 일시적이다. 하지만 이주는 지속적으로 되풀이되는데, 그 이주지는 처음 간 곳일 수도 있고 아닐 수도 있다. 어떤 때는 여덟 번 내지 열 번의 이주가 이루어지기도 한다. 반복적인 이주가 발생하는 이유는 2년 동안 그들의 삶을 개선시킬 만큼 충분한 돈을 모으지 못했기 때문이다. 첫 번째 해외이주에서 벌어들인 돈은

---

2) (역주) 스리랑카에 사는 부족 중 하나.

〈표 5-3〉 2002~2004년 해외취업을 위한 출국자 수(연령 및 성별 구분, 경로 불문)

연령대	2002년			2003년			2004년		
	남성(명)	여성(명)	총계(명)	남성(명)	여성(명)	총계(명)	남성(명)	여성(명)	총계(명)
19세 이하	348	1,120	1,468	891	2,958	3,849	1,307	3,374	4,681
20~24세	13,996	24,847	38,843	13,588	21,425	35,013	15,489	21,929	37,418
25~29세	14,829	27,117	41,946	16,127	28,436	44,563	17,165	28,124	45,289
30~34세	12,254	25,296	37,550	13,133	24,594	37,727	13,137	22,974	36,111
35~39세	9,561	25,517	35,078	9,915	26,460	36,375	10,129	24,860	34,989
40~44세	7,380	17,241	24,621	7,665	18,866	26,531	7,605	18,481	26,086
45~49세	4,033	6,221	10,254	4,346	7,476	11,822	4,535	7,934	12,469
50세 이상	2,827	1,871	4,698	8,830	5,091	13,921	2,840	2,106	4,946
불명	5,294	4,021	9,315	13	32	45	7,772	3,692	11,464
총계	70,522	133,251	203,773	74,508	135,338	209,846	79,979	133,474	213,453

자료: SLBFE, *Annual Statistical Report of Foreign Employment*(2008).

주로 대출을 갚는 데 쓰이는데, 이주자들은 보통 이주 당시 빚을 지고 있기 때문이다. 만약 가족 구성원들이, 특히 배우자가 무책임하게 행동하고 어렵게 번 돈을 알코올이나 약물, 도박에 써버릴 경우 상황은 더 나빠지게 된다.

4. 가구 내부 및 상호 관계의 변화

여성의 장거리 이주는 필연적으로 가족 내 다양한 변화를 만들어낸다. 파레냐스(Parreñas, 2006: 103)에 따르면, 젠더는 남성과 여성, 특히 아버지와 어머니의 이주 의미를 구분하는 요인이다. 그녀는 "남성들은 그들의 가족을 부양함으로써 젠더 질서를 유지하기 위해 떠나지만, 여성들은 똑같은 이유로 이 질서에 저항하기 위해 떠난다"고 말한다. 여성 이주가 가족에 미치는 영향은 이주자의 가족 내 지위에 따라, 예를 들어 부인인지 딸인지에 따라 달라질 수 있다. 앞서 언급한 대로 많은 이주자들은 아이가 있는 기혼여성이다. 물리적 이동성과 부인의 장기간 부재는 새로운 가족구조, 젠더관계, 사회적 네트워크를 야기한다. 모든 사회에서 여성들은 가부장적 구조 안에서 사회적으로 구성된 역할에 따라 가사노동과 돌봄 제공의 책임을 진다. 따라서 여성들의 노동참가는 제한될 수밖에 없는데, 그들에게 주어진 사회적 역할에 저촉되어서는 안 되기 때문이다. 젠더관계와 가족 내 위계라는 배경은 여성들의 이주에 영향을 미치는데, 보통 가족 안에서는 여성이 남성권위에 종속되기 때문이다. 여성 이주에 관한 담론은 사회에 부과되는 비용 문제에 크게 치우쳐 있다. 이는 여성의 역할이 '어머니'와 연관되어 있기 때문이다. 흔히 이는 가족과 젠더 규범의 붕괴로 이야기된다(Ogaya, 2006). 따라서 여성이 취업을 위해 자신의 가족을 떠나 해외로 가는 것은 돌봄 제공 역할이 다른 사람에 의해 대체되지 않는 한 쉽지 않은 일이다. 이 때문에 사회자본은 극도로 중요해진다.

이주에 관한 기존의 연구들은 이주의 모든 단계에서 사회적 연결망의 작동을 보고해왔다(Parreñas, 2006; Kottegoda, 2004; Thangarajah, 2004; Gamburd, 2000). 이 연구들은 이주가 사회관계를 변화시키기는 하지만, 기존의 사회적 연결망 또한 구축·강화함을 보여준다. 이는 이주의 전 과정에서 발견된다. 가부장적 환경에서는 여성이 이주를 결심하는 것이 쉽지 않은데, 이에 관해 보이드(Boyd, 2003)는 다음과 같이 이야기한다.

송출국의 문화는 다양한 지위에 있는 여성들의 이주 가능성을 결정한다. 이런 의미에서 송출국 내 여성의 지위는, 자율적으로 이주를 결정하고 실행하기 위해 필요한 자원에 접근하는 능력뿐 아니라 그러한 결심을 하는 시점에서 그녀의 이주 기회에 영향을 미친다.

종종 가족, 특히 남편들은 배우자의 이주가 사회규범과 기존 사회 내 젠더 위계를 어지럽히기 때문에 이를 찬성하지 않는다. 그러나 가족과 공동체의 반대에도 여성들은 이주하는데, 그들은 이주를 빈곤과 기타 걱정거리들을 극복할 수 있는 유일한 전략으로 보기 때문이다. 그녀의 행위성은 빈곤으로부터 가족을 지킬 필요성에 기인한다. 이주자들은 이주에 관한 정보와 지식을 얻고 그들의 이주 결정을 용이하게 하는 최적의 환경을 조성하기 위해 친지나 친구 관계를 이용한다. 종종 여성들의 수동적이고 굴종적인 천성이 강조되기도 하지만, 이는 여성들에게 사회 내 기존 젠더 이데올로기에 저항할 수 있는 행위성을 가져온다(Constable, 1997; Gardner and Osella, 2004). 이주에 관한 경험적 자료는 타인의 동의 없이 이주하기로 먼저 결정한 후 가족들의 지지를 얻고 가족의 지위 향상을 가져온, 대담한 이주여성들의 사례를 제공한다.

이주여성이 집을 떠날 때 자신의 돌봄 제공자 역할을 가까운 여성 가족 구성원, 대개 어머니나 자매에게 맡기는 일은 대우 흔하다. 이 같은 사례에서는 할머니나 이모가 이주자의 가족과 함께 살기 위해 이사한다. 이러한 준비는 확대가족의 중요성을 증대시킨다. 가족 구성원의 장기간 부재는 핵가족 구조를 붕괴시키는 반면, 이는 해체 없이 확대가족이 그 자리를 대체할 수 있도록 해주기 때문이다. 이때는 이웃과의 유대관계 또한 유용한 것으로 드러난다. 자녀들이 자신들의 핵가족에서 확대가족으로 이사해야 하는 예도 있을 수 있다. 그럴 때는 형제자매들은 어머니가 돌아올 때까지 뿔뿔이 흩어지게 된다. 이는 그들의 특정 친척, 할머니나 이모가 그들의 사회적 책무로 인해 이주자 가족으로 이사하지 못할 때 발생한다. 가족 구성원들이 흩어지기 때문에 이러한 배치는 잘 일어나지 않는다. 그러나 중요한 점은, 이 같은 방식은 일반적으로 남편이 부인의 이주에 따라 아이들을 모두 데리고 있으면서 돌봄을 제공할 수 있을 때는 발생하지 않는다는 것이다. 여기서는 기존 연구들이 지적한 것처럼 여성의 능력과 남성의 무능력이 강조될 수 있다(Hoodfar, 2003).

여성 이주에 관한 문헌들은 가족 내 젠더관계의 변화를 강조해왔다. 이주여성은 고용을 위해 떠나 있는 동안에는 적어도 '생계부양자' 지위를 획득한다(Hettige, 1992). 이는 가족 내 젠더 역할의 역전과 남편의 남성성 지위에 대한 위협으로 보일 수 있다(Gamburd, 2000). 갬버드(Gamburd)는 여성이주자 남편들의 알코올 중독과 약물남용을 남성성의 상실에 대한 반작용으로 본다. 그러나 중요한 사실은 이주여성들 내에서 일정 정도 권력이 발생하고 젠더관계의 변화가 일어날지는 몰라도 그들은 단지 이주전략을 모방하는 것이기에 이러한 변화는 단기적이며, 이는 이데올로기적 변화를 수반하는 구조적 변화가 아니라는 것이다. 이데올로기적 변화가 없는 한 어떤 구조적 변화도 발생하기 어렵다(Jayatilaka, 1998, 2007).

5. 이주자 가족의 이동성

여성이주자 가족의 이동성에 관해서는 그들의 경험은 보다 모호해진다. 상향 또는 하향 이동에 기여하는 몇 가지 요인 때문이다. 고용주의 특성, 새로운 상황에 대응하는 개인의 능력, 친족과 친구 관계의 강도, 배우자의 태도와 협조 정도 같은 요인들이 모두 중요하다. 따라서 경험적 자료는 공동체 내에서 경제적·사회적 지위가 상승한 가족의 사례와 더 나쁜 상황을 경험한 이주자 가족의 사례 모두를 뚜렷이 보여준다(Jayatilaka, 1998).

이주자 가족의 이동성에 관해 논할 때, 이는 개별 이주자나 전체 가족에 해당할 수 있다. 또한 경제적 수준과 사회적 수준 모두에서 이동이 일어날 수 있다. 많은 여성들은 가족에게 경제적·사회적 안녕을 가져오리라는 희망을 가지고 해외로 이주한다. 가장 흔한 이주사유는 집을 짓고 아이들에게 적절한 교육을 제공하는 것이다. 이 둘은 모두 임시노동자로 벌어들이는 적은 수입으로는 성취하기 어려운 것들이다. 따라서 많은 이주자들은 이주노동에서 번 돈으로 가족들과 안락하게 살기 위한 집을 짓는다. 많은 이주자들이 은행계좌에 많은 저축액을 보유하고 있지는 않았지만 몇몇 이주자들은 농지를 구입했다. 또한 소대업이나 기타 소규모 사업에 투자한 이주자들도 있다. 많은 이주자들은 해외에 체류하는 동안 텔레비전, 녹음기, 선풍기, 카펫, 주방기구 등 많은 가전제품을 구입했다. 이런 물건들은 이주자 가족 지위의 상징이다. 또한 많은 사람들은 보석을 구입했는데, 이는 장식용과 비상시 안전보장을 겸한 것이다. 한 예로 필자는 여성 이주에 관한 연구를 하는 동안 어느 미혼 이주여성을 만났는데, 그 여성은 여러 번 이주를 했으며 지금은 오토릭샤/삼륜택시(스리랑카의 대중교통 수단)를 몰고 있다. 스리랑카에서 여성이 삼륜택시를 운전하는 것은 매우 드문 일인데, 남성의 일로 인식된 고정관념 때문이다. 직업을 가짐으로써 이 여성은 이웃 주민들의 요청을 흔쾌히, 특히 누군가 아플 때는 언제든지 부탁을 들어줌으로써 마을 사람들에게 인기를 얻고 있다. 요즘 그녀는 상당한 수입을 벌어들이며 경제적으로 독립해가고 있다. 그녀의 장래 희망은 밴을 구입해서 아이들을 등하교시켜주는 일이다. 그녀는 가족 구성원, 특히 함께 사는 여동생이 그녀를 지원해주었기 때문에 이 같은 지위에 도달할 수 있었다고 여기고 있었다. 그녀는 동생과 동생의 아이들을 다방면으로 도와줌으로써 보답하고 있다. 따라서 이 사례는 가족 간 유대의 중요성, 그리고 이주기간 및 이주 후 그들이 어떻게 힘을 얻었는지를 명확히 보여준다. 이 여성의 경제적·사회적 이동성에서 또 다른 중요한 요인은 그녀의 강인한 성격이다. 그녀는 대담하며 동료 택시 운전기사들의 위협과 협박에 대항할 용기가 있다. 이주의 결과로 볼 때 그녀의 사회적 이동성, 경제적 독립성, 상대적 자율성은 증가했다.

이주자와 그 가족의 사회적 이동성 증가는 경제적 이동성에 비해 명확하지 않다. 사회적 이동성은 많은 요인에 의한 결과이고, 사회 전체의 사고방식과 같은 몇몇 요인은 바뀌기 어렵다. 사회가 여성 이주를 바람직한 행위로 받아들이지 않는 한 여성이주자들의 사회적 지위가 향상되기는 어렵다. 그러나 이주여성 개인은 일상생활을 꾸려나가는 데 유용한 독립, 자신감, 새로운 연고, 세계에 대한 지식 등 어느 정도의 사회적 권력을 획득해왔다. 여성들 내에서 이 같은 새로운 관점은 때때로 보다 큰 권위와 가구 내 의사결정 참여를 이끎으로써 가족 내 권력분포를 변화시켰다. 하지만 이것이 젠더관계가 완전히 바뀌고 여성들이 가족에서나 사회에서 남성과 동등한 지위를 획득했음을 의미하지는 않는다. 이주자들의 해외 체류기간 동안 벌어진 가족 내 젠더 역할의 변화는 이주 후 원래 상황으로 되돌아갈 수 있다. 사회는 여전히 가사와 돌봄노동을 여성들이 해야 한다고 믿기 때문에 이주에서 돌아온 후 여성들이 그들의 사회적 역할을 수행해야 하는 일은 매우 흔하다. 따라서 이주자의 부재기간 동안 일어난 변화가 지속되리라는 보장은 없다. 왜냐하면 이 같은 변화의 많은 부분이 실질적인 이유로 인해 일어났고 이데올로기적 변화는 없었기 때문이다.

앞서 말했듯이 몇몇 이주자와 그 가족에서는 어느 정도의 경제적·사회적 이동성이 발견될 수 있지만, 다른 가족에서는 그렇지 않았다. 사실상 이 가족들은 돈을 모으거나 그들의 생활조건을 개선시킬 수 없었기 때문에 하향이동을 경험했다. 그러한 가족 중 상당수의 몰락은 배우자의 무책임 탓이다. 관련 연구는 남편들이 부인과 떨어져 있는 동안 알코올이나 약물, 도박 중독이 되거나 자신들의 유흥에 돈을 탕진하는 일들을 보고하고 있다. 갬버드(Gamburd, 2000)는 이것이 남성들이 그들의 남성성 상실에 대응하는 방법이라고 본다. 부인이 돈을 벌기 위해 집을 떠난 것은, 일반적으로 공인된 가족부양자라는 그의 젠더 역할이 역전된 것이다. 이 같은 사례에서 남편들은 종종 부인의 부재기간에 혼외관계를 가진다. 스리랑카와 같은 사회에서 이러한 관계는 비밀에 부쳐지기보다는 세상에 알려져 심지어 이주자가 귀국하기도 전에 이를 알게 되기도 한다. 많은 경우 스리랑카 사회는 이러한 관계를 비난하지 않고 오히려 오랫동안 가족을 떠나 자리를 비웠다고 이주자를 비난하며 혼외관계를 정당화한다. 이주자는 감정적으로 피폐해지지만 그녀는 가족을 남겨두고 떠난 데 대한 비난을 짊어진다. 그녀는 아이들을 위해 남편의 원치 않는 행동을 용서하고 봐주는 것으로 그녀의 감정에 대처하고자 돌봄 제공 역할을 받아들인다. 그러한 이주자 가족에서는 자녀들이 학교를 중퇴하거나 사회적으로 용인되지 않는 행위에 연루되는 일들이 종종 벌어진다(Save the Children in Sri Lanka, 2006). 따라서 이주자와 그 가족의 이동성은 가구 내부와 가구 간 관계에서 발생하는 변화에 달려 있다.

6. 나가는 글

결론적으로 여성 이주는 국가의 외화 증대와 경제 문제 완화에 크게 기여해왔다. 그러나 이주경험은 다양한 요인들에 의해 크게 달라지기 때문에 개별 가족에 미치는 영향 또한 다를 수 있다. 그러나 이주과정 동안 가구 내부 및 가구 간 관계와 관련해 많은 변화가 발생하며, 이는 이주자 가족들의 이동성에 영향을 미친다는 것은 분명한 사실이다.

참고문헌

Boyd, M. 2003. "Women and Migration: Incorporating Gender into International Migration." Retrieved July 29, 2008, from http://www.migrationinformation.org/feature/display.cfm?ID=106

Constable, N. 1997. *Maid to Order in Hong Kong Stories of Filipina Workers*. New York: Cornel University Press.

Dannecker, P. 2005. "Transnational Migration and the Transformation of Gender Relations: The case of bangladeshi labour Migrants." *Current Sociology*, Vol. 53, No. 4, pp. 655~674.

Gamburd, M. E. R. 2000. *The Kitchen Spoon's Handle Transnationalism and Sri Lanka's Migrant housemaids*. New York: Cornel University Press.

Gardner, K. and F. Osella. 2004. "Migration, modernity and social transformation in South Asia: An introduction." in Flippo Osella and Katy Gardner(eds.). *Migration, modernity and social transformation in South Asia*. New Delhi: Sage Publications.

Gulati, L. 2006. "Asian Women Workers in International Labour Migration: An Overview." in Anuja Agrawal(ed.). *Migrant Women and Work*. New Delhi: Sage Publications.

Hettige, S. T. 1992. "From Dependent Housewives to Bread Winner: Some Aspects of Female Workers in the Middle East." in *Women, Poverty and Family Survival*. Colombo: Centre for Women's Research.

Hoodfar, H. 2003. "The Impact of Egyptian Male Migration on Urban Families: 'Feminization of the Egyptian Family' or a Reaffirmation of Traditional Gender Roles." in Shamila Rege(ed.). *Sociology of Gender The Challenge of Feminist Sociological Knowledge*. New Delhi: Sage Publications.

Jayatilaka, R. 1998. *Globalization and Rural Women*. Colombo: Centre for Society and Religion.

_____. 2007. "Women in Non-farm Activities in Sri Lanka: Are Women Empowered or Not?" in Jaya Arunachalam and U. Kalpagam(eds.).

Rural Women in South Asia. Jaipur: Rawat Publications.

Karunaratne, H. D. 2007. *Distant Neighbours at Workplace: A Study of Sri Lankan Migrant Workers in Japan*. Nugegoda: Piyasiri Printing Systems (pvt) Ltd.

Kottegoda, S. 2004. *Negotiating Household Politics Women's Strategies in Urban Sri Lanka*. Colombo: Social Scientist Association.

Ogaya, C. 2006. "Towards an Analysis of Social Mobility of Transnational Migrant Women: The case of Filipina Domestic Workers." in Anuja Agrawal(ed.). *Migrant Women and Work*. New Delhi: Sage Publications.

Parreñas, R. S. 2006. "Caring for Filipino Family: How gender Differences the Economic causes of Migration." in Anuja Agrawal(ed.). *Migrant Women and Work*. New Delhi: Sage Publications.

Save the Children in Sri Lanka. 2006. *Left Behind, Left Out The Impact on Children and Families of Mothers for Work Abroad*. Colombo: Save the Children in Sri Lanka.

Sriskandarajah, D. 2002. "The Migration-development nexus: Sri Lanka case Study." *International Migration*, Vol. 40, No. 5.

Sri Lanka Bureau of Foreign Employment. 2004. *Annual Statistical Report of Foreign Employment-2004*. Battaramulla: Sri Lanka Bureau of Foreign Employment.

_____. 2009. *Annual Statistical Report of Foreign Employment-2008*. Battaramulla: Sri Lanka Bureau of Foreign Employment.

Thangarajah, C. Y. 2004. "Veiled Constructions: Conflict, Migration and Modernity in Eastern Sri Lanka." in *Migration, Modernity and Social Transformation in South Asia*. New Delhi: Sage Publications.

제6장 태국 불교의 영성 추구와 가족

수와나 사타-아난드 (태국 추랄롱코른 대학 철학과 교수)

1. 가족에 관한 불교의 양가감정

　인간의 고통에 대한 불교의 분석은 급진적 처방을 요청한다. 불교는 고통에서 벗어나고 싶어 하는 당사자에게 '출가'를 요구하는 훈련체제를 제안한다. 불교에서 말하는 '집 - 가정생활'은 경제활동, 가족에 대한 책임, 재생산 역할을 필요로 하는 생활양식을 내포한다. 불교는 가장 깊게 표현되는 성적 집착을 포함해 '자아'에 대한 집착이야말로 해탈이라는 궁극적 목표를 향해가는 데 가장 큰 장애물이라고 본다. 가족제도는 인간생활의 성, 재생산, 경제적 중심이 체화된 하나의 패키지이며 깨달음을 위해서는 '두고 떠날' 필요가 있는 것이다. 이렇게 말하면 불교가 가족을 적대시하는 것으로 오해할 수도 있을 것이다. 중생이 고통의 원인인 탐(貪)·진(瞋)·치(痴)를 없애고 해탈(解脫)해 열반의 세계로 나아가기

---

* 이 글은 2008년 이화여대 아시아여성학센터에서 주최한 "2008 International Summer Lecture Sessions: Feminist Ethical Issues in Globalization"에서 "Spiritual Quest and the Family in Buddihism"이라는 제목으로 발표된 논문을 번역한 것이다.

위해서 수행해야 하는 8가지 길인 팔정도(Kalupahana, 1995: 77)[정견(正見), 정사(正思), 정어(正語), 정업(正業), 정명(正命), 정근(正勤), 정념(正念), 정정(正定)]를 보면, 다른 것들은 수도승과 재가신도들이 다 같이 실행할 수 있는 것들인 반면, 정명은 재가신도의 생활에 관한 것임이 분명하게 드러난다. 부처님은 불교의 번영이 남성 및 여성 승려, 남성 및 여성 재가신자 등 사(四)대중들에게 달려 있다고 분명하게 말했다. 이것은 불교의 기둥으로서 '직업적인 독신'들과 함께 불교가 가정생활을 이끄는 사람들의 존재를 인정한 것이라고 볼 수 있다. 재가신도들이 지켜야 할 실천덕목과 윤리를 자세하고도 논리적으로 설해놓은 『육방예경(六方禮經)』은 구식 예식용어가 아니라 관계를 돕기 위해 관계에 관한 기본 덕목을 설해놓은 경전으로서 동서남북과 위아래를 각각 관계에 대비해놓고 있으며 여기에 가정생활이 포함돼 있다. 남편과 부인의 역할에 대한 불교의 가르침은 두 사람이 지켜야 할 하나의 가치로 충실성을 요구한다.[1] 이 모든 가르침은 불교가 가족을 적대시하지 않는다는 주장을 정당화시켜 준다.

그러나 불교가 '승가'라는 '대안적' 공동체를 제시한 것도 부인할 수 없다. 승가의 존재는 재가신도의 보시에 달려 있지만 이는 가족을 초월하고자 하는 시도이다. 재가신도로부터 음식, 의복, 쉼터를 지원받는 승가의 의존은 경제적 책임으로부터 '떠난' 것임을 보여준다. 성(sex)에 대한 최초의 금지이자 승가 영구축출의 첫 번째 바라이(波羅夷) 규율인 음행금지는 수도승의 금욕을 요구한 것이다. 학자들은 음행금지가 수도승에 대한 불교

---

[1] 남편에 대한 부인의 의무에는 가사 관리, 남편 친척 돌보기, 충실성, 남편 재산 보호 등이 포함된다. 부인에 대한 남편의 의무에는 부인 명예 지키기, 무시하지 않기, 충실성, 집안 권위 대표하기, 장신구 제공 등이 포함된다(Singala Sutta, Dhikanikaya Pa. 11/201/145).

규율의 핵심이라고 지적한다(Faure, 1998: Chapter 2). 비록 가족에서 남성 후계자의 재생산 의무로서의 성이 첫 번째 금지규율이지만, 감각적 즐거움의 자리로서 성은 수도승의 수행에 가장 큰 방해물이기도 하다. 부처님은 수행자의 마음에서 상대방 성의 힘에 대해 단호하게 이렇게 말했다.

> 비구들이여, 나는 해탈에 이르는 데서 여자만큼 이처럼 유혹적이고, 이처럼 탐나게 하고, 이처럼 취하게 하고, 이처럼 구속하고, 이처럼 마음을 산란하게 하는 장애물을 알지 못한다. 여자에게 마음을 빼앗긴 비구는 누구든지 얼이 빠지고, 탐욕스럽고 속박당하고 노예가 되고 마음을 빼앗긴다. 여자에게 마음을 빼앗긴 자는 그러므로 아주 오랫동안 비통해야 한다 ……. (Anguttara-nikaya III: 67~68; Sponberg, 1992: 14~15에서 재인용)

불교 삼장(三藏) 중 율장(律藏) 전집을 읽으면 승려가 성적 욕망을 극복하기가 얼마나 어려운지를 알 수 있다. 우리는 여기서 율장에 기록된 노골적인 성적 장면을 읽거나 승려들이 어떠한 심리적 노력을 기울이는지 등에 대해 논의할 수 없다(Faure, 1998: 64~70).[2] 만약 사막에서 신성에 대해 사탄의 유혹을 받은 예수님과 깨달음을 얻기 전 싯다르타 왕자가 마라(Mara)의 세 딸들로부터 받은 성적 유혹을 비교한다면, 우리는 불교의 영적 추구에서 성적 집착의 문제가 중심에 있다는 것을 알 수 있다.

---

2) 포르(Faure, 1998: 66)는 율장의 성적 장면과 관련해 다음과 같은 흥미로운 읽을거리를 제공한다. "다시 말해, 여기서 프로이트적 의미에서 전치 현상, 즉 거부의 표피 아래 강렬한 즐거움을 생산해내는 에너지의 치환을 볼 수 없는가?"

2. 가족과/또는 불교에서 여성의 수계(授戒)

부처님은 처음에는 주저했으나 곧 마음을 바꿔 여성의 수계를 허락했다. 여성 최초로 비구니계를 받은 사람은 양어머니인 고타미 마하파자파티(Gotami Mahapajapati)였다.3) 태국 학자들은 해탈에 관한 여성의 영적 잠재력을 확인하는 것과는 별도로, 부처님에게 한 아난다(Ananda)4)의 간청에서 결정적 요소는 마하파자파티가 부처님을 어렸을 때부터 양육했던 양어머니였다는 점이라고 주장했다(Bunnun, 2004). 우리는 마하파자파티가 비구니계를 받기 이전에 자신의 아들이자 부처님의 시자(侍者)인 아난다를 통해 양아들인 부처님에게 사적인 자리에서 여러 번 수계를 요청했으나 거부당했다는 점을 기억해야 한다. 즉, 여성의 수계 요청은 가족 구성원들 간에 가족적 상황에서 제기됐다. 여성이 비구니계를 받을 수 있는 기회가 결정되는 이 역사적인 순간에 대해, 우리는 이 에피소드를 부처님이 양어머니에게 비구니계를 줌으로써 양모에 대한 은혜를 갚으려 했던 것으로 읽을 수 있다. 마하파자파티에게 있어 비구니계는 (양)어머니로서 '협상'의 결과물이었다. 아난다의 간청 역시 비록 생모는 아니었지만 부처님의 어머니로서 양육을 담당했던 그녀의 역할과 관련이 있다. 수계를 허락받은 마하파자파티는 여성들에게 두 가지 선택권을 제안한다. 하나는 어머니이며, 다른 하나는 완전히 계를 받은 비구니 승려가 될 수 있다는 것이다. 즉, 해탈을 향한 여성의 독자적인 영적 추구를 인정받은 것이

---

3) 여성 수계를 허락하기까지 부처님의 당초 주저함과 최종결정에 관한 좀 더 상세한 분석은 사타-아난드(Satha-Anand, 1999b) 참조.
4) (역주) 부처님의 십대 제자 중 한 사람. 불교는 원래 여성의 출가를 금지하고 있었으나 아난다의 끈질긴 간청으로 마침내 부처님은 여성 출가를 허락하게 되었다.

다. 이 길을 따르는 그들 스스로의 노력에 따라 해탈이 가능해진다. 부처님의 이 같은 결정은 이후 태국 문화에서 행해진 모든 수계의 과정이 거꾸로 됐음을 보여준다. 태국 문화에서는 스님뿐 아니라 스님의 어머니가 되는 것이 큰 이익을 얻는 방법으로 인식되어왔다. 역사적으로 태국 문화에서 아들이 승려가 되는 것은 어머니의 양육의 은혜를 갚는 것으로서 그 어머니에게 큰 자랑과 이익이 된다. 이 같은 이유로 아들은 너무나 자주, 그리고 당연하게 딸보다 가족의 의무를 면제받아왔다. 이 점은 추후 다룰 것이다.

비록 때때로 과장되기는 했으나 불교는 태국 문화의 윤곽을 그리는 데 큰 역할을 해왔다. 인류학자, 사회과학자, 불교학자들은 태국인들의 문화적 윤곽에 불교적 가치를 관련지었다. 일반적으로 태국인들의 특성은 인내심 있고 친절하고 관용적이고 자비롭고 비대립적인데, 이런 특성들은 대부분 비폭력, 비자기(non-self), 독립적인 시작과 덧없음 등 부처님의 가르침으로 설명될 수 있다.[5] 우리는 이 글에서 불교가 태국 문화에 끼친 영향과 관련한 연구를 모두 살펴보기는 어렵다. 그보다는 태국 불교의 중심조직인 일명 '승가'와 그와 관련된 여성의 수계 문제에 초점을 맞추고자 한다. 이 글에서는 태국 사회에서 비구니 또는 완전한 법계를 받은 여성이 없다는 역사적인 사실이 가족에서 여성의 역할, 그리고 여성의 경제적 역할과 관련된 특정 가치를 구성하는 핵심요소라는 점이 논의될 것이다.

종교적 가치와 태국 가족에 관한 최근 연구에 따르면, 남성들에게만 계를 수여하는 문제는 효도, 여성의 종교적·경제적 역할과 관련된 관행의 축의 중심이다.

남성이 비구가 되는 것은 자신을 낳아준 부모의 은혜를 갚거나 감사의 빚

---

5) 사례를 위해서는 퐁사이(Pongsapich, 1985) 참조.

을 갚는 행위로 인식된다. 따라서 딸들은 부모를 위해 일하고, 그들을 돌보고, 재정적으로 지원하고, 부모를 도와줄 자원을 가진 남성과 결혼하거나 부모의 은혜를 갚을 만큼의 신붓값(지참금)을 버는 것 등을 통해서만 부모의 은혜를 갚을 수 있다는 게 가족의 관행이다. 이 의무는 아들보다 딸들에게 더 큰 부담이 된다. 그런 종교 관련 의무는 그러므로 태국 여성들이 경제적 활동 및 기타 활동을 하는 주요 동인과 연결될 수 있다(Rabibhadana, 1984; Limanonda, 1995에서 재인용). 이 밖에 오직 남성만 비구가 될 수 있기 때문에 여성들은 지역의 '와트(wat)'[6]에서 거주하는 비구들에게 필수품이나 음식을 제공하는 데 남성들보다 더 적극적이다(Smith, 1979; Limanonda, 1995에서 재인용).

모든 인간적 가치가 근본적이고 궁극적으로 가족과 연결돼 있는 유교와 달리, 불교는 좀 더 복잡하고 양가적인 가족의 그림을 제시한다. 가족은, 한편으로는 탄생의 현장이며 과거 생으로부터 재탄생의 형태를 내포함으로써 윤회의 고통에 대한 인간 집착의 근본적 장소다. 불교의 영성 추구적 관점에서 보면, 가족은 초월할 필요가 있다. 불교의 해탈은 미래의 탄생과 죽음으로부터의 '해방'이다. 이런 점에서 최고로 가능한 삶은 현재의 고통에서 자유로워지고 또 다른 가족이나, 인간이 아닌 다른 형태의 출생으로부터 자유로워지는 것이다. 비록 많은 불교사회에서 일시적이지만, 남성의 수계는 이러한 가족의 초월을 지향하는 것이다. 다른 한편, 문화적 표현의 형태로서 불교는 유교와 마찬가지로 계를 받기 위해 출가하는 아들의 효도 문제에 대해 답을 해야 한다. 인류학자들의 연구에 따르면 비구들에게 계의 역할은 부모, 특히 어머니에 대한 은혜를 갚는 행위이다.[7] 중국 유교모델과 비교한다면 유교에서는 아들, 특히 장남이

---

6) (역주) 태국이나 캄보디아의 불교사원.

부모에 대한 재정적 지원을 제공할 직접적인 책임이 있는 반면 가정에서의 돌봄은 딸, 며느리에게 맡겨진다. 태국 불교 모델에서는 이 두 가지 짐이 모두 딸들의 어깨에 지워진다.

딸들에게 경제적 부양의 책임이 부여되는 테마는 베산타라(Vessantara) 보살의 자타카(Jataka) 설화8)나 아미타다(Amittada)의 국민적 탄생설화를 간결하게 반영한다. 베산타라 이야기는 역사적으로 가장 인기 있는 샴의 불교 탄생설화이다. 이 설화에서 마드시(Madsi) 왕비는 남편의 종교적 목표를 위해 자녀까지 바치는 등 모든 것을 희생한 이상적인 여인으로 그려진다. 그러나 이와 정반대인 여성의 이미지도 이야기에서 발견된다. 그녀는 주자카(Jujaka)의 부인 아미타다이다. 주자카는 아미타다의 노예로 삼으려고 베산타라에게 그의 아이들을 요구한 마을 거지이다. 아미타다는 어린 소녀였을 때 부모가 빚을 갚지 못해 늙은 주자카에게 팔려왔다. 그녀는 이 결혼을 기뻐할 이유가 없었고 자신을 '노예'라고 생각하면서 자신이 늙은이와 결혼한 젊은 여성이라는 것을 받아들이지 않았다. 그녀는 단지 그것이 부모의 업(karma)이라고 생각했고 자신을 그 업에 바쳤다. 그녀는 매일 아침저녁 요리를 하고 부인의 의무를 수행하면서 그 늙은이를 항상 잘 돌봐주었다. 그녀가 너무 완벽하자 다른 브라만들이 그녀와 비교해서 부인들을 힐책하기 시작했다. 부인들은 그들이 매일 만나는 마을 우물에서 아미타다에게 분노를 쏟아부었다. 어느 날 더는 당할 수 없다고 생각한 아미타다는 집안일을 돌봐줄 노예를 구해주지 않으면 남편을 떠나겠다고 협박한다. 그녀는 남편에게 가서 베산타라 왕자의 자녀를 데려오라고 말한다. 그것은 베산타라가 베풀 수 있는 극단의 자선이었다.9)

---

7) 사례를 위해서는 탐비아(Tambiah, 1980) 참조.
8) (역주) 부처님의 전생 이야기들. 베산타라는 부처님의 마지막 전생으로, 베산타라 자타카는 불교에서 가장 인기 있는 자타카 중 하나이다.

한 뛰어난 인류학자가 자타카의 이야기에 나오는 아미타다의 운명을 현재 태국 성매매 여성들의 이야기와 관련시킨 것은 매우 주목할 만하다(Keyes, 1984: 234). 종종 태국 시골 출신 소녀들의 운명은 부모들의 빚에 의해 결정되곤 한다. 복잡한 과정들이 태국 시골소녀들을 방콕 같은 대도시로 유혹하고 그다음 성 산업에 종사하기 위한 다른 해외 도착지로 이어진다. 경제학자들과 공중보건학자들은 지금까지 성매매가 농업, 가사, 섬유산업을 제외한 직업 중에 가장 많은 비율의 여성들이 종사하고 있다고 확인했다(Phongpaichit, 1980; Keyes, 1984: 235~236에서 재인용). 이는 "이것 말고는 배운 게 별로 없는 시골 출신이 많은 돈을 바랄 수 있는 직업이 없기 때문"이다(Keyes, 1984: 235). 독립연구자들과 국가통계청이 조사한 이주여성에 관한 통계는 가족 내에서 여성이 담당하고 있는 경제적 역할에 관한 추가 증거들을 제시한다. 1970년대 중반부터 여성이주자 수가 남성이주자 수를 넘어서기 시작했다. 예를 들어, 1978년 북동부 마을에서 방콕으로 이주한 모든 이주자들 가운데 64%가 여성들이었다. 이런 경향은 1980년대에도 계속됐으며 아마 지금까지도 계속되고 있을 것이다(Keyes, 1984: 201).[10] 지난 1993~1994년 성 산업에 종사하는 성매매 여성들이 벌어들인 수입은 아무리 작게 잡아도 마약 수입의 네 배가 넘고 불법무기 판매보다 세 배 많았으며 태국 정부 연간 예산의 60%에 이르렀다(Phongpaichit, 1996: 11; Satha-Anand, 1999a: 202에서 재인용). 이 통계수치에서 가장 중요한 것은 이 돈이 대부분 고향집으로 송금된다는 것이다. 파야오(방콕 성 산업으로 일하기 위해 '남쪽'으로 가는 예쁜 소녀들이 많기로 유

---

9) 필자는 이 주제를 이전의 논문에서 다룬 바 있다. 따라서 이 글에서는 보다 광범위하게 해당 논문(Satha-Anand, 1999a)을 사용했다.
10) 이 통계들은 1980년대를 포괄한 것이다. 보다 최근 통계치는 추가 연구를 통해 확인할 필요가 있다.

명한 지역) 북부 독 캄 타이(Dok Kham Tai) 구의 우체국장은 3월, 6월, 11월에서 1월까지 송금액이 폭증하는 것을 관찰했다. 이때가 농업력에서 가장 활동적인 달이며, 소녀들은 농업활동을 유지하는 데 드는 인건비 등을 조달하기 위해 고향으로 보내는 송금액을 늘리는 것이다(Satha-Anand, 1999a: 202). 비록 오늘날에는 성매매 종사자들의 면면이 바뀌어서 학생 또는 오피스 걸들이 예쁜 옷과 최신형 휴대전화 등을 구입하기 위해 파트타임으로 성을 판매하는 새로운 풍조가 등장하기도 했지만, 성매매 여성 중에 가족의 빚을 갚으려는 기혼여성들도 많다는 연구결과도 있다.[11] 어떤 면에서 태국 성매매 여성들은 이제 가족의 경제적 부담을 덜어주기 위해서 일하고 있지 않다. 하지만 여성이 가족의 빚을 갚아야 한다는 구식 사고는 여전히 남아 있다.

어떤 문화환경에서는 가족의 주요 보살핌 제공자로서 여성이 집 밖에서 일하는 것이 금지되거나 여성이 일하는 것 자체를 권장하지도 않는다. 태국 사회에서는 이 상황이 정반대 방향으로 가고 있는 것처럼 보인다. 즉, 어머니로서 태국 여성들은 언제나 가족 구성원들의 보살핌과 양육의 역할뿐 아니라 가족에 대한 경제적 책임까지도 지고 있다. (남성 노동력을 선발해 6개월에서 1년간 건축, 운하 뚫기, 전쟁물자 조달을 부역시켰던 샴의 오랜 부역체제 역사는 성인남성들이 그 오랫동안 절반 이상 집에 부재했음을 의미한다) 그러나 인류학자들과 사회과학자들은 여성의 경제적 역할이 교통, 행정, 정치, 법 관련 직업에서는 아주 제한적인 반면 가사, 농업, 섬유산업에서 너무 큰 비중을 차지한다고 지적했다.[12]

비록 불경에서 부처님을 길러준 양모인 마하파자파티는 성공리에 비구

---

[11] 예를 들어, 마히돌(Mahidol) 대학의 최근 연구에 따르면 태국 성매매 여성들의 다수는 부채가 있는 가족의 부인이다.

[12] 관련 통계는 리마논다(Limanonda, 1995), 키스(Keyes, 1984: 225) 참조.

니계를 받았지만 태국 불교문화에서 어머니들은 아들에게 비구계를 받게 함으로써 만족을 얻는다. 선도적인 인류학자들의 연구에 따르면 태국에서 여성이 할 수 있는 최고의 일은 아들을 승려로 만드는 것이다(Tambiah, 1980). 어머니는 아들의 '노란색 가사를 잡음으로써' 승천할 수 있다는 사회적 통념이 있다. 이 끈질긴 통념은 어머니가 아들의 '제례복을 잡음으로써' 승천할 수 있다는 힌두교의 모티브를 반영한 것이다(Olivelle, 1997). 한 저명한 역사학자는 수계의식에 반영된 어머니와 아들의 유대관계가 동남아에서 테라바다 불교의 번영에 기여했다고 주장한다. 그는 "자녀와 부모 간의 협조관계, 특히 아들과 어머니 사이는 영적 여정의 진행에 필수적인 것으로 묘사되었다"라고 결론지었다(Andaya, 2002: 15). 태국 문화에서 널리 퍼져 있는 이 통념은 공덕을 통해 더 나은 여성으로 재탄생할 수 있는 가능성을 어둡게 했고 어머니로서가 아닌 여성의 다른 종교적 역할을 폄하했다. 기도와 명상뿐 아니라 비구들에게 필요한 물품과 음식을 제공하기 위해 사원을 찾는 사람들의 압도적 다수가 여성이라는 것이 이미 잘 알려진 사실이다(Andaya, 2002: 19).

우리는 가장 인기 있는 베산타라의 자타카 이야기를 읽을 때 보살이라는 직무 때문에 그가 가진 모든 것, 심지어 부인과 자식까지 버려야 하는 베산타라의 부인 마드시 왕비의 슬픈 이야기와 직면하게 된다. 이야기에서 베산타라가 상서로운 흰색 코끼리를 보시했다는 이유로 시피(Sipi)인들에 의해 숲으로 추방될 때 마드시 왕비는 그를 따르겠다며 자식들을 데리고 가겠다고 주장했다. 그녀는 아슈람에서 나와 숲으로 가는 동안 가족을 위해 나무열매와 채소들을 따서 그들을 돌보았다. 그녀는 남편이 악한 브라만인 주자카에게 자식들을 주겠다고 약속했다는 사실을 알고 나서 슬픔으로 정신을 잃었으나, 회복하고 나서는 이 위대한 베풂을 하겠다는 그의 의지에 복종한다. 그녀가 브라만으로 변장한 인드라신에게 바쳐졌을 때, 마드시 왕비는 아주 우아하고 침착했으며 협조적이어서 신들은 그녀에게 천상의 크리스털 꽃비를 내려주었다.

　우리가 이 이야기를 단순히 베산타라의 관점에서 읽는다면, 미래에 부처가 되는 데 필요한 요건의 일부를 충족시킴으로써 가족을 포기해야 했던 아버지와 남편의 깊은 슬픔만 보게 된다. 하지만 이 이야기를 마드시 왕비 또는 베산타라 주변인의 관점에서 읽는다면 다른 그림을 볼 수 있을 것이다.13) 이 글에서 필자는 베산타라도 마드시도 아닌, 가족의 관점에서 이 이야기를 다시 읽어볼 것을 제안하고 싶다. 태국 문화에서 가장 인기 있는 자타카 이야기에서 우리는 미래에 부처가 되고자 열망하는 보살을 볼 수 있다. 오랜 여정에서 그는 부처가 되는 데 필요한 여러 가지 요건 중에서 가족을 포기해야 한다는 것을 의식하고 있었다. 이야기에서 그는 가족을 포기해야 하는 여러 가지 이유들을 분명하게 밝힌다. 어떤 점에서 불교는, 교환(물건이나 상품)이나 호혜(보살핌의 관계, 상호관계)의 법칙이 집단생활, 가족, 공동체, 마을, 시, 국가적 차원의 규범인 기존 사회에 대한 도전을 말하고 있다. 또 다른 점에서, 미래에 부처가 되는 보살이라는 직무는 가족에게 불리한 것이다. 베산타라 가족의 모든 구성원들이 그의 '큰 베풂'의 영향을 받았다. 한 인간의 윤리적 중심으로서 가족이 급진적인 도전을 받은 것이다. 비록 마지막에 모든 사람들이 재결합하고 모든 것들이 가족에게 되돌아왔지만 이야기 속에서 베산타라의 행위를 용서할 수 있는지는 여전히 의문으로 남는다. 이 이야기의 아주 강력한 메시지는 부인과 어머니로서 여성의 완벽한 헌신은 영광되다는 것이다. 이 헌신은 마드시 왕비로 하여금 미래에 부처가 되겠다는 베산타라의 영적 추구에서 그의 바람에 복종하도록 강요했다. 이것은 불교의 초월적 영성 추구에 필수불가결하게 가족을 복종시키는 이야기라고 할 수 있다.

---

13) 왜 마드시 왕비는 자신을 보살로 생각하지 않았는가에 대한 질문을 제기한 논문은 사타-아난드(Satha-Anand, 2004) 참조.

3. 불교에서 여성의 수계 문제: 왜 중요한가?

불교와 가족 간의 복잡한 관계에 관한 위의 고찰을 바탕으로 우리는 이제 테라바다 불교에서 여성의 수계 문제에 대해 논의해보고자 한다. 과거 세기에, 태국과 국제 불교의 가장 중요한 역동성은 테라바다 비구니 승가의 재건 문제였다. 우리는 여기에서 여성 수계를 허락한 최종결정을 내린 부처님이 여성의 종교권을 존중했다는 점을 생각해볼 수 있다. 특별히 승가 또는 비구 공동체가 해탈을 얻기 위한 삶의 가장 효과적인 방식인지 생각해보는 것이 중요하다. 이런 점에서 수계의 가능성이 인류의 절반에게 거부 되어서는 안 된다. 비록 부처님 사후 1세기, 특히 아쇼카왕 시대에 비구니 승가가 번성했다는 기록이 있지만(아쇼카왕은 불교를 전파하기 위해 계를 받은 아들과 딸을 스리랑카로 보냈다), 불행하게도 11세기에 스리랑카에 전쟁이 있었고 남성과 여성 수계혈통이 단절됐다. 비구계는 필요한 의식을 수행하기위해 샴에서 비구를 초대함으로써 추후에 재건됐다. 그러나 다른 테라바다 사회에서는 비구니 혈통이 성립되지 않았기 때문에 이 가능성이 비구니계에는 실현되지 않았다. 이 사건은 테라바다 태국에 완전히 계를 받은 여성이나 비구니계를 받은 여성의 역사적인 부재로 이어졌다. 이 역사적인 사건은 기술적 요건과 법적 금지와 함께 수세기 동안 태국 사회에서 여성의 수계 문제에 대한 논의를 사실상 불가능하게 만들었다. 비록 1920년대 말, 나린 파시트(Narin Pasit)가 딸에게 '계를 준' 사건이 있었지만 이 사건이 태국 사회에서 여성 수계의 가능성에 대한 공개적 논쟁으로 이어졌다고 말할 수는 없다.[14]

그러나 여성 수계의 가능성은 근대 생활의 모든 측면에서 일어나는 변화에 따라 새롭게 대응될 필요가 있다. 오늘날 세계 여러 나라에서 많은

---

14) 나린 파시트 사건에 관해서는 나린 파시트(Narin Pasit, 2001) 참조.

여성들이 교육과 직업에 대거 접근하고 있고 경제적 독립과 정치적 권력을 획득하고 있다. 그러므로 영적 추구에서 여성의 역할에 대해 재고해보는 것이 중요하다. 필자는 이를 위해 몇 가지를 제안하고 싶다.

(1) 부처님의 허락 대 역사적 사건

비구니 승가의 재건과 관련해서 민감하고 분별 있는 사고가 불교계에 확산될 필요가 있다. 이는 역사적으로 부처님이 여성 수계를 허락했다는 점을 부인할 수 없고 실제로 여성 승가가 번성했었기 때문이다. 만약 승가에 새로운 수계자를 들이려면 기존 질서가 필요하다는 기술적 주장과 함께 역사적으로 비구니 혈통이 소멸됐던 사실을 여성 승가의 재건 가능성을 결정적으로 부인하는 근거로 든다면, 부처님의 결정보다 하나의 특정한 역사적 사건에 더 큰 비중을 두는 것이다.

(2) 신성의 성적 상징화

만약 수계가 해탈을 얻기 위한 삶의 방식으로서 중요성을 갖는다면, 남성이 아닌 다른 성(性)의 수계 가능성을 부인하는 것은 오직 남성만이 신성을 획득할 수 있다는 성적 상징화를 암시하는 것이다. 여성에 대한 수계는 여성과 남성 모두 완전한 계를 받을 수 있게 함으로써 이러한 조건을 시정한다. 어떤 학자들은 승려들이 가정을 가질 수 있게 허락함으로써 반금욕적 불교를 발달시키는 데 여성들이 더 적합하다고 주장한다. 일본 불교는 이러한 대안을 발달시켜 생물학적·수도적 혈통 사이에서 조정을 이루었다.[15] 이것은 테라바다 불교에서는 불가능한 도발적인 입장이다. 하지만 만약 그것이 가능하다고 해도, 가족을 가질 수 있는 수도승이 남성인지 여성인지 또는 둘 다일 수 있는지에 대한 의문은 여전히 남는다.

---

15) 다나카 교수가 제안한 입장을 보려면 다나카(Tanaka, 2007) 참조.

필자는 둘 다일 필요가 있다고 본다. 그렇지 않으면, 남성에게만 부여된 신성의 성적 상징화 문제를 극복하지 못할 것이다.

(3) 해탈을 얻기 위한 가장 효과적인 삶의 방식에 대한 평등한 접근

부처님이 해탈에 대한 여성의 잠재력을 확인한 이후에는 이 길을 걸으려는 여성들을 철학적으로, 실제적으로도 거부할 수 없다. 우리는 부처님 시대의 불교가 사람을 계급으로 구분했던 힌두체제에 내재된 불평등을 극복하려 했던 개혁적 시도였음을 상기할 필요가 있다. 힌두체제는 신화 창조로 그 정당성을 확보했었다. 만약 계급을 부정한 평등이 불교에서 그렇게 중요하다면, 왜 불교가 해탈을 얻으려는 길에 대한 평등한 접근을 부인하는 것인가?

(4) 소녀들을 위한 교육적 함의

전통적인 태국 사회에서 소녀들은 기본적으로 사원에서 교육이 금지됐었다. 사원은 비구들만을 위한 공간이었기 때문이다. 비구승은 반대 성을 가진 자와 신체적 접촉을 하는 것도 금지되어 있다. 교육은 소녀들에게 사회적 이동성과 경제적 기회를 내포한다. 20세기 후반까지 많은 시골소녀들에게 교육이 실시되지 않았던 것의 영향이 오늘날 태국 여성 대다수의 경제참여도에 미치는 영향을 살펴보면 설명이 될 것이다.

(5) 아들의 수계를 통해서가 아닌 큰 공덕

만약 비구니 승가가 재건된다면, 여성은 아들의 수계를 통해 의지하지 않아도 그 자신과 다른 사람을 위해 '가장 큰' 공덕을 쌓을 수 있는 기회를 갖게 될 것이다.

(6) 가족에 대한 책임 공유

만약 비구니 승가가 다시 가능해진다면, 가족 구성원들을 돌보는 일과 부인, 어머니, 딸로서의 경제적 책임이 남성과 여성 가족 구성원 간에 더욱 평등하게 배분될 수 있을 것이다.

(7) 가족 내 '정의'의 문제

학자들은 가족관계에서 정의가 필요한가라는 질문과 관련해 서로 다른 주장을 피력해왔다. 오킨(Okin, 1989: 26)에 따르면, 정의는 가족을 '넘어' 있다고 제안한 두 가지 주요 주장이 있다면서 다음과 같이 설명했다.

> 첫 번째 종류의 주장은 가족은 정의보다 너무 높다는 점에서 가족은 정의를 '넘어' 있다는 주장이다. 샌델(Sandel)의 관점에서 볼 때 가족은 정의의 환경으로 특징지을 수 없다. 정의는 오직 이해가 다르고 배분된 물자, 상품이 희박할 때 대입된다. 사랑과 이해의 확인으로 결집된 친밀한 집단인 가족은 더 고귀한 가치로 특징지어진다. 두 번째 종류의 주장에서 가족은 '자연'이 그 위계적 구조를 명한다는 점에서 정의를 '넘어서 있다'는 주장이다. 블룸(Bloom)은 젠더구조화된 가족 내에서 발견되는 성별분업은 적어도 정의의 기준보다 우세하기 때문에 불공평하지만 자연과 필요라는 두 가지 토대를 갖고 있다고 솔직하게 인정했다.

불교문화권에서 여성들은 본래 '열등하다'고 인식되지 않았다. 하지만 일부 규범적 출처에 따르면 여성의 생물학적 성은 과거의 나쁜 카르마로 인한 '치욕'으로 인식되었다. 여성은 테라바다 전통에서 여성이라는 이유로 부처가 될 수 없고 비구니계를 받을 수도 없다. 만약 수계의 가능성이 재도입된다면, 소녀들을 위한 교육의 기회 배분이 확산될 수 있다. 특히 자매, 딸, 어머니가 자신의 영적 추구를 위해 비구니계를 받았을 때, 집안을 돌보는 가사의 의무가 남성에게도 똑같이 부여될 것이다. 여성의 최고의 영적 추구는 가족 내에서, 그리고 이와 관련된 외부활동에서 불공평한 성별분업을 시정하는 데 도움이 될 것이다.

4. 변화하는 가족과 여성의 영적 추구

오늘날 지구화시대에 공적 영역에서 증가하고 있는 여성의 역할은 가족 내에서 여성에게 새로운 도전을 안겨주고 있다. 고등교육을 받은 많은 전문직 여성들이 자아충족을 위해 가족생활의 중요성을 주장하고 있다. 이 집단의 다른 많은 여성들은 가족을 만들지 않고 오직 직업적 목표 추구에 시간과 에너지를 헌신하기로 선택했다. 여기에서 주요 이슈는 가족 외에 삶을 충족시킬 수 있는 실용적인 선택이 점점 더 많은 여성들에게 실제로 가능해지고 있다는 점이다.

일반적으로, 모든 선진국 통계는 법률혼이 감소하고 가족당 자녀수가 줄고 있으며 이혼율이 증가하고 있음을 보여준다. 이러한 현상은 점점 더 많은 여성에게 교육과 직업의 기회가 늘고 있는 등 여러 기여요인으로 설명될 수 있다. 이런 상황은 자녀양육 관련 역할이나 가족 구성원들에 대한 보살핌 제공자였던 많은 여성들로 하여금 '삶의 충족/자기실현'에서 멀리 떠나왔다는 느낌을 들게 한다. 그들은 경력, 직업적 인정, 사회적 존중, 여행 기회, '세상을 보는 것' 등을 놓쳤다며 섭섭해한다. 물론 두 가지를 다 가진 여성들도 있다. 그러나 가족에서 점점 더 많은 '전통적' 여성들이 자기의 삶을 실현하기 위한 방법과 수단을 찾고 있다. 전통적인 시대와 달리, 가족 내 여성들은 가족과 공동체 내에서 자신들의 역할에 대해 점점 쉽게 '자아실현'을 느낄 것이다.

또 다른 최근의 아주 중요한 발전은 혼성적 성질을 띤 다른 형태의 가족이 증가하고 있다는 점이다. 한부모가족은 수십 년간 존재해왔고 동성부모가 증가하고 있으며, 아버지나 어머니 중 한쪽이 부재한 가족이 다문화 결혼에서 점점 더 흔해지고 있다. 해외이주나 도심생활을 위해 아버지와 어머니가 거의 영구적으로 부재한 채 조부모와 함께 사는 자녀들이 중하위 계층에서 흔해지고 있고, 지구화시대에 잦은 출장으로 인해 부인과 자녀를 경제적으로 장기간 지원하되 생활은 단기간밖에 함께할 수 없는 제트족(jet-setter) 남편이 증가하고 있다. 또 아직 재학 중인 10대 부모가 점점 더 흔해지고 있으며 생물학적 자녀가 없는 남편과 아내가 개도국 출신 자녀를 입양하고 있다. 할리우드 명사들은 자기 자녀가 없거나, 자녀가 있어도 아프리카, 아시아 출신 어린이들을 입양하고 있다. 또 동성부모들이 점점 더 흔해지고 있다. 피를 나눈 생물학적 혈통이 아니라 생활에서 '이식'된 가족에 대한 이런 실험들은 경제적, 사적, 선택적, 의료적, 이데올로기적 이유로 구성된 새로운 형태의 가족이며 숙고할 필요가 있는 새로운 형태의 가족을 만들어내고 있다.

   태국 불교문화적 맥락에서 여성의 영적 추구는 기존의 전통적 가족형태에 대한 도전이라고 할 수 있다. 만약 비구니계가 정당한 논의 없이 거부된다면, 시대를 거스르는 반동적 응답일 뿐만 아니라 비구니계를 허용한 부처님의 어렵고도 분명한 결정을 존중하지 않는 것이다.

5. 나가는 글

   이 글은 역사적으로 비구니계를 받은 여성이 부재한 태국 불교문화가 가족에 대한 책임과 불평등한 기회의 배분에 기여하고 있다고 주장한다. 헌신적인 부인, 양육 잘하는 어머니, 충실한 딸로서 전통적인 여성의 역할은 여성을 근대적인 노동력으로 밀어 넣고 있다. 이런 역할 모델의 이미지가 부처님이 베산타라 보살일 때 부처의 탄생 이야기를 통해 세대를 거쳐 전승된다. 영적 추구와 불교의 가족 간의 이런 긴장의 그림은 국가적인 종교 언설, 불교 경전, 인류학적 연구, 경제학적 통계 등을 반영하면서 복잡한 상황의 다면적인 자화상을 통해 구축된다. 여러 가지 미묘한 방식으로 종교를 바탕으로 한 문화는 많은 여성들의 삶을 결정짓는 주요 요소이다. 종교적 언설에 관한 여러 가지 형태의 논리적 집합, 가족 내 성역할, 경제적 책임 등이 이 세기에 페미니스트들의 관심을 받는 도전적인 장이 되고 있다.

참고문헌

Andaya, Barbara Watson. 2002. "Localizing the Universal: Women, Motherhood, and the Appeal of Early Theravada Buddhism." *Journal of Southeast Asian Studies*, Vol. 33, pp. 1~30.

Anguttara-nikaya IV; VIII.VI.51-52, Anguttara-nikaya, Kotami vagga, Kotami sutta, 23, Phra Traipidok Phasathai (The Siamese Tripitaka) 312~18 (Bangkok: Kromkan Sasana, Krasuang Suksathikan(Department of Religious Affairs, Ministry of Education, B.E.2530(AD 1987)).

Bunnun, Channarong. 2004. "Female Ordination in Thai Society." *Journal of Buddhist Studies*. Bangkok: Chulalongkorn University Press.

Faure, Bernard. 1998. *The Red Thread: Buddhist Approaches to Sexuality*. Princeton, New Jersey: Princeton University Press.

Kalupahana, David J. 1995. *Ethics in Early Buddhism*. Honolulu: University of Hawaii Press.

Keyes, Charles F. 1984. "Mother or Mistress but Never a Monk: Buddhist Notions of Female Gender in Rural Thailand." *American Ethnologist*, Vol. 11, No. 2. pp. 223~241.

Limanonda, Bhassorn. 1995. "Families in Thailand: Beliefs and Realities." *Journal of Comparative Family Studies*, Vol. 26, Issue 1, pp. 67~82.

Narin Pasit. 2001. *Declaration on The Samaneris' Issue B.E. 2471*. Bangkok: Thai Club of Japan, Second Printing(B.E. 2544).

Okin, Susan Moller. 1989. *Justice, Gender, and the Family*. US: Basic Books Inc.

Olivelle, Patrick. 1997. "Amrta: Women and Indian Technologies of Immortality." *Journal of Indian Philosophy*, Vol. 25, No. 5, pp. 427~449.

Phongpaichit, Pasuk. 1980. "Rural Women in Thailand: From Peasant Girls to Bangkok Masseuses." Geneva: International Labour Office, World Employment Programme Research(Working Papers).

_____. 1996. "Overall Picture of Illegal Economy in Thailand." *Research Digest*, No. 6(March 1996).

Pongsapich, Amara(ed.). 1985. *Traditional and Changing Thai Worldview*. Bangkok: Chulalongkorn University Social Research Institute.

Satha-Anand, Suwanna. 1999a. "Looking to Buddhism to Turn Back Prostitution in Thailand." in *The East Asian Challenge for Human Rights*. New York: Cambridge University Press.

_____. 1999b. "Truth over Convention: Feminist Interpretations of Buddhism." in Courtney Howland(ed.). *Religious Fundamentalisms and the Human Rights of Women*. New York: St. Martin Press.

_____. 2004. "Madsi: A Bodhisattva Denied?"(Translated into Thai by Chayanit Poonyanrat) in Sujada Thaweesit(ed.). *Gender, Sexuality and Reproductive Rights and Health*. Chiangmai: Chiangmai University Women Studies Center.

Sponberg, Alan. 1992. "Attitudes toward Women and the Feminine in Early Buddhism." in Jose Ignacio Cabezon(ed.). *Buddhism, Sexuality and Gender*. Albany: State University of New York Press.

Tambiah, Stanley J. 1980. "Ideology of Merit." in *Buddhism and the Spirit Cults in North-east Thailand*. Cambridge: Cambridge University Press.

Tanaka, Masakazu. 2007. "Fluid Boundaries, Institutional Segregation and Buddhist Sexual Tolerance: A Response (2)." in Gerrie ter Haar and Yoshio Tsuruoka(eds.). *Religion and Society: An Agenda for the 21st Century*. Leiden and Boston: Brill.

제7장 **떠도는 삶,
필리핀 '가족'과 해외 노동이주의 감정성**

오딘 드 구즈먼(필리핀 대학교 영어·비교문학과 교수)

1. 들어가는 글

지난 20년간 필리핀인들은, 2008년 현재 세계적으로 400만 명으로 추산되는 계약노동자들을 통해 국제 노동이주자로서 우위를 점해오고 있다(Commission on Filipinos Overseas: CFO, 2009a).[1] 그러나 노동이주를 위해 국경을 넘는 것은 아시아 내에서 새로운 경험도 아니며, 필리핀인들에

---

* 이 글은 2008년 이화여대 아시아여성학센터에서 주최한 "지속가능한 미래를 위한 국제 심포지엄: 이주의 시대, 아시아의 여성 이주와 가족구조의 변동"에서 발표된 "Itinerant Lives, the 'Family' and the Emotionality of Overseas Labor Migration: A Philippine Case"를 수정·보완한 글을 번역한 것이다.
1) 이 수치는 65만 3,609명으로 추산되는 비정규(irregular) 이주자들을 포함하고 있다. 대통령실(Office of the President of the Republic) 산하 필리핀 해외이주위원회(CFO)는 해외 필리핀인을 영구 해외 필리핀인(다른 나라로 이주하는 이민자들), 그리고 일시적(temporary)이고 불규칙한(irregular) 필리핀인으로 분류하고 있다. 일시적이고 불규칙한 이주자들은 이전에는 종종 해외 계약노동자(Overseas Contract Workers: OCWs)로 분류되었으나, 요즘에는 필리핀 해외노동자(Overseas Filipino Workers: OFWs)로 불린다. 2008년 12월 현재 해외 필리핀인들의 총 숫자는 800만 명(818만 7,710명)이다(CFO, 2009a).

게만 국한된 것도 아니다. 연구자들이 지적하는 것처럼 필리핀인들의 노동이주는 아마도 정부에 의해 가장 '장려'되는 것이겠지만 고도로 조직되어 있다(Kassim, 1998; Jones, 2000; Castles and Miller, 2009). 이 지역의 여타 노동력 수출국가들로는 방글라데시, 스리랑카, 인도, 네팔, 캄보디아, 버마, 라오스, 베트남, 인도네시아, 중국이 있다. 그러나 최근 30년 동안 이 지역의 국제 노동이주의 패턴은 상당히 변화되고 있다. 약 2,000만 명으로 추산되는 아시아인들의 해외취업(Castles and Miller, 2009)[2]과 더불어, 그 규모와 이주의 복잡성은 이전과 다른 것으로 보인다. 그중 하나로 '순환적'이고(즉, 정착하지 않음) 주기적(즉, 노동자들은 집에 돌아왔다가 다른 계약을 위해 다시 떠남)이라고 특징지어지는 현상이 있다(Chantavanich et al., 2001: 9). 그리고 두 번째로 현재 아시아 지역으로부터 또는 아시아 내에서 이루어지는 노동이주의 두드러진 특징은 독립적 여성 이주가 흔하다는 것이다.

그 현상에서 볼 수 있는 것처럼 '노동이주의 여성화'는 경제적 변화의 결과로 등장했으며, 국제적으로 이는 여성의 역할에 대한 '전통적인' 문화가정(cultural assumptions)을 고집한 결과이자, 여성의 노동력(workforce)으로의 흡수를 포함하는 것이다. 현대사회에서 여성들은 노동과 결혼을 위한 국제 이주의 주요 행위자가 되고 있다.[3]

---

2) 비교를 위해 추가하자면, CFO는 2005년 12월 현재 일시적이고 불규칙한 지위에 있는 해외 필리핀인을 450만 명(각각 365만 1,727명과 88만 1,123명)으로 추산했다(CFO, 2009b).
3) 대부분 여성 쪽이 미래/새로운 배우자 쪽으로 이주/이사하는 국제결혼, 일반적으로 인종 간 결혼은, 특히 필리핀에서는 1970년대까지 흔치 않은 여성 이주 패턴이었음을 참조할 것. 그 시절 여성들은 ― 대개 남성이주자의 부인 또는 딸 ―은 가족 재결합을 위해 이주했다. 반면 현재의 패턴은, 결혼하거나 민족국가의 경계 밖에서 가족을 구성하기 위한 여성들의 '이사 나감(moving out)'

이 글은 필리핀 노동자들의 계속되는 전출(out-migration)이 가족 이데올로기의 핵심을 차지하고 있는 감정문화(emotion culture; Turner and Stets, 2005 재인용)4)에 의해 뒷받침되고 있음을 주장할 것이다.

이 감정문화는 '필리핀' 가족(The 'Filipino' family)의 근본원리로 작동하기도 한다. 또한 노동이주의 가장 큰 이유가 가족인 데 반해, '가족'이라는 바로 그 관념은 현재 노동이주 현상의 특징에 따라, 또 가족 내 여성과 남성의 '전통적' 역할에 관한 문화가정을 고집한 결과 시험에 들게 되었다. 이 글에서는 감정 이데올로기가 현재 필리핀 디아스포라의 근거로 제공되고 있다는 주장을 강조하기 위해, 감정이론과 담론분석을 사용해서 이주자와 비이주자 양쪽에서 생산한 문화 텍스트, 예를 들어 미술작품, 개인적 이야기, 영화, 신문기사 등에 대한 원문 분석을 하고자 한다.

2. 필리핀 해외 노동이주: 지역의 목적국과 노동이주의 여성화

1970년대 석유위기 — 이는 회사 폐업과 경비 삭감, 구조조정의 결과로 필리핀 경제를 경악스러운 침체와 고실업률로 빠뜨렸으며, 많은 사람들에게 경쟁적인 노동이주의 필요성을 야기했다 — 가 시작되면서 1980년대5) 중동, 일본, 홍콩, 싱가포르, 대만의 경제 활황으로 이들 나라가 필리핀 노동이주의 인근 목적국으로 등장했다. 이 시기 전까지 필리핀 이주자들에게 확립된 경로는 미국과 그 준주(準州, 미국령)였다. 그러나 2005년에는 상위 10개 목

으로 설명될 수 있다.
4) 필자가 사용하는 감정문화 개념은 혹실드(Hochschild, 1979, 1983, 1989)와 고든(Gordon, 1989, 1990)을 따른 것이다.
5) 이 시기 필리핀인들은 유럽, 특히 스페인과 이탈리아로도 이주하고 있었다.

적국으로 사우디아라비아, 홍콩, 아랍에미리트연방, 대만, 일본, 쿠웨이트, 카타르, 싱가포르, 이탈리아, 영국이 되었다(POEA, 2006). 아시아 지역 내에서 산업화된 국가와 새롭게 산업화되고 있는 나라들의 경제성장으로, 이들 나라는 경제성장 및 발전 목표를 성취·유지하기 위해 대규모의 노동력을 필요로 하게 되었다. 이에 따라 이웃 개발도상국 국민들은 그들 나라에 절실히 필요하지만 부족한 고용기회를 이 같은 신경제상황에서 찾았다. 신속한 노동력 보충이 절실히 필요한 부분은 재생산분야였다. 이들 나라의 현지 여성들이 고등교육을 받고 취업시장에 진입, 중산층 소득자가 됨에 따라 각국 정부는 그 여성들의 직업경력 고취를 위해 해외 가사노동자의 유입을 장려했다. 노동의 성별분업에 대한 언급은 전혀 하지 않은 채 말이다.

이것의 적절한 사례를 찾아본다면 싱가포르 정부의 '해외 가정부 계획'을 들 수 있는데, 이는 1970년대 후반 심각한 노동력 부족에 대한 대응으로 1978년 도입된 것이다. 이 기간에 정부는 정책적으로 싱가포르 여성들의 노동참여를 촉진했다(Wong, 1996: 95). 마찬가지로 1980년대 홍콩은 "거의 완전고용(near-full-employment)", 또는 비즈니스 분야에서 일컫기로는 "심각한 노동력 부족"과 인플레이션을 겪었다. 이러한 문제들에 대응해 정부는 "현지 여성노동력을 모두 움직일 수 있게 노력을 기울였다"(PACNET, 1998).

두 사례 모두에서 현지에서는 충족할 수 없는, 노동력에 대한 중대한 요구가 발생했다. 생산과정에 현지 여성들이 진입함으로써 재생산분야, 즉 가사노동은 보다 싼 가격의 해외 이주여성에게 맡겨졌다(PACNET, 1998). 그러나 유입국 정부는 해외 가사노동자 고용을 장려하면서도 이에 고도의 규제를 가했으며, 이와 동시에 유입국·송출국 정부의 손 떼기(hands-off) 정책은 많은 이주노동자들을 수많은 문제와 위험에 노출시켰다. 많은 경우, 정책이 존재했을 때조차 송출국과 유입국 정부 및 현지 경제—구직자·구인자를 포함한다—의 이익을 위해 규정은 왜곡되기 마련이었다.

이 같은 경제적 상황과 정치적 결단은 궁극적으로 국제 노동이주 '여성화'의 주요 원인이었을 수 있다. 필리핀의 경우, 이른바 해외 노동이주의 '여성화'는 사회 속에서 여성의 임파워먼트에 대한 갈등적 그림을 그려내고 있다.[6] 여성들의 국제 노동이주 참여는 사회 속에서 그들의 임파워먼트에 대한 모순적 메시지를 보낸다.

한편으로는 2005년 신규 고용되어 배치된 지상근로(land-based) 노동자 전체의 72%를 차지한(POEA, 2005) 여성 노동이주자의 증가는 1960년대 중반까지—누군가의 부인이고 딸이었던—여성이주자 대다수의 의존적·부속적 지위에서 크게 달라진 것이다. 여성들의 이주노동 참여는 1975년 12%에서 1992년 50%, 1995년 58%(Kanlungan Center, 2000), 그리고 2003년 73%(POEA, 2003)로 계속해서 증가해왔다. 이는 보다 많은 여성들이 그들이 고국에 있을 때보다 더 많은 돈을 벌게 해주었으며, 그들이 남성 가족구성원으로부터 경제적으로 독립할 수 있도록 해주었다. 때때로 그들은 자신들에게 어느 정도의 자율성과 독립성을 가져다주는, 가족의 주된 생계부양자가 된다. 그러나 다른 한편으로, 다수 여성의 전출은 또한 현지 생산과정에서 여성들이 참여 가능한 일자리가 계속해서 제한적으로 공유되고 있음을 의미한다. 취업기회는 제한적이며 수입은 불충분하다. 게다가 여성 해외노동자 대부분은 어린아이와 노인들을 위한 돌봄 제공

---

6) 이 소절 중 일부는 필자의 이전 글을 보완한 것이다. 이전 버전은 "Overseas Filipino Workers, Labor Circulation in Southeast Asia and the (Mis)management of Overseas Migration Programs"라는 제목으로 *Kyoto Review of Southeast Asia, Issue 4: Regional Economic Integration*(October)에 수록되었다(http://kyotoreview.cseas.kyoto-u.ac.jp).

을 포함한 가사노동, 벌이가 적은 문화공연(cultural entertainment) 등 '전통적'이고 '여성적인' 재생산노동에 참여한다. 또한 업무의 속성상 많은 여성들이 학대, 특히 신체적·성적 학대에 높은 빈도로 노출된다. 가사노동과 관련해서는 공식화하거나 거의 규제할 수 없는 작업장인 사적 공간에 학대 가능성이 존재한다. 이 같은 문제들에 더해 여성들의 국제 노동시장 참여는 홍콩에서 가사노동자로 일하는 공무원과 공공학교 교사 출신 여성들의 사례에서처럼 많은 경우 탈숙련(de-skilling)을 수반한다.

정부기관인 필리핀해외노동청(Philippine Overseas Employment Authority: POEA)은 해외에 취업한 필리핀인들을 숙련도에 따라 여덟 가지 범주로 분류해서 관리하는 것을 과제로 삼았는데, 이 범주는 성역할에 관한 사회의 고집스런 믿음을 보여주는 좋은 지침이다. 1992~2002년 동안 '서비스 노동자'라는 숙련 범주는 신규 고용되어 배치된 지상근로 노동자 전체 중 평균 35%를 차지했다(POEA InfoCenter, 2002). 그 10년 동안 '서비스 노동자'는 신규 고용되어 배치된 노동자 중에서 계속해서 첫 번째나 두 번째 위치였다. 이는 1970년대 해외 지상근로 이주자들의 첫 번째 직업이었으며, 1994년, 1996년, 1998~2000년 배치된 노동자의 첫 번째 직업이었던 '생산노동자'를 대체한 것이었다. 같은 기간 동안 세 번째로 순위가 높은 범주는 2001년 '생산노동자'를 추월한 '전문·기술직 노동자'였는데(POEA InfoCenter, 2002), 2003년에는 '서비스 노동자' 범주가 전체에서 34.79%로 첫 번째 자리를 탈환했다(POEA, 2003).

이들 숙련 범주에서는 전형적인 노동의 성별분업이 복제된다. 생산직 노동자들의 대다수는 남성으로, 2002년 신규 배치된 노동자의 71%를 차지했다. 반면 서비스 노동자, 그리고 대부분 간호사와 해외 공연 예술가인 전문·기술직 노동자[7]는 대다수가 여성이다. 2000년에는 댄서와 음악

---

7) 필리핀은 '세계 최대의 간호사 수출국'이다. 보건노동자들의 주된 목적지는

가가 이 분야 숙련 범주의 72%를 구성했으며, 일본으로 간 모든 배치 노동자의 99.5%가 여성이었다(NSCB, 2000). 2003년에는 신규 고용되어 배치된 전문·기술직 노동자의 85%가 여성이었다. 1992년에 배치된 여성들의 52%는 서비스 노동자였고, 이들은 1995년에는 59%, 2000년에는 47%를 차지했다. 1992년부터 2001년까지 여성은 신규 채용되어 배치된 서비스 노동자 중 평균 89%를 차지했다. 그들은 2000년에는 신규 고용되어 배치된 서비스 노동자의 92%(POEA, 2002), 2003년에는 91%였다(POEA, 2003).

따라서 현재 벌어지고 있는 노동이주의 여성화는 대부분 긍정적인 쪽보다는 문제적인 쪽에 무게가 실린다. 세계적 수준에서 이러한 현상은 현재 통용되고 있는 국제 노동분업을 분명히 드러낸다. 개발도상국 또는 제3세계 시민들은 노동집약적으로 일하고 보다 적은 급료를 받는 일 – 선진국 또는 제1세계 시민들이라면 하지 않을 그런 일 – 을 한다. 이는 또한 재생산노동과 그것의 하찮은 측면(menial aspects)을 취하면서 지구적 차원에서 개발도상국 여성에게 행해지는 집요한 노동의 성별분업을 보여준다.

3. 감정문화와 가족 이데올로기

필리핀 해외노동자(OFW)는 가족의 경제적 안녕을 위해 고된 노동, 가혹한 조건, 원거리, 외로움에 용감히 대면하는, 자기 희생적인 필리핀인의 축도(縮圖)로서 국민들의 마음을 사로잡아 왔다. 1990년대 이후, 특히 1995년 싱가포르의 플로 콘템플라시온(Flor Contemplacion)[8] 사건 이후,

---

미국, 영국, 중동이다. 그뿐 아니라 필리핀은 현재 "지난 2년간 미국 공립학교 교사들의 공급처로 등장하고 있다"(Rivera, 2005).
8) 1995년 3월 17일 싱가포르에서 집행된 플로 콘템플라시온의 사형은 해외노동

해외 계약노동자(OCW)의 '영웅적' – 그리고 따로는 '순교적'이기까지 한 – 서사가 뉴스를 독차지했다. 몇 가지 예를 들면, "유엔 전문가: OCW 학대를 멈출 것", "교수대로 가는 길", "수감되었던 필리핀 여성 귀국, 열광적인 환영 받아", "아시아 가정부에 대한 학대: 부유한 걸프국에서의 노예 같은 삶", "학대에 시달리는 필리핀의 신(新)영웅들"9) 등이다.

필리핀 해외노동자는 대중문화에서도 그려진다. 영화산업의 슈퍼스타들을 주인공으로 필리핀 해외노동자의 경험을 바탕으로 한 상업영화들이 만들어졌다. 노라 아우노(Nora Aunor) 주연의 〈플로 콘템플라시온 이야기(The Flor Contemplacion Story)〉(1995), 헬렌 갬보아(Helen Gamboa)의 〈신영웅(Bagong Bayani)〉(1995), 빌마 산토스(Vilma Santos)와 클라우딘 바레토(Claudine Barretto)의 〈자식(Anak)〉(2000), 클라우딘 바레토와 피올로 파스쿠알(Piolo Pascual)의 〈밀라노(Milan)〉(2004), 아가 물라치(Aga Muhlach)와 요즘 영화계의 '연인'인 클라우딘 바레토의 〈두바이(Dubai)〉(2005)가 그 예들이다. 이런 영화들이 박스오피스를 점령하고 관객들이 이주노동자 – 평안하게 살고 있지 못하는 사람들 – 의 실제 상황에 대해 알게 하려는 의도를 가지게 되면서 영화의 장르는 사회사실주의(social-realist) 드라마가 되었고 이들의 호소는 가슴을 찢어놓을 만큼 비통했다.

자들의 곤경에 저항하도록 국민들을 자극했다. 플로는 리온(Lion)시의 가사노동자였는데, 1991년 또 다른 필리핀 가사노동자 델리아 마가(Delia Maga)와 그녀가 돌보던 다섯 살배기 싱가포르 아이를 살해한 혐의로 기소되어 유죄임이 밝혀졌다.

9) 위 인용의 출처는 각각 *Philippine Daily Inquirer*, 1996.5.28; Tinna B. Mauricio, "The Trail to the Gallows," *Starweek*, 1995.3.26; Burgonio, "Jailed Pinay home to hero's welcome," *Philippine Daily Inquirer*, 2001.8.17, A6; *Philippine Daily Inquirer*, 1995.7.8; Fernando del Mundo, "RP's new heroes subjected to abuse," *PDI*, 2002.1. 7, A1, A15.

이 모든 뉴스 기사와 영화의 주된 카타르시스적 환상은, 차별·비통함·사기·상실의 한복판에서 악명 높은 해외 3D 노동을 극복하고 가족을 위해 모국으로 돌아오는, 용감하고 헌신적인 어머니, 아내, 딸, 형제자매 또는 부모이다. 이는 분명히 한 사람을 영웅으로 만드는 필리핀의 가치이다. 그리고 명백하게도 이는 필리핀 해외노동자, 가족의 영웅, 국민적 신영웅에 대한 담론 유통에서 지배적인 특질이기도 하다.

필자는 해외 노동이주에 관해 현재 필리핀에서 벌어지고 있는 현상이 정치적으로 감정담론(emotional discourse)임을 주장하고자 한다. 필리핀 해외노동자 경험에 관한 합리성 부분은 감정문화와 감정 이데올로기를 통해 촉진된 감정성이기 때문이다. 혹실드(Hochschild)는 사회가 사람들이 각기 다른 환경에서 무엇을 느껴야 하는지에 대한 복잡한 생각의 그물망(complex web of ideas)을 품은 '감정문화'를 가지고 있다고 역설했다. 결국 이 문화는 기본적인 활동영역에서 사람들에게 기대되는 태도, 감정, 행동, 감정적 대응에 관한 '감정 이데올로기'로 이루어진다. 사람들은 사회화를 통해 이런 이데올로기를 습득하거나 배운다. 그러므로 삶에는 '보다 일반적인 감정 이데올로기를 강조하고 상징하는' 사건들이 있다. 예를 들어, 학교에 간 아이는 "교실에서는 선생님의 제재(sanction)를 '통해' 표정관리를 지속해야" 한다는 것을 배운다. 이 같은 일반적인 감정 이데올로기들은 사회의 '감정문화에 관해 가장 일반적인 요구사항들'을 함께 구성한다.

이에 더해 사회학자 고든(Gordon, 1989, 1990)은 "감정 관련 어휘들, 믿음, 규범의 집합체(Turner and Stets, 2005: 31)"로 구성된 한 사회의 감정문화는 사회적으로 배운 것들에 대한 표현이라고 본다. 고든은 이것을 감정이 네 가지 요소로 구성된다는 그의 발상과 연관짓는데, 감정을 구성하는 네 가지 요소란 신체적 느낌, 표현력 있는 제스처, 사회적 상황 또는 관계, 그리고 그 사회의 감정문화이다. 이 중에서 첫 번째 요소인 신체적 느낌만이 비사회적이다. 하지만 이는 또한 '문화대본(cultural scripts)'의 형식에 따라 표현될 때만 의미를 가질 수 있다. 따라서 "감정을 드러내는 어휘, 사람들이 감정에 대해 갖고 있는 믿음, 언제 어떻게 감정이 표현되어야 하는지와 이를 어떻게 느껴야 하는지에 대한 규칙들에서 문화의 힘은 명백하다"(Turner and Stets, 2005: 31). 사회는 감정문화를 언어, 의례, 예술형태와 기타 문화적 형태를 통해 부호화한다. 그러나 고든이 주장한 바와 같이 "과학논문, 종교문헌, 조언서, 잡지 등과 같은 공적인 문서"를 통해서도 마찬가지다(Turner and Stets, 2005: 31~32).

필리핀 해외노동자의 노동에 관한 감정 이데올로기가 작동하는 방식 중 하나는 담론을 통한 것이다. 이 경우 해외 노동이주 주위에 구성된 서사와 그에 부수적인 감정 및 가치는 각자에게 귀속된다. 이 서사들은 거의 동시에 사랑, 긍지, 헌신, 결단, 향수(鄕愁), 공포, 후회, 슬픔 이 모두를 이끌어내는, 신영웅(bagongbayani)과 가족에 관한 담론들이다.

1990년대 이래로 해외 계약노동자에 관한 뉴스 기사는 그들 인생에서의 감정적 시련 - 고용주에 의해 갈취되는 이주자, 혹사당하고, 성적으로 학대당하고, 잔인하게 살해되는 여성이주자, 감금된 필리핀 해외노동자, 원거리와 외로움, 곤란에 맞서 가난으로부터 가족을 구출해낸 필리핀 해외노동자 - 을 강조하는 관점에서 작동한다. 이 같은 관점은 선정주의에 대한 미디어의 편애의 결과일 수도 있고 필리핀 해외노동자라는 국민적 신영웅에 관한 담론을 떠다니는 근본적인 감정의 흐름이 정말 있다는 사례가 될 수도 있다.

이 같은 이미지와 더불어, 필리핀 해외노동자 현상에 관한 합리성(rationality)의 일부는 그에 내재된 감정문화라는 견해를 제시하고자 한다. 사회학자 콜린스(Collins)는 "합리성은 행동의 대안적 방향(alternative lines)에 대한 효용성을 평가(또는 긍정적 효과를 부여하는 능력)하는 데 달려 있기 때문에 감정은 합리성의 공통분모"라고 주장한다(Turner and Stets, 2005: 22). 따라서 감정을 충분히 이해하는 행위자는 합리성의 법칙에도 통달해 있다는 것이다(Turner and Stets, 2005: 22). 필자는 필리핀 해외노동자 현상에 관한 합리성의 일부가 감정성이라는 것을 주장하기 위해 콜린스의 이 주장을 기본적으로 전면에 내세우겠다. 정부와 이주자들은 긍정적 효과와 유익한 결과를 가져올 것으로 인식되는 것들에 대한 평가에 근거해 노동이주를 결정하는데, 이들 중 일부는 만연한 감정 이데올로기에 복잡하게 연결되어 있다. 그리고 그렇게 함으로써 이 이데올로기가 실질적으로 유지되는데, 가족이나 가족사랑에 관한 이데올로기를 그 예로 들 수 있다.

4. 여성들의 떠도는 삶 그리고 여성, 어머니, 가족생활에 관한 변함없는 사회적 요구

오늘날 아시아 각지에서 온 여성들이 노동이주에 활발히 참여하고 있지만, 여성의 역할과 가족생활에 관한 사회가정(societal assumptions)은 변하지 않은 채 남아 있다. 필리핀 노동 디아스포라의 중심, 즉 해외노동의 사회 도덕적 존재 이유(raison d'être)는 — 여타 많은 아시아 노동 디아스포라와 마찬가지로 — '가족'이다.

필리핀인들에게 가족이란 무엇인가? 보통의 필리핀인의 가족, 즉 '망아 아낙(mag-anak)' 개념에 대한 이해는 "기본적으로 핵가족 또는 남편, 아내, 직접 낳거나 입양한 미혼자녀로 구성된 원소(元素)집단"(Medina, 2001: 17)으로, 이는 "사회의 기본 단위"(Medina, 2001: 17)로 여겨진다. 광범위한 기독교 인구에게 이는 기본적으로 일부일처제이며 부계적이다. 필리핀 가족에 관한 이 같은 정의는 필리핀 해외노동자에 관한 담론의 중심이다. 이것이 현재 표현되고 있는 주된 초상(肖像, portrait)인데, 예를 들어 전국적인 예술조직인 필리핀 문화센터의 프로젝트 중 하나를 보자.

『신영웅의 문학: 내 부모는 OCW다(Literatura ng mga Bagong Bayani: OCW ang nanay at tatay ko)』(1996)라 이름 붙여진 이 출판작업에서 해외노동자의 자녀들은 그들의 가족생활에 관한 생각을 짧은 글과 그림으로 공유한다. 가족에 관한 아이들의 묘사는 각 구성원에 대한 역할과 문화적 기대에 관한 그들의 가정을 보여준다. 그러나 이 묘사는 또한 지배적인 사회 개념을 그림에 집어넣기도 한다. 예를 들어, 나오미 카마요(Naomi Cammayo)의 묘사(Beltran, 1996)를 살펴보자.

우리 가족은 몹시 긴밀히 맺어져 있습니다(close-knit). 우리 관계의 중심에는 하느님이 계십니다. 우리 식구는 모두 사이가 좋고 각자의 권리를 존중합니다. 그리고 우리 식구들은 어려운 사람들을 동정합니다.
아빠는 우리 가족에게 필요한 물건들을 사기 위해 열심히 일하십니다. 그리고 아빠는 인자한 분입니다. 우리랑 놀아주고 겸허하게(humbly) 가르쳐주고 우리의 잘못(mistakes)을 지적해 우리를 도와주시니까요. 그리고 가끔 다른 사람들 앞에서 우리를 꾸짖을 때는 몹시 부정적(negative)입니다.
저는 우리 식구 외에 많은 사람들을 만나봤지만 우리 엄마가 최고라고 생각합니다. 엄마는 나에게 엄마처럼 완전히 성숙한 사람이 되도록 이끌어주십니다. 엄마는 우리를 걱정하고 보살피면서 우리에게 새처럼 애정을 쏟아붓습니다. 하지만 슬프게도 엄마는 가끔 까다롭습니다(cranky).
제 여동생 셀린(Celine)은 돈에 대해서는 굉장히 보수적(conservative)이고 걔의 태도도 그렇습니다. 그 애의 나쁜 점(darkside)은, 책임감 없고 지저분한 모습을 보인다는 것입니다. 우리 침실 바닥에 걔 물건이 굴러다니는 걸 보면 미치겠어요. 남동생 둘은 아기지만 우리 집 분위기에 즐거움과 웃음을 가져다줍니다. 그렇지만 가끔 버릇이 없습니다(naughty). 우리 가족에는 좋은 면과 나쁜 면이 있습니다. 우리 가족은 제 마음에 있고, 저는 우리가 행복하게 살기를, 그리고 내내 함께하게 해달라고 언제나 기도합니다.

나오미는 자신의 가족을 긴밀히 맺어져 있으며 천주교/기독교를 믿는 가족으로 그렸다. 그들은 서로를 존중하고 다른 사람에게 동정심을 보인다. 위의 글에서 그녀는 가족 내 여성과 남성의 역할에 관해 지배적인 문화가정을 보여준다.

아버지는 경제적 부양자이며 잠재적인 권위와 힘을 가진 반면 아이들과 놀아주고 가르칠 만큼 '겸허'하며, 그들의 '잘못'을 통해 그들을 인도한다. 아버지는 훈육자이며 대중 앞에서조차 그의 권위를 숨기지 않는다.

반면 어머니는 자녀들에게 성숙을 위한 지침이다. 그녀는 아이들의 본보기이고, 양육과 돌봄의 원천이다. 나오미의 묘사를 보면 어머니는 "걱정하고 보살피면서 (그들에게) 새처럼 애정을 쏟아붓는다". 이 같은 특성은 어머니가 일차적 양육자라는 발상과 일치하는데, 이는 여성의 '여성스러운 본성', 바람직한 행동에 관한 선생님들의 가르침에서 기인한다. 어머니로서의 여성은 자녀양육에서 중요한데, 왜냐하면 그들은 가족과 문화적 가치의 주된 전승자로 여겨지기 때문이다. 본질적으로 여성은 '전통'을 유지함으로써 문화 저장고와 그것의 전위부대(vanguard)로 간주된다. 나오미가 어머니를 새에 비유한 것은 섬약하다는(delicate) 여성에 대한 문화가정을 나타낸다. "까다롭습니다(cranky)"라는 묘사가 변덕 — 특히 비난할 때 여성들에게 부여되는 고정관념 — 을 나타내는 것처럼 말이다.

나오미의 여동생 셀린에 대한 짧은 묘사에서 볼 수 있듯이, 바람직한 행동규범의 사회화는 이상적으로 가정에서 출발하며 일찍 시작된다. "제 여동생 셀린은 돈에 대해서는 굉장히 보수적이고 걔의 태도도 그렇습니다"라는 문장에서 '보수적'이라는 단어의 사용은 기본적으로 긍정적인 것으로 보인다. 왜냐하면 다음 문장에서 "그 애의 나쁜 점"을 통해 대조적인 생각을 표현했기 때문이다. 이런 의미에서 '보수적'은 '조심스러운',

〈그림 7-1〉 「우리 가족(Ang Aking Pamilya)」(왼쪽)
〈그림 7-2〉 「우리 가족: 행복한 가족(Ang Pamilya Ko: A Happy Family)」(오른쪽)

주: 마이클 마그판타이(Michael Magpantay) 그림
자료: Beltran(1996).

주: 재니스 L. 자라(Janice L. Jara) 그림
자료: Beltran(1996).

'신중한', '분별 있는' — 이는 특히 돈과 관련된다 —, 그리고 '절제 있는', '전통적인', '소심한', '수줍은' — 특히 태도와 관련해서 — 으로 이해될 수 있다. 모든 경우에서, 이 모든 함축과 유사어에 대한 이해는 듣기 좋다(complimentary)는 것이다. 이는 또한 수용된 문화규범을 반영하고 가르친다.

셀린의 '나쁜 점', 그러니까 그녀의 부정적이거나 모자란 특성은 무엇일까? 그녀는 '무책임'하고 '지저분'해질 수 있으며, 이로써 언니를 '미치게' 하는데, 글로써 그녀를 심판하는 언니는 특히 소녀들에 관한 가족과 사회의 문화적 기대를 충분히 흡수하고 있다.

사회화의 초상(socialization portrait)을 완성하기 위해 두 남동생은 "즐거움과 웃음을 가져다" 준다. 비록 "가끔 버릇이 없"지만 말이다. 용인된 문화 관념은 남자아이들이 버릇없어도 괜찮다는 것이다. 물론 그들은 아직 아기이기 때문에 조금 버릇이 없더라도 즐거움과 웃음을 가져오는 것 이상의 것은 없다. 아직은 그들에게 기대되는 것이 많지 않기 때문이다.

출판물에 포함된 또 다른 아이들은 가족생활에 관한 단편을 묘사한 그림을 제출했다(〈그림 7-1〉과 〈그림 7-2〉 참조). 이 그림들에서 아이들은 세 명에서 여섯 명의 형제자매들로 이루어진 사랑스러운 핵가족 그림을 그렸다. 행복한 얼굴과 그림을 둘러싼 하트는 가족이 어때야 하는지 - 서로 사랑하고 행복하며 함께해야 한다 - 에 대한 아이들의 생각을 나타낸다. 앞서의 짧은 글과 마찬가지로 두 그림 모두 가족을 한 지붕 아래 함께 살고 있는 '긴밀히 맺어져 있고' 완전한 것으로 묘사한다. 이것이 특히 흥미로운 까닭은 이 책에 수록된 작품들이 전문작가가 아니라 이주노동자나 그들의 자녀가 창작한 것이라고 밝히고 있기 때문이다. 같은 지붕 아래 함께 살고 있는 가족 그림들은 아이들이 '가족'에 대해 갖고 있는 기대를 한껏 드러낸다. 비록 지금은 서로 다른 환경에서 살고 있다 할지라도 말이다. 따라서 이 같은 묘사와 그림은 궁극적으로 다소 이상화된 것이며, 또 얼마간은 그러한 가족 개념을 동경하는 것이다.

한편 이주노동자 자신의 관점에서 보자면 가족은 그들이 해외로 일하러 나가는 핵심 사유이다. 사우디아라비아의 필리핀 해외노동자들은, 당시 현지에서 개최된 시(時) 백일장10)에 제출한 시에서 이 같은 정서를 반영한다. 마찬가지로 담론생산적(discourse-making)인 이 문화활동에서 필리핀 해외노동자 작가들은 해외체류에 대한 근원적 이유로서의 가족 및 가족 사랑에 대한 생각을 고무시킨다. 또한 그들은 이 과정에서 전통적 젠더 역할을 영속시키기도 한다.

이 시들에서 필리핀 해외노동자들은 그들의 초국적 상황을 이상화한 대로 그것을 이해하려 애쓴다. 그들이 현재 해외에 거주하고 있다는 사실

---

10) 이 백일장은 1997년 당시 사우디아라비아에 있던 저널리스트인 조 토레스 주니어(Joe Torres, Jr.)와 해외 필리핀 기자 클럽(Overseas Filipino Press Club)에 의해 개최되었다. 이 글에서 인용된 시는 모두 드 구즈먼(De Guzman, 2003)에 수록된 것이다.

은 그들의 관념 및 실제상의 가족에게 중대하게 다가오는데, 지배 이데올로기가 나타내듯 가족은 그들이 해외에서 일하는 주된 이유이다. 가족을 위해 해외에서 일하는 데에서 대다수의 필리핀 해외노동자는 가족의 현재 경제적 상황을 개선하기 위해서뿐 아니라, 주요하게는 자녀들이 좋은 교육을 받고 대학을 졸업할 수 있도록 함으로써 보다 나은 미래를 보장하기 위해 그렇게 하는 것이다. 필명이 래밍(Lambing)11)인 투고자 한 명은 이러한 생각을 자신의 시 「고마워요, 친구(Salamat, Kaibigan)」에서 다음과 같이 그려냈다.

여기 사우디에서 오랫동안 희생한 덕분에
그녀는 의사를 길러내었다
그 의사가 엄마를 돕겠다는 마음에
아직 결혼을 안 했으니 감사한 일이다

이는 많은 가족들이 해외노동에 높은 기대를 거는 이유 중 하나이다. 만약 주어진 경험이 향수를 제외하고는 별일 없다면, 해외노동은 만약 그러지 않는다면 도달하기 어려운 경제적·사회적 이동을 위한 기회를 열어준다. 앞서 아이들의 이야기와 그림에 나타난 것처럼 이 시들 또한 젠더 이데올로기와 그에 수반하는 감정 이데올로기들을 드러낸다.

이봉 마야(Ibong Maya)12)라는 남성 필리핀 해외노동자 시인이 쓴 「어머니를 떠올리게 하는 것(Tagubilin ni Inang)」이라는 시는 이 같은 이데올

---

11) (역주) 양의 분만을 뜻한다.
12) 이 시들은 백일장에 출품된 것이어서 작가들은 가명을 사용해야 했다. 이 글에서는 그 필명을 계속 사용할 것이다.
  (역주) '이봉 마야'는 필리핀에 사는 대표적인 새의 이름이다.

로기적 담화의 좋은 사례이다. 이 시는 '우리 아들'이라고 말하는 목소리로 시작하는데, 이는 그로 하여금 어린 시절 어머니의 기도를 떠올리게 한다.

아들아……
어딜 가든 내 기도를 가지고 가려무나

그다음에 시는 문화적 가치들 — 필리핀 해외노동자에게 어느 정도 기대되는 자질 — 을 읊는다. 독실함, 타인에 대한 존중, 참을성, 인내, 충실함, 정의를 위해 싸울 때는 냉철할 것, 마음을 열 것, 친절함과 협동(pakikibagay)과 우애(pakikisama) 같은 것 말이다. 등장인물은 아들에게 이 모든 것들을 간직함과 동시에 유혹, 속임(makamandag), 자만(mapagkunwari)을 경계할 것을 상기시킨다. 시의 마지막 연에서는 뜻밖의 사실이 드러난다.

아들아, 나는 너를 보살피는 조국(Motherland)이란다

시의 화자가 그녀 자신으로 드러남에 따라, 화자는 처음부터 내내 가공의 어머니(an/the imaginary mother), 즉 제목이 암시하는 듯했던 것처럼 생물학적 어머니가 아니라 '조국'이었음이 밝혀진다. 제목에 등장하는 인물의 목소리, 즉 어머니(inang)는 실제 등장인물의 목소리, 즉 조국(inang bayan)으로 부드럽게 융합되는데, 이는 캐릭터의 동일성 구축을 위해 여성을 국가에 분명히 연결시킨다. 그리고 이 캐릭터는 열거된 모든 덕목을 가지고 있으며, 목적의식적으로 소년을 양육하는 캐릭터이다. 여기서 특히 흥미로운 지점은 국가를 여성, '선천적으로' 친절하고, 보살피며, 인내하는 등등의 어머니로 재현했다는 점이다. 개별 여성으로서든 국가로서든 어머니는 언제나 보살피고, 그녀의 아이들을 생각한다.

5. 이데올로기적 갈등과 현실적 갈등

이주한 어머니들은 그들이 부재한 때조차도 그들의 일상적인 가족생활, 특히 아이들을 돌보는 데 '존재'할 것으로 기대된다. 자연스럽게 어머니가 일차적 양육자로 규정되고 영속되는 사회에서는 이주한 어머니들, 특히 가사노동자들은 이중의 재생산노동을 하도록 요구된다. 한편으로는 그들이 임금을 받는 가사와 자녀양육, 그리고 다른 한편으로는 (아버지가 집에 있을지라도) 그들이 자신의 가족에서 반드시 수행해야 하는, 바다를 건넌 어머니 노릇이다. 그들은 아이들과 가족에게 편지를 쓰고, 전화하고, 문자메시지를 보낼 것으로 기대된다. 즉, 그들은 여전히 뒤에 남겨진 가족들을 돌보는 사람으로 기대된다.

스칼라브리니 이주센터(Scalabrini Migration Center: SMC)가 수행한 전국조사 『2003년 자녀·가족 연구(The 2003 Children and Families Study)』에 따르면 상당수의 아이들이 어머니의 떠남에 대한 실망을 표출했다. 반면 이주노동자 자녀들은 66%라는 꽤 높은 비율로 아버지가 해외로 가는 것을 더 선호했다. 『마음이 떨어져(Hearts Apart)』라는 제목의 SMC 보고서가 말해주듯, 아이들은 가족을 양육하는 사람으로서의 어머니 역할을 그들의 복지에서 중요한 것으로 여겼다. 포커스 그룹 토론에서 발췌한 부분은 이 같은 주장을 뒷받침한다.

> 흔히들 말하길, 엄마 한 명을 잃는 것보다 아빠 백 명을 잃는 게 더 낫대요.
> — 안토니(Anthony), 17세, 카비테(Cavite) 거주

> ……아빠는 혼자 남고 나서는 매일 나한테 화를 내요. 저는 아빠한테 제 감정을 드러낼 수가 없었어요……하지만 엄마랑은 달라요……우리는 사이가 좋아요. 엄마도 비슷한 경험을 했기 때문에 저를 더 잘 이해할 수 있

어요. 우리 사이엔 비슷한 점이 좀 있거든요.
- 재닛(Janet), 15세, 코르디예라(Cordillera) 거주

……우리 엄마는 동시에 아빠도 되고 엄마도 될 수 있어요. 저는 엄마가 가끔 지붕에 올라가시는 걸 봐요. 저는 엄마가 아빠가 하기로 되어 있는 일들을 하는 모습을 볼 수 있어요. 그렇지만 대신 아빠가 여기 있었더라면 아빠는 엄마만큼 요리를 잘하지는 못했을 거예요.
- 돈(Don), 19세, 라 유니온(La Union) 거주

세 번째 인용문이 보여주듯 몇몇 응답자들은 어머니들이 이중 역할을 받아들이는 데 더 유능하다고 믿는다. 뒤에 남겨진 어머니들 또한 똑같은 현실, 그리고 아마도 문화적 기대를 분명히 표현하는데, 그들은 다음과 같이 말했다.

어머니는 아버지보다 더 많은 역할이 있어요. 사실상 아버지는 재정만 관리할 뿐이죠. 그 정도 도움만 주는 거예요. 하지만 우리 엄마들은 선생님이 되어야 하고, 친구가 되어야 하고, 가정부가, 보모가 되어야 해요. 다른 무엇보다 제일 큰 것[책임]은 아이의 마음에 예수님을 갖도록 키워야 해요. 그게 제일 중요한 거죠. 강한 신념.
- 플로(Flor), 선원 부인, 바콜로드(Bacolod) 거주

보고서는 또한 일반적으로 남편들은 집에 머무는 아내들에 대한 이상(ideal)을 믿고 있음을 나타낸다(SMC, 2003). 그리고 이는 자신의 아내가 해외에 있을 때조차도 일반적인 것으로 보인다.

그러나 현실은 전체 필리핀 해외노동자의 거의 절반이 여성이다. 기혼 해외노동자 중 여성은 40%를 차지한다(Ericta et al., 2003). 그리고 해외취

업기록과 해외 노동이주의 역학이 보여주듯, 수용국의 지속적으로 높은 취업수요는 가사, 노인 돌보기, 간호사, 문화공연자 등 대부분이 여성에 의해 채워질 것으로 기대되는 재생산노동에서 나온다.

한편으로 여성들은 일하러 나가도록 강요당하고, 다른 한편으로 그들은 '현존'할 것을, 가족들을 돌보기 위해 어떻게든 물리적으로도 존재할 것을 강요받는다. 그뿐 아니라 지배적인 감정 이데올로기는 해외에 나가 일하는 것이 가족에 대한 그 사람의 사랑을 보여주는 증거라고 단언한다. 그리고 앞서 살펴본 다른 문화 텍스트에서 보여주듯, 이는 떠나기로 한 결정의 배후에 있는 합리화이다.

그러나 현재로서는 사랑의 이름으로 수행되는 이 같은 합리화 행위가 바로 그 합리성을 시험에 들게 한다. 따로 떨어져 있을 때 가족들이 언제나 잘 해나가는 것은 아닌데, 특히 각 구성원에 대한 문화적 기대가 구조적 변화와 함께하지 않을 때 가족들은 곤란을 겪게 된다. 뒤에 남겨진 남성들은 부인이 일하기 위해 해외로 떠나면서 초래한 변화를 받아들이지 못하는 경우가 많다. 예를 들어 필리핀 해외노동자 가족에 관한 한 특집 기사는, 가족과 가족사랑을 위해 해외에서 일하는 것이 좋다는, 감정적 이유에 관해 촉진된 이데올로기적 담론과는 대조적으로 현실이 얼마만큼 적나라할 수 있는지를 보여준다.

"엄마 노릇하는 남성들(Men as Mothers)"이라는 필리핀 해외노동자 가족들에 관한 이 기사에서 파비코(Pabico)는 필리핀 해외노동자인 부인들로 인해 남겨진 취재 대상 남성들의 생활환경을 보고한다. 이 남성들은 인구의 12%가 필리핀 해외노동자인 한 마을에 사는데, 그 해외노동자 중에는 이탈리아에서 가사노동자로 일하는 여성들이 많다. 인터뷰한 사람들 중 단지 한 명만이 정서적 자녀양육을 포함한 가구 내 재생산 업무를 실질적으로 수행하는 것처럼 보였다. 다른 남성들은 그들의 가족을 돌보기 위해 딸이나 확대가족, 친척여성에게 의존했는데, 이는 더는 전일제

노동을 하지 않을 때조차 마찬가지였다. 그들 중 한 명이자 그 고장 카가와드(kagawad; 바랑가이13) 의회 의원)인 49세 마르셀리노(Marcelino)는 집안일을 관리하기에는 자신은 바랑가이(barangay)에서 일하는 것만으로도 이미 너무 바빠서 딸에게 돌보도록 한다고 말한다. 마르셀리노는 청소, 요리, 자녀 돌보기가 여성들의 영역에 해당하는 활동이라고 주장했다. 그는 "나는 빨래는 널어요. 하지만 세탁은 안 합니다. 그런 걸 하는 모습을 이웃들이 보면 부끄러울 겁니다"라고 말한다.

또 다른 사람인 바랑가이 의장 레안드로(Leandro)는 그의 여조카가 그의 아이들을 돌본다고 말한다. 그는 집안일 관리를 위해 할머니와 가사노동자의 도움도 받고 있다. "손목에는 절렁거리는 은팔찌를 차고, 목에는 최신 삼성 휴대전화를 걸고서 바랑가이를 돌아다니는 이 43세의 의장(kapitan)은 밥짓기 이상의 요리는 못 한다고 말한다"(Pabico, 2006: 69). 레안드로는 덧붙인다. "우리는 어쨌든 부모님 근처에 삽니다. 가끔 거기서 밥을 먹어요"(Pabico, 2006: 69).

새로운 젠더 역할을 받아들이는 데 무능한 것에 더해, 몇몇 남성은 또한 부인의 물리적 부재에 대처하기 어려워한다. 이에 따라 몇몇은 삼류 도박장에서 한숨을 돌리지만, 그들 말처럼 성욕을 참기 어려운 다른 몇몇은 그 상황에 대처하기 위해 성을 구매할 수도 있다(Pabico, 2006). 인터뷰에 응한 사람 중 한 명인 레안드로는 다음과 같이 말한다. "특히 외로운 사람들을 무시하지 말아요. 그런 일이 이따금 일어납니다. 주로 남자들끼리 밖에서 어울릴 때요. 그렇지 않다고 한다면 거짓말이겠지요."

사실 그는 심지어 그의 부인이 다른 사람을 찾으면 어떡하냐며 걱정하는 농담을 하기까지 한다. "더 걱정해야 하는 사람은 그의 부인"(Pabico,

---

13) 스페인의 바리오(barrio)를 뜻하는 필리핀어로서, 굳이 번역하자면 '마을(village, 洞)'쯤 된다. 필리핀의 가장 작은 지방자치단위이다.

2006)인데 말이다.

6. 나가는 글

아무리 간추려 말하더라도 해외 노동이주에 관한 현재의 경험은 다양한 측면을 가지고 있다. 그것에는 사회적·정서적 희생(costs)과 이득(benefits)을 포함한 희생과 이득이 있다. 이해 당사자들 – 개별 이주자들과 송출국 – 은 그것을 기꺼이 받아들이거나 포기하려 하지 않을지 모른다. 필리핀의 경우 우리는 아이러니한 교차점에 덥쳐 서게 된 듯한데, 특히 이 교차점은 우리 자신에 대한 우리의 소중한 생각 중 하나, 즉 '필리핀 가족'에 관한 정체성의 표식을 가로지른다. 노동이주에 관한 현재의 근거와 실행이 가족의 경제적 보존을 목표로 함에 따라 이주경험과 그에 따른 결과는 '가족'을 각기 다른 방향으로 이끌고 있다.

참고문헌

Beltran, Herminio(ed.). 1996. ANI: special issue on "Literatura ng mga Bagong Bayani: OCW ang nanay at tatay ko." *ANI 23*(December).

Castles, Stephen and Mark J. Miller. 2009. "Migration in the Asia-Pacific Region." in Castles and Miller(eds.). *The Age of Migration: International Population Movements in the Modern World*, 4th edition. NY: Guilford Press. (July 2009 Migration information source http://www.migrationinformation.org/Feature/display.cfm?ID=733)

Chantavanich, Supang, Christina Wille, Kannika Angusthanasombat, Maruja MB Asis, Allan Beesey, and Sukamdi. 2001. *Female Labour Migration in South-East Asia: Change and Continuity*. Bangkok: Asian Research Center for Migration, Institute of Asian Studies, Chulalongkorn University.

Commission on Filipinos Overseas(CFO). 2009a. "Stock Estimate of Overseas Filipinos as of December 2008." Retrieved July 4~6, 2009, from http://www.cfo.gov.ph/pdf/statistics/Stock%2008.pdf

_____. 2009b. "Stock Estimate of Overseas Filipinos as of December 2005." Retrieved July 4~6, 2009, from http://www.cfo.gov.ph/pdf/statistics/Stock%2005.pdf

De Guzman, Odine. 2003. *From Saudi with Love: 100 Poems by OFWs*. Quezon City: University of the Philippines OVCRD.

Ericta, Carmelita N., Mercedita E. Tia, Amalia S. Sevilla and Teodoro M. Orteza. 2003. "Profile of Filipino Overseas Workers." Paper presented at the Statistical Research Center Annual Conference, Quezon City, October 2003.

Gordon, Steven L. 1989. "The socialization of children's emotions: Emotional culture, competence, and exposure." in C. Saarni and P. L. Harris(eds.). *Children's Understanding of Emotion*. Cambridge: Cambridge University Press.

_____. 1990. "Social structural effects on emotions." in T. D. Kemper(ed.). *Research Agendas in the Sociology of Emotions*. Albany: State University of New York Press.

Hochschild, Arlie Russell. 1979. "Emotion Work, Feeling Rules, and Social Structure." *American Journal of Sociology*, Vol. 85, No. 3, pp. 551~575.

_____. 1983. *The Managed Heart: The Commercialization of Human Feeling*. Berkeley: The University of California Press

_____. 1989. *The Second Shift: Working Parents and the Revolution at Home*. New York: Viking Penguin.

_____. 2003. "Love and Gold." in Barbara Ehrenreich and Arlie Russell Hochschild(eds.). *Global Woman: Nannies, Maids and Sex Workers in the New Economy*. NY: A Metropolitan/Owl Book.

Jones, Sydney. 2000. *Making Money Off Migrants: The Indonesian Exodus to Malaysia*. Hong Kong: Asia 2000 Ltd and Center for Asia Pacific Social Transformation Studies. University of Wollongong.

Kanlungan Center Foundation, Inc. 2000. *Fast Facts on Filipino Labor Migration*. Quezon City: Kanlungan Center Foundation & Evangelischer Entwicklungsdientst e.V.(EED).

Kassim, Azizah. 1998. "International Migration and Alien Labour Employment: The Malaysian Experience." in Toh Thian Sew(ed.). *Megacities, Labour and Communications*. Singapore: ISEAS.

Medina, Belen. 2001. *The Filipino Family*. Quezon City: University of the Philippines Press.

Pabico, Alecks P. 2006. "Men as Mothers." *iReport*, No. 2, pp. 64~70.

Philippine Overseas Employment Administration(POEA). 2003. *Annual Report 2003*. Mandaluyong City: Republic of the Philippines, Philippine Overseas Employment Administration.

_____. 2005. *OFW Global Presence: A Compendium of Overseas Employment Statistics 2005*. Mandaluyong City: Republic of the Philippines, Philippine Overseas Employment Administration.

_____. 2006. *OFW Global Presence: A Compendium of Overseas Employment Statistics 2006*. Mandaluyong City: Republic of the Philippines, Philippine Overseas Employment Administration.

Scalabrini Migration Center, Episcopal Commission on the Pastoral Care of Migrants and Itinerant People/Apostleship of the Sea-Manila and Overseas Workers' Welfare Administration. 2003. *The 2003 Children and Families Study*. Manila: Scalabrini Migration Center.

Turner, Jonathan H. and Jan E. Stets. 2005. *The Sociology of Emotions*. Cambridge: Cambridge University Press.

Wong, Diana. 1996. "Foreign Domestic Workers in Singapore." in Battistella, Graziano and Anthony Paganoni(eds.). *Asian Women in Migration*. Quezon City: Scalabrini Migration Center.

:: 신문기사 및 인터넷 자료 ::

National Statistical Coordinating Board(NSCB). 2000. "Results of the July 2000 Labor Force Survey in the Philippines." from www.nscb.gov.ph

Pabico, Alecks P. 2005. "Men as Mothers." *Philippine Center for Investigative Journalism*(Issue No. 2 April~June), from www.pcij.org.

PACNET. 1998. "1997 Country Profile: Hong Kong." from http://home.pacific.net.hk/~amc/papers/AMY98HK.htm

POEA InfoCenter. 2002. "Deployment of Land-based Newly Hired OFWs By Skills Category and Sex, 1992"(Tables 1992 to 2001). Updated September 9, 2002. Mandaluyong City: Republic of the Philippines, Philippine Overseas Employment Administration, c. 2000~2001. Retrieved Jan. 26, 2003, from http://www.poea.gov.ph/stats/st_dlbnh_sex92-2001.html

Rivera, Blanche S. 2005. "Nurses, teachers warned anew on illegal recruiters." *Philippine Daily Inquirer*, January 11: A1 and A4.

제8장 이주여성 가족들의 변화
베트남에서 한국, 대만에 이르기까지

리티퀴 (베트남 하노이 다학교 사회과학·인문학부 교수)

1. 들어가는 글

베트남은 중앙계획경제에서 정부 주도 시장경제로의 혁신과정이 완료됨에 따라 큰 성공을 거두었다. 경제가 날로 발전함에 따라 연간 경제성장률이 7~8%에 이르고 있다. 사회 문제 해결과 더불어 경제발전이 성공리에 전환돼 국민들의 삶의 표준이 대거 향상됐다.

그 결과 베트남에서는 교육, 훈련, 국민건강 보호, 보살핌뿐만 아니라 지방의료 네트워크까지 확장되는 등 긍정적인 결과들이 나타났다. 인간개발지수(HDI)는 1995년 0.660에서 2004년에는 0.704, 그리고 2005년에는 0.737로 증가했다. 베트남은 2005년 177개국 중 105위로 중견(medium) 인간개발국가가 되었다. 젠더개발지수(GDI)에서도 157개국 중 91위(0.732)를 기록해 중견국가가 되었다(UNDP, 2007). 그러나 베트남은 아직도 개발

---

* 이 글은 2008년 이화여대 아시아여성학센터에서 주최한 "지속가능한 미래를 위한 국제 심포지엄: 이주의 시대, 아시아의 여성 이주와 가족구조의 변동"에서 발표된 "Changes in Families of Migrant Women from Vietnam to South Korea and Taiwan"을 수정·보완한 글을 번역한 것이다.

도상국이고 빈곤에 맞닥뜨리고 있다.

최근, 특히 지구화의 문제 중 이주 문제가 베트남에 대두되고 있다. 베트남 시민들의 해외이주가 급증하고 있는데 크게 네 종류의 이주로 나눠진다. 가족결합(family gathering), 연구 및 조사를 위한 해외이주, 노동이주, 결혼이주가 그것이다. 이주기간은 이주의 종류에 따라 다른데, 한정되고 정확한 기간(연구와 해외조사 또는 노동이주) 동안 이주하는 경우가 있는가 하면 가족결합이나 결혼이주 같은 장기이주도 있다. 해외이주는 국가의 경제적 상황뿐 아니라 이주자 가족의 생활까지 변화시킨다.

이주에는 여러 가지 이유가 있지만 그중에서 경제적 어려움과 실업이 주된 이유로 간주된다. 해외의 많은 이주여성들이 이 같은 이유로 인해 이주를 결심하고 실행한다. 또 다른 주요 이유는 삶을 바꾸기 위해 해외로 나가려는 경향이다. 더 풍요롭고 근대적인 국가로 통합되고 싶은 욕구가 베트남 여성들의 이주를 부추긴다. 노동이주의 경우 보통 말레이시아의 공장이나 대만의 잡역부로 파견되곤 한다. 한국과 대만으로 이주하는 여성들의 대다수는 결혼이주가 원인이다.

1995년 이래, 베트남에서 국제결혼이 급증하고 이것이 하나의 사회현상으로 부각되었다. 요즘에는 글로벌 통합의 상황 속에서 국제결혼이 불가피하며, 그것은 베트남 제도에 의해 수용·보호되고 있다. 그러나 이런 결혼은 행복한 가족에 대한 헌신과 사랑, 공통의 가치 등을 바탕으로 했을 때에 지지된다. 이 경우 국제결혼은 국가 간 친선과 문화적 교환의 다리가 된다. 그러나 이처럼 중요한 요소가 결여된 결혼들도 많이 있는 것이 사실이다.

베트남 통계청에 따르면 1995년부터 2007년까지 약 18만 명의 베트남인이 60개국 출신 외국인과 결혼했으며 이 중 여성이 80%를 차지한다(General Statistics Office of Vietnam, 2008). 2005년부터 2007년까지 3년간 베트남 여성 중 거의 3만 2,000명이 외국인과 결혼했으며 배우자들은 대

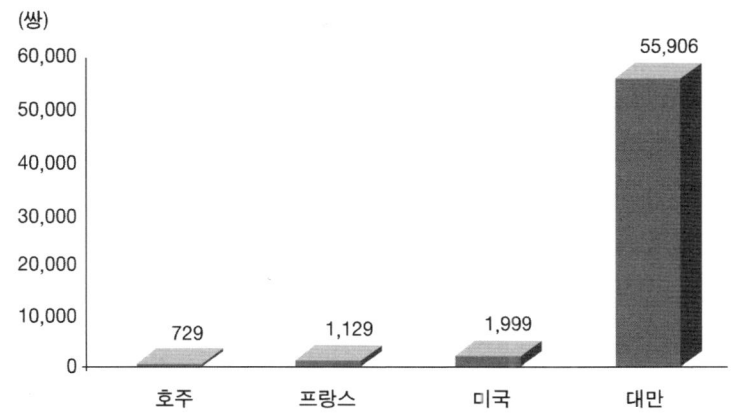

〈그림 8-1〉남성배우자 국적에 따른 국제결혼 수(1995~2002년)

자료: Ministry of Justice(2006).

부분 중국인, 대만인, 한국인이었다.

처음에는 많은 여성이 대만 남성과 결혼했는데 나중에는 한국 남성과 결혼한 여성의 수가 급격히 상승했다(D ng Thanh Mai and Le Thi Hoang Thanh, 2009). 1995년 이래 중국 남성과 결혼하기 위해 중국으로 인신매매되는 여성의 문제와 더불어, 대만 남성과 결혼한 여성이 호치민 시에서 급증하더니 점차 메콩 강 델타 지역으로 확산됐다. 단 3년(2003~2005년) 동안 2만 4,601명의 여성이 대만 남성과 결혼해 국제결혼의 77%를 차지했다(Ministry of Justice, 2006). 대만 다음으로 한국 남성과 결혼한 여성의 수도 빠르게 증가했다.

한국 통계청에 따르면 2001~2005년 사이 한국에서 외국인과 결혼한 비율이 3배나 증가했다. 이 중에서 베트남 부인을 맞은 남성의 비율이 43배나 증가했는데, 2001년에는 134명, 2005년에는 5,822명이었다(Korea Times, 2007년 8월 16일자).

베트남 여성연맹(Vietnam Women Union)이 실시한 일부 예비통계는

〈표 8-1〉 베트남 여성의 국제결혼 건수 추이

기간	국제결혼 건수
1995~2002년	5만 5,906명의 여성이 대만 남성과 결혼(총 국제결혼의 68%, 817명은 한국 남성과 결혼)
2003년	국제결혼 건수 총 1만 3,777건 가운데 베트남 - 대만인 부부가 1만 949건으로 79.5% 차지. 베트남 - 한국인 부부는 1,400건으로 10%
2004년	총 1만 3,427건의 국제결혼 가운데 베트남 - 대만인 부부가 1만 62건으로 74.9% 차지. 베트남 - 한국인 부부는 2,000여 건으로 20% 차지

자료: Ministry of Justice(2006).

1996년 이래 베트남에서 수천만 명의 여성과 어린이가 국경을 넘어 결혼중개업소를 통해 인신매매된 것으로 나타났다(Tintuc-NEWs online, 2006년 7월 10일자). 지난 2003년 베트남 법무부가 보고한 대로, 베트남 - 대만, 베트남 - 한국인 부부가 국제결혼 인구 총 1만 377명 가운데 90%에 달했고, 이 중 베트남 - 한국인 부부는 1,400건으로 10%로 집계됐다. 2004년에는 베트남 - 대만, 베트남 - 한국인 부부가 국제결혼 인구 총 1만 3,427명 가운데 약 95%에 이르렀고, 이 중 베트남 - 한국인 부부는 2,000여 건인 20%로 집계됐다(〈표 8-1〉 참조).

이 데이터는 2008년 9월 하노이에서 젠더개발연구센터(Research Centre for Gender and Development: RCGAD)가 마련한 〈외국인과 결혼한 베트남 여성들의 문제들〉이라는 워크숍에서 확인됐다. 지난 2006년 법무부 조사에서 나타난 여성결혼의 두 가지 큰 흐름은 대만, 한국 같은 동아시아 국가 출신 남성들과의 결혼이었다.

그러나 결혼중개업소를 통하지 않은 채 대만 남성, 한국 남성, 중국 출신 남성들과 결혼한 여성들의 숫자까지 고려한다면 실제로 그 비율은 훨씬 더 높을 것이다.

안지앙(An Giang), 동탑(Dong Thap), 칸토(Can Tho) 같은 베트남 남부 지방과 북부의 하이퐁(Hai Phong), 쾅닌(Quang Ninh) 지방이 외국인과의

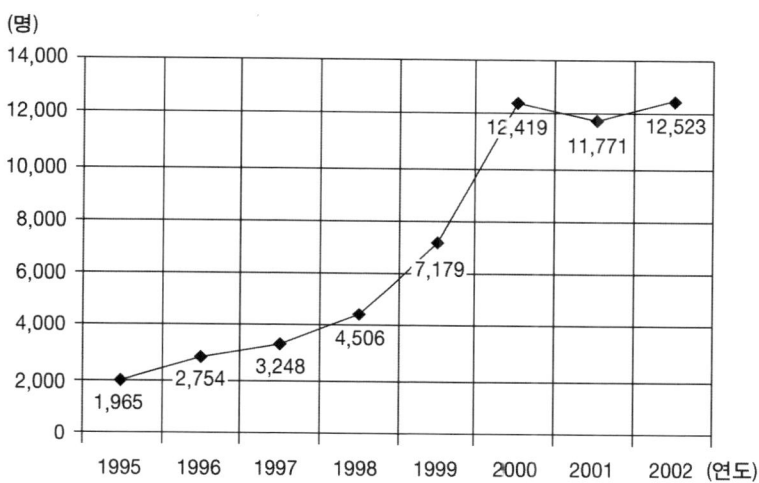

〈그림 8-2〉 1996~2002년 대만 남성과 결혼한 베트남 여성 수

자료: Ministry of Justice(2006).

결혼 비율이 높은 지역이다. 이 지역의 일부 마을은 '대만인 마을', '한국인 마을'이라고도 불린다. 이것은 이 마을의 거의 모든 소녀와 여성들[젊은 여성들의 80~90% - 예를 들어 하이퐁 시 키엔투이(Kien Thuy) 군 다이홉(Dai Hop) 마을]이 대만 남성이나 한국 남성과 결혼한 마을이라는 의미를 갖고 있다.

국제결혼 커플은 대부분 우편주문 신부 서비스(중매)를 통해 결혼했다. 그럼에도 이 서비스는 예상대로 진행되지 못했고, 그들 중 일부는 여성 인신매매업체가 위장한 사례도 있었다. 이런 결혼형태는 2000년대 초에 급증했는데, 3일이나 일주일이면 외국인 남성이 결혼식을 준비할 수 있었다. 남성과 여성 모두 결혼을 서둘렀다. 남성들은 고국의 직장 때문에 결혼식을 서둘렀고 결혼 전에 미래의 부인과 사랑을 나눌 만한 충분한 시간이 없었다. 한편 여성들은 가능한 한 빨리 해외로 나가길 원하기 때문에 미래의 남편을 이해할 필요가 없었다. 사실 일부 한국 남성들은 그들이 결혼하고 싶어 하는 베트남 여성들에게 자신의 상황에 대해 좀 더 분명하게 알리고 싶어 했다. 하지만 결혼중개업소와 통역자들은 가능한 한 빨리 중매인 역할을 끝내고 신속하게 사례금을 받고 싶어 했기 때문에 신부에게 한국인 남편에 대해 충분한 정보를 주지 않았다.

그 결과 한국에 도착했을 때, 많은 베트남 신부들의 환상은 깨지고 모든 것이 그들이 원하던 것과 같지 않음을 깨닫게 되었다. 이런 상황은 추후 여성들의 가족에게 알려졌다. 일부 운 좋은 여성들은 행복한 가정을 갖고 싶어 하는 친절한 마음씨의 남성을 만나 결혼해서 해외에서 잘 살고 있는 경우도 있다. 그러나 반대로 사기를 당해서 본인과 맞지 않는 남편과 강제결혼하거나 인신매매 결혼을 한 여성들의 경우는 아주 힘든 삶을 살고 있다. 어떤 여성들은 가정폭력의 희생자가 되기도 하고 남편이 부인을 살해하는 경우도 있다.

위의 두 경우 여성들이 맞닥뜨리는 문제들은 정말 심각하다. 그들의 문화, 제도, 전통관습은 한국과 다르다. 게다가 언어와 생활양식도 다르다. 남편과 마찬가지로 부인도 결혼중개인에게 혼인성사 사례금을 지불해야 한다. 그래서 빚을 갚기 위해 가난한 고향집에 돈을 보내려고 남편에게서 돈을 훔치기도 한다. 반대로 어떤 남편은 부인이 도망갈까 봐 두려워 저축할 돈을 전혀 주지 않는 경우도 있다.

남편과 부인 서로가 상대의 언어를 이해하지 못할 때 모순은 더욱 심각해진다. 따라서 훨씬 더 풍요롭고 번영한 국가에서 이주여성들은 보다 행복한 생활을 하기도 하지만, 많은 경우 나쁜 결과로 인해 고통을 받는다. 위에서 언급한 상황은 사회에 위험을 불러일으키고 수용국과 송출국 모두의 가족구조에 영향을 미친다. 이것은 전 지구적으로 시급한 문제로서 수용국과 송출국 양측 정부, 비정부기구뿐 아니라 시민을 포함한 국가적 차원의 협력이 필요한 문제다.

2. 가족, 결혼이주여성의 국가: 마을 연못에서 큰 바다까지

사회변화의 결과로 대만 남성이나 한국 남성과 결혼한 여성들은 대부분 남부나 북부평야지대 시골에 살았다. 그들 중 소수만이 도시 빈곤층 출신 여성이다. 자신의 고향마을에서 멀리 나가본 경험이 거의 없는 많은 나약한 여성들이 먼 나라로 국경을 건널 결심을 하고 결혼을 하는 것은 최근 수년간 베트남에서 일어난 이례적인 현상이 되었다.

일반적으로 동남아 사람들, 특히 베트남인에게 가족은 아주 중요하고 장기간 가족을 떠나는 것은 아주 내키지 않는 결정이다. 그래서 많은 사람들이 타지에서 얻을 수 있는 잠재적인 성공을 포기하곤 한다. 그들은 심정적으로 가족으로부터 분리되지 않았기 때문이다.

최근 수년간 시장경제의 활발한 성장은 베트남 농촌의 얼굴뿐 아니라 농부들의 인식까지 변화시켰다. 걱정스러운 것 한 가지는 많은 베트남 여성들이 결혼에 대해 분명한 목적을 갖고 있지 않다는 점이다. 그들은 그저 자신의 생활을 바꾸고 싶어 할 뿐이다. 부유해지고 싶고 물리적 편안함과 더불어 삶을 즐기고 싶다는 욕망이, 느리고 조용한 삶의 속도를 가진 평범한 농촌의 기쁨을 대신하고 있다.

화장을 하고 휴대폰을 사용하고 오토바이를 운전하는 티셔츠와 청바지를 입은 시골소녀들이, 바지를 걷어 올리고 얼굴을 가린 채 거름통을 나르거나 어깨에 지게를 지고 농사일을 돕는 소녀들 사이를 가로질러 좁은 도로에 넘쳐나고 있다. 이 밖에 산업화 과정으로 많은 논농사용 토지가 산업화 지대, 농장, 골프장으로 변신했다. 농부들은 토지를 파는 것 외에 다른 선택이 없고 실업상태가 되곤 했다. 실업 문제는 특히 청년 농부들 사이에 심각한 문제가 되었다. 자연재해, 전염병, 값싼 인건비 등이 농부들을 사회의 극빈층으로 몰아갔다. 농부들은 불안정한 생활과 총체적으로 자연에 의존할 수밖에 없는 상태가 된 것이다.

가난한 가족에서 소녀들이 선택할 방향은 두 가지가 있다. 고향마을에서 가난하게 계속 살든가 아니면 국경을 건너 이주노동자가 되거나 부모, 가족뿐 아니라 자신의 생활을 새롭게 할 희망을 갖고 이주결혼을 하는 것이 그것이다. 부인을 찾는 대만, 한국, 중국 남성들의 큰 흐름이 이런 사회적 경향과 만나 최근 수년간, 특히 농촌지역 여성들이 외국인과 결혼하는 현상이 급증했다.

1) 한국 및 대만 남성과 결혼하는 소녀들의 생각과 그들의 가족

소녀들은 보통 부모, 혈연관계로 맺어진 형제자매들과 돈독한 관계를 맺고 있는 것이 보통이다. 심지어 결혼할 때조차 마음은 부모의 집을 향해 있다. 부모, 형제들이 행복하면 그들도 자신감을 공유하며 부모, 형제들이 슬프거나 곤경에 빠지면, 그들은 연민을 보이고 도움을 주려고 하는 것이 보통이다. 더욱이 그들은 결혼 후에도 가족에 대해 책임의식을 갖고 있다.

> 매일 오후 그녀는 뒷문에 서서
> 고향을 그리워하며 가슴 깊이 애통해하네
> — 민속 시(詩)

외국인과 결혼하는 베트남 여성들은 나이로 볼 때 일반적으로 겨우 20살을 갓 넘었을 정도로 아주 젊고 초혼인 경우가 대부분인 반면, 한국인 남편들은 결혼적령기가 지난 경우가 대부분이다. 그들은 대개 농부, 화전민, 어부, 짐꾼, 택시 운전사, 자동차 수리공이다. 그들 중 상당수가 이혼했거나 심지어 어떤 이들은 장애인이다. 그들의 경제적 상황은 평균이나 빈곤층 수준이다. 이것이 많은 신부들을 실망하게 만든다.

위험한 상황에서 먼 곳의 누군가와 강제로 결혼하는 것은 여성들이 원치 않는 바이다. 그러나 실제로 우리가 본 바이 따르면 여성들을 이주결혼으로 내모는 주요 원인은 경제적 곤경에 따른 것이다. 어떤 여성들은 자신의 삶에서 탈출하고 삶을 바꾸고 싶어서 결혼하는 경우도 있다.

그들은 단순하게 일단 국경을 건너면 부유하고 행복해질 것이라고 생각한다. 그들이 곧 마주쳐야 할 곤경, 도전들이 대해서는 생각하지 않는다. 어떤 경우는 부모들에게 감사를 드리고 싶어서, 또는 부모에게 돈을 송금해서 가족들이 경제적 곤란을 극복할 수 있게 돕고 싶어서 결혼하는 경우도 있다. 이런 생각이 강력하게 용인되고 그들에게 통합되고 있다. 실제로 부모와 소녀들은 결혼 후 고향에서 큰 집을 짓도록 친정의 부모에게 돈을 보내는 경우를 목격한다. 사실 이주결혼이 경제 문제라고 보는 의견이 많다. 그것은 인간들 스스로 극복할 수 없는 전 세계의 빈부격차의 상징이다.

대부분 여성들은 남편을 따라 그들이 곧 방문하게 될 나라에 대해 전혀 알지 못한 채 결혼한다. 그들은 미래 남편의 사진만을 볼 수 있을 뿐이다. 비상시 그들이 도움을 요청할 때조차 그들은 어디로 가야 할지 누구를 만나야 할지 모르는 경우가 많다. 이 외에도 이 문제에 관한 의사소통 프로그램이 제한돼 있고 수동적이고 패턴화돼 있어서 여성들에게 지식이 되지 못하고 있으며, 특히 산간지역이나 원격지이 살고 있는 여성들의 경우 안전하지 못한 상황에 대한 이해를 높이는 데 도움이 되지 못하고 있다.

많은 국제결혼 부부들이 사랑 없는 결혼생활을 하고 단지 의무와 자녀들 때문에 살아간다. 갈등은 주로 경제적 문제에서 불거진다. 남편들은 부인이 단지 돈만을 보고 결혼했다고 생각해서 불만을 품는다. 그들은 부인이 도망갈까 봐 두려워서 부인이 돈을 지니지 못하게 하며 외부인과 접촉하는 것을 싫어하고, 부인이 베트남 관습을 따르지 못하게 막는다. 가정에서 그런 강제에 시달리는 베트남 여성들은 자주 억압당하고 있다고 느낀다. 어떤 이들은 쓸 돈이 없기 때문에 집에서 도망나와 돈을 벌어 그간의 의존적인 생활을 청산하기도 한다.

그들의 갈등은 서로 상대방의 언어와 상대방 가족의 관계를 이해하지 못할 때 더욱 깊어진다. 특히 시어머니와의 관계는 편하지 않고 음식, 입맛 등의 차이는 부부생활을 불행하게 만든다.

시장경제가 발달할수록 시간과 정서 면에서 결혼에 이르는 시간은 더 짧아지는 듯하다. 사람들은 행복한 결혼을 위한 기본 조건으로 인성, 사랑 등을 보기보다는 계산을 하고 가족배경을 보고 국가의 상황을 고려 대상에 넣는다. 사실 남성이 부국(富國) 출신이라는 사실은 장점이 되고 그들은 '고용주(employer)'의 지위를 보장받는다. 지금까지도 위의 사례들처럼 부인을 구매하는 경우가 아직도 발생하고 있고, 그들 중 일부는 사실로 드러나기도 했다. 조선대학교 안경환(Ahn, 2009) 교수의 연구에 따르면, 2003년에 국제결혼부부가 이혼한 사례는 2,784건이었는데 2007년에는 8,348건으로 증가했다.

자녀들의 큰 문제는 엄마가 한국어를 못하는 까닭에 그들을 가르치지 못한다는 것이다. 게다가 국제결혼 부부들은 일반적으로 일을 해야 먹고 살 수 있는 형편이기 때문에 부부 중 누구도 자녀를 돌보고 가르칠 시간이 부족하다. 그런데 한국 사회는 어머니의 자녀교육에 큰 중요성을 부여한다. 자녀의 성장은 완전히 어머니에게 달려 있다. 따라서 일부 외국인 지원센터는 혼혈 어린이들을 맡아서 가르치고 돌봐주기도 한다. 어떤 어린이들은 방과후 센터로 간다. 자원봉사자들은 그들을 가르치고 조언하고 숙제를 점검하며 어머니를 대신해서 교과학습을 지도한다.

일부 여성들이 국제결혼을 하게 되는 또 다른 중요한 사회적 요인은 그들의 마을에서 마주치는 일부 남성들의 매력 없는 이미지에 지친 까닭이다. 어떤 남성들은 거의 문맹인 농부인 데다 실업상태에 항상 술에 취해 있고 심지어 부인과 자녀들에게 폭력을 행사하기도 한다. 그래서 일부 여성들은 지금 현재 보고 있는 가족 내에서 그런 '왕'에 붙어서 사는 것보다 차라리 많은 위험이 도사리고 있는 새로운 곳에서 살고 싶었다고 말한다. 성불평등이 여성들이 외국인과 결혼하는 상황으로 인도하는 원인 중 하나라는 것이 명백하다(하지만 여성들이 대만 남성이나 한국 남성의 부인이 됐을 때 어떤 여성들은 또다시 성불평등, 가정폭력과 맞닥뜨리게 된다).

2) 부모와 친지들의 생각

그들은 폐쇄된 농촌사회에서 살아왔기 때문에 부모에게는 보통 자녀가 많으며, 자녀들은 보통 부모집 주변에 집을 짓는다. 그래야 생활에서 서로 의지할 수 있기 때문이다. 가족들의 집단적 생활양식은 베트남 마을 공동체의 구체적인 특성을 보여준다. 딸들은 마을 내의 누군가나 군 단위 혹은 면 단위처럼 좀 더 먼 곳에 사는 사람과 결혼하는 것이 일반적이었다. 어머니와 기혼자녀 간의 관계는 그러므로 지극히 가깝다. 다른 지방 출신 남성과 결혼한 여성들의 수는 아주 적다. 베트남에는 다음과 같은 민속 시가 있을 정도다.

결혼한 딸이 가까이 살면
그 딸이 샐러리 수프라도 한 그릇 갖다 줄 수 있다네

그러나 경제적 어려움 때문에 많은 부모들은 외국인과 결혼하는 것만이 딸들이 부유한 삶을 살고 가족을 부양하기 충분한 조건을 갖게 될 것이라고 생각한다. 가족의 격려와 부추김은 소녀들이 외국인 남편을 찾게 되는 활성요인이다. 빈곤함 속에서도 많은 가족들은 결혼중개인에게 지불하기 위해 돈을 빌리거나 심지어 토지를 팔기도 한다. 그들은 이것이

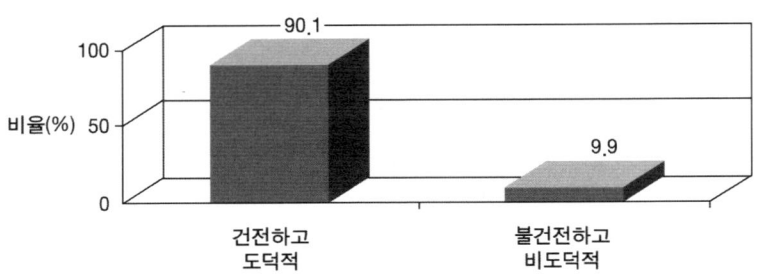

〈그림 8-3〉 국제결혼에 대한 가족들의 인식

자료: Ministry of Justice(2006).

딸에게 돈을 대줄 수 있는 유일한 방법이라고 생각하며, 딸이 외국에 정착하고 나면 빚을 갚고 부모가 더 나은 생활을 할 수 있도록 돈을 부칠 것이라고 생각한다.

베트남 법무부가 호치민 시, 칸토, 동탑, 테이닌(Tay Ninh), 하이두옹(Hai Duong), 하이퐁, 쾅닌, 랑손(Lang Son), 라오사이(Lao Cai) 등 9개 지방에서 외국인과의 결혼에 대해 조사한 자료에 따르면 외국인과 결혼한 소녀들의 친지 중 90.1%가 딸의 결혼이 건전하고 도덕적으로 올바르다고 답했다. 그들 중 9.9%만이 그 결혼이 불건전하고 도덕적으로 잘못된 결혼이라고 답했다. 친지들의 만족이나 불만족은 소녀들의 결혼이 가족들에게 미친 영향의 정도에 따라 증명되었다.

이 설문조사에서는 또 외국인과 결혼하라고 딸에게 권하는 부모의 수가 응답자의 47%에 달했다. 이 수치는 외국인과의 결혼이 정상적(normal)이라고 답한 사람 수와 거의 비슷하다(46.2%). 외국인과의 결혼을 반대하는 사람 수는 6.8%로 매우 적었다. 이는 외국인과의 결혼과 관련해 베트남인들의 인식이 바뀌고 있음을 보여주는 것이다.

3. 국제결혼이 친정식구들에게 미치는 영향

국제결혼은 여성들의 친정식구들에게 긍정적 영향과 부정적 영향 등 두 가지 영향을 미치는 것으로 보인다.

1) 긍정적 영향

운 좋은 결혼은 빈곤층 여성의 친정경제에 변화를 가져온다. 행복한 결혼을 한 여성들은 친정으로 돈을 송금해 부모가 집을 짓고 가구를 사게 하거나 형제자매의 등록금을 보태기는 경우가 많다. 가족들은 딸을 자랑스러워한다. 여성 이주노동자들은 가족들의 살림살이를 개선하기 위해 저축한 돈을 고향으로 송금한다. 그들은 이 돈을 생산에 재투자하고 빈곤을 벗어나는 데 사용한다.

> C씨가 대만에서 일한 뒤 귀국했는데 그 배우자가 땅을 사서 물고기를 기르기 위해 연못을 파고 집도 지었다. 부부가 모두 추가로 무역업을 해서 그 집 가정경제는 우리 마을에서 가장 안정적인 것처럼 보였다.[1]

이 여성들은 해외진출로 인해 지식도 증가했다. 고향을 떠날 때는 평범한 시골뜨기였지만 고향에 돌아왔을 때 그들은 많은 경험으로 의사소통이 유창했고 더 깔끔하게 옷을 입었으며 외국어를 구사할 수 있었다. 그녀의 가족들은 이를 자랑스럽게 생각했다. 많은 여성들이 남편의 사랑과 존중을 얻었다. 이것은 가정에서 그녀들의 지위를 강화시키는 데 도움이

---

1) RCGAD의 타이빈(Thai Binh) 성(省) 기엔스엉(Kien Xuong) 현(縣) 탄네(Thanh Ne) 마을 심층 인터뷰 중.

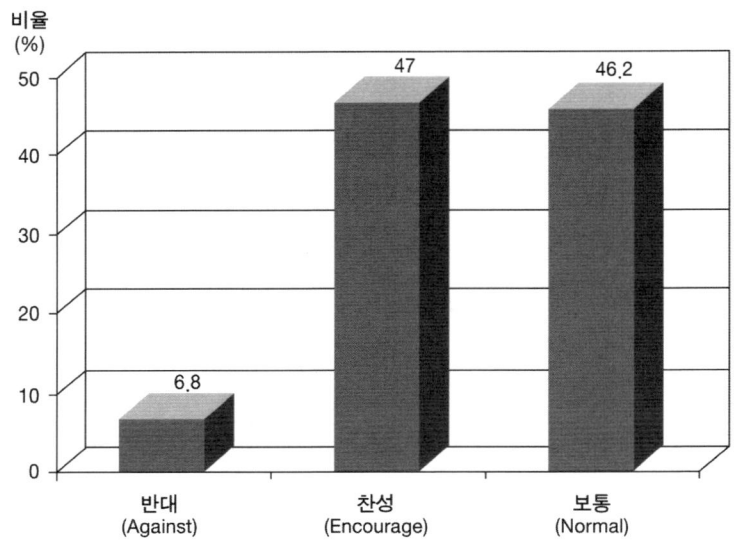

〈그림 8-4〉 결혼이주여성에 대한 가족 구성원들의 태도

자료: Ministry of Justice(2006).

되고 친정식구들도 행복해진다.

2) 부정적 영향: 가족 생활양식의 혼란 - 가족들의 우려

어떤 국제결혼은 가족을 일그러뜨리기도 한다. 이주여성의 부모, 형제, 사촌들의 정서는 서로 영향을 받는다. 또 자녀의 해외이주로 인해 가족구성원들이 바라는 것만큼이나 걱정, 기대, 의존 등이 있다. 이 밖에 자녀가 해외에서 돈을 보내줄 것이라는 의존과 기대심은 가족들을 변화시키기도 한다. 대부분 해외노동 여성들은 해외로 나가기 전에 결혼을 하곤 한다. 부인이 외국에서 열심히 일하는 동안, 남편은 고향에서 자녀를 기르고 교육시키는 데 어려움을 겪는다. 여러 가지 방법으로 생활비를 계속 버는 남편도 있지만 어떤 방식으로든 집안일을 하기는 해야 한다. 남편과 부인 사이의 정서도 오랜 별거로 인해 데면데면해지곤 한다. 부인과 남편 사이의 생활조건 및 감정의 차이로 인해 벌어지는 사회 문제가 아주 많다. 게다가 서로에게 충실하지 못해서 다시 만났을 때 가정폭력이나 이혼의 단초를 만드는 부인과 남편도 있다. 이 가족들의 젠더관계는 변했지만 여성의 입지와 가치는 거의 변하지 않았다. 여성들의 해외이주는 가족과 친지들에게 아주 많은 걱정거리를 남겨둔다.

하이퐁 시 키엔투이 군 다이홉 마을 여성연맹의 팜티트(Pham Thi Th) 대표는 우리에게 다음과 같은 이야기를 해주었다.

> 대만 남성과 결혼하려는 여성의 가족은 2,000~3,000만 베트남 동(VND, 미화 1달러=1만 6,000 VND)을 지불해야 하고, 한국 남성과 결혼하려면 4,000만 동을, 홍콩 남성과 결혼하려면 1억 동을 지불해야 합니다. 그 밖에 마을에서 결혼식도 준비해야 해요. 다이홉의 1인당 연평균 소득은 미화 250달러 정도여서 많은 부모들이 친지나 은행에서 돈을 빌립니다.

다이홉 구역(Commune) 호앙 쑤안 티(Hoang Xuan T) 부대표는 이렇게 말했다.

> 현재 마을에서 10%도 안 되는 이주여성만이 가족에게 돈을 송금합니다. 이주여성의 부모 대다수는 딸들로부터 전혀 소식을 못 받고 있기 때문에 불구덩이에 앉아 있는 거나 다름없습니다. 빚이 점점 늘어나거든요.

대만, 중국, 한국 남성과 결혼해서 행복하지 않은 여성들의 이야기, 즉 폭력에 시달리고 심지어 살해당하며 인신매매당한 여성과 자녀들의 사건이 베트남 언론에 보도되면서 많은 부모는 딸의 운명을 걱정하게 되었다. 일례로 2007년 4월 9일 호치민 시 탄빈 지구 경찰은 118명의 여성들과 함께 있던 불법 결혼중개업자 일당을 적발했다. 경찰이 그 집에 진입했을 때 베트남 농촌 출신 젊은 여성 118명이 부인을 고르려는 한국 남성 8명을 위해 모델을 서고 있었다. 이렇게 소녀들을 조달하기 위해 최소 20명의 결혼중개업자가 작업을 하고 있었다. 베트남 여성연맹의 통계에 따르면 1996년부터 지금까지 수만 명의 여성과 소녀들이 우편주문 신부 형태로 국경을 건너 인신매매됐다(Tintuc-NEWs online, 2006년 7월 10일자).

하이퐁 시 투이 응우옌(Thuy Nguyen) 군의 한 아버지는 2007년 한국 남성과 결혼한 막내딸의 이야기를 눈물을 흘리면서 말해주었다.

> 내 딸은 한동네 사는 남자애랑 사랑에 빠졌지만 그에게 다른 여자친구가 생겨서 상처를 받았습니다. 그 애는 고작 2주 만에 한국 남자랑 결혼하기로 결심했어요. 우리 가족은 그런 갑작스런 상황에 어떤 대답도 할 수 없었습니다. 그 애의 두 언니 중 하나는 하이퐁 시에 사는 남자랑 결혼했고, 나머지 하나는 빈바오(Vinh Bao) 군에 사는 남자랑 결혼해서 둘 다 정착했습니다. 그 애는 막내딸이었고 아주 순종적이었으며 몸도 약해서 아내와 나는 막내딸의 응석을 많이 받아주었어요. 나는 그 애한테 "글쎄, 얘야, 집에 있으면서 좋은 남자를 찾아라. 그래야 엄마와 언니들과 가깝게 지낼 수 있어"라고 말했습니다. 하지만 그 애는 "그가 저를 포기했잖아요. 그러니까 저는 그 애한테 제가 부자와 결혼할 거라는 걸 보여줘야 해요. 아버지한테 집을 지어드릴게요. 동네 사람들 앞에서 얼굴 들고 다니실 수 있게요"라고 대답했습니다. 하지만 지금 그 애는 집으로 전화할 때마다 울면서 향수병에 걸렸다고 해요. 그러면 나도 따라 웁니다. 그냥 그 애가 우릴 만나러 돌아와 주었으면 좋겠어요. 나는 그 애의 돈 같은 건 필요 없어요.[2]

---

[2] RCGAD(2007)의 심층 인터뷰 중.

2005년 대만 남성과 결혼한 딸을 둔, 안지앙에 사는 한 어머니는 이렇게 말했다.

> 우리 딸은 마을에서 국제결혼을 하고 싶어 하는 친구들을 따라갔어요. 신랑감이 우리를 만나러 올 때까지 우리 가족은 아무것도 몰랐습니다. 깜짝 놀랐죠. 그 사람은 너무 늙었고 우리 딸보다 25살이나 많았습니다. 나는 딸에게 잔소리를 했지만 그 애는 이렇게 말했습니다. "그 사람은 자기 나라에서 식당 사장이야. 아주 부자야. 그 사람은 남동생 하나랑 부모님밖에 없대. 걱정하지 마세요. 저는 안주인이 될 거예요. 몇 년 뒤에 집에 오면 집을 지어드릴게요." 딸은 결혼 후 가끔 집으로 전화를 했지만 지금 한 달째 아무 소식도 못 들었습니다. 그 애는 아기를 둘 낳았는데 어린 아기 돌보랴, 시집식구들 수발하랴, 너무 바빠요. 그런데 어떻게 식당 안주인이 될 수 있겠어요.[3]

어떤 이주여성의 친척들은 여성들이 결혼하는 방식에서 많은 커플들이 결혼 전에 서로의 언어, 관습, 가족상황, 배우자의 전통 등 서로에 대해 이해하고 사랑을 탐색할 시간과 여건도 없이 결혼식을 속행한다고 불평한다. 그들에게 결혼의 의미는 단지 매매일 뿐이고 결혼중개인은 양쪽으로부터 돈을 받는다. 개발도상국의 시장경제에서 결혼은 시간과 감정의 제약을 받는다. 돈이 수용되고 가족과 국가 상황이 비교된다. 하지만 결혼을 위해 그들에게 정말 필요한 것은 인성과 사랑, 행복한 결혼을 위한 기본 조건들이다.

남성이 부국 출신이라는 사실은 그들을 보다 유리하게 하고 주인(boss)으로서의 지위를 서서히 증명할 수 있게 해준다. 송출국과 유입

---

[3] RCGAD(2007)의 심층 인터뷰 중.

국 간의 성불평등으로 여성들은 의존적인 사람이 된다. 한편 송출국과 유입국의 기존 시스템(legacy)은 너무 허술하기 때문에 매매혼이 발달할 수 있는 여지를 만들어낸다. 일례로 특히 시간과 기타 기본조건 면에서 외국인과의 결혼 절차에 관한 규제가 너무 단순하다. 이런 상황을 이용해 인신매매업자들은 이익을 취한다.

타이빈 시 부락(Vu Lac) 마을과 기엔스엉 군 탄네 마을 농부들은 부인이 해외에서 일하다 돌아와 재결합한 많은 가족들이 행복하지 않고 심지어 가정폭력이 발생하기도 한다고 말했다. 이 여성들은 돈을 벌어오지도 못하면서 그들이 해외에서 어렵게 번 돈을 헤프게 써버리는 남편들을 비난한다. 남편들은 상처받고 폭력을 행사한다. 불안정한 생활양식, 부적절한 생각, 서로에 대한 연민의 결여로 인해 어떤 부부들은 이혼에 이르기도 한다.

마을 주민들은 딸들이 부닥치고 있는 문제가 정말 심각하다고 걱정한다. 일반적으로 베트남에서 여성들의 결혼 연령은 아주 낮아서 대부분 20~21살이 채 되지 않은 나이에 결혼을 한다. 거의 대부분 여성들이 초혼이다. 소녀들의 대부분은 중급 정도의 읽고 쓰기 정도에, 집에서 실업 상태였거나 농사일을 돕거나 소규모 장사 또는 수공예를 했다. 그들은 경험이 부족해서 남편에게 가서 살게 됐을 때 일자리를 구할 수 없고, 강제로 집에 있게 되는 경우가 많아서 이것이 가정 문제로 이어지기도 한다.

위기에 처한 많은 베트남 신부들은 각기 다른 이유로 곤란을 겪는다. 결혼중개업소를 통해 외국인과 결혼하는 한국 또는 대만 남성 일부는 전혀 부유하지도, 젊지도 않다. 많은 남성들이 이러한 자신의 실제 상황을 미래 부인에게 솔직하게 말하고 싶어 하지만 중개업소와 통역자들은 그러지 못하게 하는데, 그들은 단시간 내에 돈을 벌고 싶어 하기 때문이다. 따라서 여성들은 결혼할 남성에 대해 아무 정보도 갖지 못하게 된다. 그 결과 한국, 대만에 도착하고 난 뒤 많은 여성들은 현실이 꿈꾸던 것과 전혀 다르다는 것을 깨닫고 절망에 빠진다.

더욱이 젊은 부인과 결혼한 나이 많은 한국, 대만 남성들은 부인이 도망갈까 봐 두려워한다. 그래서 그들은 부인이 외부인과 접촉하는 것을 싫어하고 집에만 가둬놓으려고 한다. 여성들은 집안에만 있을 때 무기력해지고 탈진하게 되며, 더욱이 돈이 없기 때문에 독립생활을 하기 위해 일자리를 구하러 나갈 수도 없다. 이런 딸들의 생활에 관한 정보는 베트남에 있는 부모들에게 큰 압박이 된다.

4. 이주여성의 안전을 돕고 여성·아동매매를 방지하기 위한 지원활동

베트남 여성들이 외국인과 결혼하는 현상은 새로운 것이어서 베트남 법은 아직 이런 현상에 대처하지 못하고 있다. 일례로, 법은 베트남인의 외국인과의 결혼을 허용하지만 베트남인의 관습·문화·언어에 대한 이해, 미래 배우자에 대한 이해, 가족들에 대한 이해, 진지한 결혼의향 등을 외국인에게 요구하는 조건이나 혼인에 이르는 기간에 관한 규정이 없다. 외국인과 결혼하려는 베트남인에게도 마찬가지다. 사실 베트남에 오는 많은 외국인들은 3일 만에 부인을 얻을 수 있다. 이처럼 느슨한 법망은 결혼중개업소가 신부, 신랑 양쪽에서 돈을 받는 데 유리하며 많은 불행한 결혼의 원인이 된다.

이처럼 인신매매 문제에 관해 베트남 법이 부재하지만, 형법 제119조와 제120조에 인신매매와 관련한 일부 조항이 있다. 유엔의 도움을 받아 정부와 비정부기구들은 여성들의 안전한 이주를 돕고 인신매매를 방지하기 위해 최선을 다하고 있다. 일례로 2007년 4월 아시아지역대안교류회(Asian Regional Exchange for New Alternatives: ARENA)는 RCGAD

와 함께 "아시아의 이주와 결혼"을 주제로 한 워크숍을 개최했다. 이 워크숍에 참가한 대표들은 의견을 교환하고 결혼과 이주 문제 그리고 여성과 어린이들을 다른 아시아 국가에 신부와 성매매 여성으로 팔아넘기는 인신매매 문제에 대해 연구조사를 발표하고 토론했다. 아시아의 결혼과 이주 문제에 관해 연구자들 및 국제 행동 네트워크를 구축하는 것은, 법이 여성들의 지위를 개선시킬 수 있고 여성들이 인신매매와 악질적인 이주결혼으로부터 보호받을 수 있는 새로운 시스템을 창조하기 위해서이다. 워크숍에서는 또 송출국과 유입국 모두의 책임을 증진시키는 것이 가능할 것이라는 의견도 있었다. 이는 모든 국가에 적절한 정책으로서, 결혼의 미덕을 보장하고 여성과 어린이 인신매매를 방지하는 긍정적인 국제적 합의를 구축할 수 있다.

2007년 8월 몇몇 한국 비정부기구들은 한국인 남편들이 베트남 부인과 부인 가족의 문화를 이해할 수 있는 시간을 주기 위해 일부 한국 - 베트남 커플의 베트남 방문을 주선했다. 이 여행은 성공적이었다. 많은 부부들이 행복한 가정을 만들고 베트남과 한국 두 문화를 잇겠다고 약속했다.

2007년 10월에는 여성연맹, 국제이주기구(International Organization of Migration: IOM)가 한국의 여성가족부와 협력해 호치민 시에서 〈국제결혼 문제에 관한 직원훈련 워크숍〉을 개최했다. 많은 한국인 전문가들이 베트남에서 한국 남성과 결혼할 의사가 있는 베트남 여성들에게 정보를 제공했다. 그들은 여성들에게 결혼 전에 한국 문화와 한국인에 대한 이해를 넓혀서 결혼 후 적응력을 높이기 위한 목적으로 행사를 주최했다. 하지만 다뤄야 할 중요한 문제가 있다. 어떻게 미래의 신부들에게 한국의 언어, 관습, 문화를 이해하도록 도울 수 있을 것인가 하는 것이다. 추후에는 미래의 남편들도 베트남 언어, 관습, 문화를 이해하도록 도와야 할 것이다.

공동체 홍보활동 강화는 진정한 결혼의 목표를 구축하기 위해 여성들에게 기본권, 과제, 책임을 이해하도록 도울 것이다. 이것은 이주결혼 여성의 위험을 감소시키는 지원활동인 동시에 여성 인신매매를 방지·중단시킬 수 있는 믿을 수 있고 실용적인 해법이기도 하다.

베트남은 현재 국제결혼 여성들에게 상담과 정보를 제공하는 결혼상담센터를 구축하기 위해 최선의 노력을 다하고 있다.

5. 나가는 글

베트남은 송출국으로서 지난 1990년대부터 지금까지 수천 명의 여성들이 합법적·불법적으로 해외로 이주하고 결혼했다. 많은 결혼이 급작스럽게 성사됐고 여성과 어린이 인신매매 형태도 있었다. 중국, 대만, 한국, 일본 남성들이 베트남 출신 여성들을 찾기 위해 몰려오는 현상이 계속됐다. 또 남편감을 구하러 해외로 나가려는 베트남 여성들도 있었다. 이것은 가족을 형성하고 행복을 찾으며 현지의 흐름에 동참하려는 사람들의 실제적인 욕망을 보여주었다. 그러나 결혼 전에 사랑으로써 서로를 이해할 충분한 시간과 조건을 갖지 못한 커플이 많았다. 그들은 서로의 언어, 관습, 가족 여건, 전통 등을 이해하지 못했다. 이는 그들의 결혼이 단지 매매혼이라는 것을 의미한다. 결혼중개업자는 양측으로부터 사례금을 받았다.

개발도상국 시장경제에서 결혼은 시간과 감정의 제약을 받는 것처럼 보인다. 돈이 수용되고, 결혼을 위해 정말 필요한 인성, 사랑, 그리고 행복한 결혼을 위한 기타 조건들을 도외시한 채 가족과 국가조건으로 비교된다. 더 부유한 나라 출신이라는 남성들의 토대는 이익이 되고 그의 주인(boss) 자리를 점점 강화시켜준다. 한편 송출국과 유입국의 제도는 너무 허술하기 때문에 매매혼이 발달할 수 있는 여지를 만들어낸다. 일례로 특히 시간과 기타 기본조건 면에서 외국인과의 결혼절차에 관한 규제가 너무 단순하다. 이런 상황을 이용해 인신매매업자들은 이익을 취한다. 앞서 언급한 불법 중개업자들과 같은 경우가 지금까지도 존재한다.

2009년 7월 베트남은 불법 결혼중개업자에게 한 사건당 1,000~2,000만 베트남 동(미화 700~1,200달러)의 벌금을 부과하는 새 정책을 발표했다.

이주결혼은 경제의 문제이며 인간이 극복할 수 없는 세계적인 빈부격차의 상징이라는 견해가 많다. 일반적으로 송출국은 빈곤한 반면 유입국은 부유한 나라인 것은 사실이다. 하지만 우리의 연구에 따르면 결혼과 이주에 관한 문제는 문화·사회·인적 요소에도 영향을 받는다. 결혼이주 여성의 문제를 해결하기 위해서는 경제 문제에만 신경쓸 것이 아니라 정부, 송출국과 유입국 국민들이 함께하는 종합적인 대책이 있어야 한다. 특히 비정부기구, 가족들, 그리고 이런 형태의 결혼에 참여한 개인들의 책임이 요구된다.

다른 국적 출신의 커플에게 결혼증명서를 발급하는 것 외에, 유입국 정부당국은 이주를 지원할 해결책을 고려해야 할 것이다. 송출국 정부당국은 자국 국민들이 해외에서 결혼할 때 그들의 권리와 이익을 보호·감독할 책임을 갖고 있다. 또 결혼에서도 엄격한 법적 체제가 갖추어져야 국민들을 인신매매로부터 보호할 수 있다.

예를 들어, 외국인은 결혼할 상대방, 전통관습, 언어, 가족조건 등을 이해할 시간을 반드시 가져야 한다. 그리고 어린 소녀들과 그 가족은 미래 남편감과 그의 환경에 대한 이해, 결혼에 대한 지식, 자기보호를 위한 이주결혼, 유사시 법적 지원을 받을 수 있는 기관이나 사람 등에 대한 정보를 갖고 있어야 한다. 또한 혼혈로 태어난 자녀에게 부모의 언어와 문화를 모두 가르쳐야 한다. 정부, 기관, 가족, 다른 국가 출신 개인들 간에 긍정적 협력이 있어야 진정한 다문화가정을 만들 수 있다. 이것이야말로 요즘과 같은 변화무쌍하고 다양하며 복잡한 세상에서 통합적인 문화가교라고 할 수 있을 것이다.

참고문헌

Ahn, Kyong Hwan. 2009. "International Marriage Vietnam-South Korea, Issues and Solutions." *The Magazine of Sociology* (Vietnam Languets), January, 2009.

Alcid, Mary Lou L. 2008. "Migration of Filipino Women for Marriage to Korean Men." Critical Issues and Challenges to Social Work. *Korean Journal of Rural Welfare Studies*, No. 2(December, 2008). Korean Association for Rural Welfare Studies.

D‑ng Thanh Mai and Le Thi Hoang Thanh. 2009. The Justice Science Institute. *Vietnamese Laws for Marriage with Foreigners*. Presentation in the Workshop on Marriage Vietnam: South Korea, Issues Today. The Research Center for Gender and Development(RCGAD), Hanoi University of Social Science and Humanities, Hanoi.

General Statistics Office of Vietnam. 2008. *Vietnam National Statistics*.

Le Thi Quy. 2007. "Situation of Marriage Migrant Women in Vietnam." Presentation in the Workshop on Migration and Marriage in Asia in April 19, 2007 in Hanoi, Vietnam. ARENA co-hosted a workshop in coordination with Center for Gender and Development(RCGAD) and Hanoi University for Social Sciences and Humanities(USSH).

_____. 2008. "Situation of Marriage Migrant Women in Vietnam." *Korean Journal of Rural Welfare Studies*, December. 2008.

_____. 2009. "Migration and Marriage Between Vietnam and South Korea." Presentation in the Workshop on Marriage Vietnam: South Korea, Issues Today. Organized by The Research Center for Gender and Development(RCGAD), Hanoi University of Social Science and Humanities, Hanoi, 2009.

Lankov, Andrei. "Foreign Self-Aid." *Korea Times*, August 16, 2007.

Ministry of Justice. 2006. *Survey of Migrant Marriage Women*. Hanoi, Vietnam.

_____. 2007. *Basic Survey on Migrant Marriage Women* (Taiwan, South Korea,

China). Hanoi, Vietnam.

Ninh Van Quang. 2007. *Cultural Factors in the Phenomenon of the Vietnamese Women, Who Marriage with Foreigners*. Presentation in the Workshop on Migration and Marriage in Asia in April 19, 2007 in Hanoi, Vietnam. ARENA co-hosted a workshop in coordination with Center for Gender and Development(RCGAD) and Hanoi University for Social Sciences and Humanities(USSH).

Pagaduan Maureen. 2008. Research Fellow, ARMMNet, Quotation from Press release of ARMMNet. October 22, 2008.

Research Center for Gender and Development(RCGAD). 2005. *Sociological Survey on Domestic Violence and Trafficking in Women and Children in the provinces Hanoi, Thai Binh, Phu Tho, Hai Phong, An Giang*.

_____. 2007. *Sociological Survey on Domestic Violence and Trafficking in Women and Children in the provinces Hanoi, Thai Binh, Phu Tho, Hai Phong, An Giang*.

Tintuc-NEWS online. 2006.7.10.

United Nations Development Programme(UNDP). 2007. *Human Development Report 2007/2008*.

Vietnam Newspapers: *Thanh nien, Phu nu, Tuoi Tre*.

Workshop on the Issues on Vietnamese Women, who Marriage with Foreigners, Hanoi, September 28, 2008, Organized by The Research Center for Gender and Development(RCGAD), Hanoi University of Social Science and Humanities, Hanoi.

제9장 사랑과 경제의 관계를 통해 본 이주결혼

이재경 (이화여자대학교 여성학과 교수)

1. 들어가는 글

  사랑과 경제 또는 자본주의는 양립하기 어려울 뿐만 아니라 모순적인 것이라는 통념이 일반적이다. 우리는 사랑은 비이성적 행위이고, 경제 행위는 이성적인 것으로 여긴다. 그러나 오늘날 우리 삶의 많은 영역이 상품화되고 있는 전 지구적 시장경제의 현실 속에서는 감정이 개입되는 친밀한 관계 또한 경제적인 요소와 무관할 수 없으며, 오히려 상업적 거래가 사회적 관계들을 지지하거나 구성하는 측면이 이전보다 강하게 나타나고 있는 것처럼 보인다. 경제적 행위가 친밀한 관계를 오염시키며, 친밀한 관계는 경제적 행위를 비효율적으로 만든다는 사회적 통념은 단지 신화(myth)일 뿐, 현실에서 사람들은 끊임없이 친밀성과 경제적 행위를

---

* 이 글은 2008년 이화여대 아시아여성센터에서 주최한 "지속가능한 미래를 위한 국제 심포지엄: 이주의 시대, 아시아의 여성 이주와 가족구조의 변동"에서 「시장으로 간 사랑?: 이주결혼에서의 사랑과 친밀성의 의미」라는 제목으로 발표된 후 수정·보완되어 ≪여성학논집≫, 제26집 제1호(2009), 183~206쪽에 「사랑과 경제의 관계를 통해 본 이주결혼」으로 수록되었다.

뒤섞는다. 그러나 이 때문에 친밀한 관계가 쉽게 망가지지는 않는다(Zelizer, 2006).

시공을 압축하면서 국가의 경계를 초월하는 지구화 과정과 자본주의 시장경제의 확대는 감정(emotion), 사랑(love), 애정(affection), 친밀성(intimacy), 돌봄(care)에 대한 근대적 이상(ideal)에 도전이 되고 있다. 비이성적이고 사적(private)인 영역으로 간주되었던 감정, 사랑, 애정, 친밀성, 돌봄의 행위는 치유산업, 데이트 산업, 결혼산업, 돌봄산업, 실버 산업 등으로 대체되면서 공적(public) 영역화되고, 시장에서는 노동력이나 서비스뿐만 아니라 이와 관련한 소비재가 유통된다. 경제적 합리성과 교환의 논리가 인간의 정서적 삶을 지배하는 현상에 대한 도덕적 우려가 높아가고 있지만, 정서적 삶의 상업화는 오히려 가속화되는 것처럼 보인다.

이러한 현상에 대해 서구의 학자들은 자본주의는 경제체계일 뿐 아니라 문화체계임을 지적하고 있다. 혹실드(Hochschild)는 문화체계로서의 자본주의는 청교도 노동윤리, 물질주의, 개인주의라는 세 가지 이념적 요소가 함께 꼬아진 것이라고 말하며(Wilson and Lande, 2005), 일루즈(Illouz, 2007)는 감정적·경제적 담론과 실천이 상호 구성되는 문화를 '감정 자본주의(emotional capitalism)'라는 용어로 설명한다. 감정 자본주의가 친밀한 관계와 시장의 영역 모두로 확장되면서 감정(feeling)은 합리화되고, 양화되고, 측정과 통제가 가능하게 된다. 친밀성과 경제적 행위의 결합이 다양화되고 가속화되는 배경에는 개인주의화, 자아관리 및 실현의 중요성, 성적 자유주의, 여성의 경제활동 참여 증가, 전 지구적 시장경제 확대 등 후기 근대적 맥락이 있다(기든스, 1997; 벡·벡-게른샤임, 1999; Skolnick, 2001; Illouz, 2007).

최근 우리 사회에서도 가족의 범위에서 충족되어왔던 개인의 욕구나 일상생활이 시장으로 빠르게 확대되어가고 있다. 우리는 가족관계 유지나 일상적 삶을 위해 과거에는 구매하지 않았던 다양한 서비스를 구매하고 이를 소비하면서 해결하고 있다. 예컨대 돌잔치에서부터 회갑잔치, 결혼식, 장례식 등 이전에는 집에서 또는 친척들의 도움으로 치르던 각종 의례와 행사를 지금은 가족행사를 지원하는 각종 서비스 업체를 통해 해결하며, 특히 도시의 중산층 가족들이 주 소비자이다. 이처럼 지금 우리가 경험하고 있는 친밀성과 가족의 변화는 전 지구적 자본주의 경제와 후기 근대사회에서의 친밀한 삶을 둘러싼 사회변동의 맥락에서 이해할 수 있다. 농경사회에서 산업사회로의 이행이 우리의 삶을 많이 바꾸어 놓았듯이, 출산율 하락, 육아를 포함한 돌봄의 공백, 결혼규범의 변화, 부계가족 원리의 약화 등으로 나타나고 있는 한국 가족의 변화는 후기 산업사회에서 우리들의 사적 생활이 또다시 패러다임적 전환을 하고 있음을 보여주는 징후들이다(이재경, 2007).

특히 최근 한국 남성과 동남아 여성들 간의 국제결혼의 증가 현상은 친밀성과 가족변화에 관한 중요한 질문을 제기한다. 2000년대 이후 아시아 지역 내(intra-Asia) 국제결혼이 급증하고 있는데, 특히 동아시아 국가에서 그러하다.[1] 이들 결혼의 특징적인 양상은 중국이나 동남아시아의 여성들이 한국, 대만, 일본, 싱가포르 남성들과 결혼해서 남편의 나라로 이주하는 것이다. 남성들은 낮은 경제적 지위와 열악한 문화자본으로 인해 자국의 여성들과 결혼하기 어려운 상황에서 외국인 여성과 결혼하고자 하며, 외국 여성들에게서 자국 여성들이 갖고 있지 않은 '전통적'인 여성성[2]을

---

[1] 〈표 9-1〉 동아시아 국가별 총 결혼 건수 중 국제결혼비율(2005년)

국가	비율(%)
대만	32
싱가포르	17
한국	14
일본	5

자료: Jones and Shen(2008: 10)의 Table 6을 재구성함.

열망한다. 한편 외국 남성과 결혼하고자 하는 여성들은 모국의 경제적 열악함과 자국 남성들의 경제적 무능함에 좌절해서, 보다 잘사는 나라로 이주하고자 한다. 즉, 가난한 나라의 여성들에게는 보다 잘사는 나라의 하층계급의 남성이 계층이동과 낭만적 사랑을 실현할 수 있는 매력적인 상대로 여겨지는 것이다(Jones and Shen, 2008: 20).

이러한 국제결혼[3]은 근대의 개인감정에 충실한 낭만적 사랑에 기초한 결혼의 증가로도 설명하기 어려워 보이며, 기든스(1997)의 성찰성에 기초한 합류적 사랑(confluent love)[4]이 낭만적 사랑을 대체해가는 현상의 일부로 보기는 더더욱 어렵다. 지금까지 이주결혼에 관한 주된 담론들은 국제결혼시장의 착취적 성격이나 단지 이주만을 목적으로 한 여성들의 사기결혼[5] 또는 외국인 아내에게 가해지는 남편들의 폭력과 인권침해[6]에

---

2) 흔히 중개업체의 광고에서는 근면, 성실, 가족가치 존중, 소박, 순종적 등의 전통적인 여성의 미덕을 강조한다.
3) 한국인 남성과 외국인 여성이 결혼하는 경로는 종교단체나 결혼중개업체를 통하거나 친지, 친구의 소개로 만나거나 직접 만나 연애하는 것이다. 이 글에서는 결혼중개업체를 통한 결혼에 한정해서 논의한다.
4) '합류적 사랑'이란 두 사람의 정체성이 과거에는 각기 달랐음을 인정하고 다가오는 미래를 향해 사랑의 유대를 공유하고 새로운 정체성을 협상해가는 사랑을 말한다. 근대의 낭만적 사랑과는 달리 합류적 사랑에서는 남성도 자신의 정서적 감수성을 명백히 인정할 수 있으며, 이성애로 국한하지도 않는다(기든스, 1997: 116~118).
5) "국제 결혼업체 사기 피해 속출…철저히 관리·감독을", ≪문화일보≫, 2008년 7월 8일자; "국제결혼 실패 40대 목숨 끊어", ≪동아일보≫, 2007년 10월 15일자; "中조선족 1천여 명 한국인과 국제결혼 사기 피해", ≪중앙일보≫, 2007년 3월 22일자; "국제결혼 중개업체 난립 부작용 심각", ≪동아일보≫, 2007년 3월 8일자; "외국인 아내들의 잇따른 가출… 농촌 남편들 수소문 '허망'", ≪중앙일보≫, 2006년 9월 15일자; 한건수·설동훈(2006).
6) "어느 베트남 신부의 마지막 편지", ≪중앙일보≫, 2008년 6월 20일자; "몽골

많은 관심을 두어왔다. 또한 이들 '피해자'를 보호하는 정책에 대한 논의도 활발히 진행되어왔다. 흔히 잘사는 나라의 남성과 가난한 나라의 여성의 결혼은 경제적 요인과 동기에서 이루어지며, 결혼중개업체를 통할 경우 상업적 거래와 경제적 합리성이 극대화되는 것으로 이해된다. 그러나 결혼은 두 사람 간의 '친밀한 관계'를 만들어가는 과정이기도 하다. 언어가 통하지 않는 나이 어린 외국인 여성을 아내로 맞이하는 한국 남성에게 '사랑과 결혼'의 의미는 무엇이고, '이주'와 '결혼'을 통해 자신의 욕망을 실현하고자 하는 여성들의 경험은 어떻게 설명될 수 있는가?

이러한 배경에서 이 글에서는 사랑과 친밀성에 대한 개인의 욕망과 경제적 필요가 상호 결합 또는 협상되는 방식에 대해 논의하고자 한다. 구체적으로 2절에서는 후기 근대사회에서 어떻게 사랑과 친밀성이 자본주의와 결합하는지 이론적 논의를 검토하고, 3절에서는 한국 사회의 맥락에서 결혼이 상업적으로 거래되는 현상을 논의한다. 4절에서는 상업적으로 거래되는 측면이 강한 결혼이라도 그 동기나 과정을 경제적 요인으로만 환원할 수 없다는 전제에서 이주결혼에서 사랑과 경제가 상호 결합되는 측면을 분석하고자 한다. 상호 분리되고, 일견 모순적인 것으로 보이는 사랑과 경제에 대한 분석은 후기 근대 친밀성과 한국 가족의 변화를 이해하는 데 필수적인 과제로 볼 수 있다.

로 되돌아간 이주여성", ≪조선일보≫, 2008년 4월 25일자; "급증하는 국제결혼, 학대받는 외국인 아내들", ≪동아일보≫, 2006년 10월 7일자; "베트남 처녀들 왜 한국에 시집오나", ≪조선일보≫, 2007년 3월 27일자; "부끄러운 국제결혼 인권유린 현장", ≪중앙일보≫, 2006월 11월 14일자; "한국 농촌 총각 중국 여성 아내맞기 어려워질 듯", ≪조선일보≫, 2006년 3월 8일자; 윤정숙·임유경(2004); 안양 전진상복지관 이주여성쉼터 위홈(2003).

2. 사랑과 친밀성의 정치경제학

사랑과 친밀성은 사람들 간의 '관계' 속에서 느끼고(feel), 구성되며 (construct), 서로 돌보고 공유하는 감정과 행위를 포함한다. 그러나 어떻게 사랑하고, 누가 누구를 돌보고, 무엇을 공유하는가 하는 것은 사회문화적 규범과 자본에 의해 규정된다(Jamieson, 1998). 즉, 사랑과 친밀성은 개인적인 차원에서 일어나는 것이지만 사회경제적 요소들과 상호 작용을 통해서 제도화되는 것이다. 역사적으로 농경사회, 산업사회, 정보사회로의 이행은 기술적·경제적·정치적 변동과 함께 사적 영역에서 개인들이 맺는 관계의 유형, 관계 맺는 방식과 범위 등의 변화를 가져왔다(이재경, 2005). 혼인 연령, 혼인 배우자 선택방식, 금혼 범위, 일부일처제나 부계원리, 이성애 등 특정 혼인규범은 역사적·문화적으로 다양하게 나타났다.

흔히 사랑과 친밀성을 사적인 영역이며, 정서에 국한된 문제로 보고 그 자체로 선한 것으로 여긴다. 그러나 사랑의 감정이나 행위는 해로운 것에서부터 지지적인 것까지, 위협적인 것에서부터 기쁨이나 만족을 주는 것까지 걸쳐 있다. 예컨대 스토킹이나 폭력도 사랑이라는 이름으로 행해지고, 부모가 자녀의 삶에 과도하게 개입하는 것도 사랑하기 때문이라고 항변된다. 한편 개인적인 것이 정치적이라고 주장하는 페미니스트 학자들은 결혼과 가족은 남녀 간의 권력 차이와 이를 둘러싼 다툼이 일어나는 정치의 영역임을 말해왔다. 사실상 사랑과 친밀성은 사회적·정서적으로 구성되지만 동시에 전체 사회의 자원, 위계, 권력이 분배되는 방식과 상호 영향을 주고받는다(Padilla et al., 2007: xii). 낭만적 사랑과 결혼이 전체 사회 젠더 불평등과 상호 연관되어 있다는 페미니스트 학자들의 통찰력이 좋은 예이다.

자본주의나 여타 경제원칙이 감정, 사랑, 애정, 친밀성, 돌봄의 행위와 결합되는 방식에 관한 기존의 논의는 몇 가지로 정리될 수 있다.

첫째, 감정이나 사랑이 노동력의 형태로 판매되는 것이다. 감정노동[7]이나 돌봄노동[8]이 그 예이다. 이러한 노동의 특징은 주로 여성이 행하는 노동이고, 노동시장이 전 지구적 차원으로 형성되어 있으며, 저임금이라는 점이다. 특히 제3세계 여성들은 선진자본주의 국가의 여성들을 대신해 모국을 떠나 돌봄노동자로 일하지만 노동자로서의 권리를 보장받지 못하는 현실이다. 한편 사랑은 돈으로 살 수 없다는 사회적 통념은 저임금의 감정 노동이나 돌봄노동을 정당화하는 기제로 작동하기도 한다 (Zelizer, 2005: 302).

둘째, 감정적 담론, 실천(practice)이 경제적 담론, 실천과 상호 구성되는 측면인데, 그 방식은 두 가지이다(Illouz, 2007). 우선 시장영역에서 사랑과 친밀성의 담론과 실천을 차용하는 것인데, 상품광고에 사랑이나 가족의 은유를 사용함으로써 이윤을 극대화시키는 것이다. '고객님 사랑합니다'라는 광고 문구나 진정한 친구(true friend)임을 강조하는 모 투자회사의 기업이미지 문구(CI),[9] 남편 사망보험금 10억 원을 지불하는 한 보

---

[7] 자신의 심리적·감정적 상태를 의식적이고 합목적적인 방식으로 관리하고 사용하는 일체의 노력들을 지칭하는 포괄적인 개념으로, 편안함, 기쁨 등의 특정 감정을 구성하고 유지하는 감정관리가 사용가치 및 교환가치를 창출하는 일체의 활동을 말한다. 경제의 서비스화로 인해 노동시장에는 임금과 교환되는 상품화된 감정관리를 핵심적인 노동요건으로 하는 직업들이 늘어나고 있다. 감정노동을 핵심적으로 요구하는 직업은 판매원, 승무원, 간호사, 상담가, 보모 등이 대표적이다(이재경 외, 2007: 326).

[8] 돌봄노동은 "스스로 자신을 돌볼 수 없는 사람을 돌보는 행위로, 환자, 노인, 아이를 그 대상으로 하는 노동"으로 사용되지만, 넓게는 "가족과 사회, 개인과 사회를 연결하는 필수적인 활동으로, 사회구성원들의 유지 및 재생산을 위한 노동"을 뜻하기도 한다(이재경 외, 2007: 217). 여기서는 전자를 의미하며, 노인 요양보호사, 간병인, 육아 도우미를 예로 들 수 있다.

[9] 이 회사의 웹사이트 주소도 www.truefriend.com이다.

험회사의 광고10) 등을 예로 들 수 있다. 즉, 사랑과 친밀성이 상품판매의 전략이 되는 것이다. 여기에서 흥미로운 것은 자본주의가 인간의 감정을 황폐화시킨다는 사회비평가들의 주장이 역설적으로 자본의 전략에 유익하게 동원된다는 점이다. 이렇듯 친밀성의 문화가 경제영역으로 확산되는 또 다른 예는 후기 근대 일터에서는 심리 상담이나 생일 파티 등 친밀성의 문화가, 가족생활에서는 가사일의 효율화, 감정관리 등 작업장의 문화11)가 확산된다는 혹실드(Hochschild, 1997)의 연구에서도 찾을 수 있다.

셋째, 감정적·경제적 담론과 실천이 상호 구성되는 또 다른 현상인데, 경제적 합리성이 친밀한 관계를 맺는 과정과 방식에 혼합되는 것이다. 개인의 감정적 삶이 경제적 행위와 교환의 논리를 따르는데, 연인 간의 선물이나 결혼 예물, 혼수 등이 그 예이다. 이런 경우 선물은 사랑의 표현이며, 상대를 가치 있고 존중받는 사람으로 느끼게 해준다. 일루즈(Illouz, 1997)는 역사적으로 사랑의 의미와 행위가 소비시장의 발전에 따라 변화되어왔음을 지적한다. 남녀가 결혼을 전제로 가족이나 친지를 동행하고 만나는 전통적인 구애(courtship)방식에서 서로 끌리는 남녀가 자유롭게 만나는 데이트 문화로의 변화는 소비의 증가를 의미하는 것이기도 하다.

---

10) 얼마 전 텔레비전에서 방영되었던 "10억을 받았습니다"로 시작하는 모 보험회사의 광고는 남편이 죽고 아내와 아이만 남은 가정에 보험회사가 보험금을 지급한 이야기다. 아내와 아이는 화창한 날에 세차를 하면서 즐겁게 보내지만 뭔가 비어 있고 허전하다. 보험회사 직원이 찾아와서 웃으며 인사하고, 아내도 웃는다. "변하지 않는 약속"이라는 멘트로 끝을 맺는다. 마치 보험금과 보험사 직원이 남편의 부재를 대신할 수 있을 것 같은 착각을 일으키게 하는 내용이다. 이 광고는 남편이 사망해서 10억 원의 보험금을 받는다는 설정이 소비자들을 '불편'하게 한다는 비판여론이 있어 중단되었다.

11) 혹실드(Hochschild, 1997)는 이러한 현상은 가족생활의 테일러주의라고 명명하고 있다.

예컨대 연인이나 부부는 집에서 함께하는 식사보다 분위기 좋은 음식점에서의 외식을 보다 낭만적으로 생각한다. 이러한 낭만적 경험은 소비를 통해서만 가능한데, 사람들은 이를 소비의 행위로 인식하기보다 감정적 경험으로 느끼게 된다. 즉, 낭만적 사랑의 자본주의적 문화이다. 근대 낭만적 사랑의 문화적 각본에서는 연인이나 부부 간의 사랑과 친밀성은 지속적으로 실현되고 확인되어야 하는데, 소비주의는 친밀성 실현에 중요한 도구이다. 즉, 상품의 소비, 개인의 자기주형(self-crafting), 낭만적 사랑은 상호 밀접히 연관되어 있으며 사회경제적 조건에 의해 지지된다고 볼 수 있다(Hirsh and Wardlow, 2006: 16~17).

마지막으로 결혼중개업의 성행 등 결혼시장의 확대 현상 또한 경제적 합리성이 사적 관계를 맺는 과정이나 방식에 개입하고 있음을 보여준다. 최근 우리나라에서는 결혼, 재혼을 주선하거나 외국인 여성과 한국인 남성을 중매하는 결혼정보회사가 성업 중이다. 서구에서도 개발도상국의 여성과 선진자본주의 국가의 남성을 중매하는 산업은 호황을 이루고 있다. 혹자는 이주결혼이 경제적 동기에서 비롯되며, 매매혼의 성격을 띤다고 주장하지만, 이것은 단순히 물건을 사고파는 경제적 행위와는 구분될 수 있다. 결혼시장이 단순히 사회경제적 조건의 교환으로 구성되는 것은 아니며, 오히려 실제 결혼에 이르는 과정에서는 상대방과의 대면적 관계, 즉 선호를 포함한 비경제적 영역의 변수가 중요한 영향을 끼치게 된다. 이런 점에서 이주결혼을 포함한 상업적 중매를 통한 결혼은 매매혼이나 인신매매와는 구별되는 물물교환의 형태에 가깝다고 할 수 있다(Lu, 2005; 하재경, 2007).

결혼과 경제(사유재산)의 관계에 대한 이론화 작업은 엥겔스(Engels)로부터 시작되어 이후 마르크스 여성주의자들의 생산과 재생산 노동에 관한 논의로 이어져 왔으며, 최근에는 사적 생활의 상품화와 소비에 대한 연구가 주를 이루어왔다. 사랑이나 감정이 경제적 합리성과 결합되는 현상에 대한 도덕적 저항과 후기 자본주의에 대한 비판이 강함에도 이러한 현상은 더욱 가속화되고 있는 것처럼 보인다. 그러나 경제사회학자 젤라이저(Zelizer, 2005)는 상업주의(commercialism)가 인간의 정서적 삶을 접수한 것이 아니라, 언제나 이 둘은 매끄럽게 문제없이 결합되어 작동해 왔다고 주장한다. 사실 자본주의 이전에도 가족과 일상생활은 이미 많은 물질적 거래를 통해서 이루어져왔다. 상속, 신붓값, 신부지참금 등이 그 예이다. 과거 중매결혼이 보편화된 농경사회에서는 사랑이나 성적 친밀성은 경제적인 것을 포함한 현실적인 조건을 고려한 결혼 후에 따라오는 것으로 생각했다. 다만 성인남녀의 자유로운 연애를 허용하는 근대사회에서는 현실적인 조건은 낭만적 사랑의 신화(myth)에 의해 비가시화될 뿐이다.

3. 상업적으로 거래되는 사랑과 결혼

근대사회에서 결혼은 이성애적 사랑과 한 묶음으로 이해된다. 이 묶음에는 개인의 감정, 문화적 규범, 사회적 행위가 복합적으로 얽혀 있으나, 사랑과 결혼에 대한 담론들은 이분화되어왔다. 하나는 사랑의 감정을 사회문화적 맥락과는 별개로 우연히 '불꽃'이 튀는, 계산되지 않은 순수한 느낌으로 보는 것이다. 고전적인 러브 스토리가 그 예다. 이때 사랑과 섹슈얼리티는 젠더와 마찬가지로 의미의 문화체계에서 본질적이고 불변하는 인간 본성의 일부로 재현되며 자연화한다(naturalized; Padilla et al., 2007). 다른 하나는 사랑과 친밀성의 욕망을 인간의 본래적 속성으로 인식하기보다는 사회문화적 산물로서 간주하는 것이다. 이런 관점에서는 인간의 감정은 사회문화적으로 규정되며, 우리는 문화적 각본에 의해 '느끼고', '행위'하게 된다. 예를 들어, '첫눈에 반하는' 현상은 이성 간의 운명적 만남이 순수하고 아름답다는 문화적 서사에 의해 가능하게 된다.

젠더구조를 인식하는 시각에서 보면, 연애나 결혼은 남녀가 가진 자원의 교환을 매개로 이루어지며, 교환의 방식은 문화적으로 규정된다. 예컨대 신붓값이나 신부지참금은 혼인 가능한 남녀 성비와 여성의 경제적 가치에 의해 결정되거나 신분사회나 계급사회에서 가문의 사회적 지위 유지 및 상승전략과 밀접히 관련되며, 이러한 관행들은 문화적으로 지지된다. 우리 사회의 혼수도 일종의 지참금이라고 볼 수 있다. 과잉 혼수는 사회적으로 비난받기도 하지만 대부분의 혼인 당사자나 부모들이 당연하게 기대하거나 수용하는 사회문화적 현상으로 볼 수 있다(한국문화인류학회, 2003: 101). 성별분업이 전제된 가부장적 가족제도에서는 여성이 생계부양자를 얻는 대가로 혼수나 예단을 준비하는 것은 공평한 교환으로 간주되기도 한다.

"결혼도 투자, 상류층 결혼정보회사 가입비용 1,000만 원",[12] "여성의 외모가 한 등급 올라감에 따라 남편의 연봉이 324만 원 차이가 난다"[13]라는 기사 제목은 더 이상 놀랍지도 어색하지도 않다. 국내 웨딩산업의 매출 규모는 연간 5조 4,000억 원에 이르고 연 200% 이상 성장하는 것으로 알려져 있다(≪한경비즈니스≫, 2009년 6월 _일자). 웨딩산업은 결혼정보회사뿐 아니라 드레스, 사진, 예식장, 신혼여행, 예물, 청첩장 등을 담당하는 전문업체와 결혼이 성사된 후 이 모든 것을 한꺼번에 맡아서 해주는 웨딩 플래너 업체를 포함한다. 한편 시중은행들은 앞다투어 VIP 고객 자

---

[12] 이 기사에서는 한 결혼정보회사의 임원의 말을 인용해 1,000만 원이라는 가입비와 성혼금은 매몰비용이 아니라 미래에 대한 투자로 봐야 한다고 언급하고 있다(≪뉴스와이어≫, 2008년 7월 4일자).

[13] 기사의 내용은 여성의 인상(외모)을 5단계(호감, 약간 호감, 보통, 약간 비호감, 비호감)로 나누었을 때 등급에 따라 남편의 연봉이 차이가 난다는 한 연구결과에 관한 것이다(≪중앙일보≫, 2005년 7월 22일자).

녀들 간의 맞선을 주선하기도 한다.14) 은행의 이윤 추구를 위해 '중매'를 사은품으로 제공하는 것이다.

최근 우리 사회에서는 결혼중개업이 호황을 누리고 있다. 결혼중개업은 중산층 이상의 젊은 남녀를 연결시키고, 재혼 상대를 찾아주며, 농촌 총각을 위한 외국인 신부를 수입하느라 성업 중이다. 보건복지가족부에서는 2008년 현재 한국 사회 결혼중개업체를 1,500여 개소로 추정15)하는데(보건복지부, 2008: 9), 지난 3년간 결혼중개업체는 50% 이상의 증가율을 보이고 있다. 2005년 조사에 의하면 국내에서 영업하는 결혼중개업체는 900여 개소로 추산하는데, 이 중 국내결혼 중개업만 하는 업체가 20%, 국제결혼 중개업만 하는 업체가 41%, 국내·국제 겸업 업체가 39%를 차지했다(한건수·설동훈, 2006).

결혼정보업체의 성업은 결혼시장이라고 부를 수 있는 남녀의 조건이 거래되는, 즉 사회적 교환이 활발히 이루어짐을 보여주는 것이다. 전통의 중매결혼에는 반대하면서 낭만적 사랑과 결혼을 믿는 젊은 층들은 이상적인 남성 또는 여성을 만나 결혼하기 위해 시장으로 나간다.16) 회원들은

---

14) 최근 우리 사회에서는 고객들의 집안 사정을 잘 알고 있는 PB(private banking)들이 평소 고객에 대한 토털 라이프 케어(total life care) 서비스 차원에서 고객 자산은 물론 자녀유학이나 결혼, 문화나 스포츠 등 생활 전반에 걸쳐 서비스를 제공하고 있다. 이러한 서비스는 고객들로부터 높은 호응을 받고 있으며, 은행의 신뢰도를 높이는 데도 한몫하고 있다.
15) 2008년 6월부터 결혼중개업이 신고제에서 등록제로 변경되었다. 중개업 등록을 하기 위해서는 보건복지가족부가 시행하는 소정의 교육을 이수해야 하는데, 영업 중인 중개업체 수는 교육신청자 수를 토대로 추산한 것이다.
16) 최근에는 결혼정보업계에서 재혼시장에도 높은 관심을 보이고 있어 '재혼 전문' 결혼정보회사도 등장했다. 이혼을 보는 사회적 시각이 변화하면서 재혼시장 역시 초혼시장의 뒤를 이어 성장하고 있다. 업계의 통계에 따르면 현재 국내 결혼정보산업시장은 초혼이 75%, 재혼이 25% 정도를 차지하고 있다

그들의 재산, 학력, 가족 지위, 외모, 직업 등 시장성이 있는 모든 항목에 대해 수많은 질문에 응답해야 한다. 결혼정보업체에서는 고객들에게 이러한 세부사항을 요구함으로써 회원의 '질'을 관리하며, 이 과정을 통해 고객들은 자신의 상품성을 인식하게 된다. 이영자(2008)는 결혼시장에 뛰어든 여성들은 자신의 상품가치를 높이기 위해 '혼테크'[17]와 '사랑테크'[18]에 몰입하게 된다고 말한다. 그는 이러한 혼테크와 사랑테크는 사랑과 친밀성의 물질화와 동시에 가부장적 사회에서 젠더 불평등을 심화시키게 됨을 강조하고 있다.

한편 결혼중개업체의 또 다른 주요 고객은 농촌이나 도시의 하층계급 남성이다. 1990년에 한 지방자치단체에서 "연변 처녀 - 농촌 총각 짝짓기 사업"을 통해 23쌍이 결혼한 이래 시작된 한국 남성과 외국인 여성들의 국제결혼은 2000년부터 동남아시아 여성으로 확대되어 급증해왔다. 대부분의 경우 중개업체 사례비와 결혼을 위한 비용, 신부를 한국으로 데리고 오는 비용은 남성이 지불한다. 2006년 자료에 의하면 국제결혼 빈도가 높은 상위 5개국[19]의 경우 항공료부터 체류비 일체를 포함해서 남성이 중

(≪한경비즈니스≫, 2009년 6월 1일자).

17) 한국의 결혼시장에서 2004년부터 유행되어온 '혼테크'란 결혼과 테크놀로지의 합성어로서 결혼을 재테크에 비유하는 개념을 갖고 있다. 재테크가 재산을 늘리는 기술이라면, 혼테크는 결혼을 재테크의 수단으로 삼는 것이며 재테크를 위한 결혼의 기술을 중시하는 것을 의미한다(이영자, 2008: 59).

18) 최근에 한국의 결혼시장에서 혼테크와 함께 사랑의 투자가치와 사랑의 물상화를 극대화하는 현상과 관련해 이영자(2008: 62)는 이를 '사랑테크'로 명명한다. 즉, 연애코치와 '사랑의 기술(전술)'을 다루는 영화, 책, 방송, 대학 강의 등의 증대, 그리고 구애작전, 프러포즈의 환상적 연출, 데이트 방식 등을 가르쳐주는 상품들과 행동 프로그램들을 통해 사랑의 감정과 행위들을 상품성 높은 패턴으로 조형화하도록 가르치는 연애 컨설턴트 사업의 확장 등을 들 수 있다.

개업체에 지불하는 평균 수수료는 상대국에 따라 600만 원에서 1,000만 원 정도이다. 중국 조선족의 경우 평균 640여만 원으로 가장 낮고, 몽골의 경우 평균 1,000여만 원으로 가장 높게 나타났다(한건수·설동훈, 2006: 66~67). 이러한 국제결혼의 절차는 내국인들 간의 결혼에 비해 상업적 거래의 성격을 보다 분명히 드러내는데, 이런 이유로 한국 남성들은 외국인 아내에 대해 섹슈얼리티, 가족관계, 경제 등의 영역에서 절대적인 (때로는 폭력적인) 권력을 행사하고자 한다. 특히 일정 기간(3개월에서 12개월까지) 안에 신부가 특별한 이유 없이 도망갈 경우 다른 여성을 소개시켜주거나, 결혼비용 일부를 돌려주겠다는 내용의 신부보증제는 시장에서의 상품판매의 논리를 따르는 것이다.

2007년 한 남성이 국제결혼 중개업체에 1,050만 원을 주고 우즈베키스탄 여성과 결혼했는데 결혼 후 몇 달 지나지 않아 신부가 가출하여 중개업체에 항의하자 700만 원을 '환불'받든지 베트남 신부로 '교환'하든지 선택하라고 해서 베트남 신부와 결혼한 사례가 있었다(≪소비자가 만드는 신문≫, 2008년 5월 26일자). 환불과 교환은 상업적 거래에서 사용되는 용어이다. 이러한 보증제는 서구에서도 유사하게 나타나고 있다. 미국에서 아시아 우편주문 신부(mail-order bride)를 연구한 소(So, 2006: 400~402)는 이주결혼 과정에 경제적 교환이 존재함을 환불제(money-back satisfaction guarantee)로 확인할 수 있다고 했다. 환불제는 중개업체에서 고객 남성과 약속한 일정한 수(예컨대 100명)의 여성을 연결시켜준 후에도 마음에 드는 여성이 없으면 일정액을 되돌려주는 규정을 말한다. 이러한 배경에서 흔히 이주결혼은 '인신매매'나 '매매혼'으로 비판받게 된다.

그렇다면 지금의 이주결혼에서 사랑과 친밀성이 거래되는 현상은 이주

---

19) 중개업체를 통한 국제결혼 상위 5개국은 중국(조선족), 중국(한족), 필리핀, 베트남, 몽골이다.

결혼의 특수성인가, 아니면 지구적 차원의 시장화가 가속화되는 사회의 속성인가? 이주결혼을 바라보는 데서 간과해서는 안 될 두 가지 시각을 지적하고자 한다. 한 가지는 결혼의 거래적인 성격은 가부장제 사회의 젠더 권력관계에서 비롯된다는 사실이다. 대부분의 결혼은 이러한 맥락 속에서 일어나고 경험된다. 다른 한 가지는 결혼의 시장화 현상이 강화되는 지구적 차원의 현상 속에서 이주결혼은 젠더와 계급의 상호 교차로 일어나는 결혼의 거래가 인종과 다시 한 번 교직된(interwoven) 것이라는 사실이다.

4. 이주결혼에서의 사랑과 경제

2007년 외국인과의 혼인은 3만 8,491건으로서 총 혼인건수(34만 5,592건)의 11.1%를 차지한다. 이 중 한국 남자와 외국 여자의 혼인은 2만 9,140건으로 2006년보다 3.5% 감소했는데, 베트남 여성과의 국제결혼 규제 강화가 그 배경으로 추측된다. 2007년 한국인 남성과 결혼한 외국인 신부의 국적을 보면 중국(49.8%), 베트남(22.7%), 캄보디아(6.2%)의 순으로 나타났다. 2003년부터 급격히 증가해오던 베트남 여성과의 혼인은 2006년보다 34.7% 감소했으나, 캄보디아 여성과의 혼인은 357.9%(2006년 394건, 2007년 1,804건) 증가했다(통계청, 2008).

보통 중개업자에 의한 국제결혼의 절차는 '관광형 맞선'의 형태를 띤다. 5일에서 7일 정도의 예정으로 한국 남성이 현지를 방문해 현지 여성과 일대 다수의 맞선을 통해 배우자를 선택하고, 제한된 시간 내에 결혼의 전 과정을 끝내고 귀국한다. 성혼과정은 중개업체마다 약간의 차이가 있지만 일반적으로 맞선, 처가 방문, 결혼식, 합방 등의 순서로 행해진다. 과거에는 남성이 여성을 데려오기 위해 2차로 방문하는 경우도 있었으나 최근에는 이러한 과정이 생략되고 간소화되었다(고현웅 외, 2005).

우리 사회에서 급증하고 있는 국제결혼은 가난한 나라 여성의 경제적 동기와 한국 남성의 가부장적 전략의 협상 결과로 이해되고 있다. 이런 경우 두 사람 간의 친밀한 관계가 이루어지는 결혼은 도구적 성격이 강조되면서 감정이나 정서적 요인이 간과된다. 그러나 외국인 신부들의 결혼 동기를 단지 경제적인 차원으로 환원시키기보다는 '결혼'과 '이주'를 통해 이들이 배우자와의 관계를 포함한 자신들의 삶을 어떻게 만들어가고자 하는지에 대한 물음이 제기되어야 한다. 즉, 외국인 여성들을 국제결혼의 피해자나 한국 사회에 적응하도록 해야 하는 정책 프로그램의 대상으로 보는 시각은 이들의 행위성이나 이주결혼의 경험을 충분히 가시화시키기 어렵다(김민정 외, 2006; 김현미, 2006; Constable, 2005).

사실 모든 결혼은 경제적 합리성과 정서적 요인이 결합된 것으로 볼 수 있다. 이들도 예외는 아니다. 외국인 아내들은 이주를 통해 잘사는 나라의 남성과 낭만적 결혼, 안락한 생활을 기대하기도 하지만, 보다 현실적인 동기는 친정가족에 경제적 보탬을 주고자 하는 가족전략의 의미와 '일을 하고 싶다'는 경제활동의 욕구에 있는 것처럼 보인다. 기존의 연구들(김민정 외, 2006; Piper and Roces, 2003; Lu, 2005)에서도 여성들의 결혼이주와 노동이주의 중첩된 욕망을 지적하고 있다. 결혼동기가 가난을 벗어나고 싶은 욕구, 직업을 갖고 경제력을 갖추고 싶은 욕망, 학업을 지속하고 싶은 기대 등 무엇이든지 이면에는 자신의 삶을 기획하고자 하는 행위성을 볼 수 있다.

결혼을 통해 계층이동을 하고자 하는 여성들의 경제적 동기와 순종적이고 시부모를 잘 모시는 아내를 구하고자 하는 남성의 가부장적 욕구는 근대 낭만적 사랑과 결혼의 각본에서 크게 벗어나지 않는다. 신데렐라를 꿈꾸는 여성의 로맨스는 사회적 지위가 높은 남자를 만나 그 남자의 보호를 받으면서 행복하게 사는 것이다. 즉, 계층이동과 성역할은 로맨스의 문화적 각본이다. 한편 선녀와 나무꾼의 '로망'을 가지고 있는 남성의 로맨스는 아름다운 여자를 만나 자신의 아이를 낳게 하고 그 여자의 보살핌을 받으면서 살아가는 것이다. 여기에는 외모와 성역할이 로맨스의 문화적 각본이다. 이런 의미에서 결혼으로 교환되는 경제적·문화적 자본은 사랑의 감정을 구성하는 요소가 된다. 국제결혼한 부부의 갈등요인 중에서 빈번히 언급되는 것이 친정에 대한 경제적 지원과 시부모를 모시는 것인데, 이는 성역할에 대한 기대로 볼 수 있다. 남편의 '친정에 대한 경제적 지원'은 외국인 아내에게는 사랑의 확인이 될 수 있고, '시부모 잘 모시는 것'은 한국인 남편에게는 친밀성과 존경의 확인이 될 수 있다.

배우자를 선택할 때 외국인 여성은 재산과 직업을 중시하고, 한국인 남성은 나이가 어린 여성을 선호하는 점(설동훈·이혜경·조성남, 2006; 이명진, 2008) 또한 낭만적 사랑의 각본에서 크게 벗어나지 않는다. 결혼이민자 여성들이 결혼할 때에는 경제적 동기가 있지만 결혼의 의미를 그것으로 환원시킬 수는 없을 것이다. 한편 남성들은 단순히 시부모 봉양이나 자녀 출산의 도구를 얻기 위해 결혼했다고 그 의미를 축소하기는 어렵다. 어떤 결혼이든 자신의 삶을 배우자와 공유하고 정서적·성적 친밀성을 나눌 수 있는 상대를 구하기 위한 동기를 배제한 채 이해하는 것은 곤란하다.[20]

---

[20] 2007년 8월 필자는 국제결혼여성 친정방문단에 합류해서 베트남에 다녀왔다. 개별 가족들이 3박 4일 동안 친정을 다녀온 후 부부들만이 모여 친정방문 소감을 나누고, 부부간에 하고 싶은 이야기를 편지를 써서 읽은 시간은 매우 감동적이었다. 부부들뿐 아니라 인솔자들과 베트남 현지 관계자들까지 눈시울이 붉어지기도 했다. 이 자리에서 한국 남편들은 아내에게 자신과 결혼하고, 아이를 낳아줘서 고맙다는 이야기, 시부모님을 잘 모시고, 한국어를 빨리 배우라는 당부 등을 했다. 몇몇 남편들은 아내에 대한 사랑과 친밀성을 적극적으로 표현했는데, 친정에 대한 배려나 남편 가족에 대한 정성으로 서로 사랑을 확인했다. 물론 이들은 결혼관계가 좋아 방문단에 선정된 사람들

농촌의 국제결혼 부부의 갈등을 분석한 윤형숙(2004: 7~15)은 필리핀 아내들의 결혼 배경과 동기가 잘사는 나라의 남성과 결혼해서 가난에서 탈출하고자 하는 욕망이었다 하더라도 이들이 결혼생활에서 기대하는 것은 부부간의 평등과 '낭만적' 사랑이며, '사랑'을 통한 '이상적인 참 가정'을 만들겠다는 종교적인 이유가 배경이 되기도 한다고 지적한다. 한편 한국인 남편들 중에는 결혼이 성사되는 과정에서는 큰 의미를 두지 않았던 '사랑'에서 결혼의 궁극적인 의미를 깨닫는 남성들도 있음을 지적하고 있다. 사실 이주결혼 여성들은 자신을 거래되는 상품으로 인식하지 않으며, 결혼을 상호 합의에 의한 교환으로 보고, 자신들이 이러한 결혼을 결정했다고 여긴다(So, 2006).

이러한 점에서 매매혼보다는 정략결혼(marriage of convenience)[21]의 개념이 이주결혼 부부관계의 성격과 갈등을 이해하는 데에 더욱 적절하다고 할 수 있다. 결혼동기가 도구적이라고 하더라도 결혼 당사자들에게 사랑의 가능성을 배제할 수는 없다. 친밀한 관계에서 교환되는 사회적·문화적 자본은 '낭만적 사랑의 감정'을 구성하는 한 요소이기 때문이다.

매매혼의 개념으로 이주결혼을 이해하려 할 때 가출 등 이주결혼의 갈등은 결혼의 도구적 성격과 애정 부족으로 원인이 돌려질 수 있다. 이러

이라 국제결혼한 부부에게 일반적으로 적용할 수는 없다.
21) 결혼중매업체를 통한 대만 남성과 중국 여성의 결혼을 연구한 루(Lu, 2005: 296)는 이들 결혼을 연애결혼(love marriage)이나 매매혼(trade marriage)과는 구별되는 정략결혼(marriage of convenience)으로 본다. 흔히 정략결혼은 '사랑' 외의 목적으로 한 결혼이며, 교환의 조건이 반드시 재정적인 것이 아니라고 하더라도 남녀 모두가 이득(benefit)을 얻는 일종의 계약으로 볼 수 있다. 이주결혼이나 정략결혼을 문제로 보는 것은 결혼의 감정적 측면과 도구적 측면, 예컨대 물질적인 고려는 양립할 수 없다는 전제에서 비롯되는 것이다.

한 이해는 이주결혼 부부관계가 놓인 다양한 사회적 맥락과 관계구성 요소들을 간과하면서 동어반복적인 인과론이 될 수도 있다. 이주결혼의 갈등은 결혼중개업이나 돈 거래 등의 상업적 요소가 개입되었거나 그 결혼이 단지 정략적인 것이기 때문이라고 반복하기보다는, 애정적인 관계를 형성하고 유지시키도록 하는 요소에 대해 질문하는 것이 필요하기 때문이다. 이주결혼에서 언어와 문화적 차이[22])로 인해 사랑과 친밀성을 만들고 유지할 수 있는 '도구'가 부재하다는 지적(설동훈·이혜경·조성남, 2006; Lu, 2005; Robinson, 2007)에 유의할 필요가 있다. 결혼 이전에 서로 사귀어보는 기회가 박탈된 채 거의 낯선 사람과의 만남이라는 점과 두 사람 간의 문화적·경제적 차이가 이주결혼을 더욱 취약하게 만드는 것이다.

한국의 중매결혼시장에서 국내 남녀 간의 신상과 조건이 '결혼정보'라는 이름으로 거래되고 있는 현실에서, 이주결혼이 더욱 계산적, 상업적으로 보이는 이유는 무엇인가? 이는 물론 단기간에 언어도 통하지 않는 낯선 사람과의 결혼이고, 결혼 당사자들이나 중개업체의 사기로 피해자가 나타나기도 하기 때문이기도 하다. 매매혼이라는 규정이 나오는 이유도 이런 배경에서 비롯된다. 3절에서 살펴보았듯이 국내 남녀들의 결혼은 경제적인 투자로 다양한 혼테크와 사랑테크를 구사함으로써 상업적인 거래를 로맨스로 포장한다. 이들의 결혼이 유사성을 갖고 있음에도 다르게 보이는 것은 지금의 국제결혼이 기층남성과 빈국여성 간의 결합이라는 지구적 계층 지위를 가지고 있는 것에 대한 차별적 시선 때문이라고도 할 수 있다.

---

22) 연령의 차이와 교육수준의 차이가 결혼 지속기간에 부정적인 영향을 준다는 연구결과(이명진, 2008)는 세대 간 문화적 차이의 중요함을 말해준다. 이혼한 국제결혼 부부의 경우 베트남인이나 필리핀인, 몽골인 부인과 한국 남편의 연령 차이는 11~17세에 이른다.

결혼과 가족은 성별분업과 자원의 분배가 이루어지는 경제적 단위이지만, 여타 경제적 행위와는 구분된다. 결혼과 가족 안에서는 감정 및 정서적 관계와 경제적 행동이 상호 동기와 의미를 부여하는 관계라는 점에서 그러하다. 최근 우리 사회에서 남녀의 만남을 주선하는 결혼정보회사뿐 아니라 웨딩 플래너 등을 포함한 결혼산업의 성장은 외국인과의 결혼이든 내국인 간의 결혼이든 이미 시장의 논리가 지배하고 있음을 알 수 있다. 이러한 배경에서 이주결혼의 경제적 동기만을 강조하거나 인신매매나 매매혼으로 규정하는 담론이 젠더 권력관계를 비판하는 것은 옳으나, 자칫 이러한 강조는 인종적·계급적 편견을 재생산하는 논리가 될 수 있음을 경계할 필요가 있다.[23]

5. 나가는 글

사람들은 끊임없이 사랑과 친밀성의 적절한 사용과 부적절한 사용 간에 도덕적 경계를 긋는다. 그러나 결혼에서 경제가 중요한지 사랑이 중요한지는 이분법적으로 논의될 수 있는 것은 아니다. 사적 영역에서 경제와 욕망(desire)은 긴장관계에 있는 것처럼 보이지만, 이 둘은 상호 동기와 의

---

[23] 소(So, 2006)는 우편주문 신부에 대한 미디어의 재현이나 담론들은 개발도상국 남성을 무책임, 무능력한 남성으로, 여성들은 무기력한 피해자로 규정한다고 비판하고 있다. 여성들은 자국에서 생계를 유지하기 어렵거나 자국의 남성들로부터 경제적으로 버림받고 미국에서 경제적·사회적 자유를 찾고자 하는 욕망을 위해 이주하는 것으로 재현되고 있는데, 이것은 계급적·인종적 편견을 재생산하게 된다. 실제 개발도상국의 남성들은 무능력한 것이 아니라 경제적으로 열악한 나라에서 직업을 갖는 것이 어렵기 때문이라는 점이 고려되어야 한다.

미를 부여하고 있다. 이 글은 전 지구적으로 감정 자본주의가 확대되는 현상을 이주결혼의 맥락에서 살펴보고자 했다. 감정, 사랑, 애정, 친밀성, 돌봄이 비물질적이고, 노동이 아니며, 자연스러운(natural) 여성성에 기반을 둔 역할이며, 경제의 영역과는 분리된 것이라는 근대적 신화(myth)는 결혼산업, 감정 및 서비스 노동, 돌봄산업 등이 증가됨에 따라 도전을 받고 있다. 전 지구적으로 확대되는 사랑과 친밀성의 상업화 추세는 우리에게 몇 가지 과제를 던져준다.

첫째, 사랑과 친밀성이 경제적인 요소와 협상되는 과정에 대한 분석은 이주결혼뿐만 아니라 공간적 제약과 국가의 경계를 초월하는 초국가적 별거가족의 논의로 확대될 수 있다. 예컨대 기러기 가족이나 가족의 생계를 위해 외국에 이주해온 여성노동자 가족은 이전까지 자신의 가족 내에서 충족되어온 친밀성의 유지에 위협을 받지만, 동시에 사랑과 보살핌을 제공하는 감정 노동자로 일하는 여성들은 타국 중산층 가족이 당면한 돌봄의 공백을 메워주기도 한다. 따라서 자본주의나 여타 경제원칙이 감정, 사랑, 애정, 친밀성, 돌봄의 행위와 결합되는 방식에 대한 탐구는 후기 근대 한국 가족을 이해하는 데 핵심적인 과제이다.

둘째, 친밀성의 상업화, 상품화 추세는 젠더 질서(예컨대 낭만적 사랑이 상업주의와 결합)를 강화하기도 하고 약화(예를 들어, 가족 내 성별분업)시키기도 한다. 사적 생활의 고통에서 벗어나서 감정적·경제적으로 독립하라는 페미니즘의 메시지가 친밀한 일상의 상업적 문화와 친화력을 보이는 현상에 우리는 어떻게 개입할 수 있을 것인가에 대한 고민이다(Illouz, 2007).

마지막으로 사랑과 친밀성의 상업적 거래를 어떻게 평가할 것인가에 대한 문제도 여전히 해결되기 어렵다. 어떤 교환은 불가피하거나 혹은 필요하고, 어떤 교환은 우리 삶을 위협하는가에 대한 도덕적·정치적 경계에 대한 논의도 향후 과제로 남는다.

참고문헌

고현웅·김현미·소라미·김정선·김재원. 2005. 『국제결혼 중개 시스템: 베트남·필리핀 현지 실태조사』. 빈부격차·차별시정위원회.
기든스, 앤소니(Anthony Giddens). 1997. 『현대사회의 성, 사랑, 에로티시즘: 친밀성의 구조변동』. 배은경·황정미 옮김. 새물결.
김민정·유명기·이혜경·정기선. 2006. 「국제결혼 이주여성의 딜레마와 선택: 베트남과 필리핀 아내의 사례를 중심으로」. ≪한국문화인류학≫, 제39권 1호, 159~176쪽.
김현미. 2006. 「국제결혼의 전 지구적 젠더 정치학: 한국 남성과 베트남 여성의 사례를 중심으로」. ≪경제와 사회≫, 통권 제70호, 10~37쪽.
보건복지가족부. 2008. 『2008 결혼중개업 관리업무 안내』.
벡, 울리히·엘리자베트 벡-게른샤임(Ulrich Beck and Elizabeth Beck-Gernshiem). 1999. 『사랑은 지독한, 그러나 너무나 정상적인 혼란』. 강수영·권기돈·배은경 옮김. 새물결.
설동훈·이혜경·조성남. 2006. 『결혼이민자 가족실태조사 및 중장기 지원정책 방안 연구』. 여성가족부.
안양 전진상복지관 이주여성쉼터 위홈. 2003. 『국제결혼과 여성폭력에 관한 정책제안을 위한 원탁토론회』.
윤정숙·임유경. 2004. 「성별화된 이주방식으로의 국제결혼과 여성에 대한 폭력: 필리핀여성과 한국 남성의 결혼을 중심으로」. 한국여성학회 추계학술대회 발표논문(2004.11.20).
윤형숙. 2004. 「외국인 출신 농촌주부들의 갈등과 적응: 필리핀 여성을 중심으로」. 한국여성학회 10월 심포지엄 발표논문(2004.10.16).
이명진. 2008. 「국제결혼부부의 결혼안정성」. 한국여성정책연구원 제2차 가족정책 포럼 발표문(2008.6.10).
이영자. 2008. 「결혼시장과 젠더」. ≪한국여성학≫, 제24권 2호, 39~71쪽.
이재경. 2005. 「공·사 영역의 변화와 '가족'을 넘어서는 가족정책」. ≪여성연구≫, 2005년 1호, 137~164쪽.
_____. 2007. 「한국 가족 변화의 특성과 쟁점」. 『가족복지의 정책과 실천』. 공동체.
이재경 외. 2007. 『여성학』. 미래 M&B.

통계청. 2008. 「2007년 혼인통계 결과」. 통계청 보도자료(2008.3.26).
하재경. 2007. 「결혼 시장의 사회적 구성」. 한국사회학회 주최 2007년도 후기사회학대회 자료집 발표문(2007.12.14).
한건수·설동훈. 2006. 『결혼중개업체 실태조사 및 관리방안 연구』. 보건복지부.
한국문화인류학회. 2003. 『처음 만나는 문화인류학』. 일조각.

Constable, Nicole. 2005. *Cross-Border Marriages: Gender and Mobility in Transnational Asia*. University of Pennsylvania Press.
Hirsch, Jennifer S. and Holly Wardlow. 2006. *Modern Loves: the Anthropology of Romantic Courtship and Companionate Marriage*. The University of Michigan Press.
Hochschild, A. R. 1997. *The Time Bind*. Owl Books.
Illouz, Eva. 1997. *Consuming the Romantic Utopia: Love and the Cultural Contradictions of Capitalism*. University of California Press.
_____. 2007. *Cold Intimacies: The Making of Emotional Capitalism*. Polity Press.
Jamieson, Lynn. 1998. *Intimacy: personal relationships in modern societies*. Polity Press.
Johns, Gavin and Hsui-hua Shen. 2008. "International marriage in East and Southeast Asia: trends and research emphases." *Citizenship Studies*, Vol. 12, No. 1, pp. 9~25.
Lu, Melody China-Wen. 2005. "Commercially Arranged Marriage Migration: Case Studies of Cross-border Marriages in Taiwan." *Indian Journal of Gender Studies*, Vol. 12, No. 2-3, pp. 275~303.
Padilla, Mark B, Jennifer S. Hirsch, Miguel Muñoz-Laboy, Robert E. Sember and Richard G. Parker. 2007. *Love and Globalization: Transformations of Intimacy in the Contemporary World*. Vanderbilt University Press.
Piper, Nicola and Mina Roces. 2003. "Introduction: Marriage and Migration in an Age of Globalization." in N. Piper and M. Roces(eds.). *Wife or Worker?: Asian Women and Migration*. New York: Rowman & Littlefield Pub.
Robinson, Kathryn. 2007. "Marriage Migration, Gender Transformations, and Family Values in the 'Global Ecumene'." *Gender, Place and Culture*,

Vol. 14, No. 4, pp. 483~497.

Skolnick, A. 2001. *Time of Transition: Work, Family and Community in the Information Age.* Families and Work Institute.

So, Christine. 2006. "Asian Mail-Order Brides, the Threat of Global Capitalism, and the Rescue of the U.S. Nation-state." *Feminist Studies*, Vol. 32, No. 2, pp. 395~419.

Wilson, Nicholas H. and Brian J. Lande. 2005. "Feeling Capitalism: A Conversation with Arlie Hochschild." *Journal of Consumer Culture*, Vol. 5, pp. 275~288.

Zelizer, Viviana A. 2005. *The Purchase of Intimacy.* Princeton University Press.

_____. 2006. "Do Markets Poison Intimacy?" *Contexts*, Vol. 5, Issue 2, p. 33.

∷ 신문기사 ∷

≪뉴스와이어≫. 2008.7.4. "결혼도 투자, 상류층 결혼정보회사 가입비용 1,000만 원."

≪동아일보≫. 2006.10.7. "급증하는 국제결혼, 학대받는 외국인 아내들."

_____. 2007.3.8. "국제결혼 중개업체 난립 부작용 심각."

_____. 2007.10.15. "국제결혼 실패 40대 목숨 끊어."

≪문화일보≫. 2008.7.8. "국제 결혼업체 사기 피해 속출…철저히 관리·감독을."

≪조선일보≫. 2006.3.8. "한국 농촌총각 중국 여성 아내맞기 어려워질 듯."

_____. 2007.3.27. "베트남 처녀들 왜 한국에 시집오나."

_____. 2008.4.25. "몽골로 되돌아간 이주여성."

≪중앙일보≫. 2005.7.22. "여성의 외모가 한 등급 올라감에 따라 남편의 연봉이 324만 원 차이가 난다."

_____. 2006.11.14. "부끄러운 국제결혼 인권유린 현장."

_____. 2006.9.15. "외국인 아내들의 잇따른 가출…농촌 남편들 수소문 '허망'."

_____. 2007.3.22. "中조선족 1천여 명 한국인과 국제결혼 사기 피해."

_____. 2008.6.20. "어느 베트남 신부의 마지막 편지."

≪소비자가 만드는 신문≫ http://www.newswire.co.kr

≪코리아뉴스와이어≫ http://www.newswire.co.kr

≪한경비즈니스≫ http://www.kbizweek.com

통계청 홈페이지 http://www.nso.go.kr

제3부
여성 이주의 시대, 변화와 과제

제10장
국제결혼과 한국 가족의 부계적 성격

제11장
이주, 그리고 일본의 도전받는 '가족'

제12장
경계 없는 가족?
여성 이주와 초국적 가족

제13장
한국 다문화가족 관련 법제에 대한 고찰

제14장
일본 개호보험제도하의 보살핌 '위기'와 교훈

제15장
동아시아 고령자 개호 시스템의 전개와 과제

제10장 국제결혼과 한국 가족의 부계적 성격

김민정 (강원대학교 문화인류학과 교수)

1. 들어가는 글: 한국 가족의 변화

2000년대 한국 사회에서는 가족과 관련해서 두 가지 큰 변화가 사회문제로 제기되고 있다. 하나는 한국 여성의 독신율이 증가하고 출산율이 현저하게 낮아졌다는 것이다. 소위 결혼 적령기로 간주되는 20대 후반(25~29세) 여성의 미혼율은 1985년의 18.4%에서 1995년에는 29.4%로, 2005년에는 59.1%로 급증한다. 또 1985년에 이미 1.7로 낮아진 합계출산율도 2004년에는 1.16으로 격감했다. 한국여성의 '출산 보이콧'이라 불릴 만한 이러한 변화는 한국 가족의 부계적(patrilineal) 성격이 변화하고

---

* 이 글은 2008년 이화여대 아시아여성학센터에서 주최한 국제학술대회 "지속가능한 미래를 위한 국제 심포지엄: 이주의 시대, 아시아 여성 이주와 가족구조의 변동"에서 발표한 글을 수정·보완한 것이다. 발표 당시 한국 사회의 문제의식을 전달하기 위해 관련 통계수치나 정책내용의 최근 변화는 본문을 수정하지 않고 각주를 통해 보완하고자 한다. 한편 이 글의 문제의식을 살려 내용을 보완한 글이 "Filipina Wives and 'Multicultural Families' in Korea"라는 제목으로 *Korea's Changing Roles in Southeast Asia: Expanding Influence and Relations* (David Steinberg, ed., Singapore: ISEAS, 2010)에 실렸다.

있으리라 기대하게 한다. 실제로 부계핏줄에 대한 선호를 단적으로 보여 주던 출생아 성비(여아 100명당 남아의 출생비)는 1993년 115.5에서 2001 년 이후 110 이하로 하락했다. 그러나 셋째 아이만의 성비는 2004년에도 여전히 131.2여서 한국 가족의 부계적 성격이 근본적으로 변화했다고 판 단하기는 아직 이른 것 같다(관련 수치는 통계청, 각 년도; 한국여성정책연구 원, 여성통계DB).[1]

다른 중요한 변화 중 하나는 국제결혼이 크게 증가하고 있으며, 특히 한국 남성의 국제결혼이 다수를 차지하고 있다는 점이다. 2006년도에는 전체 결혼 건수의 11.9%인 3만 5,650건이 국제결혼이었고, 그중 76.1%가 한국 남성과 외국인 여성의 결혼이었다. 특히 농어촌 지역에서는 같은 해 에 결혼한 남성의 41%인 3,525명이 국제결혼을 했는데, 이 중 절반가량 은 베트남과 필리핀, 태국 등 동남아 국가 여성과 결혼했다(법무부, 2007: 491).[2] 한국의 농어촌 남성은 특히 가사를 전담하면서 노부모나 다른 가 족성원들을 돌봐줄 아내를 구하고자 국제결혼을 선택하는 경우가 많다.

오늘날 함께 나타나고 있는 이 두 현상은 한국 가족의 부계적 성격이 계층과 젠더, 배우자 국적의 위계 등 여러 요인과 관련해서 강화될 수도 약화될 수도 있는 복잡한 국면 속에 놓여 있음을 보여준다. 이 글에서는

---

[1] 20대 후반 여성의 미혼율은 2005년 59.1%로 더욱 증가했으나, 합계출산율은 2007년 1.26으로 다소 증가했다(통계청, 2009a). 한편 출생아 성비는 2008년 에는 106.4로 하락해 자연성비의 범주에 속하게 되었다. 셋째 아이의 성비는 115.9로 4년 전보다는 많이 떨어졌으나 여전히 자연성비로부터 벗어나 있다 (통계청, 2009b).

[2] 2009년이 되면, 전체 결혼건수에서 국제결혼의 비율은 10.8%로, 국제결혼 중 한국 남성이 외국인 여성과 하는 결혼의 비율은 75.5%로, 농어촌 지역의 국제 결혼비율은 35.2%로, 관련 수치가 약간씩 감소하는 추세를 보인다(통계청, 2010).

최근 증가하고 있는 국제결혼에 주목해 한국 가족의 부계적 성격과 그 변화의 문제를 논의해보고자 한다.

부계성(patrilineality)은 인류가 친족관계(혈연관계와 혼인관계)를 맺어나가는 몇 가지 원리 중 하나이며, 세대를 이어 영속하는 혈통집단의 구성원리이다. 그리고 가족은 통상 이러한 혈통집단의 영속성을 담보해주는 주거 및 생활 단위를 말한다. 따라서 부계 혈통집단이나 부계 친족이라는 표현은 적절하지만 부계가족이라는 표현은 불충분하며, 대신 부계 직계가족이나 부계 확대가족이라는 표현이 사용될 수 있다.3) 오늘날 한국 사회에서 문중과 같은 부계 혈통집단의 영향력은 약화되었고, 거주상으로 부모와 미혼자녀만으로 구성된 핵가족이 대세이므로, 가족형태를 통해 친족 및 가족관계에 내재한 부계성을 파악하기는 힘들다.

이에 이 글에서 논의하고자 하는 한국 가족의 부계적 성격이란, 부계 혈통집단 및 부계 친족관계가 급격히 약화되는 과정 속에서 개별 가족에게 남아 있는 부계 친족관계의 특징들을 말한다. 즉, 장남이 노부모를 모시거나, 아내가 남편의 지역으로 이동해서 거주하거나, 자녀에 대한 법적 권리를 아버지가 가진다거나 하는 특징들은 부계 혈통집단의 영속성을 위해서라기보다는 개별 가족의 사회적응이나 생존을 위해 긴밀한 연관성 없이 파편적으로 작동하는 부계원리일 것이다.

한국 남성, 특히 중하층이나 농촌 남성의 국제결혼이란 20년 전만 해도 상상하기 힘든 일이었다. 그런 일이 가능해진 것은 소위 '작아진 세계(shrinking world)' 속에서 이주가 증가하고 있으며(톰린슨, 2004: 14), 1990년대 들어서는 특히 아시아에서 '이주의 여성화(feminization of migration)'

---

3) 부계 직계가족은 부모가 결혼한 자식 중 한 명의(한국에서는 주로 장남의) 가족과 함께 사는 가족형태를 말하며, 부계 확대가족은 부모가 결혼한 여러 아들의 가족과 함께 사는 가족형태를 말한다.

가 가속화되고 있기 때문이다(Sassen, 2002). 그런데 한국 가족의 부계성은 원칙적으로 국제결혼을 통해 훼손되지 않는다. 국제결혼을 통한 외국 여성들의 이주는 오히려 부계 친족체계의 기본요건인 부거제(patrilocal residence)의 유지를 가능하게 한다. 또한 많은 경우 외국인 아내들은 가사전담이라는 가족 내 성별분업을 받아들이고, 대부분 결혼 직후 바로 자녀를 출산하고, 가족 내 경제권이나 의사결정권을 갖지 못하는 경우가 많아 가족관계는 가부장적 성격을 띤다.

그렇다면 한국 남성의 국제결혼은 한국 가족의 부계적 성격을 강화하는가? 단순히 그렇다고 답할 수도 없어 보인다. 우선 한국 사회 전반에서 가족성원 간 관계와 도덕은 탈권위적이고 성평등적인 방향으로 변화하고 있다. 또한 필리핀을 위시한 동남아 문화권의 친족인식은 부계를 따르지 않으며 보다 성평등적인 양변친족(bilateral kinship)체계이기 때문에 아내들이 한국의 부계 친족문화를 받아들이는 데에는 한계가 있다. 마지막으로 인권의 차원에서 또한 자녀의 정체성 형성에 어머니 문화에 대한 인식과 태도가 중요하기 때문에 사회적으로 외국인 어머니의 문화적 정체성을 지지해주어야 한다.

이에 이 글에서는 한국에 살고 있는 필리핀인과 한국인 부부 사례를 통해 국제결혼의 젠더 문제를 한국 가족의 부계적 성격과 결합해서 분석해 보고자 한다.[4] 논의의 주 대상은 지방과 농촌에 사는 필리핀 아내와 한국 남편 가족이다. 그러나 논의의 맥락을 보다 뚜렷이 하기 위해 수도권에

---

[4] 법무부의 통계에 의하면 2006년 12월 현재 (국적 취득을 한 사람들을 제외하고) 결혼이민자로 거주하고 있는 필리핀인은 모두 4,324명으로 전체 결혼이민자의 10.9%를 차지했고, 이 중 여성은 4,186명이며 남성은 138명이었다(법무부, 2007: 491). 그러나 2009년 3월에는 전체 결혼이민자 중 6,047명이 필리핀인으로 그 수는 많이 늘었지만 비율은 4.8%로 줄어들었는데, 이는 2006년 이후 베트남 여성의 급격한 유입 때문이다(법무부, 2009).

사는 한국인 아내와 필리핀 남편 가족의 경우를 비교사례로 제시하고자 한다. 이 글의 자료가 되는 조사내용은 2002년부터 2007년 사이에 수집된 것이며, 이미 출판된 필자의 기존 논문 두 편에서 사용된 바 있다.[5]

2. 한국 농촌과 국제결혼

전 지구화 과정 속에서 자본과 정보, 기회 등에 대한 접근성은 국가에 따라 차별적으로 나타나고 오늘날 국제이주의 증가는 이러한 배경 속에서 발생한다. 그리고 전 지구화 과정은 일국 내에서도 지방과 중앙에 차별적으로 영향을 미친다. 지방의 일자리와 인력은 모두 시공간적으로 더욱 가까워진 '중앙' 쪽으로 유출되며, 국제자유무역의 확산기조 속에서 농·축·수산물 시장은 더욱 위축되고 불안정해진다. 지방의 경우, 새로운 정보와 시스템, 가치와 스타일의 도입이 중앙보다 늦어지고, 지역민들이 공유하던 고유의 관습과 문화는 관광을 위한 정체불명의 '향토문화'로 변질된다. 그러다 보니 한국에서 지방은 "미래가 보장되지 않으므로 '투자할' 가치가 없는 땅"이거나 "거처를 두고 먹고 살 만하지 못한 곳"으로 인식된다. 이러한 사고는 즉각적으로 부동산 가격의 상대적 하락이나 인구감소 같은 현상으로 나타난다.

전 지구화의 시대에 지방사회의 경쟁력 하락은 지방사회가 근거하고 있는 농촌 공동체의 재생산 위기를 통해 단적으로 드러난다. 한국의 농가 호수와 농가인구는 일찍이 1975년부터 마이너스 성장을 하기 시작했다

---

[5] 이 두 편의 논문은 「한국 가족의 변화와 지방사회의 필리핀 아내」(≪페미니즘 연구≫, 7권 2호, 2007)와 「국제결혼 가족과 자녀의 성장」(≪한국문화인류학≫, 41집 1호, 2008)이다.

(통계청, 각 년도). 전체 농가 중 영농승계자가 있는 비율은 1990년에 이미 16.4%로 낮은 상태였지만, 2005년이 되면 3.6%로 거의 제로에 가까워졌다(김민정, 2007: 216). 그리하여 일찍이 1990년부터 한국계 중국인(조선족)과의 국제결혼이 '농촌 살리기' 사업의 일환으로 추진되어왔다. 처음에는 해외한민족연구소와 전국주부교실중앙회가 결혼주선사업을 했는데, 1992년 한중수교 이후에는 지자체가 직접 나서기도 했으나 일반인들의 눈에 띌 정도는 아니었다. 이후 국제결혼은 (중개업체의 선전에 의하면 '한국어를 잘 못해서 결혼 직후 도망갈 가능성이 적은') 동남아 여성을 대상으로 증가했고 국도변과 리(里) 단위의 마을에조차 국제결혼 선전물이 나붙으며 부추겨지는 상황이 되었다.6) 한국의 농촌사회는 국제결혼의 절대건수는 적게 발생하는 공간이지만, 사회적 관심과 여론의 주목을 받으며 한국 남성의 국제결혼을 둘러싼 담론을 주도하는 사회적 장이 되었다.

이러한 상황이 절박하다고 인식되기에 지방과 농촌에서 국제결혼에 대한 공론은 긍정적이다. 한 지방신문의 논설위원은 "이들(외국인 아내들)은 농촌에서 아이 울음소리를 다시 들리게 하고 농촌 총각의 영농의지를 살리며, 고령의 시부모를 모시는 등 농촌사회의 활력소 역할을 단단히 해내고 있다(≪강원도민일보≫, 2005년 10월 11일자)"고 이주여성을 추켜세운다. 그런데 국제결혼 이주여성이 한국 농촌에 필요한 존재라는 점을 강조하는 이러한 시선은 한국의 농촌 남성을 결혼중매시장의 소비자로 보는 시선과 공존한다. 실제로 ≪농민신문≫에서는 "국제결혼 낭패 막으려면"이라는 소제목 아래 국가별 결혼중매비용을 상세히 소개하고, 한국 남성을 피해를 입을 가능성이 있는 '소비자'라고 표현한다(≪농민신문≫, 2005년 5월 2일자). 이러한 '시장과 가격의 은유'는 동남아 결혼이주 여성이 서

---

6) 국제결혼 선전방식과 내용에 대해 현재는 정부가 규제를 하고 있으며, 국제결혼 중개업은 2008년 6월 이후 등록제로 바뀌었다.

비스 제공자라는 상품화의 은유를 전달하게 된다(김민정, 2007: 217~218).

2000년대 들어 몇몇 지방자치단체들이 결혼중매사업을 시작하고 농촌의 국제결혼 건수는 더욱 늘기 시작했다. 2007년에는 3개도와 60여 개의 시군이 국제결혼비용을 지원했고, 관련 조례를 제정한 곳도 26곳에 이르며, 이를 위해 책정된 예산은 모두 26억 4,800만 원이었다(≪한겨레≫, 2007년 6월 8일자). 그런데 지자체의 결혼중매사업은 일반 사설대행업체를 이용하기 때문에 외국인 신부를 '상품화'하는 비인격화의 문제는 전혀 시정되지 않았을 뿐 아니라 오히려 공공연하게 선포하는 꼴이 되었다. 충북의 한 군(郡)에서 제정한 조례에는 "600만 원의 보조금을 주지만 3년 이내에 이탈자가 생기면 자금을 회수한다"(≪농민신문≫, 2005년 7월 8일자)고 명기되어 있는 실정이다. 즉, 결혼을 신랑과 신부 간의 평등한 계약이나 합의로 보는 것이 아니라 신부만 참아주면 유지가능한 일방적 관계로 보며, 혼인관계가 깨지는 것을 신부 측의 '이탈'로 해석하는 것이다. 이러한 조례내용은 결혼중매라기보다는 '인신공수'에 더 가깝다고 하겠다(김민정, 2009: 218). 이러한 인식에 문제를 못 느끼는 사람들은 흔히 신부 출신국의 현 경제사정이 한국의 수십 년 전 과거와 유사하므로, 한국이라면 전설의 고향에나 나올 법한 '보쌈결혼'이나 '가족 빚을 갚기 위한 시집가기'를 그들의 처지에 투사하려고 한다. 그러나 이렇게 '그들'이 속한 시공간을 '우리'가 속한 것과 동떨어진 먼 과거로 위치짓는 인식이야말로 '오리엔탈리즘'의 대표적인 사고방식인 것이다(사이드, 2007).

이와 같이 오늘날 한국 농촌에서 국제결혼 이주여성은 한국 농촌을 위기에서 구해낼 유일한 사람인 것처럼 그려지면서 동시에 한국의 가족으로 편입시켜 관리해야 할 비인격적 존재로도 그려진다. 두 이미지는 상반되어 보이지만, 여성을 대상화한다는 점에서는 일맥상통한다. 여성은 위기 시에 희생함으로써 사회적으로 주목받을 수 있으며, 남성에게 편입되지 않는 여성은 사회적 존재로 인정될 수 없다는 점을 말하고 있기 때문이다.

3. 필리핀 여성의 결혼이주와 젠더

한국계 중국인을 제외한다면 필리핀 여성들은 결혼이주 여성 중에서 가장 활동적인 집단으로 보인다. 필리핀 여성들은 필요한 경우에는 가톨릭 성당을 통해 다른 필리핀 이주자들과 접촉할 수 있고, 다른 국가 출신보다 초등학교의 원어민 교사로 더 많이 활동하며, 3D 생산직종이나 일용 서비스직을 벗어나 유치원이나 학원의 영어강사로 일하기도 한다. 2007년 12월 대통령 선거 당시 결혼이주 여성을 대표해 이명박 후보의 TV 지지 연설원으로 나온 사람도, 또한 2008년 4월 국회의원 선거 당시 창조한국당의 비례대표 국회의원 후보로 선정된 사람도 모두 필리핀 여성이었다.

한국의 결혼이주자 중 필리핀 여성들이 특히 활동적인 이유는 여러 가지로 설명될 수 있다. 우선 다른 아시아 국가에 비해 해외이주의 역사가 오래되었기 때문에 현지 적응력을 더 갖추고 있을 수 있다. 대다수가 가톨릭 신자여서 성당을 통한 네트워크를 이용할 수 있고, 한국 개신교의 선교에 대해서도 무슬림이나 불교도보다 훨씬 더 수용적인 태도를 보인다. 또한 영어 사용국에서 왔기 때문에 '영어 콤플렉스'가 있는 한국 사회에서 상대적으로 자신감을 가지고 생활할 수 있다.

한편 필리핀 여성의 결혼이주는 필리핀의 전반적인 해외이주 증가추세와 맞물려 있다. 2005년 들어 필리핀해외노동청(Philippine Overseas Employment Authority: POEA)에 등록된 이주노동자 수는 100만 명을 넘어 필리핀 해외이주자는 총 인구 8,600만 명의 십분의 일이 되었고, 전 세계 192개국에 거주하고 있다. 이주노동자나 이민자들이 필리핀으로 보내는 송금액수 역시 상당하다. 2004년에는 모두 85억 달러가 송금되었는데, 이는 필리핀의 5대 수출품목의 수출액과 해외원조 및 해외직접투자액을 다 합친 것보다도 많은 액수이다(POEA; 김민정, 2006: 67에서 재인용).

이런 상황 속에서 필리핀의 해외이주자 중 70%는 여성으로, 필리핀은 이론의 여지없이 아시아 지역에서 '이주의 여성화'를 주도하는 대표적인 국가이다. 필리핀 여성들은 해외에서 가사도우미(domestic helper)나 간호사 등과 같은 여성 돌봄노동 직종에서 일하며, 국제결혼을 통해 서구와 아시아 지역 모두로 이주해서 사는 경우도 상당히 많다. 모든 사회는 가사도우미나 아내를 필요로 하지만, 유독 필리핀 여성들이 국경을 넘어 해외이주를 하는 것은 아무래도 설명을 요한다. 일차적인 이유는 정부가 만성적 실업 문제를 해결하고자 일찍이 1974년부터 노동력 수출정책을 꾸준히 진행했기 때문이다. 그러나 이것만으로는 여성이 다수를 차지하는 상황을 설명할 수 없다. 여성들이 장기간 혼자 외국에서 살 수 있을 정도의 활동성이 사회적으로 보장되고 여성들이 자신만의 네트워크를 갖추고 있어야 가능한 일로 보인다.

이러한 점을 설명하기 위해서는 우선 필리핀의 전통적 친족인식이 '양변적(bilateral)'이라는 점을 고려해볼 수 있다. 양변친족은 한국의 '문중'과 같은 부계 혈통집단을 구성하지 않으며, '자신(ego)'을 중심으로 친척관계에서 어머니 쪽과 아버지 쪽을 동등하게 고려하는 방식을 말한다. 그래서 (아내와 남편 중 누가 상대 쪽으로 옮겨가서 살 것인가에 대한) 결혼 후 거주지 규정이나 상속 등에서 성평등하며, 친족 호칭에서도 남녀 구분이 없는 어휘가 많다. 또 여성과 아이도 친족관계나 인간관계에서 중요한 매개자의 역할을 담당한다(김민정, 2002).

또한 필리핀 문화에서 인간관계를 맺는 방식은 '지배와 복종' 스타일이 아니라 '후원과 수혜' 스타일을 표방한다는 점도 주목된다. 높은 위치에 있는 사람이라 하더라도 지위에 따른 힘과 권한만으로 지배를 하기보다는 낮은 위치에 있는 사람들에게 '후원'을 베푸는 형식을 갖추어야 실제 지배가 원활하게 진행된다. 후원제(patronage system)의 특징은 친인척관계에서부터 직장, 지역정치 등 사회 곳곳에서 발견되며, 원칙이 아닌 결탁과 연루에 의한 사회운영이 지속되는 배경이 되기도 한다(Scott, 1972; Rafael, 1988).

양변친족에서의 성평등성과 후원제를 통한 지배라는 두 가지 특징은 서로 결합해서 필리핀 이주에서 여성이 차지하는 높은 비율과, 문화가 상당히 다른 지역에서도 이주여성들이 잘 적응한다는 필리핀의 이주현상을 설명하는 문화적 토양이 될 수 있다. 그러나 이 두 특징은 동시에 한국 부계 친족에서의 젠더 위계, 즉 유교의 '삼종지도'와 같은 남성에 대한 복종이나 '고부관계'에서의 열등한 위치를 '내면화'하기 힘들다는 점을 짐작케 한다. 즉, 필리핀 여성들은 국제결혼을 통해 한국 남편의 가족관계 내로 편입되더라도 한국의 부계 친족체계를 충분히 이해하고 받아들이는 것은 어려울 것으로 보인다.

이런 상황 속에서 필리핀 결혼이주 여성이 가부장적인 한국 가족과 지역사회에서 자기 위치를 정립하는 문제는 한국 사회의 국제화 요구와도 밀접하게 관련된다. 즉, 한국 가족이 요구하는 부계성을 받아들이지는 못하더라도, 영어 능력을 통해 이웃과 지역사회에서 새로 소속된 한국 가족의 위신을 높여줄 수 있기 때문이다. 실제로 한국에서의 거주기간이 길고 잘 적응한 필리핀 여성 중 많은 수는 영어 가르치는 일을 하고 있으며, 대신 거주기간에 비해 다른 국가 출신보다 한국어 습득이 더 늦는 편이다.

필리핀 결혼이주 여성들이 한국의 가족과 맺는 관계의 배경에는 이렇듯 양쪽 국가의 젠더문화와 위계구조의 충돌이나 조응이 자리한다. 전반적으로 오늘날의 국제이주는 국가 간 경제적 지위의 차이가 국가 내 젠더 위계나 계급관계보다 더 큰 힘을 발휘하기 때문에 발생한다. 그러나 여타의 역사적·문화적 요인과 이에 대해 개인 해석의 여지가 있는 한, 현실 속에서 국가 간 위계는 변형도고 재조정될 수 있다. 한국에서 순혈 민족주의, 영어 콤플렉스, 부계 혈통, 명분의 중요성 등과 맞닥뜨린 필리핀 결혼이주 여성들은 필리핀의 오랜 이주 역사와 영어 사용, 양변친족, 후원관계 등의 대응책을 가지고 피해나가고자 할 수 있다. 그러나 이러한 대응책이 실제로 효과를 발휘하고 대안으로 자리 잡을 수 있는지 여부는 개인이 처한 경제적·가족적 상황에 따라 달라진다.

4. 농촌의 필리핀 아내와 한국 남편 가족

한국과 필리핀은 모두 '가족주의'가 강한 나라이며, 오늘날 지방사회의 필리핀 아내와 한국 남편이 이룬 가족은 서로 다른 내용의 두 가족주의가 만나 구성된 것이기도 하다. 한국 남편은 빠른 사회변화 속에서 부계 혈통과 성별분업을 기반으로 한 가족을 유지해야 하는 필요를, 필리핀 아내는 출생가족(natal family)의 복리와 자신의 새로운 미래를 위해 해외이주를 하려는 동기를 가지고 만나게 된다.

이러한 국제결혼에서 잘사는 나라에 속하는 남자의 직업, 재산, 거주지는 국제적으로 비교우위를 가지며, 결과적으로 나이, 외모, 성격, 가족상황 등과 같은 개인적 단점은 가려진다. 반면 가난한 나라에 속하는 여자는 개인적 측면인 나이와 외모, 성격 등에서 비교우위를 가진다. 그러나 학력이나 직업과 가족관계 등의 문화적 의미는 남자 쪽에 전달되지 않으며 대신 출신국가에 대한 거칠고 단순한 이미지가 영향을 미친다. 일례로 필리핀 여성은 "가톨릭 국가여서 이혼하지 않는다"는 단순한 '주장'에 근거해 한국 남편에게 적합한 결혼상대자라고 선전된다.[7]

한편 농림부는 최근 농촌거주 결혼이민자 부부를 대상으로 한 설문조사에서 배우자를 소개받을 때의 정보가 실제와 어떻게 다른지 질문했다. 남편은 아내의 성격이 달랐다는 응답이, 아내는 남편의 직업이 달랐다는 응답이 가장 많았다(이순형 외, 2007: 5). 이런 점들은 모두 오늘날 국제결혼에서 남편과 아내의 평가영역이 다르다는 점을, 즉 남편은 객관적이고 사회경제적인 지표로 평가되는 반면, 아내는 주관적이고 품성 관련 지표로 평가된다는 점을 보여준다. 결과적으로 아내는 배우자의 개인적 평가에 더 취약한 처지에 있다(김민정, 2007: 225~226).

한편 부부로서 서로를 평가하는 내용을 보면, 남편들은 기본적으로 아내가 수행하는 집안일의 내용, 즉 자녀양육과 요리, 남편에 대한 태도 등에 대해 평가하고 있었다. 그리고 아내에게서 발견한 성격적 특징(예를 들어, '급한 게 없다', '답답하다', '아이를 잘 건사한다', '자연스럽고 부드럽다' 등)에 대해서는 '필리핀 사람'이기 때문에 그렇다고 생각함으로써, 긍정적으로 또는 부정적으로 평가하는 경향을 보인다. 반면 아내들은 공통적으로 남편이 자신에게 얼마나 경제권을 허용하는지를 중요한 문제로 제기했고, 남편의 성격에 대해서는 개인적 성품과 인격으로 평가하는 편이었다. 전반적으로 볼 때, 이들의 결혼은 '한국국민의 위치와 경제력' 대(對) '이주를 통한 부거(patrilocal residence)와 가내노동 수행'이 교환되는 암묵적인 계약에 기반을 둔다(김민정, 2007: 229~231).

그런데 아이러니하게도 처음 선택단계에서 필리핀 아내는 자발적이고 적극적인 반면, 한국 남편은 수동적인 태도를 보인 경우가 많다. 필리핀 아내는 주변 결혼사례를 보거나 모집책의 권유로 마음을 정하고 스스로

---

7) 필리핀 「가족법」은 '이혼(divorce)'을 인정하지 않으며, '혼인무효(marriage anullment)'만을 인정한다. 현실적으로 이혼에 해당하는 것은 '법적 별거(legal separation)'이다. 이런 점에서 이혼하지 않는다는 말은 법적으로 맞는 말이지만, 사실상 별거는 드문 일이 아니다.

결혼이주를 결정하는 편이었다. 그러나 한국 남편은 어머니나 여자형제가 나서서 중개업체나 통일교회, 지자체 등에 신청하는 경우가 많았다.[8] 결혼 신청단계에서 나타나는 이러한 남편의 수동성은 결혼 이후 남편과 시어머니의 분리가 적절하게 이루어지지 않는 문제로 연결된다.

한국의 고부관계는 여성을 타성(他姓) 부계 혈통집단(남편의 문중)에 편입시키는 부계 친족체계의 핵심 부분이다. 부거 규범하에서 결혼이란 시어머니가 며느리를 얻는 과정이기도 하다. 특히 지방과 농촌에서 혼인적령기가 한참 지났거나 이혼한 아들을 둔 어머니는 노인이 되어 부양받아야 할 상황에서도 아들을 '돌볼' 부담을 지고 있다고 생각한다. 그래서 아들을 결혼시켜 며느리를 얻는 것은 아들과의 관계에서 부담을 더는 일이며 부계 가족관계에서 자신의 위치를 한 단계 높이는 일이기도 하다. 그러나 부계 혈통집단이 존재하지 않는 필리핀에서 온 며느리는 이런 식으로 시어머니의 역할과 위치의 의미를 받아들이지 못한다. 필리핀 며느리는 시어머니를 남편의 어머니이므로 자신의 어머니처럼 존경하면 되고, 집안일을 더 많이 알고 있어서 도와줄 수 있는 존재라고 생각한다(김민정, 2007: 231~232).

국제결혼 가족에서 실제 고부관계는 상당히 다양하게 나타나며, 시간의 흐름에 따라 변화한다. 한국인 며느리에 대한 기대와 바람을 그대로 적용해 통제하고 길들이려는 방식을 취하는 시어머니도 있지만, 한국의 규범과는 정반대로 시어머니가 모든 일을 다 해주고 받아주면서 자연스럽게 적응하길 기다리는 경우도 있다. 시간이 흘러 아이가 생기고 필리핀 며느리의 입지가 굳건해지면, 고부관계는 일상생활에서의 가사일을 놓고 힘겨루기로 전개되기도 한다. 어찌되었든 동거 중인 고부관계에서 상대

---

[8] 2006년에 인터뷰했던 7건의 사례 중에는 남편의 어머니가 신청한 경우가 4건, 형제자매가 한 것이 2건이며, 스스로 한 것은 1건에 지나지 않았다.

에 대한 불만과 갈등은 공동영역인 가내활동과 가사노동에서 상대의 시간과 공간을 통제하는 것과 관련된다(김민정, 2007: 234).

흥미로운 것은 필리핀 아내와 남편, 남편의 어머니 사이에 나타나는 가족의 인식 범위에 대한 차이이다. 2006년도에 농촌지역에서 인터뷰했던 7건의 가족은 (일부러 장남 가족을 골라 만난 것이 아니었는데도) 6건이 장남 가족이었다. 시어머니와 함께 사는 집은 모두 네 집이었는데, 남은 세 집도 근처에 살면서 일상적으로 저녁식사를 같이하는 등 가깝게 지내고 있었다. "당신의 가족은 누구누구입니까?"라고 질문했을 때 필리핀 아내와 한국 남편의 답변은 시어머니를 포함시키는지 아닌지에 따라 달라졌다. 일곱 가족 중 필리핀 아내가 대답에 시어머니를 포함시킨 네 가족의 경우만 필리핀 아내와 한국 남편 또는 시어머니의 답변내용이 동일했다. 일례로 아들을 데리고 재혼을 한 로라의 경우, 시어머니는 며느리가 전 결혼에서 낳은 손자를 가족이라고 여기지 않았다(김민정, 2007: 236~237).

한편 결혼한 지 6개월 된 롤린은 집 근처에 사는 남편의 먼 친척들(큰고모님, 조부모님 등)도 가족이라고 대답하면서 대신 시어머니와 함께 살고 있는 남편의 남동생은 제외했다. 이에 대해 시어머니는 '구정물 한 방울 안 들어간 사람'인 (즉, 부계가족 속에 편입된 다른 성씨 사람인) 큰고모를 저렇게 따른다고 못마땅해했다. 그러나 시어머니도 롤린도 큰고모와 마찬가지로 O씨 집안으로 들어온 다른 성씨라는 점에서는 공통된다. 일견 가족에 대한 적용기준도 모호하고 자의적으로 보이는 롤린의 답변은 그 나름대로 근거가 있다. 우선 롤린은 핵가족 외의 사람들을 가족으로 인식해야 하는 현 상황에 부계 혈통집단의 구성원리를 적용하지 않고 양변적으로 폭넓게 인식한 것이다. 그리고 자신이 처한 현 상황에서 실제로 도움을 줄 수 있는 사람들을 가족이라고 불러 관계를 구축하고 싶어 하는 마음을 보여준다. 질문에 답하는 방식도 차이를 보였는데, 필리핀 아내들은 모두 "남편, 아이들, 시어머니, ……" 식으로 한 명 한 명 꼽으며 대답한 반면, 한국 남편과 시어머니들은 뻔하지 않느냐는 태도로 "여기 식구들" 또는 "그냥 같이 사는 식구들" 식으로 대답했다(김민정, 2007: 237~238).

가족범위의 조정과 협상과정은 필리핀 아내가 친정식구를 초청해 동거하는 상황이나 자녀가 성장하면서 어머니 자리가 확보되는 과정과도 관련된다. 대부분의 필리핀 아내들은 친정식구들을 초청해서 가사일과 양육에서 도움을 받으며 '가족관계'를 나누고 싶어 한다. 이러한 바람이 모두 현실화되지는 못하지만, 많은 경우 가족 초청으로 부계가족 내의 긴장과 갈등은 약화되고 가족의 범위는 양변화될 가능성을 가진다(김민정 외, 2006). 또한 어머니로서 필리핀 여성은 아이가 어릴 때는 초기 양육을 전담하고 아이에 대한 영향력을 확보하게 된다. 그러나 아이가 어린이집에 나가고 공식교육에 진입하면서 언어능력과 한국 사회에 대한 정보 부족으로 아이에 대한 통제력은 유지하기 힘들어질 수 있다. 특히 아이가 본격적으로 제도권 교육에 진입하는 초등학교 이후 어머니의 역할과 지위는 변화의 기로에 놓이게 된다. 어머니는 학교 과제물이나 방과후 학습에서 도움을 주기 힘들어지고, 아이는 또래집단 속에서 '혼혈' 정체성의 문제와 직면하면서 어머니와의 관계를 재조정해야 한다고 여길 수도 있다. 게다가 필리핀 여성은 이제 외국인 어머니로서 아이의 학교를 통해 한국 사회의 또 다른 영역에 진입하고, 여기서의 성공 여부는 한국 사회에서 여성과 시민으로 사는 삶의 질에 많은 영향을 미치기 때문이다(김민정, 2008).

필리핀 아내는 한국 가족의 부계성을 어느 정도 받아들이는 것을 전제로 결혼이주를 하지만 부계문화의 내부자가 될 수는 없다. 또한 가족 유지의 핵심역할인 자녀양육을 담당하지만 현대 교육체계가 아이의 보호자에게 요구하는 언어능력과 자원이 부족하다. 이런 점에서 오늘날 지방과 농촌의 필리핀 아내는 이중의 딜레마적 상황에 놓여 있다. 자신의 입장에서 가족 경계에 대한 인식을 관철할 수 있을 때, 그리고 현실적 어려움 속에서도 자녀양육을 성공적으로 수행하게 될 때 가족관계에서 자신의 입지 구축은 가능해질 것이다. 이러한 요구 속에서 한편으로 필리핀 이주여성은 개인의 정체성을 유지하고 자율성을 확보하기 위해 한국 가족의 부계성을 부정해야 한다. 하지만 다른 한편으로는 결혼이주로 시작된 한국 생활의 존재근거로 자리하게 되는 어머니 역할을 하기 위해서는 가족의 부계성을 인정하고 주변에 도움을 요청해야 한다.

5. 수도권의 한국 아내와 필리핀 남편 가족

같은 국제결혼이라 하더라도 한국인 아내와 외국인 남편 가족에 대한 사회적 관심은 전무하다시피 하다. 이러한 유형의 국제결혼이 반대 성의 경우보다 월등히 적다는 점이 일차적인 이유일 것이다. 그러나 한국 사회의 가족 구성원리가 전통적으로 부계에 기반하고 있기 때문에 아버지가 외국인인 경우는 한국 가족으로 간주하지 않으려는 차별적 인식도 작동하리라 짐작된다. 여기서는 위에서 언급한 농촌의 한국인 남편과 필리핀인 아내 가족 사례에 대한 비교맥락으로서 수도권에 거주하는 한국인 아내와 필리핀인 남편 가족의 상황을 소개하고자 한다.

여기서 주목하는 한국 여성의 국제결혼은 1990년대 한국에 아시아 노동이주의 붐이 일면서 주변의 '외국인 이주노동자'를 만나 연애결혼한 경우이다. 이는 과거 미군이나 일본인과 결혼해 한국을 떠나 살던 한국 여성의 국제결혼 유형과 뚜렷이 구분되며, 앞서 언급한 아시아 여성의 결혼이주 붐과 같은 사회구조 및 맥락 속에 위치한다. 인터뷰 사례는 모두 1990년대 초중반에 생산직 공장 일터에서 만나거나 친구의 소개로 만나 '험난한 연애'를 하다가, 「국적법」이 개정된 1998년 이후에 법적으로 결혼한 가족들이다.[9]

이들 부부는 한국 사회에서는 허용되지 않던 '외국 남자와의 연애' 과정을 통해 결혼했고 이 경험은 부부 모두에게 서로의 관계를 지속시키는 중요한 근거가 된다. 여기서 한국인 아내는 결혼을 하더라도 부계에 편입되지 않으며, 가능하다면 친정의 도움을 많이 받으면서 살아야 하는 상황이다. 하지만 많은 경우 국제결혼에 대한 친정식구들의 반대로 양가 모두로부터 도움을 받지 못하는 경우도 많다. 이주노동자로 정착한 남편은 고용상태가 불안정한 경우가 많아서, 한국인 아내는 맞벌이를 하거나 경제적 책임을 지는 실질적 가장이 되기도 한다. 또한 외국인인 남편이 한국의 제도에 익숙하지 않고 차별의 시선을 감당해야 하는 상황이기 때문에,10) 은행과 관공서 출입 등의 일도 아내가 다 도맡아 하는 편이다. 물론 어머니로서 자녀교육과 관련된 제반 활동도 전담해야 한다(김민정, 2008: 68~69).

한국에서의 거주기간이 길어질수록 필리핀 남편은 가족 내의 문제보다는 다른 한국 남성과 비교해 사회적으로 인정받지 못한다는 점 때문에 힘들어한다. 결혼할 당시인 20대에는 생산직 이주노동자라는 지위도 괜찮았지만, 나이가 들어도 동남아 출신 외국인이라는 이유만으로, 공장에서 감독으로 승진한다거나 익힌 기술을 바탕으로 자기 공장을 내거나 할 가능성이 드물기 때문이다. 어떤 아버지는 자신의 성(姓)을 아이에게 물려

---

9) 1998년 이전 한국의 「국적법」은 외국인 아내에게는 결혼 직후 국적을 부여했으나 외국인 남편에게는 방문동거비자만 부여했다. 이후 개정된 「국적법」에서는 외국인 남녀 배우자 모두에게 국적을 주되 2년의 유예기간을 설정하고 있다.
10) 필리핀 남편이 아무리 국적을 취득했거나 영주권을 가지고 있는 '가장이자 아버지'여도, 이들과 개인적으로 친분이 없는 일반 한국인들에게는 '불법체류하는 동남아인'으로 여겨지기 마련이다. 그리고 이러한 차별적 시선으로 인해 일상적으로 여러 가지 부당한 대우를 많이 받는 편이다.

줄 수 없다는 점을 무척 불만스러워하기도 한다. 최근 법 개정으로 이제는 아이에게 외국인 아버지의 성을 물려줄 수 있지만, 그렇다고 아이의 이름을 '헤르난데스 지회'라고 짓는다면 학교에서 눈에 띄고 놀림을 받을 게 분명하니 그렇게 하지 못한다. 그리고 아이가 클수록 숙제를 도와줄 수도 없기에 양육에 참여할 수 있는 여지도 줄어들게 된다. 이런 상황 속에서 한국 사회에 대한 남편의 불만이 클수록 부부관계는 불안정해지기 쉽다. 이에 아내들은 남편의 필리핀 내 가족관계를 챙기고, 필리핀 음식이나 말을 배우고, 남편 동향 친구집단과의 교류에 동참하는 등 먼저 나서서 남편의 한국 생활을 배려하고자 노력하는 편이다(김민정, 2008: 70~72).

한편 아이는 초등학교에 진학하면서부터 매년 학년이 올라갈 때마다 새로운 친구와 학부모, 선생님과 대면해야 하기 때문에 가족과 친구 외의 사람들에게 필리핀 아버지를 어떻게 '공개'할 것인지는 끊임없는 시험으로 다가온다. 여기서 국제결혼과 '혼혈'에 대한 아이의 친구들과 학부모, 학교선생님의 태도는 아이의 민족 정체성 형성에 큰 영향을 미치게 된다. 즉, 아버지를 잘 따르고 자신이 절반은 필리핀 사람이라고 생각하던 아이도 학교에서 낯선 호기심과 눈초리의 대상이 되면 아버지와의 연결성을 드러내지 않으려 하기 때문이다. 자녀교육과 관련해서는 같은 국제결혼이라 하더라도 한국인 어머니의 처지가 필리핀인 어머니에 비해 더 나아야 할 것 같지만, 반드시 그렇지만도 않다. 한국인 어머니가 아이의 숙제 돕기나 교육지원을 더 잘할 수 있다는 점은 당연하지만, 학부모나 선생님들로부터 더 차별적 시선을 받기도 한다. 주변의 한국 여성들은 필리핀 어머니에게는 최소한 동정한다는 의미에서라도 우호적인 시선을 보내지만, 한국인 어머니에게는 한국 남자가 아닌 동남아 남자와 결혼한 것에 대해 도덕적인 비난을 가하기도 하는 것이다(김민정, 2008: 72~80).

이들 가족의 사례는 부계 원리로는 한국인이 될 수 없는 가족을 구성해 한국에서 살 경우 대두되는 가족 문제의 대부분은 가족 밖에서 연원한다는 점을 보여준다. 거의 모든 생활의 책임감을 져야 하는 한국 아내나 사회적 차별을 버텨내야 하는 필리핀 남편, 이들이 처한 문제 역시 개인의 적응으로 해결될 수 있는 차원이 아니라 지속적으로 싸워서 바꿔나가야 하는 한국 사회의 가부장적 모순 구조에 기인하는 것이다.

6. 나가는 글: 한국 가족의 부계적 성격은 유지되는가?

국제결혼 가족의 부계적 성격을 설명하기 위해 지적한 가족의 경계와 자녀에 대한 통제력 문제는 한국 가족에도 일반적으로 해당되는 내용이다. 그러나 국제결혼의 경우 이 두 가지 문제는 친족관계와 젠더 인식의 문화적 차이로 인해 더 복잡한 방식으로 전개되지만, 역설적으로 문화의 차이나 국가 간 위계라는 포괄적 문제제기에 의해 가려질 수 있다.

기존의 부계가족을 유지하기 위해 한국 남성이 필리핀 아내와 결혼한 경우, 아내의 거주지 편입과 가사전담, 자녀의 부계성 계승만으로 부계가 유지될 수는 없다. 친정가족의 초청과 며느리에게 요구되는 복종을 거부하는 등의 행동은 가족의 경계를 타협의 영역 속으로 가져가는 것이기 때문이다. 그렇다면 이는 국제결혼 가족관계가 부계가 아닌 다른 방식으로 전개될 수 있다는 점을, 그리고 그렇게 해야 가족관계가 유지될 수 있다는 점을 시사한다. 자넷의 예를 들면 한국인 남편은 경미한 간질병 환자로 여러 가지 점에서 아내에게 의존적이다. 자넷은 며느리로서, 동서로서 남편의 시댁 여성들과 적당하게만 좋은 관계를 유지하면서, 남편 대신 집안의 돈을 관리하고 운전도 대신하는 듬직한 존재로 자리 잡았다. 그래서 자넷은 필리핀 친척들을 번갈아 초청해서 6개월에서 1년 정도 한국에서 일하다 갈 수 있게 해주고, 둘째로 태어난 딸아이에게 남편은 싫어했지만 고집을 부려 필리핀 식으로 들리는 이름을 지어줄 수 있었다.

한편, 양육은 노동이기도 하지만 타인에 대한 영향력을 행사할 수 있는 근거가 되기도 한다. 자녀에 대한 통제력은 남편 쪽의 가족관계에 편입하는 여성들에게 주어지는 거의 유일한 권력의 영역이다. 전반적으로 볼 때 지방과 농촌의 필리핀 아내는 언어나 사회적 능력의 문제 때문에 아이가 커갈수록 한국 사회에서 중시하는 교육부문에선 통제력을 획득하기 힘들다. 아이에 대한 통제력을 획득하게 된다면, 아이는 양변적 친족관계로 편입될 가능성이 크다. 그런데 필리핀 어머니가 한국의 교육현장에서 가지게 되는 한계는, 양육비 절감을 위해 어린아이를 필리핀 친정으로 보내거나 아이가 큰 후에 필리핀 유학을 보내려는 계획을 통해 극복될 수 있다. 때로는 자넷의 친구인 로사의 경우처럼, 남편과의 관계가 불안하다고 느낄 경우 아이를 필리핀으로 보내놓고 이혼을 성공적으로 마친 후에 아이를 다시 데려와 한국에서 같이 살고자 하는 기대를 품기도 한다.

한국인 아내와 필리핀인 남편의 경우, 한국인 아내는 부계편입의 부담과 배제의 압력에서 벗어나는 대신 가족 유지의 전반적 책임을 지는 실질적 가장이 되어야 한다는 압박을 받는다. 하지만 동시에, '결혼한 한국 여자'로서 남편의 필리핀 문화와 인간관계를 받아들이고 동화되어야 한다고 생각해 스스로 자기검열에 들어가는 편이다. 아이가 커갈수록 새로 관계를 맺게 되는 사회집단 내에서는 '아버지의 위상'이 가족을 평가하는 주요 기준이 되기 때문이다. 그리하여 아내가 남편의 필리핀 사회관계망을 이용해서 장사를 하거나 남편의 언어와 음식을 적극적으로 받아들이고 아이도 아버지의 정체성을 따라 교육시키고자 할 경우, 상당히 혼성적 문화가 생활화된 가족관계로 발전할 가능성이 있다.

두 유형의 한국과 필리핀 국제결혼 가족은 가족의 부계적 성격이라는 측면에서 보면 상반된 위치에 있다. 하지만 부계를 유지하기 위해 구성된 필리핀 아내 가족은 지속적으로 변화의 압력을 받으며 그 부계적 성격이

훼손되는 방향으로 나아갈 수 있는 여지를 보인다. 또한 부계를 무시하고 구성된 한국인 아내 가족은 대외적으로 다수와 비슷하게 보이기 위해 한국적 가치를 따라 부계질서의 보호막을 원하게 되는데, 그 결과 한국 부계문화와는 다른 혼성문화적 성격을 띠게 될 가능성이 크다. 이렇게 볼 때 최근 증가하고 있는 국제결혼과 관련된 여러 상황과 문제들은 오늘날 한국 가족의 부계적 성격을 이해하기 위해서는 젠더와 함께 계층과 지역 등의 요인에 더해 국가 위계와 다문화적 상황까지 고려한 변화의 방향을 질문하고 답을 찾아야 한다는 점을 보여준다.

참고문헌

김민정. 2002. 「필리핀 친족의 양변성과 '집단' 만들기」. ≪비교문화연구≫, 제8집 제2호, 3~36쪽.
_____. 2006. 「필리핀 이주노동의 현실과 정부정책의 명암」. ≪동아시아 브리프≫, 제1권 제4호, 66~69쪽.
_____. 2007. 「한국 가족의 변화와 지방사회의 필리핀 아내」. ≪페미니즘연구≫, 제7권 제2호, 213~248쪽.
_____. 2008. 「국제결혼 가족과 자녀의 성장: "여러 종류"의 한국인이 가족으로 살아가기」. ≪한국문화인류학≫, 제41집 제1호, 51~89쪽.
김민정·유명기·이혜경·정기선. 2006. 「국제결혼 이주여성의 딜레마와 선택: 베트남과 필리핀 아내의 사례를 중심으로」. ≪한국문화인류학≫, 제39집 제1호, 159~193쪽.
법무부. 2007. 『2006년도 출입국관리통계연보』. 출입국관리소.
_____. 2009. 「결혼이민자 현황」. 출입국외국인정책본부 자료실. http://www.imigration.go.kr
사이드, 에드워드(Edward W. Said). 2007. 『오리엔탈리즘』. 박홍규 옮김. 서울: 교보문고.
이순형 외. 2007. 『농촌 여성 결혼이민자 정착 지원방안』 연구요약문. 농림부.
톰린슨, 존(John Tomlinson). 2004. 『세계화와 문화』. 김승현·정영희 옮김. 서울: 나남.
통계청. 각 년도. 『농업총조사보고서』.
_____. 각 년도. 『인구주택총조사보고서』.
_____. 2009a. 「한국의 차별 출산력 분석」. 2009년 10월 11일자 보도자료. http://kostat.go.kr
_____. 2009b. 「2008년 출생통계결과 보도자료」. 2009년 8월 19일자 보도자료. http://nso.go.kr
_____. 2010. 「2009년 혼인통계 결과」. 2010년 3월 24일자 보도자료. http://kostat.go.kr
한국여성정책연구원. 「여성통계DB」. http://www.gsis.kwdi.re.kr

Illo, Jeanne F. I. 1999. "Redefining the Maybahay or Housewife: Reflections on the Nature of Women's Work in the Philippines." in J. Illo(ed.). *Women and Gender Relations in the Philippines: Selected Readings in Women's Studies*, Vol. 1. Q.C.: Women's Studies Association of the Philippines.

Rafael, Vicente. 1988. *Contracting Colonialism: Translation and Christian Convertsion in Tagalog Society under Early Spanish Rule*. Q.C.: Ateneo de Manila University Press and Cornell University Press.

Sassen, Saskia. 2002. "Countergeographies of Globalization: The Feminization of Survival." Paper presented at the conference on "Gender Budgets, Financial Markets, Financing for Development." The Heinrich-Boell Foundation, Berlin, Germany, Feb. 19~20, 2002, from http://www.glow-boell.de/media/de/txt_rubrik_3/sassen.pdf

Scott, James. 1972. "Patron-Client Politics of Political Changes in Southeast Asia." *The American Political Science Review*, Vol. 66, No. 1, pp. 91~113.

:: 신문기사 ::

≪강원도민일보≫. 2005.10.11. "〔이 아침에〕외국인 농촌주부 따뜻이 맞이하자."
≪농민신문≫. 2005.5.2. "〔탐사〕국제결혼 농촌 새 풍속도 – 문제점은 없나: 영세 결혼정보업체 난립… 부실알선 '조심.'"
_____. 2005.7.8. "'농촌총각 장가보내기' 단양군 팔 걷었다."
_____. 2006.11.27. "농업·농촌 유지 차원 지원 모색해야."
≪한겨레신문≫. 2007.6.8. "'농촌총각 장가보내기' 사업 알선업체만 배불린다."

제11장 이주, 그리고 일본의 도전받는 '가족'

오가야 치호(일본 국립 요코하마 대학교 교육·인문학부 교수)

성별화된 초국적 이주를 거치면서 국적과 가족이라는 개념은 도전받고 재고된다. 필리핀뿐 아니라 일본에서도 필리핀 어머니들, 그리고 일본인 아버지를 둔 일본계 필리핀 자녀들(Japanese Filipino Children: JFC)이 그들 지위에 대한 공식적·비공식적 인정, 또는 대안 '가족' 만들기를 호소하고 있다. 그들의 운동과 투쟁은 '일본인 가족'이라는 공인된 개념을 흔들어 놓고 있는데, 이 개념은 가족등록제도와 「국적법」으로 인해 '국가'와 자동으로 연결되어온 것이다. 지난 2008년 6월 일본 최고재판소는 「국적법」 제3조에 자녀가 국적을 취득하기 위해서는 부모의 혼인이 필요하다고 명시한 조항이 위헌이라고 판결했다. 이 판결은 실질적으로 필리핀 어머니들과 그 자녀들, 지지자들이 이루어낸 것이었다. 또 다른 한편으로 필리핀에 기반을 둔 몇몇 JFC와 그 어머니들은 대안적인 초국적 가족의

---

* 이 글은 2008년 이화여대 아시아여성학센터에서 주최한 "지속가능한 미래를 위한 국제 심포지엄: 이주의 시대, 아시아의 여성 이주와 가족구조의 변동"에서 "Migration and the 'Family' Challenged: Japanese Filipino Children and their Mothers' Movement"라는 제목으로 발표된 후 수정·보완된 글을 번역한 것이다. 발표 당시 일본 사회의 문제의식을 전달하기 위해 관련 통계수치나 정책내용의 최근 변화는 본문을 수정하지 않고 각주를 통해 보완하고자 한다.

인정을 주장해왔다.

이 글에서 필자는 이주 연구 분야의 '가족'에 대한 비판적 분석을 풍요롭게 하기 위해 일본과 필리핀 두 나라에서 벌어진 필리핀 여성과 JFC운동이 갖는 함의를 논하고자 한다.

1. 들어가는 글

1980년대부터 '이주의 여성화'는 전 지구적 현상이 되어왔다. 그러나 여성화는 이주의 지역적 맥락에 따라 다양하다. 서유럽에서 '이주의 여성화'는 대개 '가족 재결합'이라는 범주 아래 여성이주자들이 유입되면서 시작되었다. 반면 아시아에서는 대부분의 여성이주자들이 단독으로 이주한다. 이처럼 홀로 이주하는 여성들은 계약노동자로서 가사노동이나 연예산업, 서비스 분야에 고용된다. 그들은 중매결혼을 위해, 또는 일본에서 특히 흔한 사례인 엔터테이너로 일하다 결혼하기 위해 이주한다. 요컨대 이러한 여성들은 넓은 의미에서 유입국의 사회 재생산분야로 흘러들어 오고 있는 것이다(Ito, 1996).

일본 내 이주의 여성화와 관련해, 이른바 '미숙련 노동자'의 입국을 불허하는 엄격한 이주정책에 대한 반영으로 1970년대 후반부터 아시아 지역과 필리핀에서 오는 대부분의 여성 이주노동자들에게 '연예' 비자는 일본에 입국할 수 있는 거의 유일한 수단이 되어왔다. 사실상 이 연예비자 제도는 여성들을 송출국/필리핀 정부와 일본 정부 양측에서 승인한 '전문 예술가'라는 위장 아래 나이트클럽이나 기타 성 산업, 더 나쁜 경우 성매매 산업으로 이끄는 수단으로 작동한다.[1]

---

1) 2005년 3월 일본 정부는 필리핀 정부가 전문 엔터테이너 지위를 보증하기 위

1990년대 일본에 거주하는 필리핀인 중 '일본인 배우자 비자' 소유자는 '연예비자' 보유자의 수를 넘어섰다. 이 같은 '정착' 경향은 이주여성들이 일본 사회에서 겪는 어려움을 야기했다.[2]

1) '가족'과 이주에 관한 이론적 함의

1970년대 중반 이주와 가족 문제에 관한 논의에 젠더 관점이 도입되었을 당시 이주 연구에서 '가족 재결합'은 이 분야의 기본적인 수사(修辭)였다. 여성주의 학자들은 이주여성들이 이주남성의 '부양가족'이기만 한 것은 아니라는 사실을 지적했다(Morocvasic, 1983).

최근 들어 결혼이주는 학문적 연구대상으로 번성하고 있다(Eherenrich and Hochschild, 2003; Constable, 2003, 2005; Piper, 2003). 대부분 인류학자와 사회학자들에 의해 수행되는 이 연구들은 '수동성 또는 자포자기'와 같은 외국인 부인에 대한 전형적인 가정을 넘어 이주여성의 '행위성'을 강조했다(Constable, 2005: 3).

이러한 이론적 성장에 따라, 필자는 이 글에서 초국적 이주와 젠더 분석영역에서 법적 승인 없는 대안 '가족'이나 혼외 커플이 갖는 함의에 대한 연구를 제안하고자 한다.

사실상 송출국이나 유입국에서는 같은 국적을 보유한 '가족'이나 커플,

해 발급한 연예인증을 무시하고 연예비자 신청자를 위한 새로운 요건을 도입했다. 이 같은 엄격한 절차 때문에 일본에 입국하는 필리핀 엔터테이너 숫자는 2004년 8만 2,714명에서 2006년 말 8,607명으로 급격히 감소했다. 이러한 정책 변화는 주로 미국 인신매매 보고서에서 일본이 2등급(Tier 2)을 받은 데 기인한 것이다.

2) 그러나 흥미롭게도, 다른 동아시아 국가들과는 정반대인 일본의 출생률과 고령화 문제에 관한 열띤 논쟁에 국제결혼은 거의 포함되지 않는다.

즉 '정상' 가족 담론에서 '가족'이라는 개념은 이미 해체되었다. 그러나 결혼이주나 초국적 이주에 관한 논의에서는 '합법적으로 등록된' 커플이나 가족은 - '이성애' 가족과 마찬가지로 - '정해진' 것으로 간주된다. 예를 들어, 특히 일본 사회의 맥락에서 '위장결혼'이라는 개념은 늘 국제결혼에만 적용된다. 자국민, 즉 일본인 커플의 '순수혈통(genuineness)'에는 별로 신경 쓰지 않으면서 말이다.

필자는 이주 연구의 젠더 관점이 대안적 방식의 커플에, 좀 더 구체적으로 말하면 송출국과 유입국 양쪽에서 '가족'과 커플이 벌이는 젠더 및 가족규범과의 협상뿐 아니라, 이주라는 맥락에서 그들의 현실에 초점을 맞추기 좋은 때라고 생각한다. 필리핀 여성과 그들의 일본계 필리핀 자녀들의 운동은 우리에게 국적이라는 배경과 더불어 성별화된 이주가 가족 개념에 어떻게 정확히 영향을 미쳤는지에 대한 생생한 그림을 보여줄 수 있다.

2. 일본의 국제결혼 개관

초국적 이주에 의해 인식된 대안 가족에 관한 논의에 앞서, 일본에서의 국제결혼 - '공인된(authorized)' 결혼 - 을 간략하게 살펴보고자 한다.

제2차 세계대전 이후 일본의 국제결혼은 커플들의 국적 조합에 따라 세 단계로 나눌 수 있다(Ishii, 1996). 1단계(1965~1974년)에서는 일본 여성과 미국 남성 조합이 일본 국제결혼의 가장 흔한 패턴이었다. 2단계(1975~1984년)에서는 주로 일본계 한국인(Zainichi)이 남편과 부인 쪽 모두 일본인들의 외국인 배우자 중 우위를 차지했다. 그리고 현재로 이어지는 3단계에서는 일본 국제결혼에서 '일본인 남편과 외국인 부인' 조합이 증가하고 있다. 외국인 부인들 대다수는 중국인, 필리핀인, 한국인(일본계 한국인 포함), 태국인과 같은 아시아인이다. 1990년대 중반부터는 중국과 필리핀 여성들이 한국인 부인의 숫자를 넘어섰다.

　3단계 경향은 여러 이유로 설명될 수 있다. 첫 번째 이유는 일본의 이주 통제정책과 밀접하게 관련된다. 앞서 언급했듯이 1970년대 후반부터 아시아 지역과 필리핀에서 오는 대부분의 여성 이주노동자들에게 '연예' 비자는 일본에 입국할 수 있는 거의 유일한 수단이 되어왔다. 이 연예비자제도는 실질적으로 여성들을, 송출국/필리핀 정부와 일본 정부 양측에서 승인한 '전문 예술가'라는 위장 아래 나이트클럽이나 기타 성 산업, 더 나쁜 경우 성매매 산업으로 이끄는 수단으로 작동한다.

　필리핀 여성 '엔터테이너'는 '일본인의 배우자'가 되는 주요 집단 중 하나가 되었는데, 필리핀 엔터테이너로서 그들의 일터인 나이트클럽에서 일본인 남성을 만나 결과적으로 그와 결혼하는 것이 일반적인 경로였다(Takahata, 2003: 262). 외국인 배우자/약혼자로서 해외로 이주하는 필리핀인의 등록 및 출국 전 교육을 수행하는 정부기관인 필리핀 해외이주위원회(Commission on Filipino Overseas: CFO)에 따르면, 일본으로 가는 교육 참가자 대다수는 이미 일본에서 엔터테이너로서 일한 경험이 있는 여성들이다. CFO의 통계에 의하면 일본은 미국에 이어 필리핀인들이 배우자로 이주하는 두 번째로 큰 국가이다. 이 같은 사실은 일본에서의 필리핀 여성 이주가 '노동이주'와 '결혼이주'의 연속된 (또는 단순히 그 둘 사이의) 조합일 수 있음을 보여준다. 이러한 '중간' 위치는 일본 내 필리핀 여성들이 각 유형의 '이주의 여성화'가 야기한 이중고를 겪어야 함을 의미한다.

　두 번째 이유는 한국이나 대만과 같은 다른 동아시아 국가들의 사례와 상당히 비교된다. 1980년대 중반, 이른바 '신부 부족'이나 지역의 혼인 압박에 시달리던 농촌마을 등 몇몇 지방정부는 남성 거주자들을 위한 국제중매결혼관광을 조직하기 시작했다. 그러한 관광에서 배우잣감은 주로 필리핀인이었다. 이 중매결혼을 위해 지방정부는 혼인 전과 후의 모든 단계를 처리했다. 지자체 정부들은 심지어 결혼식을 후원하고 외국인 부인들의 결혼상담을 제공했다(Kuwayama, 1995). 지자체들의 사업에 이어 사설 결혼중개업자들이 주요 관계자로 등장하게 되었다. 쿠와야마(Kuwayama, 1995)에 따르면, 지방정부가 주도하는 국제 중매결혼의 선구자인 야마가타 현에서는 1989년부터 사설 중개업소가 중개하는 결혼이 증가했다. 그러나 1992년 이후 중개업자들의 목표는 필리핀이 아니라 대부분 한국이었고, 이어 중국 본토가 다음 대상이 되었다. 그 이후 1994년부터 베트남이 이 분야에서 최신 신붓감 공급국가로 등장했다. 실제로 일본 웹사이트에서 '국제결혼'이라는 단어를 검색해 보면 아시아 여성들에 대한 전형적인 담론을 유포하는 많은 사설 결혼중개업자들이 나온다.

세 번째 이유는 앞서의 두 가지 이유에 따른 사회적 결과이다. 노동이주에 관한 연결망 이론에 따르면, 국제결혼 네트워크는 이미 혼인해 일본에 정착한 여성들에 의해 구축되는데, 이 여성들이 일본인 남성 이웃들에게 자신의 친구와 친척들을 소개해주는 것이다. 이 같은 국제결혼 사슬은 종종 무시되기도 하지만 이러한 형태의 혼인은 최근 국제 커플의 증가 추세를 유지시키는 듯하다.

일본인 남성 - 외국인 여성 커플 외에도 외국인 남성, 구체적으로는 파키스탄인, 이란인, 방글라데시인 등 이른바 '뉴커머(new comers)'와 결혼하는 일본인 여성의 숫자 역시 증가하고 있다.

3. 공인된 가족을 넘어: JFC와 그 어머니들의 운동

국제결혼과 이주여성들은 또한 일본의 가족제도에 도전한다. 사실상 이주여성들의 운동/투쟁은 일본의 가족 개념을 뒤흔드는 힘으로 성장하고 있다. 일본계 필리핀 자녀와 그들의 필리핀 어머니들의 운동은 고찰해

볼 만한 사례이다.

　일본계 필리핀 자녀, 즉 JFC는 문자 그대로 필리핀인과 일본인 사이에서 태어난 자녀들을 의미한다. 그러나 이러한 자녀들 중 일부는 그들의 일본인 아버지들에 의해 인지되지 않는다. 몇몇 사례에서는 일본인 아버지와 필리핀 어머니가 법적으로 혼인하지 않았기 때문에 그 자녀는 사생아로 분류되기도 한다. 따라서 많은 경우 혼외 필리핀 - 일본인 자녀들은 아버지와 연락하지 않는 자녀들과 더불어 JFC라 불린다. JFC의 배경은 다양하지만 그들 다수는 다음과 같은 패턴을 따른다. 그들의 필리핀 어머니가 엔터테이너로 일본에 온 후 일터, 종종 나이트클럽에서 일본인 아버지를 만난다. 결국 어머니는 임신하게 되고 필리핀으로 돌아가 아이를 낳은 후 고국에서 그 아이를 키운다. 필리핀에는 현재 수만 명의 JFC가 살고 있다고 한다. JFC들이 맞닥뜨리는 어려움은 광범위하고 복잡하지만, 그중 일본인 아버지의 지원 부재로 인한 필리핀인 어머니들의 경제적 어려움, 부성인지(paternal recognition)를 받지 못한 데 대한 법적 불안정, 필리핀과 일본 양국에서 겪는 차별, 아버지의 부재로 인한 심리적 영향 등이 지적되었다. 요컨대, 불안정한 지위로 태어났다는 이유로 양국에서 자녀들의 다양한 권리가 박탈되는 것이다. JFC 중 다수는 일본인 아버지들의 법적 인지를 받지 못했기 때문에 일본 정부로부터 어떤 도움이나 지원도 받을 수 없다. 어머니와 자녀가 마닐라의 일본 대사관에 찾아간다 하더라도 그들의 지원 요청은 종종 '사적인 일'이라는 이유로 거절당한다. 필리핀 정부 역시 이를 지지하거나 개입할 기반을 가지고 있지 않다. 따라서 JFC 단체의 주요 지지자는 필리핀과 일본 모두에서 NGO와 자원 변호사들이다. 이 같은 자녀 문제는 1990년대 초, 1980년대부터 일본으로 건너온 필리핀 엔터테이너들의 유입 결과로 관심을 끌었다.

　JFC라 불리는 자녀들은 일본에서 태어나 자라기도 한다. JFC가 일본에서 기반을 마련하고자 할 때 가장 큰 걱정거리는 그들의 시민권, 보다 명확하게는 일본 국적 보유 여부이다. 혼외 JFC들이 일본 국적을 취득할 수 있는 유일한 방법은 일본인 아버지들이 그들이 '태아(fetus)'일 때 또는 아직 태어나지 않았을 때 법적으로 인지하는 것이다. 다시 말하자면 일본인 아버지들이 그의 JFC 딸이나 아들을 출생 후 인지한다면 그 자녀는 일본 여권을 가질 수 없다는 것이다. 아이의 어머니가 외국인일 때는 아이가 태어난 후에 진행된 법적 인지가 아이에게 자동으로 일본 국적을 부여하지는 않는다. 그러나 사실 엄밀히 따지자면 이 '태아 인지(Taiji-Ninchi)'는 대중에게 익숙하지 않다. 따라서 일본인 아버지가 JFC 자녀를 인지하려 한다 하더라도, 인지신청서를 제출했을 때 그는 결국 출생 후 인지로 인해 그 아이가 일본 국적을 자동으로 취득할 수는 없다는 사실을 알게 될 것이다. 일본인 아버지, 그리고/또는 법적으로 혼인한 부모에 의한 '태아 인지'를 제외하고는 혼외 JFC의 일본 국적 취득은 거의 불가능한 것으로 여겨진다.

그렇지만 2005년 4월 도쿄 지방법원은, 출생 후에야 인지된 혼외 JFC가 일본 국적을 취득할 수 없다는 조항은 헌법에 위배된다는 진보적인 판결을 내렸다. 이 사례에서 일본인 아버지와 필리핀 어머니는 몇몇 이유로 결혼할 수 없지만 그들의 JFC를 키우며 일본에서 함께 살고 있다. 이러한 법원 결정은 「국적법」 제3조에 명기된, 자녀가 국적을 취득하기 위해서는 부모의 혼인이 필요하다고 명시한 조항에 문제를 제기했다(Ito, 2005). 이 판례는 JFC와 그 부모들이 일본의 '가족=국가' 결합 개념, 즉 법적 혼인에 기초한 가족만이 적법하며, 궁극적으로 일본 국민으로 이루어진 '규범적인(standard)' 가족 구성원만 인정한다는 개념에 정식으로 반대한 것으로 해석될 수 있다.

이 판결 후 아홉 쌍의 혼외 JFC와 그들의 필리핀인 어머니들이 집단으로 소를 제기했는데, 이 집단의 모든 어린이들은 출생 후 부성인지를 받았으며 자신들의 일본 국적 인정을 위해 법원에 호소한 사람들이었다.

2006년 3월, NGO 네트워크의 강력한 지지를 받은 이 자녀들과 어머니들은 승소했다. 정부는 상급법원에 항소했지만 이는 2007년 2월에 기각되었으며, 2008년 6월 일본 최고재판소는 「국적법」 제3조에 명기된, 자녀가 국적을 취득하기 위해서는 부모의 혼인이 필요하다고 명시한 조항이 위헌이라고 판결했다.

최고재판소의 판결이 있기 직전 일본 국적이 없는 JFC들이 일본 대중매체에 방영되었다. 특히 서로 국적이 다른 두 자매의 이야기는 많은 매체의 관심을 끌었다. 이들의 경우 10살인 언니는 필리핀 국적을 갖고 있는데, 일본인 아버지가 출생 후 그녀를 인지했기 때문이다. 그러나 8살 동생은 태아 인지로 인해 일본 국적을 갖고 있다. 그들의 필리핀인 어머니는 1980년대부터 엔터테이너로 일했고, 그 후에는 불법체류자가 되었다. 그 둘은 모두 일본에서 태어나 자랐기 때문에 그들의 모국어는 일본어이며 그들의 일상생활은 여느 일본인 아이들과 같다. 언니 쪽은 자신이 '일본인(Nihon-jin)이 아니'라는 사실을 알았을 때 이 믿을 수 없는 사실에 눈물을 터뜨렸다. 그들의 필리핀인 어머니는 한 강연에서 경찰 – 명백히 일본 국적을 필요로 하는 직업 – 이 되고 싶어 하는 딸에게 이 복잡한 국적 문제를 설명하는 것이 정말 어렵다고 토로했다.3)

당시 판결에서 15명의 최고재판소 판사 중 12명이 「국적법」 제3조가 위헌이라는 데 표를 던졌다. 12명 가운데 9명의 판사는 판결 이유로 가족생활, 부모-자녀 간 관계 등 1984년 「국적법」 수정 이후 벌어진 국내외 사회적 환경의 변화를 언급했다. 2008년 말 현재 일본 정부는 여전히 「국적법」 수정을 공포하지 않고 있다. 그러나 이 문제를 염려하는 사람들은 혼외 자녀의 일본 국적 인정 시점이 '언제'가 될 것인지 논의하고 있다.

---

3) 2008년 7월 14일 히토쓰바시 대학에서 로산나 타피루(Rosanna Tapiru)의 강연 중.

이러한 필리핀인 어머니들과 JFC의 소송이 몇몇 NGO 네트워크와 변호사들에 의해 지원받았다는 사실은 주목할 만하다. 일본의 NGO와 시민사회는 한정된 자원으로 어려움을 겪고 있음에도 이주여성들의 복리를 위해 여러 중요한 성과를 만들어냈다. 예를 들어, NGO와 이주여성들의 투쟁은 일본 법무성으로 하여금 일본인 배우자와 이혼했지만 그들의 일본 국민 자녀를 키우고 있는 외국인 여성들에게 '장기 거주자(long term resident)' 지위를 부여하도록 만들었다. 이러한 변화는 이주여성들이 남편에게 의존하지 않고도 일본에 머물 수 있는 계기가 되었다. 그러나 자녀 없이 이혼한 이주여성들에 대한 차별은 여전하다. 동시에 장기 거주자로 일본에 머물 수 있게 된 이주 한부모 여성은 자녀들을 키우기 위해 또 다른 어려움에 직면해야 한다(Kalakasan Migrant Women Empowerment Center and IMADR-JC, 2006).

앞서 언급한 두 JFC 자녀의 어머니는 다음과 같은 인상적인 말을 남겼다.

> 우리가 소송에서 이기고 지는 것보다 더 중요한 건 우리가 집단을 만들고 우리의 문제를 일본 사회에 드러냈다는 거예요.[4]

JFC와 그들의 필리핀 어머니들의 운동이 가진 또 다른 함의는 개인의 '행위성'뿐 아니라 사회집단으로서 이 이주여성들과 혼혈 — 때로 주변화된 — 자녀들이 새로운 주체로서 그들 자신을 대변했다는 것이다(Ogaya, 2004, 2005).[5]

---

[4] 2008년 7월 14일 히토쓰바시 대학에서 로산나 타피루의 강연 중.
[5] 사센(Sassen, 1998: 84~85)은 여성과 세계경제에 관한 연구의 세 번째 단계로 여성이주자를 언급한 바 있다. "국경을 넘는 연대의 새로운 형태, 페미니스트

1) 또 다른 JFC운동: 대안적 관계 모색

이와 동시에 필리핀을 기반으로 한 JFC와 그 어머니들은 합법적인 일본 '가족'에 도전하는 운동을 전개해오고 있다. 몇몇 어머니와 자녀들은 일본인 아버지들의 부성인지를 간절히 원하지만 몇몇은 그저 아버지와 JFC의 일상적 교류와 재정지원만 요청하기도 한다(Development Action for Women Network: DAWN, 2004). 이 필리핀 어머니들과 JFC의 요구는 표면적으로 경제적 지원과 같은 물질적 결과, 또는 순수하게 자녀의 정서적인 충족만을 기대하는 것처럼 보인다. 그러나 이는 국적 및 국가 승인 문제를 넘어 초국적 대안 '가족'을 재구성하기 위한 지향으로 간주될 수도 있다. 달리 말하자면, 필리핀에서 '가족 유대'를 다시 찾으려는 JFC와 어머니들의 운동은 사실상 국가와 국경을 넘어선 '인정'을 바라는 것이다. 그들은 반드시 일본 국적을 필요로 하지는 않지만, 그들의 존재에 대한 초국적 또는 초사회적 인정, 가족으로서의 권리, 또는 관계의 또 다른 형태를 인정해줄 것을 요구한다. 이러한 운동에 직면해서 국가로부터 공인받은 일본 가족의 근본이 흔들릴 수도 있다.

실제로 필리핀에 기반을 둔 JFC단체는 혼외 자녀들의 국적과 관련해 일본 최고재판소의 판결에 놓인 그들의 자아 정체성과 국적 문제에 관해 대안을 피력한다.

DAWN-JFC와 그들의 필리핀인 어머니들의 세력화를 위해 일하는 NGO-의 주최로 모인 JFC들은 포커스 그룹 인터뷰에서 일본 최고재판소 판결 후라도 꼭 일본 국적을 취득하고 싶지는 않다고 말했다. 그들은 일본에서 일하고 싶어 하지만 일본인이 되고자 하는 강력한 의지는 없다(DAWN,

주체성을 포함해서 새로운 주체성을 재현하는 멤버십과 정체성 형성에 관한 경험들" 참조.

2008: 2). 오랫동안 보지 못한 일본인 아버지를 만나고자 하는 그들의 바람을 고려해볼 때 이 같은 발언은 낯설게 들릴지 모른다. 그러나 이 사실은 아버지와 재결합하고자 하는 이 아이들의 바람은 국적 문제 너머에 있으며, 그들은 인정 여부에 관계없이 그저 실질적인 '가족'을 실현하고 싶어 한다는 사실을 조심스럽게 보여준다.

'비숙련' 이주노동자들을 받아들이지 않는 일본의 이주통제정책이 공식적으로 '엔터테이너' 지위를 아시아-대부분 필리핀-여성에게 허락된 유일하거나 몹시 기만적인 수단으로 만들었으며, 이 여성들이 엔터테인먼트와 성 산업에 몰리게 이끌었다는 사실은 상기해볼 만하다. 일본 가족에 대한 JFC와 그 어머니들의 도전은 성별화된 이민정책의 결과물 중 하나이다. 이는 제한적인 이주통제가 반사적으로 국가의 기반이라고 인식된 것을 약화시켰음을 의미한다.[6]

이에 더해 혼혈자녀들에게 일본 국적이 늘 가장 좋은 선택지가 아니라는 사실을 되새길 필요가 있다. 일본 국적을 선망하는 것은 자녀들과 어머니들에게 '일본인이 되는 것'이 '필리핀인이 되는 것'보다 우월하다는 사고방식을 갖게 할 위험이 있기 때문이다.

자녀들의 권리라는 원칙에 따라 혼혈자녀들은 이중국적을 가질 수 있도록 해야 한다. 아니면 최소한 그들이 장기적인 인생설계하에 스스로의 의지로 국적을 선택할 수 있어야 한다. 자녀들의 결정에 적합하지 않다면 "일본 국적을 선택하는 것이 (필리핀인으로 살기로 결정하는 것보다) 유리하다"와 같은 담론이 너무 강조되어서는 안 된다. 그런 의미에서 DAWN의 JFC의 말은 보다 주의 깊게 들어야 할 필요가 있다. 이주 연구에서나 일상

---

[6] 2008년 12월 12일(2009년 1월 1일 발효) 일본 「국적법」이 수정되었으며, 부모의 '혼인' 요구조항은 삭제되었다. 그러나 수정 「국적법」에는 허위신고에 관한 벌칙조항이 추가되었다.

적 NGO 활동에서나 자녀들의 목소리를 듣는 것은 상당히 어렵다. 그러나 자녀들의 목소리 – "왜 난 일본인이 아니에요?" – 가 일본 내 필리핀인 어머니들을 움직임에 따라, 필리핀 내 JFC의 목소리 또한 이 문제를 분석하기 위한 또 다른 시각을 제시해줄 수도 있다. 국적과 정체성에 관한 혼혈아동들의 관점은 이 분야에서 중요한 연구주제가 될 수 있다.

4. 나가는 글

앞서 잠깐 언급했듯이 국제 '결혼'뿐 아니라 국제 '비결혼 커플'과 그 자녀 또한 젠더와 이주 연구영역에 포함될 수 있다. 관계는 생겨나고 또 깨어지는 것이고, 이 과정에서 일어나는 초국적 이동성은 JFC 이슈처럼 우리에게 새롭고 중요한 의제를 제공한다. JFC와 필리핀인 어머니들의 운동은 '통합'이라는 관습적인 연구목적을 넘어 그들의 복리에 기여할 수 있는 이주 연구의 가능성을 보여준다. 국제결혼은 중요한 이슈지만 법적 혼인을 넘어선 관계 또한 다양한 초국적 젠더와 시민권 이슈를 내포한다.

JFC와 필리핀인 어머니들의 운동은 우리에게 두 가지 함의를 줄 수 있다. 먼저, 그들의 호소는 일본 내 강력한 국가 - (공인된) 가족 간의 연결고리를 깰 가능성을 갖고 있다는 것이다. 다른 하나는, 초국적 이주의 결과에 따라 혹은 그 결과를 통해 국가뿐 아니라 규범적인 가족체계를 넘어선 대안적 관계 구축의 가능성이다.

일본인 아버지와 JFC의 생물학적 유대가 굉장히 값지다는 생각은 사실이 아닐 수도 있다. 생물학적 관계는 초국적 또는 초사회적 관계로 재구성되고 있다. 이주 연구를 위해서는 이주에 관한 젠더 분석에서조차 무비판적으로 쓰이는 '결혼', '커플', '가족' 개념을 해체 또는 재구성하는 것이 필요하다. JFC 이슈가 분명하게 보여주었듯이 '진짜' 가족 또는 결혼을 뒤

흔드는 새로운 활력이 사람들의 초국적 이동을 통해 부상하고 있기 때문이다. 젠더 관점의 초국적 이주 연구는 규범적 관점을 배제하면서 이주여성과 자녀들을 희생시키지 않으면서도 이러한 현실을 직면하고 연구하려 노력해야 한다.

참고문헌

Constable, Nicole. 2003. *Romance on a Global Stage: Pen Pals, Virtual Ethnography, and "Mail Order" Marriages*. University of California Press.
_____(ed.). 2005. *Cross-Border Marriages: Gender and Mobility in Transnational Asia*. Philadelphia: University of Pennsylvania Press.
Development Action for Women Network(DAWN). 2004. *Moving On: Stories of DAWN Women Survivors*. Manila: DAWN.
_____. 2008. "Who wants to be a Japanese?" *SINAG*. Vol. 13, No. 2.
Ehrenreich, Barbara and Arilie Rusell Hochschild(eds.). 2003. *Global Woman: Nannies, Maids, and Sex Workers in the New Economy*. New York: Metropolitan Books.
Ishii, Yuka. 1996. "Forward to a better life: the situation of Asian women married to Japanese men in Japan in the 1990s." in Battistella, Graziano and Anthony Paganoni(eds.). *Asian Women in Migration*. Manila: Scalabrini Migration Center.
Ito, Ruri. 1996. "Mouhitotsu-no Kokusai Roudourycku Idou: Sai-seisan roudou no chyo-Kokkyo teki iten to Nihon no josei ijyusya (Another international migration: transnational transfer of reproductive labor and

migrant women in Japan)." in T. Iyotani and T. Sugihara(eds.). *Nihon Syakai to Imin (Japanese Society and Migrants)*. Tokyo: Akashi Shoten.

_____. 2005. "Crafting Migrant Women's Citizenship in Japan: Taking 'Family' as a Vantage Point." *International Journal of Japanese Sociology*, No. 14, pp. 52~69.

Kalakasan Migrant Women Empowerment Center and The International Movement Against All Forms of Discrimination and Racism Japan Committee (IMADR-JC). 2006. *Transforming Lives: Abused Migrant Women in Japan Blaze a Trail towards Empowerment*. Tokyo: Buraku Liberation Publishing House.

Kuwayama, Norihiko. 1995. *Kokusai Kekkon to Stress: Asia kara no Hanayome to Hennyou suru Nippon no Kazoku (International Marriage and Stress: Asian brides and transforming Japanese Families)*. Tokyo: Akashi Shoten

Morocvasic, Mirjana. 1983. "Women in Migration: Beyond the Reductionist Outlook." in A. Pizaklea(ed.). *One Way Ticket: Migration and Female Labour*. London: Routledge.

Ogaya, Chiho. 2004. "Tainichi Filipino Josei no Shakai Katsudo no Tasosei (Multi-Layered Social Activities of Filipino Women in Japan)." in Ruri Ito(ed.). *Gendai Nihon Shakai in okeru Kokusai Imin to Jenda Kankei no Saihen ni Kansuru Kenkyu (International Migraion and the Reconfiguration of Gender Relations in Contemporary Japanese Society)*. Tokyo: Kagaku Kenkyuhi Hojokin Kenkyu Seika Hokokusho, Institute for Gender Studies, Ochanomizu University.

_____. 2005. "Empowerment as a Multi-Dimensional Process: Filipinas and Their Social Activities in Japan." a paper presented at International Interdisciplinary Congress on Women(Women's World 2005). (Session: Migrant Women in East Asia 1). Ewha Womans University, Seoul, Korea. June 20, 2005.

Piper, Nicola and Mina Roces. 2003. "Introduction: Marriage and Migration in an

Age of Globalization," in Nicola Piper and Mina Roces(eds.). *Wife or Worker? Asian Women and Migration*. New York: Rowman & Littlefield Pub.

Sassen, Saskia. 1998. *Globalization and its Discontents: Essays on the New Mobility of People and Money*. New York: The New Press.

Takahata, Sachi. 2002. "Single Mother toshite ikiru: Filipino josei entertainer no sonogo (Living as Single Mothers: after-story of Filipino women entertainers)." in Haruhiko Kanegae(ed.). *Gaikokujin Roudousya no Jinken to Chiikisyakai: Nihon no Genjo to Shimin no Ishiki, Katsudo (Human Rights of Foreign Workers and Local Community: Current situation of Japan and Civil Concerns and Activities)*. Tokyo: Akashi shoten.

_____. 2003. "Kokusai kekkon to kazoku: Zainichi Firippinjin ni yoru shussan to kosodate on sogo fujo (International Marriage and Family: Mutual Aid in Childbirth and Childrearing among Filipinos in Japan)." in Yuka Ishii (ed.). *Imin no kyoju to seikatsu (Residential Issues and Social Life of Immigrants)*. Tokyo: Akashi shoten.

제12장 경계 없는 가족?
여성 이주와 초국적 가족

오이시 나나(일본 소피아 대학교 교양학부 교수)

1. 들어가는 글

글로벌 이주의 여성화는 지난 10년간 학계와 정책연구의 주요 이슈 중 하나로 부상해왔다(WCSDG, 2004; GCIM, 2005; Piper, 2005). 국제 노동시장에서 여성 노동력 수요가 증가하고 있음을 반영할 때, 여성 이주노동자들의 수는 증가하고 있고, 거의 세계 이주인구의 절반(49.6%)에 이르는 것으로 집계된다(UN, 2005). 실제로 이 비율은 지난 35년 동안 겨우 2.8% 증가했지만, 지난 몇십 년간 일어났던 중요한 변동은 더 많은 여성들이 생계부양자로서 독립적으로 이주하고 있다는 사실이다. 글로벌 경제구조 조정으로 서비스 분야, 특히 보살핌 분야에서 저임금 여성노동자 수요가 크게 늘어난 이래,

---

* 이 글은 2008년 이화여대 아시아여성센터에서 주최한 "지속가능한 미래를 위한 국제 심포지엄: 이주의 시대, 아시아의 여성 이주와 가족구조의 변동"에서 "Family without Borders?: Asian Women in Migration and the Transformation of Family Life"라는 제목으로 발표된 후 수정·보완되어 *Asian Journal of Women's Studies*, Vol. 14, No. 4(2008), pp. 54~79에 수록된 "Family without Borders?: Asian Women in Migration and the Transformation of Family Life"를 번역한 것이다.

이주여성의 수는 증가일로에 있다. 현재 필리핀, 스리랑카 같은 일부 아시아 국가에서는 전체 이주자들의 60~70%를 여성들이 차지하고 있다(Oishi, 2005). 여성들에 대한 대규모 인권학대와 계약위반 사례가 만연한 현실에서도 많은 여성들이 해외에서 일자리를 구하기 위해 고국을 떠나고 있다.

그러한 글로벌 이주의 증가로 가족 구성원들이 물리적으로 떨어진 지역에서 살아야 하는 '초국적 가족'이 급격히 증가하고 있는 추세다. 초국적 가족을 구성하는 과정에서 도착국(destination countries)의 이주여성들과 송출국에 있는 가족들은 뿌리 깊은 변화를 겪는다(Hondagneu-Sotelo, 2000; Parreñas, 2001b, 2005). 필자는 이 글에서 초국적 가족에 관한 문헌연구, 그리고 송출국(필리핀, 방글라데시, 스리랑카)과 도착국(아랍에미리트 연방, 홍콩, 일본)에서 진행한 현장연구를 통해 젠더, 이주, 가족 간의 복잡한 연결고리를 검토하고자 한다. 첫째, 여성 이주의 증가가 송출국에 있는 가족들의 삶을 어떻게 변화시키는지에 대해 살펴볼 것이다. 자녀, 배우자, 확대가족 구성원들에게 미치는 영향은 별도로 다룰 것이다. 둘째, 이주자와 그 가족들이 젠더, 결혼, 가족에 관한 국내 정책뿐 아니라 가족재결합정책에 의해 어떤 영향을 받는지 분석해보겠다. 이 절에서 필자는 왜 이주여성과 그 가족들의 고군분투가 도착국에서 시민권이나 영주권을 취득한 뒤에도 끝나지 않는지에 대해서도 설명할 것이다. 그리고 결론에서는 국가, 시민사회기구, 글로벌 공동체를 위한 함의를 제시해보겠다.

2. 여성 이주가 남겨진 가족들에게 미치는 영향

1) 자녀들에게 미치는 영향

어머니들이 해외에서 일하고 있는 자녀들의 수가 세계적으로 얼마나 되는지에 대한 정확한 통계는 없지만, 파레냐스(Parreñas, 2005)는 약 900만 명의 필리핀 어린이들(청소년 인구의 27%)이 한쪽 부모나 양쪽 부모와 떨어져 살고 있는 것으로 추정했다. 필리핀에서 여성이 전체 이주자의 70%를 차지하고 있음을 감안할 때, 어머니들이 해외에서 일하고 있는 자녀들의 수는 굉장히 많을 것이다. 스리랑카에서는 약 100만 명의 어린이들이 어머니들의 이주로 인해 남겨졌다(Save the Children, 2006).

크루즈(Cruz, 1987)는 필리핀에서 고등학교 및 대학 재학 중인 이주자 자녀들이 이주자 부모를 갖지 않은 동급생들과 같은 가치, 태도, 행동을 보이는 것을 발견했다. 그러나 여러 연구에서는 이주자 자녀들의 학업성적, 심리적 적응력 등에서 일부 차이가 발견됐다. 특히 어머니가 이주자인 경우 자녀들의 학업성적은 모든 통제집단 중에서 가장 낮았다(Battistella and Conaco, 1998: 9).[1] 이 연구에서는 또 그들이 다른 모든 집단의 자녀들과 비교했을 때 더 많은 분노, 혼란, 무감각, 공포를 보였다고 보고했다(Battistella and Conaco, 1998). 연구자들은 어머니의 부재가 아버지의 부재보다 더 큰 영향을 자녀들에게 주었다고 결론지었다. 왜냐하면 남은 아버지들은 자녀들에게 적절한 감정적 보살핌을 제공하지 않았고 아버지가 있을 때는 친척들이 자녀양육에 개입할 수가 없기 때문이었다. 실제로 자녀들은 양 부모가 모두 해외로 일하러 나갔을 때 더 잘 지냈는데, 그 경우 자녀들이 확대가족 안에 편입되고 더 많은 관심과 보살핌을 받았기 때문이다(Battistella and Conaco, 1998).

스칼라브리니 이주센터(Scalabrini Migration Center: SMC, 2004)는 위의 연구결과들을 확인했다. 아버지가 이주한 가족에서 어머니들은 자녀들을 잘 보살폈다. 물리적·심리적 안녕과 학업성적 등 거의 모든 지표들이 비

---

1) 통제집단은 (1) 양쪽 부모 모두 있는 어린이, (2) 아버지가 부재한 어린이, (3) 양쪽 부모가 모두 부재한 어린이들이었다.

이주자 자녀들과 같거나 오히려 월등했다. 그러나 어머니가 이주한 자녀들은 그다지 잘 생활하지 못했다. 그들은 불안과 외로움 척도가 높았고 학업성적이 낮았다(SMC, 2004). 이는 부분적으로 그 아버지들이 자녀 보살핌에 불충분하게 참여했기 때문이라고 할 수 있다. 그 연구는 어머니가 이주한 자녀들의 40%만이 아버지의 보살핌을 받았다고 밝혔다. 어머니가 이주한 자녀들 중 47.5%는 친척들의 보살핌을 받았다.[2] 파레냐스(2005: 118)도 아버지들이 자녀 보살핌의 의무를 딸이나 친척들에게 떠넘기는 경향이 있고 심지어 물리적으로 먼 거리에 있음에도 이주자 어머니에게 넘기는 경우도 있는 것을 발견했다.

비슷한 경향이 스리랑카에서도 관찰됐다. 스리랑카 정부는 학교를 퇴학한 이주자 자녀들을 특별한 관심 속에 선발해 연구대상으로 삼았다. 스리랑카 정부가 유엔에 제출한 보고서에 따르면 어머니의 부재로 집안일이 큰자녀에게 할당된 것으로 밝혀졌다. 그 결과 큰자녀들이 집안일이나 어린 동생들을 돌보기 위해 학교를 퇴학하곤 했다(Gunasekera, 2006: 6). 세이브더칠드런(Save the Children, 2006: 9)이 지난 2006년 실시한 조사에 따르면 어머니가 이주한 자녀들은 학업성적이 확실히 낮았다. 이주자 어머니를 둔 자녀들 중 지난 학기말 시험성적이 50점 이하로 낮은 학생이 82.6%인 반면, 스리랑카에 살면서 직장에 다니는 어머니를 둔 자녀들의 경우에는 겨우 25%, 전업주부 어머니를 둔 자녀들의 경우에는 26.1%만이 그런 낮은 성적을 받았다. 많은 문제들이 새 역할에 대한 아버지의 적응력 부족에서 나왔음에도 사회는 이주여성들이 자녀들을 '포기'했다고 비난하는 경향을 보인다(Gamburd, 2000).

파레냐스는 필리핀에서 초국적 가족과 관련한 대중인식이 매우 긍정적

---

[2] 남은 사람들은 이주여성이 고용한 지불 가사노동자들인 '다른 사람'의 보살핌을 받았다.

이지 않으며, 특히 이주여성과 관련했을 때 더욱 그렇다고 결론지었다. 현재 필리핀 이주자들의 70%가 여성인데도 더 나은 임금을 찾아 해외로 나가야 했던 어린 자녀를 둔 어머니들은 아직도 전통적인 젠더규범을 위반한 것으로 인식된다(Parreñas, 2005).

또 하나 불거지고 있는 우려는 어린이 학대에 관한 것이다. 일부 아버지들은 어머니가 해외에서 일하고 있을 때 자녀들을 학대한다. 스리랑카에서 현장연구를 하는 동안 필자는 아버지와 다른 남성친척들에게 성적으로 학대당한 어린이들을 만났다. 현지 NGO 대표는 어린이 대상 성적 학대 보고건수가 이주자 가족에서 증가하고 있다고 말해주었다. 남성이 성적 파트너로서 부인을 잃고 직업적인 성적 서비스 대가를 지불할 능력이 없을 때 일부 아버지들은 딸들에게 눈을 돌린다. 세이브더칠드런(Save the Children, 2006: 8)의 사례는 자녀들에 대한 아버지 폭력이 높은 수위가 아닌 것으로 보이지만, 성적 학대의 결과로 인한 1건의 어린이 자살미수와 성적 학대로 인한 것으로 여겨지는 3건의 자살 등 어린이 성적 학대와 관련된 9개 사례를 보고했다.

2) 어머니와 자녀관계에 미치는 영향

또 다른 중요한 가족변동은 어머니와 자녀관계에 관한 것이다. 자녀양육에서 아버지의 '사실상 부재'로 인해, 이주 어머니들은 '초국적 어머니 노릇'을 수행해야 하는 부담을 종종 느끼게 된다(Hondagneu-Sotelo, 1997, 2000; Parreñas, 2001b, 2005). 필리핀 이주자들에 관한 연구는 어머니들이 전화통화와 편지쓰기를 통해 자녀들을 '돌보고' 있음을 보여준다(Parreñas, 2005; SMC, 2004). 사실, '초국적 어머니 노릇'은 휴대전화, 이메일, 문자 메시지, 스카이프 인터넷 전화 같은 다양한 통신도구로 인해 전에 없이 쉬워졌으며, 이 도구들은 많은 초국적 가족들에게 필수적이다.

그럼에도 모든 이주여성들이 초국적 어머니 노릇을 수행할 수 있는 것은 아니다. 그것은 이주여성의 계급 지위에 따라 달라지고 도착국 고용주의 방침에 따라 달라진다. 방글라데시에서는 이주여성들이 떨어져 있는 동안 가족들과의 소통에 어려움을 겪었다고 보고했는데, 그것은 여성 스스로를 포함, 가족 구성원들의 낮은 교육 정도 때문이었다. 즉, 그들 중 대다수는 문맹이었고, 이는 그들이 편지를 쓰거나 문자메시지 한 통 보낼 수 없었음을 의미한다. 필자가 인터뷰했던 어떤 방글라데시 여성은 학교에 다닌 적이 없어서 자기 이름조차 쓰지 못했다. 그녀는 일이 잘 되어갈 때는 꽃그림을 그려서 자녀들에게 보냈다. 그녀의 고용주가 전화 사용을 허락하지 않았기 때문에 몇 달마다 그런 단순한 그림을 보내고 받는 것이 그녀가 가족들과 소통할 수 있는 유일한 수단이었다. 고용주의 대다수가 이주여성들이 집 밖의 외부인과 소통하는 것을 허락하지 않는 중동에서는, 심지어 대학교육을 받은 필리핀 이주자의 경우에도 가족들과 정기적으로 소식을 주고받는 것이 지극히 어려웠다. 심지어 어머니와 자녀들 간에 소통이 잘 되고 있을 때에도, 그들의 관계가 온전하게 유지되지 못할 수도 있다. 이주가 "사람들의 행동과 가치의 레퍼토리에 깊이 각인됨"에 따라 이주문화와 소비주의는 어머니 - 자녀관계에도 영향을 미칠 수 있다(Massey et al., 1993: 452~453).

필자의 연구에서는 이주문화가 특히 자녀들에게 영향을 미치는 것으로 드러났다(Oishi, 2005). 응답자 중 한 명인 홍콩 거주 필리핀 이주여성 로지타(Rosita)는 10대인 아들이 고향으로 돌아오지 말라고 말할 때 가슴이 찢어지는 듯 아팠다. 그녀가 필리핀으로 돌아갈 때가 임박하자, 그녀의 아들 테말리오(Temalio)는 "엄마, 필리핀에 돌아올 필요 없어요. 돈만 보내주면 돼요"라고 말했다. 컴퓨터 게임에 빠진 이 10대 소년에게 어머니의 귀향은 친구들에게 자랑할 값비싼 전자제품을 더는 가질 수 없기 때문에 학교에서 자신의 지위가 하락할 가능성을 의미한다. 로지타는 테말리오가 몇 년 전 아버지가 사망한 후 외롭게 지내왔고 그가 컴퓨터 게임을 통해 재미를 얻었으며 그로 인해 친척들과의 생활이 어느 정도 무난했음을 이해한다. 그럼에도 아들의 말은 로지타에게 깊은 상처를 주었고 해외에서 직업을 가졌던 자신의 결정에 회의가 들게 만들었다. 그녀를 더욱 슬프게 만든 것은 그녀가 아들의 대학 학비를 마련하기 위해 해외에서 직업을 가졌음에도 테말리오가 학업에 관심을 잃었다는 점이다.

자녀들이 학교생활을 잘하는 경우조차 오랜 별거로 인해 어머니 - 자녀 관계가 제대로 유지되지 못하는 경우가 종종 있다. 예를 들어, 59세의 필리핀 여성 이멜다(Imelda)의 경우, 필자가 그녀를 인터뷰했을 당시 그녀는 18년간 홍콩에서 일해오고 있었다. 그녀의 남편은 여러 해 전에 그녀를 떠났고 그것이 그녀가 홍콩으로 이주한 이유였다. 이멜다가 해외에 나가 있는 동안, 그녀의 어머니가 세 자녀를 돌보았다. 이멜다는 자녀 모두를 경제적으로 지원해줄 수 있다는 점을 자랑스러워했고 그들을 대학교육까지 시켰다. 그럼에도 그녀는 홍콩에 남아 있는데, 그 이유는 자기 자녀들로부터 소원함을 느꼈기 때문이다. 그녀는 자녀들과의 유대를 잃어버렸다고 생각한다. 그녀는 "이제는 집으로 돌아가고 싶지 않다"고 슬프게 말했다.

이주여성들이 아무리 많은 돈을 가족들에게 송금한다고 해도, 때때로 그것은 감정적 유대의 손실과 어머니 - 자녀 간 균열을 보상하기엔 충분치 않을 수 있다. 로지타와 이멜다의 경우는 결코 드문 경우가 아니다. 필자는 현장연구를 하는 동안 이주가 얼마나 어머니 - 자녀관계에 피해를 주는지 드러내는 비슷한 이야기들을 여러 번 들었다. 그럼에도 그런 피해는 주로 자녀들을 위해 해외에서 일하는 이주 어머니 자신들의 잘못에서 비롯된 것이 아니다. 문제는 자녀들도 역시 지배적인 젠더규범 안에서 사회화되었고 어머니가 자녀들을 돌봐야 한다는 성역할 고정관념을 내면화했다는 점이다(Parreñas, 2005). 그러므로 그들의 기대가 충족되지 않았을 때 자녀들은 버려진 것 같은 느낌과 함께 어머니에게 분노를 느끼는 경향을 보였다.

3) 부부관계에 미치는 영향

부부관계를 온전하게 지키는 것은 이주여성들에게 또 다른 과제이다. 일반적으로 이주는 부부관계를 압박하는데, 남편과 아내 모두에게 엄청난 스트레스와 적응을 요구하기 때문이다(Muszynska and Kulu, 2007). 놀라운 것은 부부관계에 대한 성별분리된(gender-differentiated) 이주의 영향이다. 여러 연구 결과 남성이주는 종종 남겨진 부인과 자녀들에게 긍정적인 영향을 미치는 것으로 나타났다(예를 들어, Gulati, 1993; Zachariah and Rajan, 2002). 특히 남성이주는 부인들에게 임파워먼트를 가져왔다. 남편이 떠난 뒤 비록 부인들의 스트레스 수준은 즉시 상승했지만, 부인들은 "남성의 세계"에서 남편의 책임감을 어떻게 맡아야 하는지를 배우게 된다. 은행업무와 가정예산을 담당하면서, 남겨진 부인들은 점차 "가정뿐 아니라 공동체 안에서 일을 처리해나가는 내적 역량을" 개발해나간다(Zachariah and Rajan, 2002). 굴라티(Gulati, 1993) 역시 남성이주의 경우 실패보다 성공이 더 많고 이것은 여성의 힘과 자율성으로 이어진다는 것을 발견했다.

반면, 또 다른 연구에서는 여성 이주의 경우 집에 남겨진 남성들에게는 그런 긍정적 영향을 미치지 못하는 것으로 밝혀졌다. 앞서 논의한 대로, 많은 남편들은 준비성 있게 새로운 성역할에 적응할 수가 없다. 부인이 집을 떠나면 집안일을 하는 것은 남편이 아니라 할머니, 고모, 딸 같은 다른 여성 가족 구성원들이 대부분이다. 어떤 남편들은 가정에서 보다 활동적인 역할을 담당하기도 하지만, SMC(2004)의 자료에 따르면 어머니가 해외로 일하러 간 가정의 자녀들 중 겨우 21%만이 아버지가 집안을 돌보는 것으로 응답했다. 부부관계에서 또 다른 압박은 부인의 부재 시에 벌어지는 남편의 혼외관계와 도박이다(Gamburd, 2000; Parreñas, 2001b; Oishi, 2005). 갬버드는 스리랑카의 경우 여성 이주가 생계부양자와 연인으로서 남편의 권한에 도전하는 것이라고 설명한다. 대다수 남편들은 부인이 돈을 벌 능력을 갖고 있다는 사실을 받아들이기 어려워할 뿐 아니라 성적으로 부인을 만족시킬 수 없다는 생각에 괴로워한다(Gamburd, 2000: 176~177). 여성 이주는 남성이 돈과 섹스를 제공하는 데 실패했음을 상징하는 것이므로, 남편의 부정은 부분적으로는 그들의 성적 능력 증명과 남성성 재주장을 위한 투지(determination)이다.

그 이유가 어떻든지 간에 남편의 부정과 소홀한 금전관리는 부부관계에 깊은 상처를 남긴다. 필자의 연구에서 많은 필리핀 응답자들은 남편들의 혼외정사, 도박 그리고 그들이 자녀들을 포기했다는 것을 알게 된 뒤 남편들에게 신뢰를 잃었다. 많은 응답자들은 그들을 더는 남편으로 생각하지 않는다고 말했다(Oishi, 2005).

이주는 자녀들의 안녕에 미치는 영향과 비슷하게 부부관계에 미치는 영향에도 차이가 있는데, 여성 이주는 남성 이주보다 가족에게 더 부정적인 영향을 미쳤다. SMC의 연구에 따르면, 여성 이주의 경우 부모관계가 "아주 좋다"고 답한 자녀가 50%뿐인 반면, 남성 이주의 경우 그렇게 답한 자녀가 74%였다(SMC, 2004).[3] 어떤 여성들은 가정폭력이나 남편의 혼외정사에서 벗어나기 위해 해외로 이주하는 경우가 있다는 것도 짚고 넘어가야 한다. 그런 경우 부인의 이주는 부부관계에서 문제를 악화시킬 뿐

---

3) 필자는 이 수치들이, 자녀들이 부모들에 대해 비판적이지 않은 경향을 보였기 때문에 무척 과소평가되었다고 생각한다. 연구자들은 또 외부 돌봄 제공자들 간 포커스 그룹 토론에서 일반적으로 어린이들이 외부인들에게 부모 문제를 발설하지 않는다는 것을 발견했다.

이다. 방글라데시에서 필자는 32살의 아지자(Azza)를 만났다. 그녀는 남편이 그녀의 반대에 굴하지 않고 두 번째 부인을 들였기 때문에 말레이시아로 이주했다. 그녀는 자신보다 젊은 여성과 함께 지낼 수 없었고 집을 떠나고 싶었다. 그녀는 귀향한 뒤 남편과 두 번째 부인이 그녀가 송금한 돈을 모두 다 써버렸다는 것을 알게 되었다. 그녀는 종교적·경제적 이유로 남편과 이혼할 수 없었다. 하지만 말레이시아에서 배운 바느질 기술로 경제적 독립을 얻었다. 아지자는 남편과 이혼할 수 없었지만, 다른 많은 여성들은 할 수 있다면 그렇게 했다. 여러 연구 결과 새로운 경제적 독립이 "나쁜 결혼에 종지부를 찍도록 여성들을 대담하게 만든" 것으로 드러났다(Asis, Huang and Yeoh, 2002; Asis, 2004: 12).

3. '전체' 가족 재결합이 만병통치약인가?

선진국에서 가족 전체가 재결합하는 것은 아시아 개도국에서 온 많은 이주여성들에게 꿈을 실현하는 것이며, 그들 중 다수가 그 꿈을 실현하기 위해 부단한 노력을 기울이고 있다. 캐나다에서 정착하고 싶어 하는 사람들은 '입주 보살핌 제공자 프로그램(Live-in Caregiver Program: LCP)' 자격을 취득하기 위해 다른 여러 나라에서 일하고 가족 재결합을 위한 자격을 취득한다. 이 여성들은 오랜 물리적 격리가 배우자, 그리고/또는 자녀들과의 문제를 야기한다고 생각해 가족이 재결합하면 이 문제들이 사라질 것으로 기대한다. 그럼에도 가족 재결합은 실제로 지극히 복잡한 과정이다. 만병통치약과는 거리가 멀게, 가족 재결합은 때때로 또 다른 도전과 제들을 보여준다. 왜냐하면 그것은 두 종류의 '경계(borders)' 또는 문제들을 수반하기 때문인데, 하나는 법적·물리적 문제, 다른 하나는 감정적·심리적 문제이다.

1) 가족이란 무엇인가? 법적 경계의 정의와 재정의

　가족 재결합의 복잡성은 가족의 개념이 보편적이지 않고 각 국가에 의해 엄격하게 개념화되고 규정됐다는 점에서 비롯된다. 국가는 누가 '가족'인지 아닌지를 결정한다. 사실 법적 '경계'는 자국민과 이주자들 모두에게서 특정 범주의 사람들을 '가족'에서 제외한다. 그럼에도 이민법은 이주자의 친척들이 가족을 구성하는 것과 관련해서 훨씬 더 제한을 둔다. 그들이 가족 재결합을 신청했을 때 많은 이주자들은 그들이 '가족'으로 생각하는 모든 사람들이 유자격자는 아니라는 것을 깨닫게 된다.
　대부분 국가들은 배우자와 자녀들을 가족 재결합 대상자로 승인하지만 그것이 자동적인 과정은 아니다. 대다수 국가들은 나이 어리고 부양이 필요한 어린이들만을 재결합할 수 있게 허용한다. 제한연령은 보통 17세 또는 18세이다. 이는 그보다 나이가 많은 자녀들은 부모 및 어린 동생들과 같은 나라에서 살 수 없음을 의미한다. 배우자의 입국도 자동적인 것은 아니다. 예를 들어, 대부분의 다른 선진국들이 관습법상의 파트너 관계를 결혼과 동등하게 인정하고 있는데도 일본은 관습법상 파트너(동거인)를 배우자에서 제외한다. 더욱이 일본과 미국은 동성 파트너를 배우자로 인정하지 않고 있다.
　부모와 형제자매가 이주자들의 부양가족이 아닌 한, 즉 이주자가 그들을 경제적으로 지원할 예정이 아닌 한, 그들은 가족 재결합에서 대부분 제외된다. 일본과 프랑스는 피부양가족인 부모와 형제자매에게조차 재결합을 허용하지 않는다. 일본이 만든 유일한 예외조항은 정보통신 전문가의 경우 그 부모들만 피부양자로 수용한다(Kokusaijinryu, 2007).[4] 일본은

---

[4] 일본 이민청 이민통제부의 공식입장에 따르면 이 수정안은 이주 정보통신노동자들의 유입을 촉진하기 위해 만들어졌다. 중국, 인도 출신 정보통신노동자

효도전통이 강한 중국과 인도 출신 이주 정보통신노동자들을 더 많이 필요로 하기 때문에 그런 예외조항을 만들었다. 여기에서 우리는 이민정책이 도착국뿐 아니라 송출국의 지배적인 가족 이데올로기를 분명하게 반영하고 있다는 것을 알 수 있다. 더욱이 배우자나 자녀가 없는 이주자들은 조카들을 초청하고 싶을 수도 있다. 응답자 중 한 명인 테레지타(Teresita)는 필리핀에 있는 10대 여조카를 캐나다로 초청하려고 보증(sponsor)했는데, 조카에게는 자격을 취득한 다른 친척이 없었기 때문이다. 비록 그들이 필리핀에서 함께 살지는 않았지만 테레지타는 조카에게 더 나은 미래를 주기 위해 그녀를 캐나다로 데려오기로 결심했다. 그들은 지금 같은 집에서 살고 '새로운 가족'을 구성했다. 이 사례들은 이민정책에서 드러나는 '가족'에 대한 국가의 정의가 이주가족들의 범위를 재정의해야 함을 제시한다.

2) 가족들을 분리시키는 지속적인 경계들

상대적으로 관대한 이민정책을 펴는 캐나다에서조차 아시아 이주여성들에게 가족 재결합은 아직도 수년이 걸리는 일이다. 그것은 대부분 재정적 어려움 때문이다. 전형적인 필리핀 가족에서 배우자와 세 자녀를 보증하면 미화 5,000달러가 족히 든다. 이외에 이주여성이 캐나다에 도착하기 전에 구인기관에 이미 지불한 진행비 3,000~4,000 캐나다 달러가 있다. 더욱이 이주 보살핌 노동자들은 사회적 지원이나 사회복지에 의존하지 않은 채 자신과 가족 구성원들을 부양할 능력이 있다는 증거를 당국에 제출해야 한다(Citizenship and Immigration Canada: CIC, 2008).

들은 노부모를 부양하는 전통 때문에 장기 거주자로 일본 정착을 결정하는 데 어려움을 겪었다.

이 모든 재정적 부담을 지는 것은 캐나다에 있는 아시아 이주여성들에게 극도로 어려운 일이다. 왜냐하면 그들 중 많은 수가 가족들에게 송금을 하는 동시에 '입주 보살핌 제공자 프로그램'을 통해 저임금을 받고 있기 때문이다. 그들 중 많은 수가 그 후에도 저임금에 시달린다. 이주 보살핌 제공자의 90% 이상이 대학교육을 받았고 화이트칼라 분야에서 일했었지만 캐나다 노동시장이 해외 근무경험을 인정하지 않기 때문에 이전의 직업으로 돌아갈 수 없다. 그들 중 많은 사람들이 기술(skills)을 향상시키고 싶어 하지만 강습비를 충당할 형편이 되지 않는다. 따라서 영주권을 취득한 후에도 그들 대부분은 저임금 서비스 분야나 비공식 보살핌 분야에 계속 머무르게 된다. 그 결과 그들은 가족 구성원들을 보증하는 재정 요건을 맞출 수가 없다. 그들이 영주권자가 되고 가족 재결합 자격을 얻게 됐을 때에도 그들은 이것을 즉각 신청할 수가 없다. 어떤 이주여성들은 캐나다에 도착하기 전에 해외에서 이미 여러 해를 보냈기 때문에 총 결별기간이 10년이 넘을 수 있다.

3) 재결합 후의 고군분투 I: 어머니 - 자녀관계

가족 구성원들이 재결합한 후에도 많은 가족들은 오랫동안 계속된 별거로 인한 근본적인 변화에서 발생하는 힘든 적응과정(adjustments)을 경험한다. 여러 연구들에 따르면 대부분의 이민체제가 재결합조건으로 가족의 오랜 별거를 요구하지만, 실제로 가족의 별거가 오래될수록 재결합 이후의 가족생활에 어려움을 겪는 것으로 나타난다(예를 들어, Suarez-Orozco, Todorova and Louie, 2002). 가족 재결합의 그러한 어려움은 동남아뿐만 아니라 다른 국가에서도 관찰된다. 미국의 한 연구에 따르면 이주 어린이들의 85%가 장기간 양 부모나 한쪽 부모와 떨어져 있었고 따라서 그런 분리를 경험하지 못한 아이들보다 우울증상을 더 많이 경험하는 것으로 보고되었다(Suarez- Orozco, Todorova and Louie, 2002). 다른 여러 연구들도 가족 분리의 악영향을 확인해주고 있다. 그것은 자녀의 버려진 느낌, 부모와 소원한 관계, 자녀 통제권을 다시 확보하려는 부모의 어려움, 재결합 후 가정교육과 자녀훈육 등이다.

또 다른 연구는 많은 이주여성들이 자녀와 자신 간의 감정적 거리 때문에 고군분투하는 것으로 밝히고 있다(Arat-Koc, 2001). 자녀들은 종종 버려졌다는 느낌에 시달리고 어머니와 친밀한 유대를 형성하지 못한다. 어떤 아이들에게 어머니는 '낯선 사람'일 뿐이다. 더욱이 자녀들, 심지어 배우자까지도 어머니나 부인이 보살핌 제공자로서 사회적으로 낮은 위치의 일자리를 갖고 있다는 사실에 종종 당황스러워한다. 그녀의 수입이 가족의 재정 중추이고 그 돈이 캐나다로 오는 데 쓰였다는 것을 잊은 채 자녀들은 그녀의 과거와 현재의 보살핌 제공자로부터 거리를 두려고 한다. 많은 가족들은 그들이 과거 또는 현재 보살핌 제공자와 관계됐다는 것을 인정하길 꺼린다. 그 결과 이주여성들은 인정받지 못하고 감사도 받지 못한다고 느낀다(Arat-Koc, 2001: 35).

4) 재결합 후의 고군분투 II: 부부관계

이주여성의 결혼생활은 가족 재결합 후에도 압박을 받는다. 많은 연구에서 볼 수 있듯, 가족 재결합은 고용지위, 사회적 연결망, 성역할의 변화 때문에 결혼생활의 불안정성을 증가시킨다(Boyle et al., 2006; Muszynska and Kulu, 2007). 많은 아시아 여성들이 보살핌 제공자로 이주하고 있는 캐나다의 경우, 부부관계의 문제는 종종 배우자의 고용상황에서 드러난다. 이주여성들과 그 배우자들은 대부분 대학교육을 받고 고국에서 화이트칼라 직장에서 일했지만, 캐나다 노동시장은 모든 분야에서 국내 경험을 요구한다. 따라서 많은 남성들은 지속적으로 부인에게 의존해야 하는 상황에 좌절감을 느낀다. 실업과 불충분한 수입은 새로 재결합한 가족들에게 엄청난 스트레스를 만들어내며, 때때로 가정폭력으로 이어지기도 한다(Cohen, 2000: 85).

라지와 실버맨(Raj and Silverman, 2003)도 이주부부들의 사회적 격리를 지적했고, 공동체 지원 결여가 파트너 폭력과 살인 위험의 큰 요인이라고 밝혔다. 미국에서 실시된 연구들은 이러한 사실을 재확인한다. 동남아 여성의 40%와 한국 여성의 30%가 과거에 폭력적인 파트너로 인해 고통당한 것으로 보고됐다(Raj and Silverman, 2003; Lee, 2007). 이 수치들은 국가 평균 1.8%보다 훨씬 높은 것이다(Pan et al., 2006). 이러한 문제들은 아시아 출신 이주여성들에게만 국한되는 것은 아니다. 비슷한 경험이 미국으로 이주한 중앙아메리카 출신 여성들에게서도 보고됐다. 비록 부인이 남편보다 일자리 찾기가 더 쉽기는 하지만, 이것이 보다 평등한 성역할 관계를 보장하지는 않는다. 반대로 남편이 생계부양자가 되지 못할 때 그들은 오히려 부인에게 생계와 집안일 모두를 책임지라고 주장했다(Menjivar, 1999). 이 경우들은 종종 결혼생활의 긴장과 갈등으로 귀결되며 파트너 폭력이나 가정폭력의 큰 위험요소가 된다(Jewkes, Levin and Penn-Kekana, 2002; Hyman, Guruge and Mason, 2008).

송출국의 남편과 관련해서 그것은 일시적 이주이든 가족 재결합이든 간에 전통적인 젠더 이데올로기가 남편과 부인을 모두 억압하고 있음을 분명하게 보여준다. 남편이 부인의 성공적인 이주에 핵심적인 역할을 한 경우에 특히 그러하다. 남편 스스로가 새로운 성역할에 적응하는 데 장애에 부딪혔을 때, 그리고 가족과 공동체로부터 어떤 지원도 받을 수 없다면, 그들은 자기 격리(self-isolation)로 후퇴하거나 폭력에 의존하게 된다. 결혼관계 유지는 남편의 적응력과 친족 및 공동체의 사회적 지원 여부에 크게 달려 있다.

4. 이주와 가족을 위한 정책과제

가족 이슈, 특히 자녀 문제는 종종 사회정책기획에서 '뒷전으로' 밀려나곤 한다(Save the Children, 2006: 2). 필리핀 같은 대규모 송출국에서조차 이주가족 프로그램의 대부분은 아이들에 대한 관심보다 경제적 지원에 초점이 맞춰져 있다(SMC, 2004: 58). 그러나 지금의 아이들이 내일 그 국가의 인적 자원이 될 것이기 때문에 국가정책은 어머니들이 해외취업을 나갈 수밖에 없는 집의 자녀들에게 물리적·정신적 안녕과 교육/기술개발을 보장해주어야 한다. 남겨진 자녀들에 대한 연구결과가 사회 서비스 설계와 실행에 반드시 반영되어야 한다. 이 절에서는 송출국과 도착국 모두에서 이주가족이 부딪치는 도전들에 대처할 수 있도록 일부 정책적 변화를 주장할 것이다.

1) 남은 가족들의 비용을 최소화하기 위한 국가정책들

스리랑카 같은 주요 송출국의 정부는 부모의 이주가 남겨진 자녀들에게 미치는 영향에 큰 관심을 쏟고 있다. 그들의 초등교육 이수를 보장하기 위해 정부는 이주자 자녀들에게 장학금을 지급한다(Gunasekera, 2006: 7). 그러나 이 정책의 효과는 불분명하다. 스리랑카 정부는 또 남은 가족들이 필요로 하는 교육, 보건, 일반 자문 서비스는 무엇인지 알아보기 위해 프로젝트를 시작했다. 그럼에도 유엔 아동권리위원회는 이주노동자 가족들이 "해외에서 일하는 동안 자녀양육 의무에 대해 지원받는 게 거의 없다"고 지적하면서 이 프로그램에 불만족을 표시했다(UN, 2003; Save the Children, 2006: 3에서 재인용). 유엔 아동권리위원회는 정부가 이주가족 및 그 아이들의 보살핌 제공자들을 지원하는 종합적인 정책을 개발해야 한다고 밝혔다(UN, 2003).

또 걱정스러운 동향은, 절망스럽게도 스리랑카 정부가 여성의 이주를 제한하는 움직임을 보이고 있다는 점이다. 2003년과 2007년에 스리랑카 정부는 5세 이하 유아를 가진 여성들의 출국을 금지하려 했다. 아이러니하게도 이 발의는 여성 정치인인 여성아동부 장관으로부터 나왔다. 그 장관은 "정부는 자녀들의 안녕을 보장하는 수단으로 스리랑카 어머니들의 해외 취업이주를 제한하는 조치를 취하고 있다"고 밝혔다(Samath, 2007; 강조는 인용자). 이러한 시도들은 해당 가족에 대한 다른 경제적 보상도 제공하지 않은 채 나왔다. 비록 이런 금지조치가 NGO들과 이주여성들의 반대로 인해 강행되지는 않았지만 그것은 정부가 여성들을 집안에 들어앉혀 전통적 젠더 이데올로기를 유지·강화함으로써 문제를 해결하려고 한다는 점을 보여준다.

여성 이주를 제한하는 그런 시도들은 유엔 인권선언에 명시된 이동권에 반하는 분명한 인권 침해다(UN, 1948). 더욱이 그런 조치들은 더 나은 성평등으로 이어질 수 있는 창조적 해법을 모색할 가능성을 차단시켜버린다. 여성 이주는 보다 광범위한 빈곤 완화(poverty alleviation)라는 맥락에 두어야 하며 저소득 이주가족들을 위해 기본적인 아동 보살핌 프로그램이 접근성 높게 만들어져야 한다. 고국에 남는 남편들이 출발 전 오리엔테이션에 의무적으로 참가하도록 해야 부인이 떠난 뒤, 부딪칠 수 있는 어려움들을 준비할 수 있을 것이다. 그런 프로그램은 또 남편들이 새 역할에 적응할 수 있게 도울 것이다. 남겨진 아버지들을 지원하는 시민사회 단체들에게 자원을 할당하고 남편들 간에 자조집단을 결성하는 것도 도움이 될 것이다. 만약 이주여성들이 지원을 받는다면 고국에 남은 남편들도 지원을 필요로 한다. 마지막으로, 점점 증가하는 아동학대 피해자들이 묵을 수 있는 아동 쉼터가 확대되어야 한다.

2) 가족 재결합과 통합을 위한 국가정책들

도착국들도 이주가족들이 당면하는 문제를 해소하기 위한 노력을 해야 한다. 그렇게 하는 가장 좋은 수단은 가족 재결합을 촉진하는 것인데, 이것은 오랫동안 이주 통합의 핵심요소로 인식되어왔다(Motomura, 2006; OECD, 2007: 109). 가족을 초청하는 것은 종종 도착국에 머무르려는 이주자의 열망을 강조하는 것이고, 자녀들의 존재는 특히 그들 공동체에 가족의 참여를 증가시킨다(OECD, 2007). 오랜 별거가 자녀들의 안녕과 가족관계에 해를 미친다는 것을 생각할 때(Suarez-Orozco, Todorova and Louie, 2002), 정부는 가족 구성원들의 대기시간을 줄여줄 수 있도록 해야 할 것이다. 실제로 대부분 국가들은 가족 재결합권을 반숙련 및 비숙련 노동자들에게까지 확대하지 않고 있다. 그래서 아시아 내의 아시아 이주여성들 대다수가 자녀들을 초청할 수가 없다. 그러나 이런 정책들은 해당 국가의 이주노동자들에 대한 심각한 의존을 감안해 재검토되어야 한다. 가족 재결합을 허용하는 국가에서는 더 빨리 승인해야 한다.

최근 수년간 여러 선진국에서 가족 재결합이 좌절됐는데, 그것은 이주자 친척들의 숙련기술 부족과 빈곤에 대한 취약성 때문이다.[5] 더욱이 심지어 합법적으로 도착국에서 살고 있는 이주자들에게조차 국가의 이주자 정책은 점점 가혹해지고 있다. 예를 들어, 미국은 영주권자들을 식량보조 및 생활보조금 부적격자로 만들었다(Fix and Zimmermann, 1997: 248). 그

---

5) 보하스(Borjas, 1992)는 가족 재결합하에서 허용된 이주자들의 저소득을 지적했다. 다른 학자들은 공공혜택 사용 증가를 지적했다. 그러나 픽스와 짐머만(Fix and Zimmermann, 1997)은 공공혜택을 대거 사용하는 사람들은 난민과 연로한 이주자에 국한되며 이주자들의 복지수령률(5.3%)이 내국인(5.1%)과 거의 같다는 것을 발견했다.

런 정책들은 무척 걱정스러운데, 왜냐하면 합법적 이주자, 불법이주자, 그리고 시민들이 공존하는 '복합상태의 가족들(mixed-status families)'에게 심각한 영향을 미칠 수 있기 때문이다. 한 연구는 이주가족의 85%(최소한 부모 중 한 사람이 시민일 때)가 이 범주에 속한다는 것을 보여주었다(Fix and Zimmermann, 2001: 309~400). 복합상태 가족에서 89%가 어린이들이라는 사실을 감안할 때, 비시민 부모들에게 불이익을 주는 정책이 오히려 시민 어린이들에게 과도한 영향을 미치는 방향으로 가고 있다(Fix and Zimmermann, 2001: 400~403).

가족 재결합과 가족 구성원의 시민권 취득 이외에 도착국의 사회경제 통합정책도 똑같이 중요하다. 신규 진입한 이주자들은 종종 노동시장에서 차별을 받고 최저임금을 지불하는 일자리마저 접근하는 데 어려움을 겪곤 한다. 캐나다의 필리핀 이주여성들의 대부분은 비공식 보살핌 분야에 머무르고 있으며 그들 중 일부는 가족들을 초청할 여유가 없다(Oishi, 2008). 재결합한 가족들 간에도 경제적 곤란은 가족관계의 긴장을 유발하는 요인이 되곤 한다. 그러므로 기술 인정과 고용기회 평등이 이주자의 경제적 통합의 수단으로 보장되어야 한다. 언어 프로그램과, 특히 캐나다에서는 이미 실행 중인 신규 이주자들을 위한 멘토 프로그램 등도 확대되어야 하고 좀 더 적극적으로 홍보되어야 한다.

마지막으로, 이주가족들이 겪는 어려움은 비단 그들만의 문제가 아니다. 필자가 다른 글(Lim and Oishi, 1996)에서 주장한 바와 같이, 이주와 관련한 문제는 종종 보살핌 제공자, 가사노동자, 엔터테이너 같은 저임금 일자리 고용에서 발생한다. 이와 유사하게 시민권과 가족 재결합 허용과 관련해 그들이 직면하는 법적 '경계'나 장애물은 비슷한 위치에 있는 내국인들에 대한 비슷한 차별에서 발생한다. 예를 들어, 일본과 미국의 가족 재결합체제하에서 동성 배우자 초청 금지는 이 국가들의 동성결혼 금지에 대한 직접적 결과이다. 이러한 이주자들의 상황을 개선하기 위해서는 젠더에 기반을 둔 내국인 차별 철폐가 필요하다.

5. 나가는 글

최근 수년간 '경계 없음'이 글로벌 미디어의 유행어였다. 자본, 상품, 인구의 이동이 잦아지면서 우리가 점점 경계 없는 세상에서 살고 있는 것은 사실이다. 그러나 동시에 이주는 여러 가지 형태로 경계가 지속되고 있음을 보여준다. 아시아 이주여성들의 가족은 사실 경계 없는 가족들과는 거리가 멀다. 실제로 그들은 다양한 경계들로 인해 분리된다. 즉, 공식적인 '가족 범위'를 규정하는 법적 경계, 그들을 분리시키는 물리적 경계, 그 결과로 발생하는 감정적 경계 등이다. 이것들은 극복하기가 더 어렵고 때때로 가족붕괴로 이어지곤 한다.

물론, 이주가 항상 부정적 결과만 있는 것은 아니다. 필자는 성공적인 이주경험을 갖고 있는 많은 가족들을 만났다. 여러 여성들에게서 이주로 인한 심리적 이점이 관찰되기도 했다. 필자의 아시아 연구에서는 이주여성들이 예상했던 만큼의 사회경제적 결과물을 얻지 못했을 때에도 이주의 결과로 인해 임파워먼트를 얻었고 자아 존중감이 더 커졌다(Oishi, 2005). 그럼에도 이주가족들이 어떠한 위험에 처해 있음을 인정하는 것은 중요하다. 위의 연구에서 볼 수 있듯, 어린 자녀들의 안녕이 어머니들의 이주로 인해 부정적 영향을 받는 경향이 있는데, 이러한 위험은 완화될 필요가 있다. 위험관리의 시각으로 여성들의 성공적인 이주를 보장해야 하고, 특별히 어린 자녀들과 가족들의 잠재적 비용을 최소화하도록 정책에 반영되어야 한다.

이주여성들은 고착화·성별화된 모성구조와 주류사회에 만연된 여성성의 희생자들이다. 그들은 가족들을 위한 보살핌 제공자로서의 역할을 충족시킬 수 없기 때문에 나쁜 어머니로 간주된다. 그러나 이주가 가족들에게 어떤 영향과 변화를 가져온다고 해도 국가와 사회는 여성들을 비난하거나 그들의 해외이주를 막아서는 안 된다. 여성들의 이주는 남편과 자녀들을 유기하는 것과는 분명히 다르다. 오히려 그것은 가정에서 경제적 진전을 위한 더 이상의 선택권이 남아 있지 않을 때 많은 금전적·감정적 고생과 고민 끝에 선택하는 타협이다. 여성 이주 금지조치는 그들의 상황을 개선시키지 않는다.

더욱이 여성 이주는 가족 내에서 매우 젠더화된 전환을 수반한다. 남성 이주가 일반적으로 가족의 사회경제적 여건을 개선시키는 반면 여성 이주는 그렇지 않다. 설령 그렇다고 해도 그것은 큰 감정적 비용을 가져온다. 그것은 무엇보다도 가족 구성원들에게 오랫동안 스며든 내면화된 젠더 이데올로기 때문이다. 이주여성의 남편들은 종종 새 역할에 적응하느라 힘든 시간을 겪으며, 따라서 그들이 맡아야 할 재생산노동을 친지, 그리고/또는 딸들에게 떠넘겨버리곤 한다. 어머니들을 최우선 보살핌 제공자로 여기고 있는 대부분의 어린이들 또한 감정적 안정(emotional security)을 유지하기 위해 힘든 시간을 겪는다. 어머니들의 이주는 남은 가족의 근본적인 적응과 가구 내 재생산노동의 재할당을 필요로 한다.

여성 이주의 경우, 가족 통합과 자녀들의 안녕은 새 역할을 맡게 된 남편과 아버지의 적응성과 수용력 그리고 지원 네트워크로부터 도움을 얻을 수 있는지에 따라 크게 달라진다. 성공적인 이주를 위해 확대가족, 시민사회기관, 학교, 종교기관, 지방정부로부터 얻을 수 있는 자원이 남겨진 남편과 자녀들의 지원을 위해 극대화되어야 한다. SMC(2004: 60)가 제안했듯이, 대중매체들은 이주가족들에게 교육과 정보를 제공해야 한다(예를 들면, 부모역할 팁, 자녀양육 지원, 성역할 변화 교육 등). 특히 이런 교육이 남편들에게 제공되어야 한다.

마지막으로, 아마도 대단히 도발적으로 보이겠지만, 이주여성의 고용주들은 그들의 삶을 더 편하게 만듦으로써 초국적 부모 역할의 직접적인 책임을 공유하는 것을 고려해야 한다. 무엇보다 고용주들은 재생산노동의 국제적 분업으로 가장 이익을 얻는 사람들이다. 고용주들은 가족들과 연락을 취하려는 이주여성들을 위해 시간과 자원을 보장하고(예를 들면, 전화나 컴퓨터 접근) 단순히 허용뿐 아니라 필요할 때마다 그들의 고국방문비용을 지불함으로써 책임을 공유할 수 있다. 선진국들은 또 자녀 보살핌이나 노인, 장애인들에 대한 홈케어 같은 사회복지 프로그램을 줄임으로써 여성 이주로 인해 막대한 이익을 얻고 있다. 앞서 밝힌 바와 같이, 많은 국가들은 사회복지 프로그램의 유지를 위해 이주노동자들에게 의존하는 측면이 있다. 그런 의존을 인정하고 적절히 대처하며 책임 공유를 통해 보상해야 한다. 국가의 책임 공유는 가족 재결합 촉진과 이주가족에 대한 보다 포괄적인 사회경제적 통합 프로그램 제공으로 실시되어야 한다.

결론적으로, 글로벌 공동체는 1990년 제정된 「모든 이주노동자와 그 가족의 권리보호에 관한 국제협약」 비준을 좀 더 홍보해야 한다. 협약 IV부 제44조에 따르면, 국가 당사자들은 "이주노동자 가족의 결합을 보장하기 위해 적절한 조치를 취하는 것"이 요구되며 "그들이 재결합을 촉진하기 위해 …… 적절하다고 여기는 모든 조치들을 취할" 것이 요구된다 (UN, 1990).[6]

---

[6] 이 협약조차 전체 가족 재결합을 장려하지는 않고 있다. 본 협약에서 '가족'의 정의는 배우자 또는 "해당 법에 따라, 미성년이고 부양이 필요한 어린이들과 더불어 결혼에 상응하는 효력을 발생하는 관계 안에 있는 사람들"로 국한된다(UN, 1990). 그러므로 동성 커플들은 동성결혼이 합법화되지 않은 국가에서 커플로서 재결합할 수 없다. 본 헌장은 또 '미성년' 자녀들에 대해 분명한 정의를 내리지 않았는데도 가족 재결합 대상에서 성인 자녀들을 제외시켰다 (UN, 1990).

가족 재결합은 여성노동자뿐 아니라 자녀들[7]과 남편들을 위한 기본적인 인권이다. 게다가 동성 커플 및 '비전통적 형태의 가족들'에 대한 관심도 정책적 차원에서 요구된다. 사회구조 변화가 가족의 개념을 재정의해 나감에 따라 이주여성, 남성, 어린이, 그들의 모든 가족들의 어려움을 효과적으로 경감시키기 위해 이러한 인권을 실질적인 실행으로 전환시키는 것이 매우 요구되는 때이다.

---

[7] 사실 「유엔 아동권리보호협약」도 간접적으로 부모와 어린이의 가족 재결합을 권장한다. 그것을 공식적으로 권리로 보장하지는 않지만 해당 협약의 감시기구인 아동권리위원회는 제10조의 (1) 국가 당사자가 "긍정적이고 인도적이며 효율적인 방식으로" 가족 재결합을 처리할 것을 권장하는 조항에 대해 광범위한 해석을 점점 더 채택하고자 한다(UNOHCHR, 2005: 4).

참고문헌

Arat-Koc, Sedef. 2001. *Caregivers Break the Silence*. Toronto: INTERCEDE.

Asis, Maruja M. B. 2004. "When Men and Women Migrate: Comparing Gendered Migration in Asia." United Nations Division for the Advancement of Women(DAW), Consultative Meeting on Migration and Mobility and How This Movement Affects Women, Malmo, Sweden, 2~4 December 2003, CM/MMW/2003/EP.1.

Asis, Maruja M. B., Shirlena Huang and Brenda Yeoh. 2002. "When the Light of the Home is Abroad: Female Migration and the Filipino Family." Paper presented at the 2002 IUSSP Conference on Southeast Asia's Population in a Changing Asian Context, 10~13 June 2002, Bangkok.

Battistella, Graziano and MariaCecilia Astrado-Conaco. 1998. "Impact of Labor Migration on the Children Left Behind: A Study of Elementary School Children in the Philippines." *Sojourn*, Vol. 13, No. 2, pp. 220~241.

Borjas, George J. 1992. "National Origin and the Skills of Immigrants." in G. J. Borjas and R. B. Freeman(eds.). *Immigration and the Work Force*. National Bureau of Economic Research. Chicago: University of Chicago Press.

Boyle, P. J., H. Kulu, T. Cooke, V. Gayle and C. H. Mulder. 2006. *The Effect of Moving on Union Dissolution*. MPIDR Working Paper, WP-2006-002. Rostock: Max Planck Institute for Demographic Research.

Citizenship and Immigration Canada(CIC). 2008. *Immigration Canada: Applying for Permanent Residence from Within Canada- Live-in Caregivers*. Retrieved July 23, 2008, from http://www.cic.gc.ca/EnGLIsh/pdf/kits/guides/ 5290E.pdf

Cohen, Rina. 2000. "'Mom is a Stranger': The Negative Impact of Immigration Policies on the Family Life of Filipina Domestic Workers." *Canadian Ethnic Studies*, Vol. 32, No. 3, pp. 76~89.

Cruz, Victoria Paz. 1987. *Seasonal Orphans and Solo Parents: The Impact of Overseas Migration*. Quezon City: Scalabrini Migration Center.

Fix, Michael and Wendy Zimmermann. 1997. "Immigrant Families and Public Policy: A Deepening Divide." in Alan Booth, Ann C. Crouter, Nancy Landale(eds.). *Immigration and the Family: Research and Policy on U.S. Immigrants*. Mahwah, NJ: Lawrence Erlbaum Associates.

_____. 2001. "All Under One Roof: Mixed-Status Families in an Era of Reform." *International Migration Review*, Vol. 35, No. 2, pp. 397~419.

Gamburd, Michele Ruth. 2000. *The Kitchen Spoon's Handle: Transnationalism and Sri Lanka's Migrant Housemaids*. Cornell: Cornell University Press.

Global Commission on International Migration(GCIM). 2005. *Migration in an Interconnected World: New Directions for Action: Report of the Global Commission on International Migration*. October, Switzerland: GCIM.

Gunasekera, H. R. 2006. *Development of International Migration Statistics in Sri Lanka*. United Nations Expert Group Meeting on Measuring International Migration: Concepts and Methods, United Nations, New York: ESA/ STAT/AC.119/11 November.

Gulati, Leela. 1993. *In the Absence of Their Men: The Impact of Male Migration on Women*. New Delhi: Newbury Park, CA: Sage Publications.

Hondagneu-Sotelo, Pierette. 1997. "I'm Here, but I'm There: The Meanings of Latina Transnational Motherhood." *Gender and Society*, Vol. 11, No. 5, pp. 548~571.

_____. 2000. *Domestica: Immigrant Workers Cleaning and Caring in the Shadows of Affluence*. Berkeley: University of California.

Hyman, Ilene, Sepali Guruge and Robin Mason. 2008. "The Impact of Migration on Marital Relationships: A Study of Ethiopian Immigrants in Toronto." *Journal of Comparative Family Studies*, Vol. 39, No. 22, pp. 149~163.

Jewkes, R., J. Levin and L. Penn-Kekana. 2002. "Risk Factors for Domestic Violence: Findings from a South African Cross-Sectional Study." *Social Science and Medicine*, Vol. 55, No. 9, pp. 1603~1617.

Nyukan Kyokai. 2007. "Gaikokujinno Oyano Yobiyose, Dokyonituite(About Bringing and Living with Parents of Foreign Residents)." *Kokusaijinryu* (Immigration Magazine in Japanese), pp. 46~47.

Lee, Eunju. 2007. "Domestic Violence and Risk Factors among Korean Immigrant Women in the United States." *Journal of Family Violence*, Vol. 22, pp. 141~149.

Lim, Lin Lean and Nana Oishi. 1996. *International Labor Migration of Asian Women: Distinctive Characteristics and Policy Concerns*. Geneva: ILO.

Massey, Douglass, Joaquin Arango, Graeme Hugo, Ali Kouraouci, Adela Pellegrino and J. Edward Taylor. 1993. "Theories of International Migration: A Review and Appraisal." *Population and Development Review*, Vol. 19, No. 3, pp. 431~466.

Menjivar, Cecilia. 1999. "The Intersection of Work and Gender: Central American Immigrant Women and Employment in California." *American Behavioral Scientist*, Vol. 42, pp. 601~627.

Motomura, Hiroshi. 2006. "We Asked for Workers, But Families Came: Time, Law, and the Family in Immigration and Citizenship." *Virginia Journal of Social Policy and the Law*, Vol. 14, No. 1, pp. 103~118.

Muszynska, Magdalena and Hill Kulu. 2007. "Migration and Union Dissolution in a Changing Socio-Economic Context: The Case of Russia." *Demographic Research*, Vol. 17, pp. 803~820.

Oishi, Nana. 2005. *Women in Motion: Globalization, Labor Migration, and State Policies in Asia*. Stanford: Stanford University Press.

_____. 2008. "Population Aging and Migration: Migrant Workers in Elder Care in Canada." *The Journal of Social Science*, Vol. 65, pp. 103~122.

Organisation for Economic Cooperation and Development(OECD). 2007. *International Migration Outlook SOPEMI*. Paris: OECD.

Pan, Amy, Sandra Daley, Lourdes M. Rivera, Kara Williams, Danielle Lingle and Vivian Reznik. 2006. "Understanding the Role of Culture in Domestic Violence: The Ahimsa Project for Safe Families." *Journal of Immigrant and Minority Health*, Vol. 8, No. 1, pp. 35~43.

Parreñas, Rhacel Salazar. 2001a. *Servants of Globalization*. Stanford: Stanford University Press.

_____. 2001b. "Mothering from a Distance: Emotions, Gender, and Inter-Generational Relations in Filipino Transnational Families." *Feminist Studies*, Vol. 27, No. 2, pp. 361~390.

_____. 2005. *Children of Global Migration: Transnational Families and Gendered Woes*. Stanford: Stanford University Press.

Piper, Nicola. 2005. *Gender and Migration: A Paper prepared for the Policy Analysis and Research Programme of the Global Commission on International Migration*. Geneva: GCIM. Retrieved July 30, 2008, from www.gcim.org/attachements/TP10.pdf

Raj, Anita and Jay G. Silverman. 2003. "Immigrant South Asian Women at Greater Risk for Injury from Intimate Partner." *American Journal of Public Health*, Vol. 93, No. 3, pp. 435~437.

Samath, Feizal. 2007. "Ban on Young Mothers Working Abroad Hasty." *IPS News*, March 12. Retrieved June 10, 2008, from http://ipsnews.net/news.asp?idnews=36881

Save the Children. 2006. *Left Behind, Left Out: The Impact on Children and Families of Mothers Migrating for Work Abroad*. Colombo, Sri Lanka: Save the Children in Sri Lanka. Retrieved July 22, 2008, from http://www.savethechildren.lk

Scalabrini Migration Center(SMC). 2004. *Hearts Apart: Migration in the Eyes of Filipino Children*. Retrieved July 20, 2008, from http://www.smc.org.ph/heartsapart/index.html

Suarez-Orozco, Carola, Irina L. G. Todorova and Josephine Louie. 2002. "Making Up For Lost Time: The Experience of Separation and Reunification among Immigrant Families." *Family Process*, Vol. 41, No. 4, pp. 625~643.

United Nations. 1948. *The Universal Declaration of Human Rights*. Adopted and proclaimed by General Assembly resolution 217 A(III) of 10 December

　　　　1948. Retrieved August 2, 1998, from http://www.un.org/Overview/rights.html

_____. 1990. *The International Convention on the Protection of the Rights of All Migrant Workers and Members of Their Families General Assembly*. 69th plenary meeting. A/RES/45/158, December 19, New York. Retrieved August 1, 2008, from http://www.un.org/documents/ga/res/45/a45r158.html

_____. 2003. *Consideration of Reports Submitted by States Parties under Article 44 of the Convention*. Committee on the Rights of the Child Thirty-third Session, CRC/C/15/Add.207, July 2.

_____. 2005. *Trends in Total Migrant Stock*. Revision POP/DB/MIG, Unpublished Data. United Nations Population Division.

United Nations Office of High Commissioner of Human Rights(UNOHCHR). 2005. *Family Reunification*. OHCHR Migration Papers, November, Geneva: OHCHR. Retrieved August 3, 2008, from http://huachen.org

World Commission for the Social Dimension of Globalization(WCSDG). 2004. *A Fair Globalization: Creating for Opportunities for All*. Geneva: ILO.

Zachariah, K. C. and S. Irudaya Rajan. 2002. "Consequences of Migration: Socio-Economic and Demographic Dimensions." in K. C. Zachariah, K. P. Kannan and S. Irudaya Rajan(eds.). *Kerala's Gulf Connection: CDS Studies on International Labour Migration from Kerala State in India*. Centre for Development Studies, Kerala.

제13장 한국 다문화가족 관련 법제에 대한 고찰

장명선(서울시여성가족재단 연구위원)

1. 들어가는 글

최근 우리나라는 국제결혼의 지속적인 증가, 외국인 노동력에 대한 수요증가 등으로 인해 체류외국인이 115만 명에 달해 주민등록인구의 2.3%를 차지함으로써(행정안전부, 2010 참조) 다인종·다문화사회로 급격하게 변화되고 있다. 이는 세계화의 진전으로 인해 대부분의 국가들이 겪는 현상이지만 다인종사회에 대한 경험이 없는 우리로서는 다양한 문화가 공존하는 가운데 사회통합을 이루기 위한 정책에 대한 요구가 국가적 과제로 대두되었다.

특히 한국인 남성과 외국인 여성 간의 국제결혼의 증가는 2000년 이후부터 두드러진 현상으로 현재는 전체 결혼의 11%가 넘는 일반적인 결혼의 한 형태가 되었다.[1] 국제결혼의 일반화는 1990년대 초까지만 하더라

---

* 이 글은 2007년 이화여대 아시아여성학센터에서 주최한 "한일 연속 심포지엄 in Osaka: 이주 여성노동자의 인권 보장을 위하여"에서 「한국에서의 이주노동자의 인권보장을 위한 과제」라는 제목으로 발표된 글을 수정·보완한 것이다.

1) 국제결혼의 비율은 1990년 4,710건에서 2000년 1만 2,319건으로 2.6배 증가

도 예측되지 못했던 것으로 당시는 한국인 여성과 외국인 남성 간의 결혼이 주를 이루었고, 한국인 남성과 외국인 여성의 결혼은 소수에 지나지 않았다. 2010년 현재 결혼이민자는 주민등록인구의 0.36%(18만 1,000명)를 차지하며, 이 중 여성이 89%(16만 1,000명)로 대다수를 이루고 있고 이들의 과반수 이상이 수도권에 거주하고 있다. 처음에는 농촌 총각들이 중국 조선족 여성들과의 혼인으로 시작되었으나 최근에는 필리핀, 베트남, 캄보디아, 몽골, 우즈베키스탄 등 국적이 다양해지고 있다. 이는 동남아시아 지역에서의 '이주의 여성화'라는 특징(Engle, 2004: 17)과 국가 간, 지역 간의 불균등한 경제발전에 기인하기는 하나 그 안에는 인종, 계급, 젠더 등의 관계가 복잡하게 얽혀 있다.[2]

외국인 근로자는 산업연수제를 통해 들어오기 시작해 현재는 고용허가제, 방문허가제 등을 통해 국내에 체류하면서 근로를 제공하는 총 근로자 수는 56만 명이 넘으며 이들이 노동시장에 미치는 영향은 과소평가될 수 없다. 따라서 이들의 대한 고용관리정책을 보다 섬세하게 입안하고 집행해야 할 필요성이 더욱 커지고 있다.

이와 같이 결혼이민자, 외국인 근로자의 수는 증가하는데 이들 대부분은 국경을 넘는 이동, 언어 문제, 경제적 어려움, 낯선 생활환경, 자녀양육 문제 등 다양한 문제에 직면하고 있으며, 그것에 한국의 독특한 사회문화 상황으로 인해 문제의 심각성이 더해지고 있다.[3] 따라서 이들의 인권을

하고 매년 1만 건 이상으로 증가해서 2008년 3만 6,204건으로, 1990년 1.2%에서 2008년 11%를 차지하고 있다.
2) 결혼이민여성의 결혼과 취업이라는 두 가지 목적을 가지고 입국한다고 볼 수 있는데 경제적 곤란함으로 인해 취업을 원하나 취업률은 매우 낮은 편이다. 이에 대한 자세한 내용은 장명선(2009a) 참조.
3) 결혼이민여성들은 가정폭력에 시달리고 있으며 이는 가정해체로 이어지는데, 2010년 현재 이혼율은 전체 이혼율의 9.3%에 해당하며 지속적으로 증가하고

보장하면서 이들이 겪는 어려움을 해결하기 위한 정책이나 서비스 지원을 통해 이들이 한국 사회의 중심적인 인적자원으로 성장해서 다문화사회로의 전환 속에서 중요한 역할을 수행할 수 있도록 다각적인 면에서 통합적이고 총체적인 지원이 요구된다.[4]

이를 위해서는 우선적으로 이와 관련된 법제를 마련하는 것이 급선무이다. 따라서 이 글에서는 통계를 통해 결혼이민자와 외국인 근로자의 현황을 검토하고 현재 다문화가족 관련 법제에 대한 주요 내용을 알아보고 문제점과 개선과제를 제시하고자 한다.

2. 다문화가족의 현황

1) 거주외국인의 현황

2010년 국내 외국인 총수는 113만 9,283명으로 2009년 110만6,884명에 비해 3만 2,399명(2.9%) 증가해 증가율은 둔화되었다.[5] 외국인 유형별로 보면, 외국인 근로자는 55만 8,538명으로 2009년에 비해 1만 7,119명(3%) 감소했으나, 결혼이민자[6]는 18만 1,671명으로 2009년에 비해 1만

있다. 결혼이민여성의 가정폭력 문제에 대해서는 장명선(2009b) 참조.
4) 우리 사회에서 다문화가족의 범위를 어떻게 정할 것인가에 대한 합의된 의견은 없는 상태이나 결혼이민자, 외국인 근로자, 북한이탈주민, 유학생 등 다양한 형태의 가족을 포괄하는 것이 바람직하다고 본다. 다만 본 글에서는 이러한 다문화가족 중 결혼이민자, 외국인 근로자에 관련된 법제만을 검토하고자 한다.
5) 2008년 23.3%, 2009년 24.2%로 증가했다.
6) 여기서 결혼이민자의 수치는 결혼이민자 12만 5,087명, 혼인귀화자 5만 6,584

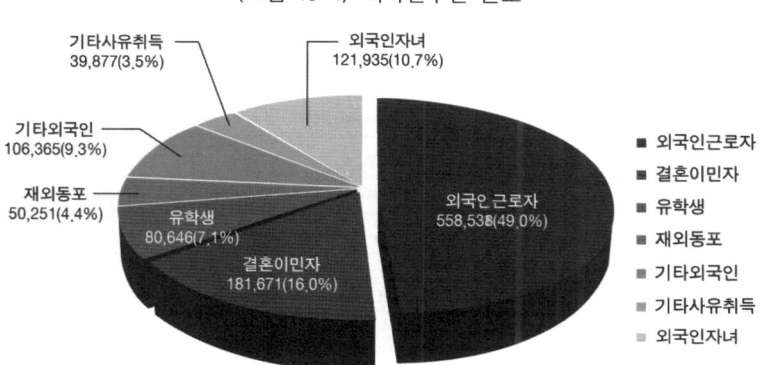

〈그림 13-1〉 외국인주민 분포

자료: 행정안전부(2010).

4,581명(9%), 유학생은 8만 646명으로 2009년에 비해 3,324명(4%), 재외동포는 5만 251명으로 2009년에 비해 6,528명(15%), 기타 외국인은 10만 6,365명으로 2009년에 비해 3,250명(3%), 외국인주민자녀는 12만 1,935명으로 2009년에 비해 1만 4,246명(13%) 각각 증가한 것으로 나타났다.

2) 결혼이민자의 현황

행정안전부의 「외국인주민 실태조사」에 따르면, 2010년 6월 현재 전국의 결혼이민자 수는 혼인귀화자를 포함해 총 18만 1,671명이며,[7] 이는 2009년 16만 7,090명보다 8.7% 증가한 수치이며, 이는 2009년 증가율인 15.7%보다 낮아 증가비율은 점차 줄어들고 있음을 보여준다.

  명을 합한 수치이다.
 [7] 전체 외국인의 수는 113만 9,283명으로 전체 주민등록인구의 2.3%에 해당하고 서울시에 거주하는 외국인의 수는 33만 6,221명으로 주민등록인구의 3.3%에 해당한다.

〈그림 13-2〉 결혼이민자의 증가 추이(2007~2010년)

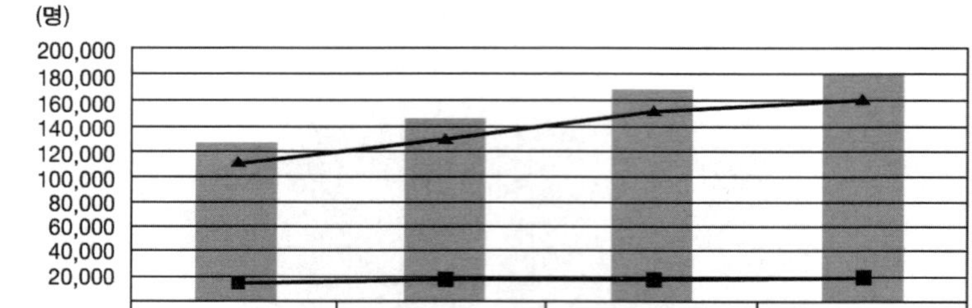

	2007	2008	2009	2010
총계	126,955	144,385	167,090	181,671
남	15,121	18,702	17,237	19,672
여	111,834	127,683	149,853	161,999

자료: 행정안전부, 「외국인주민 실태조사」 각 년도 재구성.

　우리나라에서 국제결혼은 처음에는 종교기관에서 주도했으나 그 후 농촌 총각 장가보내기 사업으로 지자체가 지원하면서 국제결혼이 증가하기 시작했다.[8] 국제결혼은 1990년대 초까지만 하더라도 예외적인 경우에 속해 사회적 관심에서 배제되었으며 국제결혼의 대부분은 외국 남성과 한국 여성 간의 결혼이었으며 한국 남성과 외국 여성 간의 결혼은 아주 드문 경우였다. 그러나 이러한 형태의 국제결혼은 지속적으로 증가해서 2009년 한국 남성과 외국인 여성과의 결혼은 2만 5,142건으로 한국 여성과 외국인 남성과의 결혼의 3.1배 정도 많은 실정이다. 결혼이민여성을 출신국가별로 보면 중국이 45.2%로 가장 많고 그 뒤로 베트남(28.8%), 필리핀(6.5%), 일본(4.5%), 캄보디아(3.4%) 등 순으로 나타나고 있다(〈표 13-1〉 참조).

　결혼이민자는 전체 외국인의 수(113만 9,283명)의 14.7%에 해당하는 수치이며, 거주분포를 살펴보면 경기도 4만 9,855명(27.4%), 서울시 4만 1,123명(22.6%), 인천시 1만 1,344명(6.2%)으로 수도권 지역에 전체 결혼

---

[8] 이에 대한 자세한 내용은 장명선(2008) 참조.

이민자 수의 과반수 이상(56.2%)이 거주하고 있는 것으로 나타났다.

또한 결혼이민여성은 16만 1,999명으로 결혼이민자 수의 89%를 차지하고 있어 '이주의 여성화' 현상9)을 그대로 나타내고 있는데, 그 분포를 보면 경기도 4만 3,436명(26.8%), 서울 3만 3,515명(20.7%), 인천광역시 1만 138명(6.3%)으로 수도권에 과반수 이상(53.8%)이 거주하고 있다(〈표 13-2〉 참조).

3) 외국인 근로자의 현황

우리나라는 오랜 인력송출국이었으나 경제의 급속한 성장과 구조개편 및 노동자의 의식구조 변화로 3D업종의 인력난에 따른 내적인 요인과 주변국들의 공업화 등 외적인 요인으로 인해 이주노동자의 유입이 이루어지고 있다. 1991년에 시작된 산업연수제도를 법적 기반으로 외국인 근로자들이 입국하기 시작했고 근래에는 인력유입국으로 자리 잡고 있다.10)

---

9) 이주의 여성화는 남아프리카와 동남아시아에서 가장 높게 나타나는데 결혼이민여성으로서 동행하는 일보다는 일을 목적으로 이주하는 경향이 짙다. 남아시아에서도 급격하게 증가는 하고 있으나 이에 미치지는 못하고 있는 실정이다. 여성의 이주가 여성을 빈곤으로부터 탈출시키기도 하나 인권침해 등의 여러 가지 문제를 낳고 있다. 최근 우리 사회처럼 결혼이민여성이 증가하는 사례는 거의 드물다.
International Organization for Migration(2005: 22~24) 참조.
10) 1910년대 하와이 사탕수수 농장으로의 집단이주를 시작으로 일제점령기에는 혼란한 조국의 정치경제적 상황을 벗어나고자 만주, 일본으로의 이주가 많았으며, 해방 이후 1960년대는 독일로의 이주, 그 뒤 일본, 미국 등 선진국으로의 이주가 이어졌다. 예전에는 생계를 위한 이주였으나, 현재는 투자이주, 교육이주, 취업이주 형태로 등장하고 있다. 이에 대한 자세한 내용은 장명선(2007) 참조.

〈표 13-1〉 국제결혼 추이

출신국\연도	2000	2001	2002	2003	2004	2005	2006	2007	2008	2009	구성비
한국 남자+외국 여자	6,945	9,684	10,698	18,751	25,105	30,719	29,665	28,580	28,163	25,142	100.0
중국	3,566	6,977	7,023	13,347	18,489	20,582	14,566	14,484	13,203	11,364	45.2
베트남	77	134	474	1,402	2,461	5,822	10,128	6,610	8,282	7,249	28.8
필리핀	1,174	502	838	928	947	980	1,117	1,497	1,857	1,643	6.5
일본	819	701	690	844	809	883	1,045	1,206	1,162	1,140	4.5
캄보디아	1	2	2	19	72	157	394	1,804	659	851	3.4
태국	240	182	327	345	324	266	271	524	633	496	2.0
미국	231	262	267	322	341	285	331	376	344	416	1.7
몽골	64	118	194	320	504	561	594	745	521	386	1.5
우즈베키스탄	43	66	183	328	247	332	314	351	492	365	1.5
네팔	2	2	21	22	32	16	33	82	159	316	1.3
러시아	70	155	236	297	315	234	203	152	110	139	0.6
기타	658	583	443	577	564	601	669	749	741	777	3.1
한국 여자+외국 남자	4,660	4,839	4,504	6,025	9,535	11,637	9,094	8,980	8,041	8,158	100.0

자료: 통계청(2010)

제13장 한국 다문화가족 관련 법제에 대한 고찰 331

〈표 13-2〉 결혼이민자 추이

(단위: 명, %)

구분	결혼이민자 (혼인귀화자 포함)		결혼이민자 증감수	증감률 (전년도 대비)	2009년 결혼이민자 분포비율	2010년 결혼이민자 분포비율	2010년 결혼이민 여성 수	2010년 분포비율
	2009년	2010년						
전국	167,090	181,671	22,705	8.7	100.0	100.0	161,999	100.0
서울특별시	39,275	41,123	1,398	3.5	23.5	22.6	33,515	20.7
부산광역시	7,526	7,875	349	4.6	4.5	4.3	7,308	4.5
대구광역시	4,965	5,321	356	7.2	2.9	2.9	4,884	3.0
인천광역시	10,486	11,344	858	8.2	6.3	6.2	10,138	6.3
광주광역시	3,267	3,538	271	8.3	1.9	1.9	3,352	2.1
대전광역시	3,623	3,900	277	7.6	2.2	2.1	3,587	2.2
울산광역시	2,950	3,416	466	15.8	1.8	1.9	3,206	2.0
경기도	44,760	49,855	5,095	11.4	26.8	27.4	43,436	26.8
강원도	4,188	4,504	316	7.5	2.5	2.5	4,329	2.7
충청북도	4,927	5,664	737	15.0	2.9	3.1	5,364	3.3
충청남도	8,003	8,781	778	9.7	4.8	4.8	8,377	5.2
전라북도	6,743	7,051	308	4.6	4.0	3.9	6,832	4.2
전라남도	7,290	7,945	655	9.0	4.4	4.4	7,277	4.5
경상북도	8,057	8,906	849	10.5	4.8	4.9	8,588	5.3
경상남도	9,586	10,834	1,248	13.0	5.7	6.0	10,287	6.4
제주도	1,444	1,614	170	11.8	0.9	0.9	1,519	0.9

자료: 행정안전부(2009, 2010) 재분석

〈표 13-3〉 취업자격 체류외국인 총괄현황(2010년 3월 31일 현재)

(단위: 명)

구분		총계	전문인력	단순기능인력
총체류자		560,708	42,745	517,963
합법체류		505,387	40,129	465,258
불법체류	(16~60세)	52,379	2,575	49,804
	(전체)	55,321	2,616	52,705

주: 체류자격 D-3은 제외된 숫자임.
자료: 법무부(2010).

산업연수제도는 현지 진출한 한국기업이 현지에서 고용한 인력의 기능을 향상시킨다는 것을 명분으로 삼았으나 실제로는 해외인력을 도입해 국내 산업체에 취업시키는 것이었으며, 정부는 1997년 '연수취업제도'로 2년간의 취업 후 일정자격을 가진 산업연수생이 근로자로 체류자격을 변경할 수 있는 체류자격 변경허가제도를 도입했다.[11]

산업연수생제도가 외국인력의 편법적 활용, 연수생 이탈, 송출비리 등의 부작용을 야기하자 고용허가제와 병행 실시하다가 2005년 산업연수제 폐지 결정을 하고 2007년부터 고용허가제로 일원화되었다. 고용허가제의 주요 내용은 내국인 고용기회를 보장하면서 외국인력 활용, 송출비리 방지, 외국인력 방지 및 외국인력 선정 도입절차 투명화, 사업주의 수용에 맞는 적격자 선정 등이다. 방문취업제는 중국 및 구 소련 동포 등에 대한 차별 해소 및 포용정책의 일환으로 도입되었는데 현재는 가장 많은 외국인이 유입되고 있다.

법무부 통계에 따르면 2010년 3월 현재 우리나라에는 취업자격 체류외

---

[11] 연수취업제도는 2000년 4월부터 본격적으로 실시되었는데 처음에는 연수 2년+취업 1년이었으나, 2002년부터는 연수 1년+취업 2년으로 조정돼 실시되었다. 최홍엽(2003: 76~83) 참조.

〈표 13-4〉 외국인 근로자 자격별 현황

(단위: 명)

구분		총체류자	합법체류자	불법체류자 (16~60세)	불법체류자 (전체)
총계		560,708	505,387	52,379	55,321
전문인력	소계	42,745	40,129	2,575	2,616
	단기취업(C-4)	666	387	269	279
	교수(E-1)	2,249	2,240	5	9
	회화지도(E-2)	23,515	23,393	115	122
	연구(E-3)	2,100	2,089	10	11
	기술지도(E-4)	230	224	6	6
	전문직업(E-5)	551	531	14	20
	예술흥행(E-6)	4,194	2,785	1,405	1,409
	특정활동(E-7)	9,240	8,480	751	760
단순기능인력	소계	517,963	465,258	49,804	52,705
	연수취업(E-8)	336	0	336	336
	비전문취업(E-9)	207,402	160,007	45,524	47,395
	선원취업(E-10)	5,392	4,269	1,123	1,123
	방문취업(H-2)	304,833	300,982	2,821	3,851
〈참고〉					
산업연수(D-3)		5,353	1,261	4,070	4,092

자료: 법무부(2010).

국인은 총 56만 708명인데, 이 중 합법체류자는 50만 5,387명, 불법체류자는 5만 5,321명이다. 이를 다시 세분하면 단순기능인력이 51만 7,963명(92.4%)으로 대부분을 차지하며, 전문인력은 4만 2,745명(7.6%)에 그치고 있다(〈표 13-3〉 참조).

외국인력 취업현황을 업종별로 보면 단순기능인력 중 방문취업(H-2)이 30만 4,833명(54.4%)으로 가장 많고, 비전문취업(E-9) 20만 7,402명(37%) 등이다. 전문인력 중에는 회화지도(E-2), 특정활동(E-7), 예술흥행(E-6) 등의 순으로 취업하고 있는 것으로 나타났다(<표 13-4> 참조). 또한 기업규모별로 보면 30인 미만 소규모 영세사업장에 취업하는 비율이 일반 외국인이 66.1%, 동포의 경우 87%로 매우 높은 수준을 보였다. 국적별로 보면 한국계 중국인이 30만 5,430명(54.4%)으로 가장 많고, 베트남(9.3%), 태국(4.5%), 인도네시아(4.5%), 중국, 미국, 우즈베키스탄 등의 순으로 나타난다.

현재 미등록 외국인 근로자의 비율은 고용허가제 이후 꾸준히 감소해 15.1%이며, 비율로는 예술흥행이 33.6%, 비전문취업이 22.9%, 방문취업 1.3% 정도이다.

3. 다문화가족 관련 법제

이 절에서는 다문화가족과 관련된 법제로 국제법규와 「헌법」 등에 대해 개괄적으로 검토하고, 「재한외국인처우기본법」(2007), 「다문화가족지원법」(2008), 「결혼중개업의 관리에 관한 법률」(2007), 「외국인 근로자의 고용 등에 관한 법률」(2004),[12] 조례 등을 검토한다.[13]

---

[12] 외국인 근로자에 대한 관련 법규로는 국내 고용정책의 기본원칙을 규정한 「고용정책기본법」, 「근로기준법」, 「사회보장법」 등 여러 관련 법률이 있으나 이 글에서는 외국인 근로자에 대한 직접적인 법률만을 검토하고자 한다. 외국인 근로자의 법제에 대해서는 전형배(2009), 노재철(2010) 참조.

[13] 기타 법률로는 「국민건강보험법」, 「고용보험법」, 「국민기초생활보장법」, 「한부모가족지원법」, 「긴급복지지원법」, 「성매매방지 및 피해자보호등에 관한 법률」, 「가정폭력방지 및 피해자보호 등에 관한 법률」 등이 있다. 이에 대한 자세한 내용은 장명선(2008: 51~78), 정상우(2009), 이영주(2008) 참조. 유럽연합 다문화에 대한 비교법적 외국법제에 대한 내용 소개로는 IOM(2005) 등

1) 국제법규

국제사회는 성별, 국경, 인종들을 초월한 모든 인간이 누려야 할 보편적 권리로서 인권 개념을 발전시켜왔으며 가장 대표적인 것이 1948년 유엔총회에서 채택된 세계인권선언이다. 이 선언은 모든 개인이 누려야 할 기본 권리를 열거하고 국제인권규범 발전의 방향을 제시하고 있다. 세계인권선언은 선언인만큼 그 자체로서 법적 구속력을 가지는 조약은 아니나 실질적인 면에서는 국제관습법의 일부로서 이해된다.14)

국제인권규범에서 보장하고 있는 내용들은 「헌법」 및 국내법에 열거된 기본권과 상충되는 것이 아니라 보완적인 관계에 있는 것으로, 실제 「헌법」에서 규정한 성평등권, 교육권, 모성권 등 많은 내용들은 국제인권규범의 국내적 실천의무를 의미한다.

다문화 관련 국제법규를 살펴보면 우선 「시민적, 정치적 권리에 관한 국제협약(International Covenant on Civil Political and Civil Rights)」, 「경제적, 사회적 및 문화적 권리에 관한 협약(International Covenant on Economic Cultural and Civil Rights)」 등에서 다문화가족들은 국적을 불문하고 국제인권협약에서 보장하는 권리의 향유자가 된다(권영국, 2010: 5).

또한 결혼이민여성들은 「유엔여성차별철폐조약(Convention on the

을 참조.
14) 이러한 주장을 뒷받침하는 근거로는 ① 국제연합은 국제연합헌장의 인권조항을 집행하면서 지속적으로 세계인권선언의 내용을 참조했으며, ② 1968년 국제연합이 주최한 세계인권대회에서의 결의로 세계인권선언이 국제사회의 회원을 구속한다고 인정되었다. ③ 70개국 이상의 국가들이 세계인권선언을 헌법이나 주요 법률에 편입했다. ④ 각국 법원이 세계인권선언이 국제관습법의 일부라고 판시했으며, ⑤ 선언의 내용을 담고 있는 후속조약들로 인해 대부분의 내용이 법적 구속력들을 가지고 있다(홍성필, 2007: 29).

Elimination of All Forms of Discrimination against Women)」에 의해서도 보호를 받으며, 그 자녀들은 「아동의 권리에 관한 협약(Convention on the Rights of the Child)」에 근거해 권리를 주장할 수 있다. 피부색 등으로 부당한 대우를 받을 가능성에 대해서는 「인종차별철폐에 관한 협약(Convention on the Elimination of All Forms of Racial Discrimination)」도 관련이 있으며, 외국인 근로자는 「이주노동자에 관한 모든 이주노동자와 그 가족의 권리보호에 관한 국제협약(Convention on the Protection of the Rights of All Migrants Workers and Members of Their Families: 이하 이주노동자협약)」,15) 「고용이주협약(Convention Concerning Migration for Employ-

---

15) 「이주노동자협약」(1990년 12월 18일 유엔총회에서 채택, 2003년 7월 1일 발효)의 의의를 살펴보면, 첫째, 이주노동자를 노동자나 경제적 실체 이상의 사회적 실재로 인식하고 가족재회를 포함한 권리의 주체임을 인정하고 있으며, 둘째, 이주노동자와 그 가족은 취업국에서 비국민으로서 보호받지 못하고 있으며 그들의 보호를 취업국이나 출신국에서 제기할 수 없다. 그러므로 유엔과 같은 국제적 기구를 통한 보호수단 제공이 필요하다. 셋째, 이 협약은 최초로 이주노동자에 대한 개념과 이주노동자의 범주 그리고 그 가족에 대한 국제적 개념을 규정하고 있다. 규약은 이주노동자와 그 가족의 특정 인권에 대한 국제적 기준을 밝히고 있는데, 이러한 기준은 다른 취약한 위치에 있는 이주민과 이주노동자들의 기본적 인권을 향상시키는 데 도움을 줄 것이다. 넷째, 기본인권 개념을 등록노동자는 물론 미등록 노동자에게까지 확장시켰다. 등록 노동자와 가족구성원의 기본인권으로 인식되는 부가적인 권리, 특히 고용국에서 그곳 시민들과 같이 법적, 정치적, 경제적, 사회적 및 문화적 영역에서 동등대우를 주장할 수 있다. 다섯째, 이 협약은 이주노동자 및 그 가족의 불법 및 은밀한 이동과 비정상적이고 불법적인 상황을 포함한 착취방지와 근절을 위한 역할을 한다. 여섯째, 이 협약은 이주노동자와 그 가족의 보호를 위해 보편적으로 인정되고 있는 최소한의 기준을 마련함으로써 국내법상 이러한 기준이 없는 국가들을 위한 수단이 될 것이며 국제적으로 인식되는 기준과 조화를 이룰 수 있다.

ment)」,「학대적 조건의 이주와 이주노동자의 기회 및 처우균등증진에 관한 협약(Convention Concerning Migration in Abusive Conditions and the Promotion of Equality of Opportunity and Treatment of Migration Workers)」에 의해서 보호를 받는다.16)

우리나라는 「이주노동자협약」을 제외한 상기 인권협약들의 비준국으로서 국제법상 준수의무를 부담한다. 그러나 우리나라가 아직 비준하지 않은 국제협약이라 하더라도 국제적으로 인정되는 인권협약의 경우에는 국제관습법의 일부로서 준수의무를 부담한다고 본다.

이러한 내용들은 「헌법」 및 국내법에서 규정하고 있는 기본권과 상충되는 것이 아니라 보완적인 관계에 있는 것으로 국내적 실천의무를 갖고 있다.

2) 헌법 및 국가인권위원회법

「헌법」 제6조 제2항은 "외국인은 국제법과 조약이 정하는 바에 의해 그 지위가 보장된다"고 규정하고 있고, 동조 제1항은 "헌법에 의해 체결공포된 조약과 일반적으로 승인된 국제법규는 국내법과 같은 효력을 가진다"고 명시하고 있다.

외국인이 헌법상 기본권 주체가 되는지는 학설 및 판례에 의해 결정된다. 이에 대해 통설은 외국인도 기본권의 성질상 인간의 권리로 특정되는 것에 한해 그 기본권이 보장된다고 보며,17) 다만 그 밖의 기본권은 상호주의에 의하는 것으로 본다. 헌법재판소도 "국민과 유사한 지위에 있는

---

16) 이에 대한 자세한 내용은 윤선오·박명호·권장수(2005: 227~228), 이경숙(2008: 207~212) 참조.
17) 이에 대해서는 김종세(2010: 7~8), 장명선(2008: 15~40) 참조.

외국인은 기본권 주체가 되어 인간의 존엄과 가치, 행복추구권은 인간의 권리로서 외국인도 그 주체가 될 수 있고 평등권도 인간의 권리로서 인정되며, 참정권 등의 기본권은 성질상 제한 및 상호주의에 따른 제한이 있을 뿐이다"라고 판시하고 있다(헌재결 2001.11.29, 99헌마 494).

그러나 「헌법」제11조 제1항[18])에서 규정하고 있는 평등권은 "성별, 종교 또는 사회적 신분에 의하여 정치적, 경제적, 사회적, 문화적 생활의 모든 영역에 있어서 차별을 받지 아니한다"고 규정하고 있을 뿐인데, 세계화의 진전에 따라 다문화사회로 나아가는 현실에서는 차별금지기준으로 '국적'이나 '인종', '피부색' 등을 규정해야 할 필요성이 있다.

「헌법」제36조 제1항의 혼인과 가족생활은 개인의 존엄과 양성평등을 기초로 성립되고 유지되어야 하며 국가는 이를 보장한다는 규정도 다문화가족에게도 적용되어야 한다(정상우, 2009: 491 참조).

「국가인권위원회법」(2001.5.24 제정)은 제4조에서 법 적용범위를 대한민국 국민과 대한민국 영역에 있는 외국인으로 규정함으로써 국내 거주 외국인을 국가가 보호해야 하며 권리를 보장해야 할 의무를 명시하고 있으며, 제2조 제4호[19])에서 규정하고 있는 19개의 평등권 침해

---

18) 「헌법」제11조: 모든 국민은 법 앞에 평등하다. 누구든지 성별, 종교 또는 사회적 신분에 의하여 정치적, 경제적, 사회적, 문화적 생활의 모든 영역에 있어서 차별을 받지 아니한다.

19) 「국가인권위원회법」제2조 4. "평등권침해의 차별행위"라 함은 합리적인 이유 없이 성별, 종교, 장애, 나이, 사회적 신분, 출신지역(출생지, 등록기준지, 성년이 되기 전의 주된 거주지역 등을 말한다), 출신국가, 출신민족, 용모 등 신체조건, 기혼·미혼·별거·이혼·사별·재혼·사실혼 등 혼인 여부, 임신 또는 출산, 가족형태 또는 가족상황, 인종, 피부색, 사상 또는 정치적 의견, 형의 효력이 실효된 전과, 성적 지향, 학력, 병력 등을 이유로 한 다음 각 목의 어느 하나에 해당하는 행위를 말한다. 다만, 현존하는 차별을 해소하기 위하여 특정한 사람(특정한 사람들의 집단을 포함한다. 이하 같다)을 잠정적으로 우대하

의 차별행위의 기준에 출신국가, 출신민족, 인종, 피부색 등을 규정하고 있으며 차별금지영역으로 고용(모집, 채용, 교육, 배치, 승진, 임금 및 임금 외의 금품 지급, 자금의 융자, 정년, 퇴직, 해고 등을 포함한다), 재화·용역·교통수단·상업시설·토지·주거시설의 공급이나 이용, 교육시설이나 직업훈련기관에서의 교육·훈련 등의 영역을 규정하고 있다.

3) 재한외국인처우기본법

(1) 입법취지 및 배경

체류외국인의 증가로 외국인의 유형도 결혼이민자, 외국인 근로자, 외국국적 동포, 난민 등으로 다양해짐에 따라 이들에 대한 사회정착 지원이 가장 시급한 문제로 대두되었다. 따라서 그동안 각 부처들이 단편적으로 추진해오던 정책들을 범정부 차원에서 종합적이고 체계적인 정책추진의 법적 기반을 마련할 필요성에 따라 2007년 5월에 5장 23조로 구성된 「재한외국인처우기본법」이 제정되었다.[20]

는 행위와 이를 내용으로 하는 법령의 제·개정 및 정책의 수립·집행은 평등권 침해의 차별행위로 보지 아니한다.
20) 제정경과:
- 2006.12.5 정부가 제출한 재한외국인처우기본법안이 법제사법위원회에 회부
- 2007.2.22 제265회 국회 제3차 회의에 상정 제안설명과 대체토론을 거친 후 법안심사소위원회에 회부
- 2007.4.26 법안심사소위원회의 심사보고를 듣고 소위원회에서 제안한 수정안대로 의결
- 2007.4.27 제267회 국회 제6차 본회의에서 법제사법위원회에서 심사보고한 대로 의결
- 2007.5.17 법률 제8442호 공포

(2) 주요 내용

「재한외국인처우기본법」은 제2조에서 ① '재한외국인'의 범위를 대한민국의 국적을 가지지 아니한 자로서 대한민국에 거주할 목적을 가지고 합법적으로 체류하고 있는 자로 한정하고, ② '처우'를 국가 및 지자체의 재한외국인에 대한 법적 지위에 따른 적정한 대우로, ③ '결혼이민자'를 대한민국 국민과 혼인한 적이 있거나 혼인관계에 있는 재한외국인으로 정의하고 있다. 제2장(제5조~제9조)에서는 외국인정책기본계획, 외국인정책위원회 등에 대한 규정을, 제3장(제10조~제17조)에서는 인권옹호, 사회적응, 영주권자, 난민, 전문외국인력 등에 대한 처우규정을, 제4장(제18조, 제19조)에서는 다문화에 대한 이해 증진, 세계인의 날 등을 규정하고 있다. 동법의 주요 내용을 보면 다음과 같다.

① 보호대상

동법의 적용대상은 결혼이민자, 난민, 영주권자, 전문외국인력, 외국국적 동포, 이주노동자, 사실혼 관계자 등 국내에 체류하는 외국인 전부를 보호대상으로 하고 있으나 합법적 체류가 아닌 불법적 체류자는 보호대상에서 제외된다. 또한 결혼이민자 중에서 국적을 이미 취득한 자도 제외되나 국적을 취득하고 3년이 경과되지 않은 자는 지원 서비스를 받을 수 있다.

② 재한외국인에 대한 지원 서비스

국가 및 지방자치단체는 재한외국인 또는 그 자녀에 대한 불합리한 차별방지 및 인권옹호를 위한 교육, 홍보 그 밖에 필요한 조치를 위해 노력하고(제10조), 생활에 필요한 소양과 지식에 관한 교육·정보제공 및 상담을 지원할 수 있고(제11조), 사실혼을 포함해 결혼이민자에 대해 국어교육, 대한민국의 제도, 문화에 대한 교육, 결혼이민자의 자녀에 대한

〈표 13-5〉「재한외국인처우기본법」의 주요 내용

조항	내용
목적(제1조)	재한외국인에 대한 처우 등에 관한 기본적인 사항을 정함으로써 외국인이 대한민국 사회에 적응하여 개인의 능력을 충분히 발휘하도록 하고, 서로를 이해하고 존중하는 사회환경을 조성하여 대한민국 발전과 사회통합에 이바지함을 목적으로 함.
용어 정의(제2조)	• '재한외국인'이란 대한민국의 국적을 가지지 아니한 자로서 대한민국에 거주할 목적을 가지고 합법적으로 체류하고 있는 자임. • '결혼이민자'란 대한민국 국민과 혼인한 적이 있거나 혼인관계에 있는 재한외국인임.
국가 및 지방자치단체의 책무(제3조)	국가 및 지방자치단체는 재한외국인에 대한 처우 등에 관한 정책의 수립 시행에 노력하여야 함.
외국인정책의 기본계획(제5조)	법무부장관은 관계 중앙행정기관의 장과 협의하여 5년마다 외국인정책에 관한 기본계획을 수립하여야 함.
재한외국인 등의 인권옹호(제10조)	국가 및 지방자치단체는 재한외국인과 자녀에 대한 차별방지와 인권옹호를 위한 교육·홍보 그 밖에 필요한 조치를 하기 위해 노력하여야 함.
재한외국인의 사회적응 지원(제11조)	국가 및 지방자치단체는 재한외국인이 생활하는 데 필요한 기본적 소양과 지식에 관한 교육·정보제공, 상담 등의 지원 가능
결혼이민자 및 그 자녀의 처우(제12조)	국가 및 지방자치단체는 결혼(사실혼 포함)이민자에 대한 국어교육, 대한민국의 제도·문화에 대한 교육, 결혼이민자의 자녀에 대한 보육 및 교육지원 등을 통해 대한민국 사회에 빨리 적응할 수 있도록 지원 가능
영주권자의 처우(제13조)	국가 및 지방자치단체는 영주권자 국내체류와 경제활동을 보장 가능
난민의 처우(제14조)	국가는 난민의 인정을 받은 재한외국인의 거주 혹은 출국 지원 가능
국적취득 후 사회 적응(제15조)	대한민국 국적을 취득한 재한외국인은 3년이 경과하는 날까지 동법 적용
전문외국인력의 처우 개선(제16조)	국가 및 지방자치단체는 전문외국인력의 법적 지위 및 처우개선 노력
다문화에 대한 이해 증진(제18조)	국가 및 지방자치단체는 국민과 재한외국인이 서로의 역사·문화 및 제도를 이해하고 존중할 수 있도록 교육, 홍보, 불합리한 제도 시정이나 그 밖에 필요한 조치를 위해 노력

보육 및 교육지원 등을 통해 사회적응을 지원할 수 있다고 규정하고 있다(제12조).
그 밖에 영주권자의 국내체류와 경제활동 보장, 교육지원(제13조), 난민인정을 받은 재한외국인의 거주 혹은 출국 지원(제14조), 전문외국인력의 법적 지위 및 처우의 개선(제16조) 등을 규정하고 있다.

③ 외국인정책 수립

법무부장관은 중앙부처의 장과 협의하여 5년마다 외국인정책기본계획을 수립하고 지자체도 연도별 시행계획을 수립시행한다(제5조·제6조). 또한 국무총리를 위원장으로 각 부처 장관 등 30인으로 외국인정책위원회를 구성하고 그 밑에 실무위원회를 둔다.

(3) 문제점 및 개선과제

① 다문화주의적 시각 정립

동법 제1조는 제정목적을 재한외국인의 기본적 인권의 보호 혹은 다문화주의의 주지로 사회통합을 이루고자 함이라고 규정하고 있으나, 법 내용상 이러한 부분은 미미하다. 이 법 어디에도 외국인들의 다양한 문화를 존중해야 한다는 내용은 없으며 국가 및 지방자치단체는 재한외국인이 대한민국에서 생활하는 데 필요한 기본적 소양과 지식에 관한 교육·정보제공 및 상담 등의 지원을 할 수 있도록 규정하고 있을 뿐이다. 이는 다문화가족 정책의 주된 시각이 동화주의에 가깝다는 것을 보여주는 것인데 이는 개선되어야 한다. 이 법은 기본법이므로 재한외국인에 대한 처우의 기본방향이 올바르게 설정되어야 할 것이므로 외국인을 우리 국민으로 동화시키려는 노력보다는 서로 존중하고 공생할 수 있는 인권적 다문화주의하에서 정책이 수립되고 집행되어야 하며 이를 담보하도록 노력해야 한다.

② 보호대상의 확대

동법 제2조는 지원대상인 재한외국인의 정의를 합법적으로 체류하고 있는 자로만 한정하고 있어 외국인 근로자 가운데 합법적 지위를 가지지 못한 미등록 외국인 근로자 등은 지원대상에서 배제될 수밖에 없다. 이는 「이주노동자협약」 제70조에서 체류자격의 법적 여부에 관계없이 모든 이주민들의 근로조건과 생활조건은 적절성, 안정성, 위생적 기준과 인간의 존엄성의 원칙에서 보장되어야 한다는 내용에 합치되지 않으며, 우리 정부가 보여준 정책에도 합치되지 않는 반인권적인 정책이다.[21] 사실 미등록 이주자에 대한 법의 보장 정도가 어디까지이냐 하는 문제는 중요한 국가정책 중의 하나이다. 현재 대부분의 미등록 이주자들은 비전문취업자인데 이들이 우리 경제의 한 부분을 차지하고 경제발전에 기여하고 있는 것은 부정할 수 없는 사실이다. 그러므로 이들에 대한 정책과 법제도를 정비해서 이들도 이 사회의 구성원으로서의 보호를 받을 수 있도록 해야 한다.

③ 실효성 확보

동법의 규정내용의 대부분이 추상적인 '노력 의무' 외에는 '지원할 수 있다'고 임의규정으로 되어 있다는 점이 문제점으로 지적된다. 기본법은 기본적인 권리의무의 가이드라인만을 제시하고 아주 구체적인 내용을 담

---

21) 정부는 미등록 이주노동자라 하더라도 임금체불, 산업재해 등과 같은 피해를 입은 경우 노동사무소 진정과 국내 사법절차를 통한 법적 구제가 가능토록 한 조치, 미등록 이주여성이 성폭력 피해를 입은 경우 형사고소를 통해 피해구제를 가능토록 한 조치 등과 같이 미등록 이주자에 대한 권리보호의 범위를 확대해왔기 때문이다. 나아가 미등록 이주노동자 배제는 부모가 미등록이기 때문에 한국 사회에 태어나자마자 미등록 체류자가 되는 아이들을 원천적으로 보호대상에서 제외하는 문제점까지 갖고 있다.

기는 어렵다는 점을 감안하더라도, 구체적인 의무가 규정되지 않은 현재의 법으로 재한외국인들의 처우가 얼마만큼 개선될지는 의문이다. 따라서 국가 및 지방자치단체의 의무에 대해 규정하고 있는 제3조, 제10조, 제11조, 제12조, 제13조, 제14조, 제15조, 제16조, 제18조 등의 선언적 규정을 실효성을 담보할 수 있도록 강제규정화해야 한다.

④ 상호주의의 완화

동법은 외국인정책기본계획 수립 시 상호주의 원칙을 고려하도록 규정하고 있는데, 이는 양국의 제도가 일정 정도 동일한 수준일 때에만 가능하다고 본다. 그러나 외국인 근로자나 결혼이민자의 출신국들은 우리나라보다 경제적으로 어려운 국가들이 대부분이어서 상호주의를 엄격하게 시행할 경우 이들의 대부분은 보호대상에서 제외된다. 따라서 이들의 인권보호 및 경제적인 부분의 보호를 위해서는 상호주의를 완화해서 적용해야 한다.

4) 다문화가족지원법

(1) 입법취지 및 배경

결혼이민자 및 그 자녀 등으로 구성되는 다문화가족이 증가하고 있으나 이들은 언어 문제 및 문화적 차이로 인한 사회적 부적응과 가족구성원 간 갈등 및 자녀교육의 어려움을 겪고 있으므로 이들이 우리 사회의 구성원으로서 순조롭게 통합하고 안정적인 가족생활을 영위할 수 있도록 다문화가족에 대한 지원정책의 제도적인 틀을 마련하는 것이 필요했다. 이를 위해 2008년 3월에「다문화가족지원법」이 제정되어 2008년 9월부터 효력이 발생하고 있다.[22]

(2) 주요 내용

동법은 제1조에서 다문화가족 구성원이 안정적인 가족생활을 영위할 수 있도록 함으로써 이들의 삶의 질 향상과 사회통합에 이바지하는 것을 목적으로 규정하고 있으며, 제2조에서는 다문화가족에 대한 정의를 하고, 제4조에서는 3년마다 실태조사 실시를 규정하고 있다. 그 밖에 제5조(다문화가족에 대한 이해증진), 제6조(생활정보 제공 및 교육지원), 제7조(평등한 가족관계 유지), 제8조(가정폭력피해자에 대한 지원), 제9조(산전·산후 건강관리 지원), 제10조(아동교육·보육 지원), 제11조(다국어에 의한 서비스 지원) 등에서는 국가와 지방자치단체의 다문화가족에 대한 책무를 규정하고, 제12조에서 다문화가족지원센터에 대한 내용을 규정하고 있다.

① 다문화가족 범위 규정

'다문화가족'이란 결혼이민자와 출생 시부터 대한민국 국적을 취득한 자로 이루어진 가족과 귀화허가를 받은 자와 출생 시부터 대한민국 국적을 취득한 자로 이루어진 가족이라고 규정하고 있다. 이는 「재한외국인 처우기본법」 제2조 제3호, 「국적법」 제2조, 「국적법」 제4조 규정에 의한

---

22) 제정경과:
- 2007.3.8 고경화 의원이 이주민 가족의 보호 및 지원 등에 관한 법률 발의
- 2007.5.2 장향숙 의원이 다문화가족지원법 발의
- 2007.5.3 두 법률안 여성가족위원회로 회부
- 2007.11.14 여성가족위원회는 제269회 국회 정기회 제1차 법안심사소위원회에서 2건의 법률안을 병합심사한 결과 법률안의 내용을 통합·보완해서 다문화가족지원법안을 제안
- 2007.11.19 제269회 국회 제7차 여성가족위원회는 대안 채택 의결
- 2008.2.19 제271회 국회 제7차 본회의에서 여성가족위원회에서 심사보고한 대로 의결
- 2008.3.21 법률 제8937호로 공포(6개월 경과 후 발효)

것이다. 따라서 외국인 노동자 부부와 그 자녀, 외국인 유학생과 그 자녀 등과 같이 외국인만으로 구성된 가족은 보호대상에서 제외되며, 미등록 이주자도 제외된다.

② 실태조사 실시

여성가족부 장관은 3년마다 다문화가족에 대한 현황과 실태를 파악하고 다문화가족 지원을 위한 정책수립에 활용하기 위해 실태조사를 실시하고 그 결과를 공포해야 한다. 또한 사회환경의 급격한 변동에 추가적인 조사가 필요 시 임시조사를 실시해 보완할 수 있다.

③ 국가 및 지방자치단체의 다문화가족에 대한 지원

국가 및 지방자치단체는 다문화가족에 대한 이해교육과 홍보를 위한 조치를 취할 수 있으며(제5조), 국내생활에 필요한 기본 정보를 제공하고 사회적응 교육과 직업교육·훈련을 받도록 지원할 수 있으며(제6조), 다문화가족이 평등한 가족관계를 유지하기 위한 전문적인 서비스를 제공하도록 노력해야 하며(제7조), 가정폭력피해자에 대한 보호 및 지원을 할 수 있으며(제8조), 산전·산후 건강관리를 지원할 수 있으며(제9조), 아동의 보육과 교육을 지원할 수 있으며(제10조), 의사소통과 서비스 접근성을 위해 다국어에 의한 서비스를 제공할 수 있다(제11조). 이는 사실혼 관계에 있는 다문화가족 구성원들에게도 준용된다.

④ 다문화가족지원센터 지정

다문화가족 지원정책 시행을 위해 필요한 경우 다문화가족 지원에 필요한 전문인력과 시설을 갖춘 법인이나 단체를 다문화가족지원센터로 지정할 수 있다(제12조). 2006년에 결혼이민여성가족지원센터로 시작한 다문화가족지원센터는 현재 전국에 171개(국비 159개소, 지방비 12개소)가 있

〈표 13-6〉「다문화가족지원법」의 주요 내용

조항	내용
정의 규정(제2조)	• 다문화가족이란 출생 시부터 대한민국 국적을 취득한 자, 귀화허가를 받은 자, 출생 시부터 대한민국 국적을 취득한 자로 이루어진 가족을 말함. • 결혼이민자 등은 다문화가족의 구성원으로서 「재한외국인처우기본법」상 결혼이민자와 「국적법」에 따라 귀화허가를 받은 자를 말함.
실태조사 등(제4조)	여성가족부는 3년마다 다문화가족에 대한 실태조사를 실시, 결과 공표
다문화가족 이해증진 (제5조)	국가와 지방자치단체는 다문화 이해교육과 홍보 등 필요한 조치를 취하도록 노력해야 함.
생활정보 제공 및 교육 지원(제6조)	국가와 지방자치단체는 결혼이민자 등에게 국내생활에 필요한 기본 정보 제공, 사회적응 교육과 직업교육·훈련을 받을 수 있도록 지원할 수 있음.
평등한 가족관계의 유지를 위한 조치 (제7조)	국가와 지방자치단체는 다문화가족이 민주적이고 양성평등한 가족관계를 누릴 수 있도록 문화의 차이 등을 고려한 전문적인 서비스 제공. 가족상담, 부부교육, 부모교육, 가족생활교육 등을 추진할 수 있음.
가정폭력 피해자에 대한 보호·지원 (제8조)	국가와 지방자치단체는 다문화가족 내 가정폭력 방지 노력, 폭력피해자를 위한 외국어 통역 서비스를 갖춘 가정폭력 상담소 및 보호시설의 설치 확대 노력, 혼인관계 종료 시 언어통역, 법률상담 및 행정지원 등을 제공할 수 있음.
산전·산후 건강관리 지원(제9조)	국가와 지방자치단체는 영양·건강에 대한 교육, 산전·산후 도우미 파견, 건강검진과 그 검진 시 필요한 통역 등 필요한 서비스를 지원할 수 있음
아동 보육·교육 (제10조)	아동에 대해 ① 차별 없는 보육·교육 실시, ② 신속한 적응을 돕는 교육지원대책 마련, 방과후 교육 프로그램 지원, ③ 취학 전 교육과 언어능력 제고를 위한 한국어교육 지원할 수 있음.
다국어에 의한 서비스 제공(제11조)	국가 및 지방자치단체는 의사소통의 어려움 해소, 서비스 접근성 제고를 위해 다국어에 의한 서비스 제공을 노력해야 함.
다문화가족지원센터의 지정 등(제12조)	여성가족부장관은 다문화가족지원센터를 지정할 수 있음.
사실혼 배우자 및 자녀의 처우(제14조)	제5조부터 제12조까지의 규정은 대한민국 국민과 사실혼 관계에서 출생한 자녀를 양육하고 있는 다문화가족 구성원에 대하여 준용함.

으며, 6개의 거점지원센터23)가 지정되어 있다. 다문화가족지원센터의 기본사업으로는 한국어 교육, 가족통합 및 다문화사회 이해교육, 다문화가족 취·창업지원, 다문화가족 자조모임, 개인가족 상담을 하고 있으며, 특성화 사업으로는 이중 언어교실 운영, 육아정보 나눔터 운영, 멘토링 다문화가족 지원봉사단, 다문화 이해 인식개선사업 및 홍보기관 협약 외부 사업연계 등 지역사회협력 네트워크 강화 등의 사업을 행하고 있다.24)

⑤ 다문화가족 지원업무 관련 공무원의 교육

국가와 지방자치단체는 다문화가족 지원 관련 업무에 종사하는 공무원의 다문화가족에 대한 이해증진과 전문성 향상을 위해 교육을 실시할 수 있다(제13조). 현재 중앙공무원교육원, 지방행정연수원, 사이버교육과정 등에서 다문화교육을 실시하고 있으며 매년 부처합동교육 및 연찬회를 개최하고 시·도 공무원교육원, 지방행정연수원 집합교육 등을 실시하고 있다.

(3) 문제점 및 과제

① 성인지적(性認知的) 다문화주의 시각 필요

동법은 제1조에서 다문화가족 구성원이 안정적인 가족생활을 영위할 수 있도록 함으로써 이들의 삶의 질 향상과 사회통합에 이바지하는 것을 목적으로 규정하고 있으나 전체적인 규정내용은 다문화주의보다는 동화주의적 사고에 기초하고 있다고 보여진다.

또한 결혼이민여성들의 발전이나 건강 등을 위한 정책 서비스보다는 가족체계를 유지하기 위한 범위 내에서의 지원이나, 단지 수혜자로 보아 정책수립이나 서비스를 제공하는 경향이 있다. 즉, 결혼이민여성 자신의

---

23) 서울 동대문구, 안산, 청주, 익산, 구미, 울산남구 등에 거점센터가 있다.
24) 이에 대한 자세한 내용은 전국다문화가족지원사업단(2010) 참조.

건강지원 서비스보다는 임신·출산에 대한 서비스 지원에 치중하고 있다는 점이다. 따라서 성인지적(Gender Perspective) 가족문화를 유지하기 위한 시각에서 임신·출산시기에 집중된 지원사업 등이 행해지고 있으며, 이주여성들의 모성건강을 위한 지원사업은 거의 없는 실정이다. 그러나 다문화가족이 우리 사회의 구성원으로 정착하기 위해서는 동화도 필요하지만 서로의 다양성을 인정하고 존중하는 것이 필요하고, 이는 성평등한 가족관계 속에서 가능하므로 성인지적 다문화주의가 전제되어야 한다.

② 실효성 확보 필요

동법의 규정 중 국가 및 지방자치단체의 다문화가족 지원 서비스에 대한 규정내용이 거의 선언적, 권고적 규정이라 실효성을 담보하기 힘들다. 즉, 국가 및 지방자치단체의 책무규정인 제5조에서부터 제11조까지 "~노력해야 한다", "~할 수 있다" 등으로 규정되어 있어 법의 실효성에 문제가 제기된다. 따라서 동법의 다문화가족의 사회정착에 실질적인 효과를 낼 수 있는 서비스 지원을 위해서는 내용을 강제규정화해 실효성을 담보해야 한다.

③ 보호대상의 확대

동법은 기본법과는 달리 지원대상을 대한민국 국민이 혼인, 혈연, 입양 등으로 결합해서 이루어진 가족 및 귀화자라고 규정함으로써 모두 일방 배우자가 대한민국 국민임을 규정하고 있다. 그러나 이는 대상을 매우 협소하게 규정한 것이며, 이같이 한국인과 '가정'을 구성한 이들에게만 정착 서비스를 지원하는 것은 국적과 혈통에 기반한 차별로 해석될 소지가 있다. 또한 「다문화가족지원법」 역시 '합법적' 체류자격의 외국인만을 법 적용 대상으로 한정하고 있는 한계를 갖고 있다. 다문화사회로 나아가기 위해서는 결혼이민자, 외국인 근로자, 유학생 등 한국 사회를 생활터전으로 삼고 있는 사람들을 모두 포괄해야 한다.

④ 다른 법률상의 실태조사와의 관계

동법에서는 3년마다 실태조사를 규정하고 있으며(제4조), 「재한외국인 처우기본법」 제9조도 재한외국인, 불법체류 외국인 및 귀화자에 관한 실태조사를 규정하고 있고, 「건강가정기본법」에서는 국가 및 지방자치단체는 5년마다 가족실태 조사를 실시하도록 하고 있다(제20조). 각 법규상에 규정되어 있는 실태조사는 중복되므로 이에 대한 검토가 필요하다.

5) 결혼중개업의 관리에 관한 법률

(1) 추진배경

종래 결혼중개업에 대한 규제가 신고제를 취하고 있었으나 1998년 2월 8일 「건강가정의례의 정착 및 지원에 관한 법률」 부칙 제2조에 따라 「가정의례에 관한 법률」이 폐지되면서 신고제에서 자유업으로 전환되었다. 그 후 결혼중개업은 양적으로 증가했는데 최근에는 국제결혼에서 인신매매성 위장결혼, 사기결혼 등 본질적인 문제의 근원지로 지칭되는 등의 문제점이 부각되어 결혼중개업을 법적으로 규제하고 건전한 결혼문화 형성에 기여하는 법률이 필요하게 되었다. 따라서 2007년 12월에 「결혼중개업의 관리에 관한 법률」이 공포되어 2008년 6월부터 효력을 발생하고 있으며,[25] 2010년 5월 17일에는 그동안 시행하면서 문제점으로 제기되었

---

25) 제정경과:
  - 2005. 2. 2 김춘진 의원 대표 발의한 보건복지위원회에 결혼중개업의 관리에 관한 법률 회부
  - 2005. 4. 20 제253회 제3차 회의에 상정 제안설명, 검토보고, 대체토론을 거친

던 국제결혼 중개관행을 개선하고 효율적 관리를 위해 중요 부분이 개정되었다(2010년 11월 18일 효력 발생).

(2) 주요 내용

법률의 주요 내용을 살펴보면 제1조에서는 동법의 목적, 제2조에서는 용어를 정의하고 있으며, 국내결혼중개업은 '신고제'로, 국제결혼중개업은 '등록제'로 시장·군수·구청장에게 신고하여야 하며(제3조), 결혼중개업자에 대한 의무규정으로 ① 신고필증 게시 의무(제8조), ② 명의대여 금지 의무(제9조), ③ 계약내용 설명 의무 및 표준계약서 작성 의무, 신상정보 제공, 통역·번역 서비스 제공(제10조), ④ 외국 현지법령 준수 의무(제11조), ⑤ 허위·과장된 표시·광고 및 거짓 정보제공의 금지(제12조), ⑥ 개인정보 보호 의무(제13조) 등을 규정하고 있다.

특히 2010년 11월 18일부터 효력을 발생하는 중요 규정으로는 ① 결혼중개업의 신고 및 등록업무를 시·군·구로 일원화, ② 국내결혼중개업의 경우 전자문서에 의한 계약 체결 허용, ③ 국제결혼중개업자에게 이용자 및 상대방의 신상정보 제공 의무 및 통역·번역 서비스 제공 의무 부과, ④ 결혼중개업자의 표시·광고에 신고번호 또는 등록번호 포함 의무화, ⑤ 국제결혼중개업자와 외국업자의 업무제휴 계약 시 서면계약 의무화, ⑥ 손해배상책임 보장방식 중 예치금 방식의 폐지 등이다.

후 법안심사소위원회에 회부
- 2007.9.11 제269회 국회 제1차 회의에서 법안심사소위원회의 심사보고를 듣고 소위원회에 제안한 수정안대로 의결
- 2007.11.22 제269회 제10차 본회의에서 보건복지위원회에서 심사보고한 대로 의결
- 2007.12.14 법률 제8688호로 공포
- 2008.6. 시행

① 목적

이 법의 목적은 결혼중개업을 건전하게 지도, 육성하고 이용자를 보호함으로써 건전한 문화형성에 이바지함을 목적으로 한다(제1조).

② 국내결혼중개업은 신고, 국제결혼중개업은 등록

국내결혼중개업을 하려는 자는 시장·군수·구청장에게 신고하고, 국제결혼중개업자도 중개사무소를 두고자 하는 지역관할 시장·군수·구청장에게 등록하여야 한다(제3조 · 제4조).[26]

③ 결혼중개업자의 결격사유

결혼중개업을 운영하거나 업무에 종사할 수 없는 자를 다음과 같이 규정하고 있다(제6조). ① 미성년자, 금치산자, 한정치산자 또는 파산선고를 받고 복권되지 아니한 자, ② 금고 이상의 실형을 받고 집행 종료되거나 집행면제된 날로부터 2년이 경과되지 아니한 자, ③ 금고 이상의 형의 집행유예를 선고받고 유예기간 중에 있는 자, ④ 등록취소된 후 3년이 경과되지 아니한 자, 「형법」, 「특정범죄가중처벌 등에 관한 법률」, 「성매매알선 등 행위의 처벌에 관한 법률」 등에 의해 형의 선고를 받고 집행종료 후 3년이 경과되지 아니한 자 등이다.

④ 결혼중개업자의 의무
- 겸업이나 명의대여 금지: 직업소개사업을 하는 자, 파견사업주, 해외이주알선업자 등은 결혼중개업을 할 수 없으며(제7조), 결혼중개업자는 명의나 상호, 신고필증 등을 빌려주어서는 안 된다(제9조).

---

[26] 2010년 4월 현재 등록된 국제결혼중개업체는 전국적으로 1,253개, 신고된 국내결혼중개업체는 886개이다(보건복지부 내부자료).

- 결혼중개계약서 작성: 결혼중개업자는 계약서를 서면으로 체결하여야 하며 내용에는 수수료, 회비, 해약·해지 시 수수료, 회비 반환, 결혼중개업자의 배상책임, 서비스 내용·제공방법·기간 및 시기 등에 관한 사항, 그 밖에 결혼중개업자가 준수해야 할 사항 등이 기재되어야 하고, 이를 이용자가 계약서 내용을 이해할 수 있도록 충분히 설명하여야 한다(제10조).
- 외국 현지 법령 준수, 업무제휴 시 서면계약: 국제결혼중개업자는 현지 법령을 준수해야 하며 형사법령이나 행정명령을 준수하여야 하며(제11조), 외국 현지에서 활동하는 업체 등과 업무제휴를 할 때에는 서면으로 계약을 체결해야 한다(제14조의 2).
- 허위과장된 표시나 광고 금지: 결혼중개업자는 거짓·과장되거나 국가, 인종, 성별, 연령, 직업 등을 이유로 차별하거나 편견을 조장할 우려가 있는 광고를 해서는 안 되며, 표시나 광고 시 국내결혼중개업자는 신고번호를, 국제결혼중개업자는 등록번호를 포함해야 한다(제12조).
- 개인정보의 보호: 결혼중개업 업무상 알게 된 개인정보를 이용자의 의사에 반해서 다른 사람에게 제공 또는 누설하거나 중개 외의 용도로 사용해서는 안 된다(제13조).

⑤ 교육

여성가족부장관이나 시장·군수·구청장은 국제결혼중개업자의 전문지식 및 윤리의식을 높이기 위해 교육을 실시하는데, 대상은 일차적으로는 결혼중개업의 등록을 하고자 하는 자이다(제24조).

⑥ 손해배상책임의 보장

결혼중개업자는 결혼중개를 함에 있어서 고의 또는 과실로 인해 이용자에게 손해를 발생하게 한 경우 손해를 배상할 책임이 있으며 이를 위해

〈표 13-7〉「결혼중개업의 관리에 관한 법률」의 주요 내용

조항	내용
목적(제1조)	결혼중개업을 건전하게 지도 육성하고 이용자를 보호함으로써 건전한 결혼문화 형성에 이바지함을 목적으로 함.
용어의 정의 (제2조)	1. "결혼중개"란 결혼을 위한 상담 및 알선 등의 행위를 말함. 2. "결혼중개업"이란 수수료·회비, 그 밖의 금품을 받고 결혼중개를 업으로 행하는 것을 말함. 3. "국내결혼중개업"이란 대한민국의 국적을 가진 사람을 대상으로 하는 결혼중개업을 말함. 4. "국제결혼중개업"이란 대한민국의 국적을 가진 사람과 외국인을 대상으로 하는 결혼중개업을 말함. 5. "결혼중개업자"란 제3조 제1항에 따라 결혼중개업의 신고를 하거나 제4조 제1항에 따라 결혼중개업의 등록을 한 자를 말함.
국내결혼중개업의 신고(제3조)	국내결혼중개업을 하고자 하는 자는 보증보험금 및 중개사무소 등 대통령령으로 정하는 기준을 갖추어 시장·군수·구청장에게 신고하며 신고필증을 교부받음.
국제결혼중개업의 등록(제4조)	국제결혼중개업을 하고자 하는 자는 제24조에 따른 교육을 받고 보증보험금, 중개사무소 등 대통령령이 정하는 기준을 갖추어 중개사무소를 두고자 하는 지역의 시장·군수·구청장에게 등록하며 등록증을 교부받음.
결격사유 (제6조)	결혼중개업을 운영하거나 업무에 종사할 수 없는 자를 규정하고 있음.
겸업, 명의대여 금지 등 (제7조, 제9조)	• 직업소개업자, 파견사업주, 해외이주알선업자는 중개업을 수행할 수 없음(제7조). • 다른 사람에게 자기의 명의, 또는 상호, 신고필증이나 등록증을 빌려주어서는 안 됨(제9조).
중개업자의 의무 (제10조~14조의 2)	• 국내결혼중개업자는 서면 또는 전자문서로, 국제결혼중개업자는 서면으로 계약서 작성(제10조). • 결혼중개업자는 거짓·과장 금지, 국가, 인종, 성별, 연령, 직업 등을 이유로 차별하거나 편견을 조장할 우려가 있는 내용의 표시·광고 금지, 표시·광고 시 국내결혼중개업자는 신고번호를, 국제결혼중개업자는 등록번호를 포함하여야 함(제12조). • 결혼중개업자는 업무를 통해 알게 된 정보 누설금지, 다른 용도 사용 금지(제13조). • 결혼중개업자는 현지 업체와 업무제휴 시 서면으로 계약 체결해야 함(제14조의 2).
신상정보 제공, 통역·번역 서비스 제공	• 국제결혼중개업자는 이용자와 결혼중개의 상대방으로부터 신상정보를 받아 서면으로, 상대방이 이해 가능한 언어로 제공하여야 함(제10조의 2). 즉, 혼인경력, 건강상태, 직업, 성

(제10조의 2·3)	폭력, 가정폭력, 아동학대 등에 관련 범죄경력, 그 밖의 상대국의 법령에서 정하고 있는 사항 등임. • 상대방 간의 의사소통을 위해 통역·번역서비스를 제공해야 함(제10조의 3).	
외국 현지법령 준수 등(제11조)	국제결혼중개업자는 결혼중개를 함에 있어서 외국 현지법령 준수해야 함.	
시정명령 등 (제17조~19조)	제17조: 시정명령, 제18조: 영업정지, 제19조: 폐쇄조치	
교육(제24조)	국제결혼중개업을 등록하고자 하는 자는 교육을 받아야 함.	
손해배상 (제25조)	결혼중개업자는 고의 또는 과실로 인해 이용자에 손해를 발생한 때에는 손해배상책임을 져야 함. 이를 위해 보증보험에 가입하여야 함.	

벌칙(제26조)	• 다음 각 호 해당 시 3년 이하의 징역 또는 2천만 원 이하의 벌금
	  ─ 거짓이나 그 밖의 부정한 방법으로 등록을 한 자
	  ─ 등록을 하지 아니하고 국제결혼중개업을 수행한 자
	  ─ 폐쇄조치에도 불구하고 영업을 계속한 자
	• 다음 각 호 해당 시 2년 이하의 징역 또는 1천만 원 이하의 벌금
	  ─ 거짓이나 그 밖의 부정한 방법으로 신고한 자, 신고 없이 중개업을 수행한 자
	  ─ 타인에게 자기 명의 또는 상호를 사용하여 결혼중개업을 하게 하거나 신고필증 또는 등록증을 빌려준 자
	  ─ 거짓·과장하거나 인종, 성별, 연령, 직업 등을 이유로 차별하거나 편견조장할 우려가 있는 내용을 표시·광고한 자
	  ─ 거짓정보를 제공한 자
	  ─ 타인에게 회원의 개인정보를 제공·누설하거나 사용한 자	

보증보험에 가입하여야 한다(제25조).

⑦ 결혼중개업의 시정명령, 영업정지, 폐쇄조치 등

시장·군수·구청장은 결혼중개업체가 법에 정한 규정을 어겼을 경우 시정명령(제17조), 영업정지(제18조), 폐쇄조치(제19조) 등을 취할 수 있다.

⑧ 양벌규정

법인의 대표자나 법인 또는 개인의 대리인, 사용인 그 밖의 종업원이 그 법인 또는 개인의 업무에 관해 제26조 위반행위를 하면 행위자를 벌하는 외에 그 법인 또는 개인에게도 해당 조문의 벌금형을 과한다(제27조).

(3) 문제점 및 개선과제

① 사전에 정확한 정보제공 의무화

동법은 최근 개정으로 제10조의 2에서 국제결혼중개업자는 이용자와 결혼중개의 상대방의 혼인경력, 건강상태(후천성면역결핍증 및 성병 등의 감염 여부 포함), 직업, 성폭력, 가정폭력, 아동학대 등 관련 범죄경력, 상대국의 법령에서 정하는 사항 등을 상대방과 이용자에게 서면으로 제공해야 한다는 신상정보 제공의무를 규정하고 있다. 이러한 정보는 이용자와 상대방이 이해할 수 있는 언어로 작성해야 하며 신상정보의 제공시기 및 절차, 입증방법 등에 필요한 사항은 대통령령으로 정한다고 규정했다(2010년 11월 18일 효력 발생). 따라서 이러한 정보제공은 사전에 제공되어야 한다는 부분이 명문으로 규정되어야 한다. 거짓정보제공이나 성실한 정보제공이 이루어지지 않은 경우 결혼중개업에 대한 엄한 처벌만이 아니라 양벌규정에 의거해 결혼중개업자에 대한 징역형이나 벌금형을 가하는 것이 필요하다. 정보는 모두 서면으로 제공하고 입증서류도 첨부해야 한다(장명선, 2010: 31).

② 법규를 위반한 국제결혼중개업자의 처벌 강화

현재 동법은 법규를 위반한 국제결혼중개업체에 대해 시정명령(제17조), 영업정지(제18조), 폐쇄조치(제19조) 등을 규정하고 있으며, 벌칙규정(제26조)과 양벌규정(제27조)도 두고 있다. 그러나 현재의 규정내용으로는 법규를 위반한 국제결혼중개업자의 처벌이 경미한 편이다. 현재까지 법규위반으로 처벌을 당한 예는 겨우 행정처분 정도일 것이며, 몇 천만 원의 벌금형은 회사 운영비의 일부로 인식할 수 있으므로 다소 강제적인 징역형과 징벌적 성격의 벌금형이 주어져야 할 것이다.

③ 입증책임 전환규정 필요

법적 절차에 따라 피해를 구제받기 위해서 결혼이민여성들이 입증자료를 준비·제출해야 하는데, 국제결혼중개라는 위계적 사슬 아래에서 가장 취약한 지위에 처한 이주여성이 유리한 자료를 확보하기란 매우 어렵다. 합리적인 범위 내에서 결혼이민여성의 입증책임을 완화하거나, 결혼중개업자에게 정확한 정보를 제공했음을 입증하도록 입증책임을 전환하는 규정이 보완되지 않는다면 결혼중개업체로부터 피해를 입은 결혼이민여성이 국내법적 절차를 통해 피해를 구제받기란 요원할 것으로 보인다.

④ 국제결혼 예비배우자들의 사전 예비교육 실시

국제결혼을 원하는 대상자의 경우 사전 예비교육 실시가 필요하다. 현재 결혼이주자를 대상으로 시행 중인 교육 프로그램(해피스타트)을 국제결혼 희망자들에게로 확대해서 출국 전 교육을 받도록 해야 한다. 이 교육내용은 국제결혼 절차, 관련 법률, 피해사례 및 정부의 결혼이주자 관련 정책 등을 설명하고 출국하고자 하는 나라의 문화, 간단한 언어 등 서로를 이해할 수 있는 교육 등으로 해야 한다. 외국인 신부의 경우도 한국에 입국할 경우 의무적으로 일정 기간 한국에 대한 기초언어와 문화이해에 대해 교육을 받도록 각종 편의를 제공할 필요가 있다.

⑤ 국제결혼 종사자들에 대한 교육 실시

동법 제24조는 국제결혼중개업을 등록하고자 하는 자에 대해서는 교육을 의무화시켰으나 종사자들에 대해서는 희망하는 경우에 교육을 받도록 했다. 그러나 국제결혼은 전문성을 요하는 사업이므로 국제결혼중개업체

종사자들 모두가 교육을 받도록 하고 일정 시간이 지나면 보수교육도 받도록 해야 한다. 또한 국제결혼중개업무를 담당하는 공무원에 대한 교육 실시도 의무화로 규정해서 실무역량을 강화할 필요가 있다.

⑥ 인신매매적 국제결혼에 대한 규정 필요

인신매매적 국제결혼중개 행태를 어떻게 규제할 것이며, 이로 인해 발생한 피해를 어떻게 보전할 것인지에 대해서도 입법적 공백을 드러내고 있어 법 시행 초기부터 실질적 효력이 미미하다고 본다. 인신매매적 국제결혼을 뿌리 뽑고 이주여성의 인권을 보호하기 위해서는 보다 근본적인 대책 마련이 필요하다. 인신매매 방지 관련 국제협약27)을 비준하고 이에 근거한 국내 '인신매매 방지법'을 만들어서 인신매매 피해자에 대한 규정과 인신매매 피해자에 대한 법률적, 경제적 지원대책이 마련되어야만 근본적인 문제해결이 가능하다. 또한 외국의 입법례를 보면 대만은 20세 이상의 여성만, 미국은 18세 이상의 여성만 대상으로 함으로써 인신매매적 국제결혼을 예방하고 있다(장명선, 2010: 23~25 참조).

6) 외국인 근로자의 고용 등에 관한 법률

(1) 입법취지 및 배경

동법은 1993년 도입한 산업기술연수생제도가 여러 문제를 초래함에

---

27) 유엔 국제조직범죄방지협약을 보충하는 인신매매, 특히 여성 및 아동 인신매매 예방 및 억제를 위한 의정서(Protocol to Prevention, Suppress and Punish Trafficking in Persons, Especially Women and Children, Supplementing the United Nations Covention against Transnational Organized Crime), 2000.11.

따라, 즉 제도 목적인 연수와는 달리 노동을 시키고 송출비리 빈발, 적격자 선발 곤란, 미등록 외국인 근로자 양산, 이들에 대한 인권침해 등의 문제점을 해결하고 외국인 근로자의 체계적 인력수급과 관리, 안정적인 고용을 통해 균형 있는 경제발전을 도모하기 위해 2003년 제정되었다.

처음에는 산업연수제[28]와 고용허가제가 병행실시되다가 2007년부터는 고용허가제로 일원화되었다. 그 후 고용허가제를 시행하면서 나타나는 문제점들은 개정을 통해 오늘에 이르고 있으나, 여전히 외국인 근로자의 인권보호 면에서 해결해야 할 문제점들을 안고 있는 실정이다.

(2) 주요 내용

동법은 6장 32조로 구성되어 있으며 제1조에서 외국인 근로자의 원활한 인력수급 및 국민경제의 균형 있는 발전도모를 목적으로 한다고 규정하고 있으며, 제2조에서 외국인 근로자를 정의하고, 제4조에서 외국인력정책위원회의 구성과 기능에 대해 규정하고 있다. 외국인 근로자 고용절차로서 내국인우선고용원칙(제6조), 외국인 구직자 명부작성(제7조), 고용허가제(제8조), 근로계약(제9조), 외국인취업교육(제11조), 외국인 근로자 고용특례(제12조)를 규정하고 있다. 외국인 근로자의 고용관리를 위해서는 사용자의 출국만기보험, 건강보험, 귀국비용보험 등 가입의무, 취업기간의 제한, 이에 대한 특례 등에 대해 규정하고 있으며(제13조~제21조), 차별금지의무, 사업장 변경의 허용 등에 대한 외국인 근로자의 보호규정(제22조~제25조) 외에 동법 위반 시 이에 대한 처벌내용도 규정하고 있다(제29조~제33조).

---

28) 산업연수제도에 대한 자세한 내용은 최홍엽(2003), 김지형(2002) 참조.

① 목적

동법은 근로자를 체계적으로 도입·관리함으로써 원활한 인력수급 및 국민경제의 균형 있는 발전을 도모함을 목적으로 한다.

② 외국인 근로자의 정의 및 적용범위

대한민국 국적을 가지지 않은 사람으로 국내 사업 또는 사업장에서 임금을 목적으로 근로를 제공하고 있거나 제공하려는 사람을 말한다.

③ 외국인력정책위원회

외국인 근로자의 고용관리 및 보호에 관한 주요 사항을 심의·의결하기 위해 국무총리 산하에 위원회를 두며 이를 지원하기 위해 정책위원회 산하에 외국인력정책실무위원회를 둔다. 정책위원회는 외국인 근로자 관련 기본계획의 수립, 근로자 도입 업종 및 규모 등에 관한 사항, 송출국가의 지정 및 지정취소 등에 관한 사항을 심의·의결한다.

④ 외국인 근로자 고용절차

외국인 근로자를 고용 시 사용자는 관할 고용지원센터에 내국인 구인 신청을 하며, 기간은 7일이며 신문, 방송, 생활정보지 등을 통할 경우 구인노력은 3일이다(제6조).

내국인 구인 노력기간 경과 후 3월 이내에도 내국인을 고용 못할 경우 고용지원센터에 외국인고용허가신청을 하며, 외국인 구직명부에 등록된 자 중에서 적격자를 선정한 후 고용허가서를 발급받는다. 이때 일시적인 경영악화로 채용 못할 경우 1회 한정해 신청효력을 연장할 수 있다(제8조). 근로계약기간은 체류기간 내에 사업주와 외국인 근로자 간에 자율적으로 결정하며(제9조),[29] 계약체결 후 사용자는 사증발급인정서를 신청하고(제10조), 외국인 근로자는 취업활동에 필요한 사항에 대한 교육을 받는

다(제11조).30)

⑤ 외국인 근로자 고용관리

사용자는 외국인 근로자의 출국 등에 따른 퇴직금 지급 등을 위해 출국만기보험·신탁에 가입하여야 하며, 건강보험, 귀국비용보험·신탁도 들고 귀국하기 전 임금 등 금품관계 등 필요한 조치를 행해야 한다(제13조~제16조). 또한 근로계약 해지 등 고용 관련 주요 사항 변경 시 사용자는 사유발생을 안 날로부터 15일 이내에 직업안정기관의 장에게 신고하여야 한다(제17조).31)

⑥ 취업활동기간의 제한

외국인 근로자는 입국한 날로부터 3년의 범위 내에서 취업활동을 할 수 있으며(제18조), 1회에 한해 2년 미만의 범위에서 취업활동기간을 연장할 수 있다(제18조의 2).

⑦ 외국인 근로자의 보호

사용자는 외국인 근로자라는 이유로 부당하게 차별해서는 안 되며(제22조), 임금체불에 대비해 외국인 근로자를 위한 보증보험, 질병이나 사망에 대비한 상해보험에 가입하여야 한다(제23조).

---

29) 동법 시행령 제17조에 의거해 근로계약의 효력은 입국한 날로부터 발생한다.
30) 교육비는 사용자가 부담하며 교육시간은 20시간 이상이고 한국어, 한국 문화 이해, 관계 법령, 산업안전보건, 기초기능 등으로 구성된다.
31) 외국인 근로자의 고용 및 체류지원은 노동부, 법무부 등 국가기관과 송출국가(기관), 고용허가제 업무대행기관, 비영리 외국인 근로자 지원단체 등이 네트워크를 구성해서 담당한다.

〈표 13-8〉「외국인 근로자의 고용 등에 관한 법률」 주요 내용

조항	내용
목적(제1조)	외국인 근로자의 체계적 도입관리로 원활한 인력수급 및 국민경제의 균형 있는 발전 도모
정의(제2조)	외국인 근로자란 대한민국의 국적을 가지지 아니한 사람으로서 국내에 소재하고 있는 사업 또는 사업장에서 임금을 목적으로 근로를 제공하거나 제공하려는 사람을 말함.
적용범위(제3조)	외국인 근로자 및 외국인 근로자를 고용하고 있거나 고용하려는 사업 또는 사업장에 적용
외국인력정책위원회 (제4조)	외국인 근로자의 고용관리 및 보호에 관한 주요 사항을 심의·의결하기 위해 국무총리 소속하에 위원장 1명을 포함한 20명 이내의 위원으로 구성된 외국인력정책위원회를 둔다.
내국인 구인노력 (제6조)	외국인 근로자를 고용하려는 자는 내국인 구인신청을 하고 직업안정기관장은 적극적으로 내국인 구인노력을 한다.
외국근로자 고용허가 (제8조)	사용자는 내국인 인력채용을 하지 못한 경우는 외국인 근로자 고용허가 신청, 유효기간은 3개월, 일시적 경영악화 등으로 인해 채용할 수 없을 경우 1회 한정해 고용허가 신청 효력 연장가능함. 직업안정기관의 장은 외국인 구직자 명부에 있는 사람 중에서 추천하고 고용허가서 발급
근로계약(제9조)	사용자는 외국인 근로자 고용 시 표준근로계약서 작성, 제18조에 따라 취업활동기간 연장 시에는 그 기간의 범위 내에서 근로계약 체결
사증발급인정서 (제10조)	고용계약을 한 사용자는 외국인 근로자를 대신해 법무부장관에게 사증발급인정서 신청가능
외국인 근로자의 고용관리 (제13조~제21조)	출국만기보험·신탁(제13조), 건강보험(제14조), 귀국비용보험·신탁(제15조), 귀국에 필요한 조치(제16조), 외국인 근로자의 고용관리(제17조)
취업활동기간 제한 및 특례 (제18조~18조의 2)	외국인 근로자는 3년의 범위 안에서 취업활동 가능(제18조). 1회에 한해 2년 미만의 범위에서 취업활동기간 연장 가능함 (제18조의 2).
외국인 근로자의 보호(제22조~제25조)	• 사용자는 외국인 근로자라는 이유로 부당하게 차별하여 처우하여서는 안 된다(제22조). • 외국인 근로자를 위한 보증보험 가입(제23조) • 외국인 근로자 관련 단체 등에 대한 지원(제24조) • 외국인 근로자 권익보호협의회(제24조의 2)
사업 또는 사업장 변경의 허용	다음의 경우 사업 또는 사업장의 변경 신청 가능 • 사용자가 근로계약기간 중 근로계약을 해지하려 하거나

(제25조)	근로계약이 만료된 후 갱신거절하려는 경우 • 휴업, 폐업, 근로자의 책임이 아닌 사유로 근로를 계속할 수 없는 경우 • 고용허가 취소나 고용이 제한된 경우 • 근로조건계약과 다른 근로조건 시, 사용자의 부당한 처우 등으로 인한 경우
보칙 (제26조~제28조)	보고 및 조사(제26조), 수수료 징수(제27조), 각종 신청 등의 대행(제27조의 2), 대행기관의 지정취소(제27조의 3), 권한위임·위탁(제28조)
벌칙 (제29조~제32조)	벌칙(제29조~제30조), 양벌규정(제31조), 과태료(제32조)

⑧ 사업 또는 사업장 변경의 허용

고용허가나 취업활동기간을 연장받은 외국인 근로자는 다음의 경우 사업장 변경신청을 할 수 있다. 즉, 사용자가 정당한 사유로 근로계약을 해지하거나 갱신을 거절한 경우, 휴·폐업 등으로 인해 근로를 할 수 없는 경우, 폭행 등 인권침해, 근로조건 저하 등으로 외국인 고용허가의 취소 또는 고용제한조치가 행해진 경우, 상해 등으로 근로가 어려우나 다른 사업장에서는 가능한 경우 등이다. 이를 방해하면 1년 이하의 징역이나 금고 또는 1천만 원 이하의 벌금이 부과된다. 사업장 변경의 횟수는 3년 기간에는 원칙적으로 3회를 초과할 수 없으며 연장된 기간에는 2회를 초과할 수 없다. 다만 사업장의 휴·폐업으로 인한 경우는 그러하지 않는다(제25조).

⑨ 벌칙

동법 내용을 위반한 사용자는 1년 이하의 징역이나 금고 또는 1천만 원 이하의 벌금에 처하는데, 그 내용은 직업안정기관이 아니면서 근로자의 선발, 알선, 채용에 개입한 자, 귀국에 필요한 조치를 취하지 않은 자, 제19조 제2항을 위반해 근로계약을 종료하지 않은 자, 사업장 변경을 방해한 자, 제27조 제4항을 위반해 금품을 받은 자 등이다. 또한 500만 원 이하의 벌금(제30조), 500만 원 이하의 과태료(제32조) 등에 대한 처벌을 규정하고 있다.

(3) 문제점 및 과제
① 사업장 변경 및 횟수제한 문제

동법에 의하면 외국인 근로자는 제25조 규정 내용 외에는 계약기간 중에 사업장을 변경할 수 없다. 개정으로 인해 제한이 조금은 완화되었다 하더라도 사업장 변경은 3년 기간 동안 3회를 초과할 수 없으며, 다만 상해 등으로 인해 해당 사업장에서의 근무는 어려우나 다른 사업장에서 근무가 가능한 경우는 인정되어 총 4회 변경가능하다. 이와 달리 방문취업의 경우는 사업장의 변경에 아무런 제한이 없으므로 고용허가제에 의한 외국인 근로자에게만 지나치게 엄격한 제한을 두고 있어서 문제를 야기시킨다. 방문취업제는 해외거주하는 동포를 대상으로 한 제도라는 점에서 고용허가제와 동일선상에서 보기는 어렵다 하더라도 외국인 근로자의 대부분을 차지하는 방문허가제에 의한 근로자에게 사업장 변경에 대한 제한을 두지 않아도 노동시장에 커다란 문제를 야기하지 않는다면 고용허가제에 의한 외국인 근로자에게도 사업장 변경을 허용해도 문제가 없다고 본다. 또한 사업장 변경은 우리 「헌법」이 보장하고 있는 직업선택의 자유를 침해하는 경향이 강하며 「이주노동자 권리협약」(제52조 제3항)에서는 고용국에서 보수활동을 자유롭게 선택할 수 있는 것이 기본이나 일정 기간, 즉 2년간은 제한할 수 있다고 규정하고 있다. 우리의 경우 체류하고 있는 경우에는 사업장 변경 제한이 지속되는 것이므로 이 협약내용에 위배된다. 따라서 가장 바람직한 것은 횟수에 제한을 두지 않고 사업장 변경사유를 기재하고 이에 대한 객관성을 보장하는 것이며, 사업장 변경 제한을 유지한다 하더라도 기간은 2년 정도로 제한하고 사용자가 근로계약 해지와 계약갱신 거절을 남용 혹은 자의적으로 할 수 없도록 제한규정을 보다 구체화해야 하며, 외국인 근로자에게 정당한 사유가 있는 경우 근로계약 해지나 갱신 거절을 할 수 있도록 하는 것이 필요하다.

② 외국인 근로자의 범위 문제

동법에는 외국인 근로자를 사업장에서 임금을 목적으로 근로를 제공하고 있거나 제공하고자 하는 사람으로 협의적으로 정의되어 있다. 그러나 현실적으로는 관광 목적으로 왔다가 국내에 단기체류하면서 근로를 제공하는 경우 이들의 근로자성을 부인해야 하는가의 문제가 제기된다. 또한 동법은 비전문인력의 근로조건을 보호하는 것을 주된 목적으로 하므로 전문취업, 연수취업, 장기체류비자의 소지자들은 법 적용대상이 아니다. 즉, 동법은 우리 사회의 다양한 외국인 취업자의 형태를 포괄하지 못하고 있으므로 외국인 근로자의 범위를 넓게 보고 모든 종류의 외국인 근로자가 동법의 적용대상이 되도록 법 적용을 확대할 필요가 있다.

③ 내국인 우선원칙과 차별금지원칙의 충돌

동법은 제6조에서 내국인 우선원칙을 규정하고 있으며, 제22조에서는 차별금지원칙을 규정하고 있다. 제22조에서 국적이라는 용어는 없으나 '외국인 근로자라는 이유로' 차별해서는 안 된다는 내용은 국적에 근거한 차별금지를 의미한 것으로 해석된다. 따라서 전자는 국적차별을 허용하는 것이고, 후자는 국적차별을 금지하는 것이므로 충돌할 수 있다. 현재 「헌법」상 제11조 평등권 규정의 내용에 의하면 모든 국민에게만 평등원칙을 규정하고 있으나 판례는 외국인도 평등권의 주체가 될 수 있다고 보고 있다. 현재 내국인 우선원칙을 적용하지 않으면 노동시장에서 저임금의 외국인력을 고용해서 근로조건 악화현상을 가져올 우려가 있기는 하나 채용에서의 국적차별금지를 적용하는 것이 현재 국제사회의 원칙적 흐름이라고 생각된다. 따라서 우리 「헌법」상의 평등권이나 「고용정책기본법」상 차별금지사유로 국적이 포함되어 있지 않은데, 이에 대한 재고가 필요하다.

④ 미등록 외국인 근로자 문제

우리 정부는 미등록 외국인 근로자 문제를 해결하기 위해 산업연수제를 도입했으나 오히려 미등록 외국인 근로자가 증가해 다시 고용허가제를 도입했다. 그러나 여전히 미등록 외국인 근로자 문제는 해결되지 않고 있는 실정이다. 미등록 외국인 근로자는 노동법상 근로자의 지위는 보장되나 「출입국관리법」상 불법체류자 신분이므로 여러 가지 인권침해를 당하고 있는 실정이다.

우선적으로는 현실을 감안하지 않은 법 내용의 적용으로 인해 미등록 외국인 근로자의 양산을 방지하는 것이 필요하다. 동법 제25조 사업장 변경관련 조항은 외국인 근로자 책임이 아닌 사유는 변경횟수에서 제외하고 사업장 변경 구직기간을 2개월에서 3개월로 연장하며, 업무상 재해, 질병, 임신출산 등을 사업장 변경 신청 및 재취업 허용기간 연장사유로 규정했다. 그러나 현실적으로는 행정상 업무미비로 인한 처리 지연, 일선 행정기관의 준비 부족 등으로 인해 근로자가 피해를 입는 사례가 발생하므로 사업장 변경 구직기간을 3개월로 연장해도 이는 현실을 반영한 개정이라 할 수 없다. 또한 사업장 변경횟수도 증가하기는 했으나 여전히 현실을 감안하지 못한 내용이다. 따라서 법 적용으로 인해 합법적 근로자가 미등록 외국인 근로자가 되는 것을 예방하기 위해서라도 현실을 감안한 법 개정이 이루어져야 할 것이다.[32]

---

[32] 우리 노동시장의 요구에 의해 미등록 근로자의 합법화를 주장하는 의견에 대해서는 최홍엽(2003: 105~108) 참조.

7) 다문화가족 관련 조례

다문화가족에 대한 안정적인 가족생활 영위와 사회적응 등 우리 사회에서 더불어 살아갈 수 있는 제반 환경을 조성하는 데 필요한 사항을 규정하는 것을 목적으로 지자체에서 관련 조례 등을 제정했다. 현재는 '거주외국인지원조례', '다문화가족지원조례', '외국인주민 인권증진에 관한 조례' 등이 있다.33)

(1) 거주외국인지원조례

2007년 2월 행정안전부는 입국해 90일 이상 거주한 외국인을 주민으로 인정한 거주외국인지원 표준조례안을 발표함에 따라 지자체들은 '거주외국인지원조례'를 제정했다.34)

동 조례의 목적은 거주하는 외국인들의 지역사회 적응과 생활편익 향상을 도모하고 자립생활에 필요한 행정적 지원방안을 마련함으로써 지역사회 일원으로 정착할 수 있도록 하는 것이다. 제1조에 목적을 규정하고 있으며35) 외국인, 거주외국인, 외국인 가정 등에 대한 용어 정의(제2조), 거주외

---

33) 조례의 내용은 인터넷상 자치법규 정보시스템 www.elis.go.kr 참조.
34) 이 조례는 인간의 기본적 권리인 인간의 존엄과 가치, 행복추구권, 자유권적 기본권, 청구권적 기본권 등을 이주민에게도 인정한 획기적인 조치이다.
35) 일본의 다문화사회를 위한 조례의 목적은 다문화사회의 형성과 추진에 대해 기본이념을 정하고 아울러 현(縣) 사업자 및 현민(縣民)의 책무를 분명히 하는 것과 동시에 다문화 공생사회의 형성의 추진에 관한 시책의 기본이 되는 사항을 정해 총합적이고 계획적인 시책을 추진하는 것에 따라 국적, 민족 등의 차이에 관계없이 현민의 인권의 존중 및 사회참여를 도모하고 지역사회의 형성을 촉진함으로써 풍부하고 활력 있는 사회의 실현에 이바지하는 것을 목적으로 한다고 규정함으로써 우리의 조례목적보다 구체적이다. 정상우 (2008: 89) 참조.

국인의 지위(제3조), 지원대상(제5조), 지원범위(제6조), 자문위원회(제7조, 제8조) 등을 규정하고 있다. 제6조의 지원범위에 한국어 및 기초생활 적응 교육, 고충·생활·법률·취업 등 상담, 생활편의 제공 및 응급구호, 거주외국인을 위한 문화·체육행사 개최, 기타 거주외국인의 지역사회 적응을 위해 시장이 필요하다고 인정한 사업 등으로 규정하고 있어 취업·창업지원이 가능하다.

(2) 다문화가족지원조례

「다문화가족지원법」이 제정됨에 따라 지자체에서 '다문화가족지원조례'가 제정되었다. 그 주요 내용은 거의 「다문화가족지원법」의 내용과 비슷하며 주로 목적, 다문화에 대한 이해증진 노력 및 신문, 방송 또는 통신 관련 사업자에 대한 권고, 결혼이민자 등의 기본소양 교육, 생활정보 제공, 평등한 가족관계 유지를 위한 상담 등, 자활지원, 가정폭력 피해자에 대한 보호·지원, 아동의 보육지원, 생활·법률 상담의 제공 등을 규정하고 있다.

따라서 이 조례는 「다문화가족지원법」이 갖고 있는 한계점을 그대로 가지고 있으며 지역적 특색을 살리지 못하고 내용이 거의 비슷하다는 점이 문제점으로 지적되고 있으며 인권적인 측면에서의 보완이 요구되고 있다.

(3) 외국인주민 인권증진에 관한 조례

'외국인주민 인권 및 처우증진에 관한 조례'는 전국 6개 지자체[36]에서 제정하고 있는데, '거주외국인지원조례'와는 달리 외국인들의 인권 및 처우증진을 위해 지역사회 적응과 생활편익 향상을 도모하고 자립생활에

---

36) 서울 송파구, 전남 완도군, 광주 남구, 광주 광산구, 경기 안산시, 전남 목포시 등.

필요한 행정적 지원방안을 마련하는 것을 목적으로 하고 있다. 이 조례는 최근에 제정된 조례로 처음 안산시에서 2009년 3월에 제정되었고 그 이후 광주광역시 남구(2009.6), 광주광역시 광산구(2009.7), 전남 목포시(2009.10), 서울시 송파구(2009.12)에서 제정되었다. 완도군의 경우에 외국인 지원에 관한 조례를 2009년 6월 '완도군 거주외국인 인권증진 및 지원에 관한 조례'로 변경해서 시행하고 있다.

(4) 농어민 국제결혼지원조례

지자체들은 농어촌의 미혼남성들을 결혼시키기 위해 조례를 제정하고 결혼비용을 지원했다가 여성인권의 침해와 결혼중개업체의 폭리 등 여러 문제가 지적되자 동 조례를 폐지했는데도 현재 24곳에서 아직도 이 조례가 제정되어 시행되고 있다.[37] 더욱이 동 조례를 규정하고 있지 않은 지자체도 남성이 결혼을 하는 경우 결혼비용을 지원하는 사업이 진행된 바 있어 문제가 대두된다. 각 지자체마다 내용에 차이는 있으나 동 조례는 지원대상을 한국인 남성과 외국인 여성과의 결혼에 한정하기도 하고 국제결혼을 조장하는 경향이 있어 문제점으로 지적되고 있다.

(5) 문제점 및 과제

많은 자치구들이 제정하고 있는 '거주외국인지원조례', '외국인주민지원조례'는 그 내용이 거의 행정안전부의 표준조례안과 같은 내용으로 지역적 특색이 전혀 반영되어 있지 않다. 따라서 그 지역 관련 기관과의 논

---

[37] 2010년 4월 현재 상황이며, 주로 농어촌 총각 국제결혼지원에 관한 조례인데 '미혼자 국제결혼 지원 조례'명으로는 강원 삼척, 고성군, 충북 괴산군, 충남 보령시, 부여군, 예산군 등이지만 내용은 미혼남성에 대한 지원이다. 광역시로는 경남만이 이 조례가 시행되고 있다.

〈표 13-9〉 다문화가족 관련 조례 제정 현황

구분	거주외국인지원조례	외국인주민지원조례	다문화가족지원조례	농어촌 총각(미혼자) 국제결혼지원조례
서울	종로구, 중랑구, 광진구, 노원구, 서대문구, 마포구, 양천구, 구로구, 금천구, 강동구	용산구 *송파구(가주외국인 인권 및 지우증진에 관한 조례)	중구, 용산구, 광진구, 은평구, 마포구, 구로구, 송파구	
부산	동구, 영도구, 북구, 해운대구, 금정구, 강서구, 사상구		부산, 해운대구, 남구	
대구	동구, 서구, 남구, 수성구, 달성군	대구, 중구, 북구, 달성구	대구, 남구, 수성구	
인천	인천, 남동구, 서구	중구, 동구, 부평구, 계양구, 강화군, 남구, 연수구	인천, 동구, 남구, 남동구, 부평구	강화군
광주	광주, 동구(거주외국인 및 다문화가족지원조례), 서구, 북구	*남구·광산구(외국인주민인권증진에 관한 조례)	광주, 동구(거주외국인 및 다문화가족지원조례), 남구, 광산구, 서구, 북구	
대전	대전, 서구	중구, 유성구	대전, 동구(세터민 및 다문화가족지원에 관한 조례), 서구	
울산	울산, 북구, 동구	중구, 남구, 울주군	울산, 중구, 울주군	
경기	수원시, 평택시, 안산시, 구리시, 남양주시, 오산시, 하남시, 이천시, 여주군, 가평군	경기, 동두천시, 양평군, 안산시(외국인 인권증진에 관한 조례)	경기, 수원시, 안양시, 오산시, 이양시, 가평군, 양평군	가평군, 양평군
강원	강원, 강릉시, 동해시, 태백시, 삼척시, 평창군, 청선군	원주시, 춘천군, 횡성군, 영월군, 철원군, 양구군, 인제군, 고성군, 양양군	강원, 삼척시, 영월군, 철원(외국인주민 및 다문화가족지원조례)	삼척시, 양구군, 고성군, 양양군

제13장 한국 다문화가족 관련 법제에 대한 고찰 371

충북	충주시, 제천시, 청원군, 옥천군, 영동군, 진천군, 음성군, 단양군	충북, 청주시	제천시, 옥천군, 영동군, 음성군	음성군, 단양군
충남	공주시, 보령시, 아산시, 서산시, 서천군, 홍성군, 예산군	논산시	*부여군, 예산군(국제결혼 가정 자녀 입학지원 등에 관한 조례)	금산군, 홍성군
전북	전북, 군산시, 익산시, 완주군, 임실군, 순창군, 부안군, 정읍, 무주군	남원시, 전북군	전북, 정읍, 임실군	완주군, 순창군, 구례군, 화순군, 신안군
전남	전남, 목포시 여수시, 순천시, 나주시, 광양시, 담양군, 보성군, 화순군, 구례군, 고흥군, 장흥군, 강진군, 해남군, 영암군, 무안군, 영광군, 장성군, 완도군, 진도군, 신안군	목포시 (거주외국인 인권증진에 관한 조례)	전남, 목, 여수, 순천, 나주, 광양시, 담양군, 고흥군, 보성군, 화순군, 장흥군, 영암군, 장성군, 완도군	
경북	경북, 포항시, 김천시, 안동시, 구미시, 영주시, 상주시(거주외국인 및 다문화가족지원조례), 경산시, 칠곡군, 청송군, 영양군, 칠곡군, 예천군, 봉화군, 울진군	영천시, 문경시, 영양군, 청도군, 고령군	경북(다문화가족지원기금 설치 및 운용 조례), 경주시, 김천시, 안동시, 상주시, 문경시, 성주군, 칠곡군, 봉화군 *울진(다문화가족지원협의회 운영 및 다문화가족지원기금 설치 및 운용 조례) *상주시(거주외국인 및 다문화가족지원 조례)	울진군
경남	경남, 창원시, 마산시, 거제시, 양산시, 의령군, 고성군	경남, 창원시, 거창군	경남, 창원시, 거제시, 거창군	경남, 창원시, 거제시, 거창군, 사천시
제주	제주		제주	

자료: 자치법규 재구성.

의를 거쳐 합리적인 조례를 제정할 필요가 있다.

　우선 표준조례안의 규정내용의 문제점을 살펴보면, 표준조례안 제1조에서 외국인들의 지역사회 적응과 생활편익 향상을 도모하고 자립생활에 필요한 행정적 지원방안을 마련해 지역사회 일원으로서 정착할 수 있는 것을 목적으로 하고 있는데도 자립생활에 필요한 행정적 지원방안에 대한 구체적인 내용을 규정하고 있지 않다. 둘째, 제2조에서 보호대상을 관내에 90일 이상 거주하며 생계활동에 종사하는 대한민국 국적을 가지지 아니한 자로 한정해 90일이 지난 외국인은 보호받을 수 없으므로 이에 대한 재고가 필요하다. 셋째, 제7조에서 외국인지원시책 자문위원회의 구성 및 설치를 권고하면서 그 위원에 외국인을 포함시키지 않고 있어 실질적인 외국인정책 마련을 담보할 수 없다.

　그리고 '농어촌 총각 국제결혼지원조례'는 시대적 요구에 부합하지 않는 조례이므로 폐지되어야 하며, '다문화가족지원조례'도 「다문화가족지원법」의 내용을 그대로 답습해 동법이 가지고 있는 문제점을 그대로 내포하고 있어 이에 대한 재고가 필요하다.

　조례가 그 기능을 다하기 위해서는 무엇보다도 그 지역에 거주하는 다문화가족의 유형과 성격에 따라 규정내용이 달라야 실질적이고 효율적인 다문화가족 정책을 펼 수 있다. 따라서 지자체의 조례내용들을 개정해서 그 지역에 거주하는 다문화가족의 유형에 맞는 맞춤형 지원 서비스가 제공될 수 있도록 해야 한다.

4. 나가는 글

　우리나라는 결혼이민자의 증가로 다문화사회로 급격히 변화되고 있는 환경에 대비하기 위해 다문화가족 관련 법제의 정비와 추진체계를 갖추고 다양한 지원 서비스를 제공하고 있다. 그러나 아직은 다문화가족의 범위에 대해서도 사회적으로 합의된 의견이 없으며 정책지향점이 뚜렷하지 않은 상태로 현실적인 문제를 해결하는 방식으로 정책이 추진되고 있어 여러 가지 문제를 낳고 있는 실정이다.

결혼이민자, 외국인 근로자 등이 우리 사회의 구성원으로서 안정적인 사회정착을 하는 데 지원해주기 위한 정책을 펴기 위해서는 다문화가족 관련 법제의 정비가 급선무인데, 각 법률의 내용과 문제점을 검토해본 결과 모든 법률들이 지향해야 할 점을 제시하면 다음과 같다.

첫째, 다문화주의적 시각을 가지고 다문화가족 관련 법제를 재정비해야 할 것이다. 즉, 「다문화가족지원법」이나 「재한외국인처우기본법」, 「외국인 근로자 고용 등에 관한 법률」 등 관련 법제의 목적이 사회통합에 있다고 규정하고 있으나 실제로는 동화에 비중이 더 실려 있다. 즉, 진정한 사회통합에 대한 내용은 부족하고 지원 위주의 정책 서비스를 규정하고 있을 뿐이다. 사회통합을 이루기 위해서는 이들의 인권이나 법적 지위, 신분보장 등이 확고히 되고 결혼이민자, 외국인 근로자 등이 법의 시혜자가 아닌 이 사회의 주역으로서 자립할 수 있는 정책이나 법 내용이 규정되어야 할 것이다.[38]

둘째, 다문화가족 정책과 관련 법제의 대상이 결혼이민자와 그 자녀들에 치중되어 있는데, 외국인 근로자, 미등록 외국인 근로자, 유학생 등 다양한 외국인들을 대상으로 한 정책과 법제로 대상 확대가 필요하다. 사실 「다문화가족지원법」은 다문화가족 지원이라기보다는 '결혼이민자가족' 지원법이며 「재한외국인처우기본법」상의 정책대상도 합법적인 체류자에 한정되어 있으며, 지자체의 조례대상도 대부분이 결혼이민자 등으로, 외

---

38) 이에 대해 '다문화사회기본법'의 제정을 주장하는 의견이 있다. 이에 대해서는 조규범(2010: 360~362), 국회입법조사처(2009: 76~79) 참조.

국인 근로자와 미등록 외국인 근로자 등이 법적 대상에서 제외되고 있다. 따라서 진정한 다문화가족 관련 법제라고 하기에는 대상이 너무 협소하므로 실질적인 다문화사회를 위해서는 법 정책 대상을 확대해야 한다.

셋째, 실질적인 다문화정책을 추진하기 위해서는 총괄부서 등의 규정을 통해 효율적인 추진체계가 마련되고 지역특색에 맞게 조례내용이 규정되어야 한다. 다문화가족 정책은 각 부처가 다양하게 추진함으로써 중복 수행되는 경향이 있으므로 총괄부처가 필요하고 이에 대한 규정이 마련되어야 효율적인 추진이 가능하다. 또한 중앙과 지방자치단체에서도 실질적인 다문화정책을 추진하기 위해서는 협의제 등이 필요할 뿐 아니라 많은 부분이 지방자치단체에서 그 지역특색에 맞는 정책이 추진되어야 한다. 따라서 조례의 내용이 지역특색에 따라 달리 규정되어야 한다.

다문화사회란 모든 이주민들의 문화적 다양성을 존중하면서 다원적 문화국가가 되는 것이라고 생각한다. 따라서 다문화에 대한 올바른 인식이나 시각이 반영된 법제가 마련되고 결혼이민자, 외국인 근로자 등만이 아니라 우리 국민을 대상으로 한 올바른 다문화교육이 이루어져야 한다. 그럼으로써 한국 국민과 결혼이민자, 외국인 근로자 등을 비롯한 다문화가족들이 서로를 인정하고 존중하는 사회통합의 길로 나아갈 수 있다.

참고문헌

국회입법조사처. 2009. 『다문화정책의 추진실태와 개선방향』.
권영국. 2010. 「이주노동자의 노동3권과 노동시장에서의 지위」. 이주노동자권리협약 쟁점 토론회 자료집.
김종세. 2010. 「다문화가족의 의의와 규범적 근거에 관한 소고」. ≪법학연구≫, 제37집, 1~19쪽.
김지형. 2002. 「외국인 근로자의 헌법상 기본권 보장: 현행 산업연수생제도의 위헌성 검토를 중심으로」. 외국인노동자의 인권 심포지엄 자료집.
노재철. 2010. 「미등록외국인근로자의 문제점과 해결방안」. ≪노동법논총≫, 제18집, 37~90쪽.
윤선오·박명호·권장수. 2005. 「이주노동자 현황 및 개선방안」. ≪복지행정논총≫, 제15권 제2호, 221~260쪽.
이경숙. 2008. 「이주노동자 권리보호를 위한 국제인권규범 수용에 관한 연구: 유엔 국제인권조약 및 이주노동자권리협약을 중심으로」. ≪법학연구≫, 제11집 제2호, 189~221쪽.
이영주. 2008. 「다문화가족지원법에 관한 고찰」. ≪법학연구≫, 제31집, 209~236쪽.
장명선. 2007. 「한국에서의 이주노동자의 인권보장을 위한 과제」. "한일 연속 심포지엄 in Osaka: 이주 여성노동자의 인권 보장을 위하여" 자료집.
_____. 2008. 『서울시 다문화가족실태 및 지원체계구축방안 연구』. 서울시여성가족재단.
_____. 2009a. 『서울시 결혼이민여성 취·창업능력개발을 통한 경제적 자립을 위한 연구』. 서울시여성가족재단.
_____. 2009b. 『폭력피해이주여성 자활지원센터 타당성 검토 및 운영방안 연구』. 서울시여성가족재단.
_____. 2010. 「국제결혼중개업의 결혼이주여성인권보호 강화대책」. 국제결혼중개업의 문제점 및 결혼이주여성 인권보호 강화 대책 정책세미나 자료집.
전국다문화가족지원사업단. 2010. 『다문화가족지원센터 운영가이드북』.
전형배. 2009. 「외국인근로자 고용정책」, ≪저스티스≫, 제109호, 290~315쪽.

정상우. 2008. 「일본에서의 다문화사회지원을 위한 조례연구」. ≪최신 외국법제정보≫, 2008-7, 85~94쪽.
_____. 2009. 「다문화가족지원에 관한 법체계 개선방안 연구」. ≪법학논집≫, 제26집 제1호, 483~510쪽.
조규범. 2010. 「다문화사회를 위한 입법론적 소고」. ≪미국헌법연구≫, 제21권 제1호, 345~390쪽.
최홍엽. 2003. 「외국인근로자와 균등대우」. ≪노동법학≫, 제17호, 69~112쪽.
통계청. 2010. 『2009년 혼인통계 결과』.
행정안전부. 2007. 『2007년 지자체별 외국인주민 실태조사 결과』.
_____. 2008. 『2008년 지자체별 외국인주민 실태조사 결과』.
_____. 2009. 『2009년 지방자치단체 외국인주민 현황조사 결과』.
_____. 2010. 『2010년 지방자치단체 외국계주민 현황 조사결과』.
홍성필. 2007. 「국제인권과 결혼이주」. ≪저스티스≫, 제96호, 27~42쪽.

Engle, Lauren B. 2004. *The World in Motion: Short Essays on Migration and Gender*. Geneva: IOM.
International Organization for Migration(IOM). 2005. *International Migration and Development: A Global Perspective*. IOM.

제14장 일본 개호보험제도하의 보살핌
'위기'와 교훈

사사타니 하루미 (일본 홋카이도 교육대학 교수)

1. 들어가는 글

이 글의 목적은 일본에서 개호보험제도 도입과 그 개정(2006년 4월부터)으로 인해 발생하고 있는 고령자 개호의 문제점을 보살핌의 '위기'라고 판단하고 그 실태를 보고함으로써, 한국과 일본의 개호보험제도를 중심으로 한 고령자 보살핌의 현 상황에 대한 정보를 공유하고 고령자 개호에서 당사자인 개호자와 피개호자의 보다 나은 보살핌 관계를 향한 협력에 조금이나마 도움이 되고자 하는 것이다.

이때 중심적인 분석의 시각은 시설이든 재택이든 일상적으로 개호가 이루어지는 현장에서의 보살핌 관계(보살피는 사람과 보살핌을 받는 사람의 상호관계)에서 출발하는 것이다. 개호보험 서비스의 제공과정에는 이해가

---

* 이 글은 2008년 이화여대 아시아여성학센터에서 주최한 "지속가능한 미래를 위한 국제 심포지엄: 지속가능한 패러다임과 아시아 보살핌 공동체"에서 「日本の介護保険制度下のケアリングの'危機'と教訓: 私たちは'危機'を乗り越えることができるか」라는 제목으로 발표된 후 수정·보완한 글을 번역한 것이다.

반드시 일치하지 않는 복수의 다른 행위자가 중간에 끼어 있다. 정책결정자와 개호 서비스의 공급계획 책정자 및 공급자, 재원 담당자 등과 같은 이들 행위자의 가장 하부, 혹은 보살핌의 최전선에 있는 것은 실제적인 보살핌의 제공자(개호직원과 방문 도우미 등)와 그 수령자('요지원자', '요개호자')이다. 제공자와 수령자의 보살핌 관계는 이를 둘러싼 제도나 운영방법, 가족과 지역의 상황 등에 좌우된다. 그러나 고령사회에서 가장 중요한 것은 제공자와 수령자의 보살핌 관계에서 쌍방의 당사자 주권이 보장되고 쌍방이 만족할 수 있는가의 여부이다.

이 보살핌이라는 개념에는 개호라는 인간적 노동을 둘러싼 다양한 논점이 응축되어 있다.1) 그러나 정책 담당자들은 대부분 남성들로 이러한

---

1) 보살핌의 정의(笹谷春美, 2008):
  ① 보살핌은 개호자와 피개호자의 상호 행위이다. 이것은 동시에 '케어 니즈(보살핌의 필요)와 서비스 교환'(上野千鶴子·中西正司, 2008)을 동반하는 상호 행위이다. 상호 행위란 서로 영향을 미친다는 의미도 포함한다.
  ② '케어 니즈(보살핌의 필요)와 서비스 교환'이란 일반적으로 배설, 식사, 입욕 등 기타 생활에 필요한 사항을 자기 스스로 해결하기 곤란해서 타인의 도움을 요하는 사람(필요의 주체)의 필요에 따라 구체적인 도움을 제공하는(서비스 수행 주체) 사람과의 상호 관계이다. 이 교환관계는 그야말로 서로간의 대인관계이며, 상대방에 대한 심리적 배려와 밀접한 관계에 있는 행위라는 특수성을 지닌다. 그러나 이를 억지로 분리시키는 일도 가능하다.
  ③ 보살핌은 보살핌을 받는 사람의 심신의 변화와 보살핌을 제공하는 사람의 상황에 따라 변화한다. 이때의 '케어 니즈와 서비스 교환'은 고정적인 단면이 아니라 과정으로서 인식된다.
  ④ 보살핌의 관계에는 누가 누구를 개호하는가, 혹은 누가 누구에 의해 개호 받는가 하는 양자의 권력관계가 반영된다. 우에노 치즈코(上野千鶴子)는 보살핌의 상호 행위를 '서로 역전될 수 없는 비대칭 관계'라고 특징지었다(上野千鶴子·中西正司, 2008). 이러한 점과 '케어 니즈와 서비스 교환'이 쌍방에 의해 순조롭게 수행되는 듯한 역학이 작동하는 것은 별개 측면이다. 한쪽은 다른

일상적 개호의 실태에 대한 관심이 낮기 때문에 실제로 개호 현장을 담당하는 많은 여성들의 목소리가 정책결정에 반영되기 어렵다. 이러한 점은 캐리 와네스(Kari Waerness) 등 북유럽의 여성운동가들이 1980년대부터 주장해왔던 바이기도 하다.

2. 개호보험제도와 가족·젠더

일본의 개호보험제도는 개호의 '사회화'를 주창하면서 가족이나 며느리에 의존해왔던 종래의 전통적인 '일본식 개호'의 패러다임 전환을 지향하고자 하는 것으로, 특히 개호자와 여성의 환영을 받았다(2000년 4월 시행).

개호보험제도 도입에 따른 가족개호의 변화로서 소데이 다카코(袖井孝子, 2008)는 아래의 네 가지를 들고 있다.

① 가족개호자가 안고 있는 정신적·신체적 스트레스를 해소할 수 있다.
② 한정된 공간 안에서 개호자와 피개호자가 대치하는 긴박한 관계에 외부 서비스를 도입함으로써 관계가 원활해진다.
③ 전문가에 의한 서비스 제공이나 지도를 받음으로써 개호기술에 관한 지식이나 정보를 얻을 수 있다.

쪽을 계속 희생시키는, 혹은 서로의 필요에 배려가 없는 보살핌 관계는 파탄에 이를 위험성을 갖기 때문이다. 이는 가정 내에서 가족 간에 이루어지는 사적 보살핌 관계나 공적 보살핌 노동자와의 관계 모두에 해당되는 것이다.
⑤ 케어나 케어링(보살핌)의 개념 규정은 역사적·문화적 그리고 정치적인 맥락 안에서 결정된다. 동시에 필요와 서비스의 내용, 또는 양자의 생성과 관계도 사회적으로 구축된다.

④ 외부 서비스를 받는 것에 대한 저항감 내지 죄책감이 줄어들었다. 보험료를 내고 1%를 부담함으로써 점차 권리의식이 생기게 되었다.

이처럼 분명히 가족의 개호 부담은 감소했고 허약한 고령자의 독거 가능성도 확대된 점은 높이 평가할 만하지만 아직 많은 문제가 남아 있다. 개호의 '사회화'와 개호의 '탈가족주의화'가 모두 어중간한 상태이며, 오히려 제도설계 자체가 중간 정도 이상의 요개호자의 독거를 불가능하게 만들어 동거=가족개호의 여지를 남기게 되었다.

이런 점에서 이미 국민들 사이에서는 종전과 같은 합의된 개호의 '집', '가족' 규범과 젠더 규범 등의 도덕적 가치규범이 희박해졌는데도 개호정책의 책임 주체와 서비스 공급의 분배형태에서는 공적·사적 부문의 균형이라는 '일본형 특수 형태'가 지적되고 있다. 개호보험제도하에서는 행정(국가·지방자치단체)·시장·가족·협력(NPO 등) 등 네 가지 서비스 공급주체(上野千鶴子, 2007) 간에 위에서 서술한 바와 같이 가족의 책임이 '애매한' 채로 실질적으로 기능하도록 되어 있다. 한편 행정은 '작은 정부'이면서 시장화(市場化)와 유사한 서비스 공급과 전국의 획일적 제도운영을 위해 관료적인 강한 통제력을 갖는다. 개호 보수라는 재원(財源)의 틀에 묶이기 때문에 영리를 추구하는 시장 서비스의 전개는 한정되고, 협력 측면도 그다지 발전되지 못한 상태이다. 그 결과로 제도 운영의 가장 일선에 있는 개호자(가족개호자 및 개호노동자)에게 부담이 가게 된다. 이들은 대개 여성으로 가족개호자의 무상노동과 개호노동자의 저임금노동에 여전히 의존하고 있다. 여기에는 개호의 사적·공적 영역을 관통하는 뿌리 깊은 성별 역할분업=젠더 질서가 온존되어 있다. 개호보험제도는 개호의 '사회화=탈가족주의화', '탈젠더화', '시장화'에도 실패했다는 지적도 있다.

또한 개호 서비스 이용자의 비약적 증대로 인한 개호보험 재원의 고갈을 염려하는 정부는 두 번에 걸쳐 개호 보수(報酬)를 인하하고 2006년 개정에 의해 개호예방중시정책으로 전환해서 실질적인 서비스를 삭감했다.

요개호자의 자립과 가족의 개호 부담 경감이 목적이었던 개호보험은 재원 억제라는 목적으로 슬쩍 바뀌었다고 할 수 있다(伊藤周平, 2007).

개호 보수의 두 번에 걸친 개정(인하)에 의해 서비스 제공 사업자 수는 계속 감소하고 있다. 이 분야에 종사하는 보살핌 노동자의 노동조건도 나빠지고 있다. 홈헬퍼는 등록근무가 대부분을 차지하고, 종전에는 정규고용이 중심이었던 시설의 개호직원도 비정규화되고 있다. 당연히 노동은 강화되고 저임금이며, 약 80%가 3년이 채 안 되어 이직하는 사태에 이르렀다(介護勞働安定センター, 2009). 2006년 개정에서는 개호 인정 집단을 행정부문의 편의에 따라 변경해서, 경도(輕度) 인정자에 대한 기계적 서비스 이용을 제한하게 했다. 시설개호도 이용비용을 인상했기 때문에 퇴소할 수밖에 없는 고령자도 생기게 되었다. 이처럼 개호보험 서비스가 감당하는 범위가 줄어들고 그 외의 서비스를 상품으로 구매할 수밖에 없게 되자 구매할 수 있는 사람과 구매할 수 없는 사람 사이에 개호 격차가 발생하게 되었다. 특히 생활지원 서비스=가사 서비스나 외출 서비스 등의 제한은 동거가족이 있는 경우에 영향을 미치게 된다. 동거가족이 직장을 나가든 몸이 약하든, 전에는 허용되었던 예외조치나 특별조치가 엄격하게 제한되어 가족의 부담이 늘어나게 되었다.

이러한 개정 개호보험이 보살핌 관계에 미친 영향을 이 글에서는 보살핌의 '위기'라고 보는 것이다. 보살핌의 '위기'에는 보살핌 담당자·제공자의 만성적 부족과 보살핌 질의 저하라는 두 가지 측면이 있다. 이러한 것들은 서로 복합적으로 나타나고 있다.

3. 보살핌을 둘러싼 두 가지 '위기'

1) 보살핌 담당자·제공자의 만성적 부족

(1) 보살핌 노동자 양성과정과 목표 인원

1987년에 개호복지사 국가자격이 신설되었다. 그 후 복지양성전문학교가 급속하게 증가했다(1988년 25개교에서 2002년에는 447개교). 개호복지사 자격취득자 수는 2004년 4월 약 40만 명, 2006년 5월 약 54만 5,000명이 되어 양적 정비는 진전되어왔다. 한편 홈헬퍼 증원계획은 1989년 골드플랜(약 3만 명에서 14만 명), 1994년 신(新)골드플랜(1급부터 3급의 계층별 연수제도 도입, 홈헬퍼를 전국에 17만 명 배치), 그리고 개호보험 출발과 동시에 '골드플랜 21'(2004년까지 약 35만 명), "또한 노인보건복지심의회 최종보고의 기반정비량 시산(試算)에 의하면 2010년에 56만 명으로 되어 있다. 이렇게 진행된다면 새로이 방대한 노동시장이 형성되게 된다"(笹谷春美, 2010).

(2) 양성학교 정원 미달

오늘날 많은 양성학교에서 정원 미달 사태가 벌어지고 있다. 1998년 경부터 정원 미달 학교가 증가하고 있다. 2002년도 개호복지사 양성시설 사업보고서에 따르면, 개호복지사 양성시설 등의 정원충족률은 448과정 중 309과정(69%)에서 정원 미달이 발생했고, 이 가운데 181과정(40%)은 정원의 80% 이하였다. '개정' 이후에는 폐교도 증가하고 있다. 오늘날의 개호노동은 고졸 젊은이들에게는 일의 내용이나 노동조건 면에서 매력이 적은 노동인 것이다.

(3) 높은 이직률

개호노동안정센터의 2005년도 '사업소의 개호노동 실태조사'에 의하

〈표 14-1〉 2005년도 개호노동 실태조사(거호노동안정센터)

구분	방문개호원	개호직원
여성비율	89.0%	75.0%
평균 연령	48.3세	38.7세
정규직원 비율	21.7%(재택서비스 책임자 포함)	61.5%
상근노동자 비율	28.1%	77.4%
단시간고용자 비율	68.4%	20.8%
평균 근속연수	2.9년	3.0년
월간 실노동시간	86.8시간	148.0시간
월간 실임금*	206.8천 엔	209.0천 엔

* 이 조사에는 사업소의 책임자나 케어 매니저도 포함되어 있어 임금이 높게 나타나 있다. 등록도우미로 한정할 경우 10~12만 엔, 개호직원은 15~16만 엔이다.

면 방문개호원 채용률은 22.3%, 개호직원 채용률은 33.8%, 이직률은 각각 17.7%와 22.6%로 평균 20.2%이다. 산업별 이직률은 총 17.5%이다. 이처럼 보살핌 노동자의 이직률이 높은데, 특히 방문개호원보다는 시설 등의 개호직원의 이직률이 높고, 약 80%가 3년 미만에 이직한다는 실태도 판명되었다. 이러한 이직자들이 직장을 바꿔 개호시장에 머물고 있는지, 아니면 직종을 바꾸어 다른 노동시장으로 이동을 하는지, 또는 일을 그만두고 노동시장에서 물러나서 잠재노동력으로서 존재하는 것인지에 대해서는 후생노동성에서도 파악하지 못하고 있다.

(4) 개호사업자의 인재모집의 어려움

도시와 지방을 막론하고 모집을 해도 응모자가 전혀 없는 상황도 벌어지고 있다. 채용방법은 양성학교에 의뢰하거나 공공직업안정소,[2] 신문광

---

2) (역주) 공공직업안정소는 일본의 후생노동성(厚生勞働省)이 설치한 행정기관으로 국민에게 안정된 고용기회를 확보해줄 것을 목적으로, 「후생노동성 설

고, 광고전단지 등을 통해 이루어진다. 특히 시설에는 개호복지사 자격을 가진 젊은 사람들이 오지를 않는다. 최근에는 인재 파견업자를 통해 파견노동자를 고용하는 경우도 많아지고 있다. 파견노동자는 비정규, 단기간, 단시간 개호를 하게 된다. 오히려 홈헬퍼의 경우, 지방에서는 중년 이상의 주부가 추가 교육을 받지 않고도 손쉽게 일할 수 있는 직업이라는 점에서 응모자가 있는 편이다. 여기에는 물론 지방에서는 다른 직업을 구하기 어렵다는 이유도 있다.

(5) 낮은 노동조건

이처럼 보살핌 노동자의 노동조건의 열악함 → 청년층에게는 매력 없는 노동 → 적은 진입인원 → 높은 이직률 → 만성적 일손 부족 → 노동 강화·만족스러운 개호 불가능 → …… 등과 같은 '부정적인 연쇄'가 발생하게 된다.

또한 일본에서는 시설개호 직원과 홈헬퍼 양성과정과 시장 및 노동조건이 실질적으로 분리되어 있다. 개호복지사가 재택 개호노동자가 되는 경우는 거의 없다. 이는 여성 간의 세대분리이기도 하며 교육 연한의 차이와 다른 한편으로는 개호 경험의 차이에 의한 것이기도 하다. 이처럼 분리된 '두 개의 양성경로'는 유연한 인재확보를 어렵게 만들고 있다(笹谷春美, 2010).

2) 보살핌의 질 저하

개정 개호보험은 서비스 공급을 보다 철저히 효율적으로 하기 위해 신(新)공공관리방법을 도입했다. 그 결과 보살핌 노동자는 일손 부족과 더

치법」제23조에 기초해서 설치했다.

불어 서비스 제공시간 단축(단위가 2시간에서 1.5시간 또는 1시간으로), 보살핌 계획표에 규정된 세분화되고 획일화된 서비스 제공, 신체적 보살핌의 단계 이동(보호나 상담, 시중 등의 제외) 등 이용자와의 소통 및 공감 형성이 곤란한 상황에 놓여 있다. 현장에서의 재량권이 적어져서 고령자의 전반적인 생활에서 무엇이 필요한지 파악하거나 그날그날 상황에 따라 유연한 대응을 하기가 곤란하고 보살핌 계획표 이외의 요청에 대해서는 대응을 하기 어려워져 육체적 피로와 정신적 스트레스가 높아졌다. 일본에서는 이러한 점에 대해 직장 내에서 대응할 수 있는 시스템이 아직 부족하고 고용자나 노동자 자신도 이러한 직장 노동환경 개선을 생각할 여유가 없는 상황이다.

보살핌을 담당하는 측과 받는 측의 상호관계에 의해 성립되는 특수한 인간적 행위로서의 보살핌 관계가 쌍방 모두에게 만족스럽지 못해 허탈감에 빠지게 되는 보살핌 노동자도 많다.

(1) 개호보험하의 보살핌 관계의 추이와 어려움 증대

2000년 개호보험제도 시행 후 해마다 개호가 필요하다고 인정되는 자(요개호도 인정자)는 증가했고 서비스 이용자도 증가했다. 단, 그들의 대부분은 가사도우미의 이용이었다. 인정 심사기준의 전국표준화를 시도했지만 수치로 나타내기 쉬운 신체적 기능에 편중된 항목이 많았던 데다가 시설 보살핌을 기준으로 한 항목이었기 때문에 비물질적 요인이나 이용자에 의한 감시 등은 항목에 충분히 반영되지 못했고, 특히 배회성 치매를 인정하기에는 난점이 많아 가족개호자의 불만이 컸다. 또한 제도의 시행과 동시에 『서비스 적정화 가이드라인=해서는 안 될 사항의 사례집』이 제작 적용되었다. 정원 풀 뽑기, 유리창 닦기, 동거가족을 위한 집안일 등 종전에는 필요에 따라 도우미의 판단에 의해 해왔던 일들도 금지되었다. 서비스 제공을 위한 보살핌 계획표는 새로 창설된 케어 매니저가 작성하고 도우미는 계획표에 따라 실행하게 됨으로써 현장에서의 재량권이 약해졌다.

고령자로서는 사용할 수 있는 서비스가 많아지고 이런 서비스를 케어매니저가 조정해서 스케줄을 짜주기 때문에 자기관리가 편리해졌다는 긍정적인 면이 있다. 그러나 작업의 흐름방식이 한층 강화되고 도우미가 매번 바뀌게 되는 데다가 전에 다니던 도우미의 전달사항이 전달되지 못하는 경우에는 불안해진다. 작업은 계획표에 따라 실행해야만 하기 때문에 당일에 고령자의 요구와는 맞지 않는 경우도 발생한다. 도우미의 재량권이 박탈되어 사소한 일도 부탁하지 못하게 된다(예를 들어, 등에 파스를 붙여 달라거나 5분 거리의 우체통에 급한 우편물을 넣어달라고 하는 등). 고령자들은 불만이 쌓이게 되고 도우미들은 요청받은 일을 해주지 못했다는 죄책감이 들어 양자 간에 갈등이 발생하게 된다. 개호보험료 외에 자기부담 비용이 들기 때문에 인정은 받아서 서비스가 필요해도 이용할 수 없는 저연금 고령자들 중에는 조치시대(措置時代)[3]가 좋았다고 하는 사람도 많다. 그래도 초기에는 영리기업으로서의 개호사업자들은 고객을 늘리기 위해 서비스를 적극적으로 판매해 가족개호자들에게는 환영을 받았다.

2006년 개정은 앞서 기술한 바와 같이 개호도가 경도(輕度)라고 인정을 받은 고령자에 대한 서비스 규제가 엄격해져 필요한 서비스를 충분히 받을 수 없는 사람들이 나타나게 되었는데, 이런 상황은 행정적인 측면에서 의도적으로 조성된 것이다. 개호보험제도가 감당하는 범위를 최소한으로 한정하고 그 외에 필요한 서비스는 자기 책임으로서 가족을 중심으로 한 사적인 보살핌 자원이나 상품 서비스 등 보험 이외의 서비스를 이용하는 구조로 재편되었다고 할 수 있다. 행정 측에서 "개호보험은 최소한의 보장이다"라는 말을 주장하게 된 것도 이 단계이다.

서비스 제공자 측에는 다음과 같은 문제가 발생한다. 도우미는 줄어든

---

[3] (역주) 사회복지시설 등의 이용을 법률에 따라 결정하던 때를 말한다.

방문시간 내에(1회 방문이 평균 두 시간에서 한 시간 또는 한 시간 반으로 단축 되었다) 신설된 예방방문 서비스(가능한 일은 한 번에 같이 시행한다)를 하도록 요구되었다. 또한 2003년의 개호보수 단가 인하로 인한 사업수입 저하로 보살핌 노동자의 고용조건과 노동환경은 재택에서든 시설에서든 급속히 악화되었다. 보살핌 노동자로서의 보람과 가혹한 노동환경 사이의 격차로 인해 개호 관련 직업을 유지하고자 하는 유인이 흔들리고 있다. 이는 개호 현장으로부터의 이탈, 보살핌 노동시장으로부터의 이탈로 이어지게 된다. 이로 인한 인력부족은 특히 시설 등에서는 악순환을 초래하게 되어 서비스 질의 저하라는 위험을 높이게 된다. 도우미의 현장에서의 재량권은 갈수록 약화되어 그날그날 상태에 따른 고령자의 전반적 생활에 밀착한 개호를 할 수 없다는 것으로 인한 딜레마가 깊어지고 있다(笹谷春美, 2008).

4. 도출된 새로운 정책과제

1) 당사자 주권에 입각한 요개호자의 필요 파악과 충실한 서비스

이는 '개호보험'의 공급 틀 안에서 해결되지 않는다. 자치단체에 의한 공적 서비스와 NPO 등의 협업적 부문에 의한 해결이 요구된다. 이를 위한 공적 지원이 필요하다.

2) 개호자 지원(Carers' Care) 정책의 필요

「개호보험법」에서는 그 목적에 요개호자의 자립지원을 명기하고 있으나 개호자 지원은 완전히 무시되고 있다. 일본의 고령자 개호정책에서는 아직도 개호자의 사회적 지위나 권리는 인정되지 않고 있다(笹谷春美, 2005, 2007).
 그러나 현실적으로는 개호 동반자살이나 자살, 학대, 가족개호자의 고립, 그리고 그럴 가능성이 있는 사람들도 많다. 다른 서구 국가들의 가족개호자 지원정책 강화의 정책적 함의에서 교훈을 얻어가며 공적 정책으로서 자리매김해야 할 필요가 있다(パム・オゼック 等, 2001; 三富紀敬, 2008).
 또한 일본에서는 개호노동자도 사회적으로 낮은 위치에 있다. 특히 홈헬퍼는 전문적 직업으로 자리매김하지 못하고 있으며, 가사 서비스자로서 가족개호자의 무상노동과의 경계가 애매한 상태이다. 따라서 인재확보라는 의미에서도 개호노동자의 권리보장도 과제이다.

 첫째, 가족(친족)개호자 지원으로서는 다음과 같은 관점이 필요하다.
 ① 개호의 인적자원으로서의 '개호자' 역할의 지속이 아니라 '개호자' 역할 이외의 개호자의 생활과 삶을 보장한다. 다시 말하면 사람들의 '보살필 권리'와 '보살피지 않을(보살피는 일에서 해방될) 권리'가 선택 가능한 서비스를 늘린다. 일본은 권리로서의 개호자 지원이라는 관점은 국제적으로 볼 때 아주 약하다(下夷美幸, 2003; 森川美繪, 2008).
 ② 서비스 내용: 개호노동에 대한 금전적 대가만이 아니라 현물 급부, 휴식 보장(대체보장 데이 서비스, 단기체제, 보호 자원봉사, 대체 개호자 등), 상담, 정보 제공, 모임장소(meeting spot) 등 다채로운 서비스가 필요하다. 특히 개호와 취로(就勞) 양립의 보장 및 취로할 수 없는 경우에 대한 보장이 충분하지 않다(岩間大和子, 2003).
 ③ 개호자 지원은 피개호자와의 보살핌 관계에 보탬이 되는 것이어야 한다.
 ④ 당사자 주권에 기초한 평가
 ⑤ 재원

둘째, 개호노동자의 확보·육성정책과 노동조건의 안정화를 위해 다음과 같은 개선점이 필요하다.
① 양성정책(전문성 확대)
- 도우미와 개호복지사로 이원화되어 있는 양성 코스를 일원화: 이로써 도우미의 전문성이 향상된다. 후생노동성은 앞으로 방문개호자 및 시설개호자 쌍방의 기초자격으로서 '개호복지사'의 국가시험 취득을 의무화한다는 방침을 2009년에 명확히 내세우고, 이에 대한 논의가 시작되었다.
- '개호' 교육 내용의 재검토: 신체·개호 지식의 향상뿐만 아니라 개호현장의 실태에 유연하게 대응할 수 있는 능력과 피개호자와의 커뮤니케이션 능력과 공감력을 기르는 교육과정인지를 검토
- 다양한 보살핌 필요에 대응하는 전문성을 지닌 인재 육성(치매에 대응하는 전문적인 보살핌 노동자, 예방개호에 대응하는 보살핌 노동자, 지도자 육성 등)
- 개호관련 전문직과 의료관련 직종과의 역할 분담·통합
② 확보정책: 이직 방지 및 직업으로서의 선택을 추진
- 매력적인 직업환경(스트레스 대응, 계층 간 격차가 적으며 연대감을 가질 수 있는 직장)
- 노동조건 개선(전 산업의 평균 임금이 되도록 한다)
- 중고령 여성·남성의 재교육, 재취업 지원(↔ 젊은 층과 남성의 유입)
- 빈곤 저소득층의 자립지원책과의 관련성(모자가정의 자립취업 지원의 장려직업)
- 글로벌한 개호노동시장과의 관계(외국인 노동자의 대우 등)
③ 재원

셋째, 개호와 일의 양립정책이 필요하다. 그러나 현재의 일과 삶의 균

형(work-life balance)정책으로 개호가 자리매김할 수 있을지 다음과 같은 의문이 남는다.
① 육아 지원이 우선적이다. 소자화(少子化) 대책의 일환이며, 고령자를 개호하면서 일하는 남녀에 대한 고려가 부족하다. 이는 미진한 가족개호자 정책과 관련이 있다.
② 일(work)=시장 내(市場內) 임금노동 및 자영업(유상노동), 삶(life)=시장 밖의 사생활. 여기에 육아나 개호의 무상노동도 포함한다. 여가, 자기실현 활동, 지역사회에 대한 참가 등과 분리되어 있지 않다.
③ 유상이든 무상이든 개호노동은 사회적으로 인지되고 평가되어야 하므로 사적 영역과 구분해서 취급하고 보살핌이 인생의 불이익이 되지 않도록 종합적인 균형을 잡을 수 있는 제도를 설계한다.

3) 개호예방정책

사람들이 가능하면 오래 살던 정든 집에서 지낼 수 있도록 하고, 개호를 필요로 하는 상태에 이르거나 시설에 입소하는 시기를 늦출 수 있도록 하는 개호예방시책은 국민의 합의를 얻을 수 있을 것이다. 그러나 이것은 단순히 비용 대 효과라는 측면만을 강조하거나 강제적인 체력증진이나 자기책임이어서는 안 된다. 행정부문이 책임을 지고 한 사람 한 사람 고령자의 필요를 파악해 적절한 정보제공과 관리를 함으로써 미래의 필요 측정과 서비스 예측을 할 수 있으며, 이는 고령자와 그 가족 및 자치단체 쌍방에게 도움이 될 것이다.
덴마크(법제화)나 핀란드가 도입한 '개호예방적 가정방문' 사업에서 배우는 바가 크다고 할 것이다(笹谷春美, 2006; 笹谷春美·岸玲子·太田貞司, 2009).

참고문헌

介護勞働安定センター. 2005. 『介護勞働の現狀について』.
_____. 2009. 『介護勞働の現狀Ⅱ』.
森川美絵. 2008. 「ケアする權利/ケアすない權利」. 上野千鶴子他編. 『家族のケア、家族へのケア』. 岩波書店 (シリーズ『ケア: その思想と實踐』4), pp. 135~153.
三富紀敬. 2008. 『イギリスのコミュニティケアと介護者―介護者支援の國際的展開』. ミネルヴァ書房.
上野千鶴子. 2007. 連載「ケアの社會學」at 1~7号. 太田出版.
上野千鶴子・中西庄司 編. 2008. 『ニーズ中心の福祉社會へ』. 医學書院.
笹谷春美. 2005. 「高齢者介護をめぐる家族の位置―家族介護者視点からの介護の「社會化」分析―」. ≪家族社會學研究≫, Vol. 16, No. 2, pp. 36~46.
_____. 2006. 「フィンランドにおける介護予防事業とサポートネットワーク: '予防的家庭訪問'の評価を中心に」. 『介護予防資源および手段としての高齢者のサポートネットワークの機能と實效性に關する國際比較的研究』(長壽科學總合研究推進事業(國際共同研究)代表 笹谷春美 2006年度報告書).
_____. 2007. 「高齢者ケア政策の展開と家族介護(者)施策」. ケアリング研究會. 『高齢者ケア政策の展開とケアリング關係の再編』.
_____. 2008. 「ケアサービスシステムと当事者主權」. 上野千鶴子・中西庄司 編. 『ニーズ中心の福祉社會へ』. 医學書院.
_____. 2010. 「分斷化された介護職養成―その歸結と課題―」. 日本フェミニスト經濟學會シンポジウム報告. 大阪府立大學.
笹谷春美・岸玲子・太田貞司. 2009. 『介護予防―日本と北歐の戰略―』. 光生館.
袖井孝子. 2008. 「家族介護は輕減されたか」. 上野千鶴子他 編. 『家族のケア、家族へのケア』. 岩波書店(シリーズ『ケア: その思想と實踐』4).
岩間大和子. 2003. 「家族介護者の政策上の位置付けと公的支援」. ≪レファレンス≫, Vol. 53, No. 1, pp. 5~44.
伊藤周平. 2007. 「社會保障改革による負担・自立の强制」. ≪現代思想≫, Vol. 35, No. 11.

パム・オゼック等. 2001＝2005.『家族介護者のサポート』. 筒井書房.
下夷美幸. 2003.「高齢者介護とジェンダー: 家族支援によるジェンダー変革の
　　　可能性」. ≪國立女性教育會館紀要≫, Vol. 7, pp. 33~43.

제15장 동아시아 고령자 개호 시스템의 전개와 과제

시노자키 마사미 (일본 구마모토 학원대학 사회복지학부 교수)

1. 들어가는 글

동아시아의 고령화가 급속히 진전되는 가운데 고령자에 대한 사회보장의 정비와 충실화가 요망되고 있으나, 연금·의료와 비견하는 개호에 대해서는 제도적 정비가 뒤떨어져 있었다. 그러나 1990년대 중반 이후 개호에 대해서도 종래의 가족 가치에 의거한 사적 보장에 대한 기대 및 강화(개호의 가족화)가 이루어지는 한편, 사회적 서비스 시스템이 새로이 추진되고 있다. '가족화'와 '사회화'의 이중 시스템이다. 이 두 시스템, 그리고 개호를 하는 사람과 받는 사람 쌍방에는 젠더의 문제가 존재한다.

개호자의 '가족화'는 젠더의 관점에서 보면 '여성화'와 거의 같은 의미이다(사회주의적 남녀평등 이데올로기가 남아 있는 중국에서는 오히려 '자녀화'). '사회화'는 '탈가족화'이며 '상품화'와 '탈상품화'의 두 방향을 포함

---

* 이 글은 2008년 이화여대 아시아여성학센터에서 주최한 "지속가능한 미래를 위한 국제 심포지엄: 지속가능한 패러다임과 아시아 보살핌 공동체"에서 발표된「東アジアにおける高齢者介護システムの展開と課題－日本、シンガポール、中國上海市を中心に」를 번역한 것이다.

한다. 어느 쪽이건 사회적 서비스를 담당하는 것은 주로 여성들이며, 이는 중국에서도 마찬가지이다.

필자는 1990년대 중반에 싱가포르와 중국에서 제정된 고령자 보장에 관한 입법을 '효도법'이라고 하고 이에 주목해서 조사했다(篠崎正美, 1999). 한국에서는 이러한 입법조치는 취해지지 않았으나 유교적 민족 가치에 입각한 도덕·교육에 의한 경로정신의 함양·발휘를 통해 고령자에 대한 사적·가족적 부양이 추진되어왔다. 그러나 동아시아 지역에서 개호 수요는 증대하고 가족의 개호기능은 감퇴되어가는 것을 볼 때, 사회적 서비스 공급체제의 정비는 불가피하다. '효도법'은 일단 사회의 잠재적 자산이라 할 수 있는 아시아적 부모 - 자식관계의 문화를 사적 보장을 위해 법적으로 동원해서 사회적 서비스를 정비하는 데 걸리는 시간을 확보한 것이라고 볼 수 있다.

다만 사회보장 속에 개호를 자리매김하는 일은 아시아에서는 각 사회로서도 역사적으로 경험해본 적이 없는 일이다. 따라서 한편으로는 그 사회의 가족관, 가족의 구조나 기능의 실태, 개호를 담당해온 여성의 사회적 위치나 역할의 변화 및 젠더를 둘러싼 정치, 고령자 자신의 의식과 고령자가 원하는 개호의 형태와 수준에 어떻게 맞출 것인가 하는 과제가 있고, 다른 한편으로는 사회적 개호 서비스를 위한 인재 육성, 서비스 수요와 공급의 조정을 위한 제도적 틀 형성, 재원과 공사(公私) 부담 균형에 대한 합의 형성 등 많은 요인이 얽혀 있어, 정책 추진의 방향과 진도를 보면 초창기인 동아시아에서도 다양한 양상을 보이고 있다.

그러나 일본이 1997년에「개호보험법」을 제정해서 2000년 4월부터 실시한 것을 시작으로 2000년 이후에 싱가포르 및 중국에서도 개호의 사회화가 급진전을 이루었다. 한국에서도 2008년 7월부터 공적 개호보험제도가 도입되었다. '탈가족화'로의 전환이 시작된 것이다.

이 글에서는 산업화에 따른 고령화의 예기치 못한 진전과 이로 인해 필연적으로 요망되는 고령자 사회보장의 움직임 속의 동아시아라는 관점에서, 우선 아시아에서 최초로 사회보험을 통한 개호 서비스를 시작했던 일본의 현상과 과제를 젠더 관점에서 확인하도록 한다. 일본의 개호보험제도의 과제에 관해서는 제14장「일본 개호보험제도하의 보살핌 '위기'와 교훈」에서 자세히 설명했으므로 여기서는 요점만을 말하도록 하겠다. 이어서 앞서 '효도법'을 제정해서 개호 서비스의 사회화라는 길에 들어선 싱가포르와 중국의 상해시에 대해 '이중 시스템'으로 이행해가는 실태와 과제, 사회적 개호 서비스 시책의 전개과정과 내용, '효도법'과 관련된 시책의 정치적 주도권의 특징을 젠더라는 관점과 연계해서 살펴본다.

그리고 향후 동아시아의 경제발전 전망 속에서 고령화가 급속히 진전되는 가운데, 개호보장제도의 적절한 전개를 위한 과제에 대해 생각해보는 기회로 삼고자 한다.

2. 복지국가론 속의 동아시아

산업화와 경제성장은 어느 사회에서나 의도하지 않은 결과로서 인구 고령화를 야기했고 지금도 야기하고 있다. 윌렌스키와 르보(ウィレンスキー and ルボー, Wilenski and Lebeau, 1971)는 이미 1970년대 중반에 인구 고령화에 따른 요보호인구 확대로 인해 필연적으로 연금과 의료 등 사회보장제도가 생기게 된다는 수렴이론을 전개했다. 동시에 각국의 복지 노력, 강조되는 프로그램, 행정 스타일, 복지를 둘러싼 정치적 공방 등에는 커다란 차이가 있다고 지적하고, 사회보장 프로그램은 다양한 발전을 이루게 될 것이라고 지적했다. 그런데 그의 비교복지국가연구 중에서 일본은 선진국 중 예외적인 위치에 있는 것으로 분류되었는데, 그 이유 중 하나가 "가족적 가치와 친족제도의 강력한 잔존"(ウィレンスキー, 1984)

〈표 15-1〉 가족과의 동거상황

(%, 복수응답)

동거자 가족관계	일본 1980년	일본 2000년	미국 2000년	독일 2000년	한국 2000년	스웨덴 2000년
배우자 또는 파트너	65.4	72.5	45.4	50.6	60.0	54.7
기혼자녀(남성)	41.0	25.2	1.4	2.6	28.1	1.8
기혼자녀(여성)	9.2	8.1	2.9	3.4	3.6	0.6
미혼자녀(남녀)	18.7	20.5	11.1	5.2	19.8	1.3
자녀의 배우자 또는 파트너	41.0	21.2	1.4	2.1	24.4	0.3
손자	41.0	23.0	5.3	1.5	29.4	0.1

자료: 三浦文夫(2006: 54)에서 발췌.

이었다. 다만 그들의 연구발표 당시인 1970년대와는 달리 오늘날의 일본에서는 핵가족화가 더욱 진전되어 고령자 부부세대와 단독세대의 증가로 인해 동거에 의한 부양 의식 및 기능은 크게 감퇴되어 있으나, 그렇다 하더라도 구미에 비하면 가족에 의한 사적 보장의 위상은 아직도 높다고 할 수 있으며(〈표 15-1〉 참조), 한국도 마찬가지이다.

1990년대에 에스핀-안데르센(エスピン・アンデルセン, Espin-Andersen, 2001)은 횡단연구 방법으로 복지국가 형성과 관련되는 정치적 주도권의 차이에 주목해, 비교연구를 진전시키는 커다란 촉진력이 되었다. 에스핀-안데르센은 복지국가레짐(후일 복지레짐으로 수정)으로서 '사회민주주의', '보수주의', '자유주의'의 세 유형을 구축했다(エスピン・アンデルセン, 2001). 이 복지레짐론에 관해서는 일본을 구미와 함께 비교분석하기 어렵다는 지적이 일본 연구자들을 중심으로 있었는데, 그 근거는 일본이 '기업'과 '가족'에 바탕을 둔 '기업사회'라는 점이었다. 또는 일본, 한국, 대만의 세 나라를 '가족을 중심으로 한 복지레짐구조'라고 한 이토 펭(イト・ペング, 2001)의 관점도 이와 공통된 것이라 할 수 있다. 이들은 "복지레짐론에 복지국가

발전에 대한 '후발성'이라는 관점을 도입할 필요성"을 지적하고 있다(宮本太郎, 2001). "구미 복지국가의 형성과정과는 출발점이 다른 후발 복지국가들은 경제발전을 우선시하는 특질이 있으며, 이러한 후발 복지국가가 세 가지 복지레짐을 수렴하는가 여부는 논의가 필요하다"는 것이다.

복지레짐론에서는 정치적 주도권의 양태에 따라 시장, 가족, 국가 중 어느 것이 제도 형성의 기초로서 중시되는가에 차이가 발생하게 된다고 보고 있으며, 이 차이를 설명하는 척도로서 '탈상품화', '탈가족화', '계층화' 지표를 사용한다. 일본의 경우 기독교 민주주의의 주도권으로 인해 가족의 역할도 중시하는 보수주의(예를 들어, 독일)와 미국적인 시장부문의 영향이 큰 자유주의레짐 중 어느 한쪽인지, 중간인지 아니면 제4의 유형인지에 대해 논의되어왔다. 제4의 레짐이라는 생각에 대해서 에스핀-안데르센은 유교적 윤리가 보수주의레짐의 기독교 민주주의를 기능적으로 대체하고 있다는 생각을 표명하고 있다(エスピン·アンデルセン, 2001).

그러나 동아시아 복지의 특질을 유교윤리로 환원하려는 논의에 대한 비판도 적지 않다. 미야모토 다로(宮本太郎, 2003)에 의하면 굿먼(Goodman) 등은 아래와 같은 동아시아 복지모델의 특질을 추출해야 한다고 주장하고 있다. 재정자원을 경제개발에 집중하고 그 틀 안에서 개발에 적합한 복지체제를 설계하는 모델이다(강조는 필자). 결과적으로 협의(狹意)의 복지에 대한 정부지출은 억제되지만 정부규제는 강화되며 그 밑에서 기업, 가족, 커뮤니티 등의 비정부기관이 복지공급의 주체가 된다고 하는 것이다.

필자는 굿먼 등이 지적하는 시장경제 지상주의는 확실히 일본의 사회정책 형성을 주도해왔다고 생각한다. 전업주부 세대(世帶) 모델의 가족보호정책이 시장을 보완하는 것으로서 추진되어 왔던 것이다. 전업주부 보호 세제나 연금제도는 그 단적인 예다. 그러나 일본의 공적 개호보험제도의 정책전환과정에서는 1970년대 이후 남녀평등운동이 고조되어 이것이

가정 기반의 충실을 꾀하려는 보수주의적 정치적 리더의 의도와 대항하게 되어 공적 개호 서비스 제도를 탄생시키는 요인 중 하나로 작용했다고 할 수 있다. 한국에서도 가족법 개정에서 보는 바와 같은 성평등운동이 있었는데, 이러한 운동이 개호보험제도의 도입과 어떠한 연관을 가지게 될지 주목된다. 이처럼 비교복지국가론 속에서 일본을 비롯한 동아시아는 경제개발 그 자체가 충분히 '가족 의존적'이었으며, 게다가 남녀평등이 진척되는 속에서 최근에는 그 가족 안에서 여성의 의식이나 역할의 변화가 정책에 영향력을 갖기 시작했다고 할 수 있다. 수렴이라는 비전은 갖기가 어렵다.

오늘날 동아시아는 세계에서 전례가 없는 속도로 고도경제성장을 계속하고 있으며, 이 과정에서 세계시장에서도 유례없는 고속·고비율의 인구 고령화를 경험하고 있다. 고령자에 대한 사회보장제도의 정비는 필수적이기는 하지만, 연금과 의료보험 문제에서도 그 지속가능성에 대해 현저히 의문이 제기되고 있다. 이 글에서는 개호보장에 초점을 맞추어 그 시책 형성을 젠더관계의 변용이라는 관점에서 과제를 정리해보고자 한다.

3. 세 대상의 개호보장제도·시책의 전개와 특질 및 과제

1) 일본, 싱가포르, 중국 상해시를 고찰하는 이유

일본과 함께 고찰의 대상이 된 싱가포르와 중국 상해시 사이에는 소위 '효도법'이라는 공통항목이 있다(상해시와 싱가포르의 효도를 누가 담당하는가 하는 점에서는 큰 차이가 있지만). 더불어 ① 2000년에 고령화율(중국과 싱가포르에서는 최근까지 고령자를 60세 이상으로 정의)이 10%를 넘은 점, ② 연금·의료보험제도는 (성숙도는 별개로 하고) 거의 정비되어 있다는 점, ③

고령자 개호 서비스의 사회화를 시책으로서 시작했다는 점을 들 수 있다. 상해시는 중국의 일개 도시인데 다른 두 국가와 나란히 비교하는 것은 중국 안에서도 가장 빨리 고령화 사회에 돌입했고 중국의 각종 개호보장 시책을 선행적이고 실험적으로 실시하고 있어, 그 성과에 따라 제도나 시책을 전국적으로 추진할지 여부를 기획하게 되는 특별한 지역이기 때문이다. 향후 방대한 인구가 고령화되어갈 중국의 고령자 개호보장제도 전개의 원형이 될 수 있다는 의미에서 고찰의 대상으로 삼았다.

경제발전 단계나 정치체제가 다른 세 대상을 단순히 비교하는 것은 불가능에 가깝다. 오히려 후발 선진국이라고 할 수 있는 일본과 싱가포르가 인구 고령화에 어떻게 사회적으로 대처했는가, 그 전개과정과 특질 및 과제를 제시하면서, 이를 뒤따르고 있는 중국 상해시의 개호보장 대책의 특징과 과제를 비교 고찰하는 것이 효과적이라고 생각한다.

2) 일본의 경우

(1) 개호보험 도입 전

일본에서는 고도경제성장 말기인 1970년에 고령화율이 7%를 넘었고, 그 후에 복지 원년을 선언했다. 2005년 9월 말에는 고령화율이 20%를 넘어서 고령자 인구는 2,500만 명에 달했다. 2033년에는 고령화율이 30%대, 2050년에는 40%대에 이를 것이라고 예측되고 있다. 또한 현재 전기 고령자 대비 후기 고령자의 인구비율은 약 6:4인데, 2025년에는 역전될 것으로 예측되며 단카이 세대(베이비붐 세대)가 모두 대량 연금수급자가 되는 2015년 문제와 더불어 그 무렵에 대량 개호 문제가 발생할 가능성이 예견되고 있다. 일본은 1970년대에는 두 번의 오일쇼크로 저성장시대에 접어들었으나 소위 '선부후로(先富後老)'를 간신히 경험했다. 선진국보다 먼저 1963년에는 「노인복지법」이 제정되었고, 국가의 세(稅) 재원으로 각종 노인복지시설이 정비되기 시작했으며, 재택 요개호 고령자를 위한 홈헬퍼 서비스도 지방자치단체들의 재원에 의해 각지에서 개시되었고 나중에 후생성(현 후생노동성) 사업으로 확대되었다.

(2) 시장원리와 개호보험제도의 연결 ['탈상품화의 부정(否定)'과 그 모순]

1980년대부터 주창되었던 행재정(行財政)개혁은 1990년대의 거품경제 붕괴 후 본격적인 사회복지 구조개혁이라는 결과로도 나타났다. 1980년대 중반에 '가정기반 충실정책'을 일본식 복지로 추진하려는 움직임이 있었으나 정착되지는 못했다. 여성의 취업 증가 등 사회진출과 여성의 성역할 의식의 변화, 고령자 독거세대·부부세대의 증가, 가족개호기능의 쇠퇴, 고령자 특히 고령 여성의 사회적 개호 서비스에 대한 기대 증가 등에 의해 '조치=행정처분'에서 '계약'으로의 커다란 전환에 의해 '공적 개호보험제도 도입'이 이루어졌다(2000년 4월부터 개시).

2000년 당시, 개호보험 도입의 배경에는 여성의 개호부담 경감에 대한 요구와 더불어, 행정부문에서는 개호보험을 도입해 사회보장비 중 의료비 특히 노인의료비의 증대를 억제하고자 하는 큰 이유가 있었다. '사회적 입원'의 배제인 것이다. 꼭 필요하지 않은 고액의 입원 고령자를 재택으로 돌리거나 적어도 병원보다는 비용이 싼 노인 개호보험시설에서 보살피도록 하자는 것이다. 논란이 많았던 시장화 원리가 개호보험제도에 도입되어 민간 영리기업도 서비스 제공이 가능하게 되었다. 제도 개시 5년 후의 실태를 보면, 사회적 입원의 문제는 표면상 해결된 것처럼 보인다. 노인 의료비 총액은 2000년에는 11조 2,000억 엔이었고 2004년에는 11조 6,000억 엔으로 거의 변화가 없었다(前田由美子, 2006: 18). 이에 반해 개호 급부비에는 예상 외의 커다란 변화가 있었다. 예상밖으로 재택개호 이용자 수 및 서비스 이용량이 증가해 개호보험재정 악화가 커다란 문제가 되었고, 제도의 '지속가능성'에 대한 논란이 부상했다.

2000년부터 2003년 사이에 65세 이상의 고령자 수는 12% 증가했으나 요개호 인정자가 218만 명에서 39% 증가한 303만 명으로 증가했고, 수급자 수는 2000년 4월에는 136만 명이었던 것이 2003년 1월에는 94% 증가한 265만 명이 되었다(厚生勞働省, 2004). 개호보험 총비용은 3조 6,000억 엔에서 2004년에는 6조 엔으로 거의 두 배로 증가했다. 2017년에는 10조 2,000억 엔으로 증가할 것으로 예측되고 있다. 이러한 상황하에서 개호보험제도의 개정이 실시되었다. 근본적으로 '정말 개호보험으로 커버할 수 있는 보살핌은 어느 부분인가', '가능한 한 집에서 자립해서 생활하거나 개호를 받으면서 생활하도록 하기 위해 개호보험제도는 어떻게 해야 하는가' 하는 논의 속에서 '개호예방 강화'나 '돌봄 평가 및 관리의 적정화' 등이 크게 논의되었다.

이러한 보험비용 억제시책으로 인해 '재택개호이면서 의료 요구(needs)가 있는 고령자'의 개호에 대한 가족역할의 재강화가 초래되었고, 비용부담능력이 없는 저연금자(여성이 많음)가 '시설에 들어가지 못하거나' '재택개호 서비스의 사용을 억제하는' 상황에 이르게 된 것으로 짐작된다. 정부가 발행하는 『고령사회백서』에는 시설입소 대기자 수와 성별, 시설개호 이용자의 성별, 재택개호 서비스 이용자의 성별 등 기본적인 젠더 통계가 부족한 상태이다.

인구 약 6만 명인 시의 청취조사에서는 개호복지시설 입소자의 87%가 여성(총 정원 655명), 대기자(중복을 포함해서 정원의 130%)의 80.8%가 여성으로 파악되었다.

(3) 개호시설의 인재 부족과 개호의 질 저하

또한 개호노동 종사자의 저임금이 일반화되고 가장 높은 개호전문직인 개호복지사 중 남성 개호사의 높은 이직률과 타 직종으로의 유출 등으로 인해 개호의 인재 부족이 문제가 되고 있으며, 개호종사자의 여성화가 한층 더 진행되는 경향이 있다. 이러한 이유로 인해 더욱더 노동조건이 악화되는 악순환에 빠져들고 있다. 보험료는 지불했는데 서비스는 받을 수 없는 '개호난민 문제'가 나타나기 시작한 것이다.

(4) 보험제도의 재원 문제

2003년 개호보험료 등의 개정 후, 2005년 10월부터 시작된 개정「개호보험법」에서는 중증이 되지 않도록 하는 예방사업, 시설입소자의 호텔비용 부담, 개보호 인정 자체와 보살핌 관리의 적정화·공평화를 도모할 방법 등을 재설계해 다시 시작했다. 그러나 이 '개정'은 저소득 고령자, 특히 저연금 여성들에게 개정 이전에 늘어난 큰 부담을 강요하게 된 '고령자의 존엄을 지키기 위한 개호의 양과 질을 어떻게 할 것인가', '재원의 공사(公私) 부담 형태', '인재 확보와 그것을 담보하는 임금 등의 노동조건 정비' 논의와 시책은 과제로서 남아 있다. 일본의 개호보험제도에서는 도입시점이나 그 후에도 재원 문제가 아주 크며, 공공지출의 재원으로서의 소비세율 인상, 피보험자의 연령층 확대, 개인의 개호보험료 부담액 인상, 서비스 이용자의 이용료 부담률(현재 1%) 인상을 어떻게 할 것인가의 과제가 개호의 질을 향상시키는 것과 관련되어 크게 부담이 되고 있다.

(5) 재택의 경우 고령자 학대의 변화

개호보험제도 도입 전후에 대해 고령자 학대 조사를 비교해보면, 도입 전에는 학대 가해자의 비율이 '며느리=아들, 특히 장남의 배우자'가 대부분의 조사에서 수위를 차지하고 있었으나, 도입 후에는 며느리의 비중이 줄어들고 아들, 딸, 배우자가 상위를 차지하고 며느리는 그 아래 순위이다. 개호보험 도입은 분명 며느리의 역할을 감소시키고 심리적으로도 그 책임을 가볍게 해주었다. 재택개호를 받는 피해고령자는 대다수가 여성이다.

(6) 재택의 경우 노노(老老)개호와 여성 및 가족

『고령사회백서』의 '자택에서 개호를 받는다면 누구에게 받기를 원하는가'라는 조사의 결과, 남성의 78%가 아내, 여성의 41.5%가 남편을 희망하고 있다. 여성의 경우에는 '딸'의 비중도 증가하고 있다. 남녀 모두 '며느리'를 원하는 경우는 감소하고 있다. 그러나 배우자 간의 개호는 거의 노노개호로, 특히 연로한 여성이 남편을 개호하는 것이 일반적이다.

가족과의 관계를 보면 개정「개호보험법」하에서는 시설의 호텔비용이나 보험료의 단계 산정이 개인이 아니라 세대 단위로 이루어지므로, 가족(동거가족)은 비명시적으로 되어 있다. 이로 인해 한편으로는 경제적 이유 때문에 자신의 의사에 반해 세대를 분리하게 되고, 다른 한편으로는 동거가족과 별거가족의 비용부담이 불공평하게 된다. 또한 근본적으로 계층격차나 젠더격차, 연금 성숙까지의 시대적 격차 등에 보다 효율적으로 대처하지 못하고 있다는 문제를 과제로 남겨놓고 있다.

향후 지속가능한 보험제도를 위해 가족의 책임과 역할도 포함하는 재원에 대한 논의가 이루어지게 될 것이다. 민법과 이에 근거한 판례에서는 실제 '개호행위'는 부담이 크기 때문에 '자발적'으로 이루어져야 하는 것으로 법적으로 강제할 수 없다고 했다. 그렇다면 개호비용과 개호행위를 구별할 필요가 있다는 점에 대해 논의가 이루어질 가능성도 있다.

(7) 외국인 개호자의 도입

(8) 추후의 법 개정의 과제

이상에 덧붙여 추후의 법 개정을 위해 피보험자의 범위 확대, 의료보험과의 연결, 장애인의 개호지원과의 통합, 개호의 질 확보와 이를 위한 노동자의 노동조건 향상 등 산적한 여러 과제가 이미 제출되어 있다.

또한 사회보장비의 전체적인 증가억제정책으로 인해 개호노동자의 보수가 열악해진다는 점이 시설개호의 질 저하 또는 학대의 주 요인이 되어 왔다는 점이 주목을 받고 있다. 특히 국가자격을 요하는 '개호복지사' 같은 전문직 자격의 경우에는 상당수의 젊은 남성이 진입했으나 저임금 등 열악한 노동조건으로 인해 이직과 전직이 늘어나 노동력 부족과 개호직의 재여성화가 촉진되는 요인이 되기도 한다. 또한 경제동반자협정(Economic Partnership Agreement: EPA)과도 연관해 외국인 노동자 도입의 한 요인이 되기도 한다.

3) 싱가포르의 경우

(1) 기적의 경제성장과 평균 수명의 상승·저출산 고령화

1965년에 독립·건국할 당시 싱가포르는 '미래가 없는 도시국가'라고 불리기까지 했지만(田村慶子, 1999), 인민행동당의 일당지배적 정치주도하에서 시장경제를 발전시켜 '기적의 경제성장'을 이루어왔다. 고령화율(60세 이상)은 이미 1970년대에 7%를 넘었으며 2005년에는 11.8%에 이르렀다. 전후 베이비붐 세대가 60세 이상이 되는 2010~2020년에는 고령화의 연간 평균 증가율이 5%에 달할 것으로 예측되고 있다. 이 사람들이 노(老) - 노(老)(old-old, 75세 이상)가 되는 2030년에 개호 문제는 한꺼번에 부상할 것으로 보인다.

(2) "가족이 사회보험이다"

고령자부양에 대해서는 1989년에 가족과 고령자에 관한 국가평의회가 설치되어 고령자 시책을 명확히 했다. "고령자 보살핌은 고령자 자신, 가족, 지역사회, 정부 모두의 관심사이다"라고 하면서도 "가족이 사회보험이다"라는 것을 명백히 밝히고 있다(篠崎正美, 1999). 이것을 법률적으로 확정하고자 1996년에「부모부양법(Maintenance of Parents Act)」이 시행되었다. 연로한 부모가 독자적으로 생활을 유지할 수 없을 경우나 병약한 경우에는 자녀가 생활비나 개호 등의 비용을 지불하도록 법원에 신청할 수 있게 되었다(篠崎正美, 1999).

그 배경에는 계속 증가하는 고령자의 경제 보장·개호 보장에 대해 안정적이고 즉시 효과를 발휘할 수 있도록 대응해야 할 필요성이 있었다. 나아가 1990년대에는 국제사회에 등장한 '아시아적 가치'에 대한 논쟁을 배경으로 '가족의 가치'를 주축으로 하는 '국민공유 가치' 노선을 주창한 지도층의 정치적 주도권이 있다. '사랑·보살핌·관심', '효도', '헌신' 등의 가치를 매스컴을 통해 대대적으로 국민에게 홍보했다(田村慶子, 1999).

(3) 2000년의 정책변화

그러나 2000년에 정책의 실천적 전환이 있었다. 빈곤층이나 가족이 없는 사람들 및 중간층의 증대하는 개호 수요에 대응하는 것이 급선무였다. "가족이 사회보험이다"라는 기본이념을 존속시키면서도, 정부에 의한 '고령자 개호기금'이 신설되었다. 상당액의 고령자 입소시설 건설비용과 운영비 보조정책이 채택되었다. 그 공급체제에는 특징이 있는데, 싱가포르는 중국계, 말레이계, 인도계 등 다민족사회인데 그런 가운데 민족집단·종교집단 속에 기존에 형성되어 있던 상호부조적인 또는 자선적인 복지공급기반을 활용하고 있는 것이다. 중국계 주민들 사이에서는 시장주의적 자기책임 관념과 함께 가족주의적 상호부조가 있으며 아울러 개인이나 기업에 의한 기부라는 문화적 기반도 있었다. 이러한 것들이 사회적 개호보장 시책의 밑받침이 되고 있다.[1]

싱가포르 사회에서 비교적 소수인 말레이계, 인도계 민족집단에서는 민족적인 상호부조를 위한 강력한 공동체 조직이 있는데, 특히 이슬람교

---

[1] 2001년 8월의 방문조사.

를 믿는 말레이계 주민들 사이에서 그러한 것을 볼 수 있다. 여기서는 계층차를 초월하는 상호부조조직이 발달되어 있다.2)

더욱이 싱가포르에서는 개호보장 이전에 가족·친족의 세대 간 상호부조를 촉진하기 위한 주택정책을 선진적 주택정책과 함께 이미 일찍부터 도입했다. 부모세대와 자녀세대가 인근에 살거나 근처에 사는 '수정 확대가족'으로서의 생활을 지원하는 주택정책이 그것이다. 이와 더불어 고령자의 공동체 돌봄을 가능하게 하는 도시주택정책을 실행하기 시작했다.3)

교육·주택이나 의료를 제외하면 싱가포르에서는 오랫동안 가족을 '사회보험'이라고 공언해왔으며 복지국가가 되어야 한다는 국가 의사(意思)가 없었기 때문에 민간의 자조·공조적 복지공급이 발달되었다. 오늘날은 이러한 것들이 새로운 개호보장시책을 전개하면서 서비스 공급의 기반이 되고 있다고 할 수 있다.

(4) 외국인 가사노동자에 대한 의존과 연수·훈련·인권

오늘날 싱가포르의 개호보장의 큰 과제는 개호노동자의 확보와 인재 육성이다. 필자는 대부분 이슬람교도인 말레이계 주민이 많이 거주하는 고령자 개호시설을 방문했는데, 개호직원들은 관리를 맡고 있는 사람을 제외하고는 거의 전원이 인도네시아에서 돈을 벌러 온 여성들이었다. 기한부 이주노동에 종사하는 10대 후반에서 20대 초반의 젊은 여성들로, 개호직으로서의 훈련 등은 특별히 실시되지 않고 있었다. 보호라는 명목이기는 하지만 외출은 2주에 한두 번으로 제한된다고 한다. 이런 시설은 정부보조금으로 건설되고 운영은 말레이계 주민의 종교적 공동체가 담당하고 있는 실태였다. 일부 공설민영의 형태도 있다.

---

2) 2001년 8월의 방문조사 시 자미아·이슬람(단체)이 운영하는 시설을 방문·견학.
3) 2001년 8월의 방문조사.

다른 기독교계 시설에서는 순수하게 기부금만으로 건설과 운영이 되고 있는데, 한국이나 일본에서 온 수녀가 운영을 하고 지역의 자원봉사자가 돌보는 형태도 볼 수 있었다. 이런 경우와 아주 별도로 유료 민간 노인홈도 설치·운영되고 있는데, 이는 주로 민간계약에 의해 소득이 비교적 높은 사람들이 이용하고 있다. 그러나 여성의 취업률이 높은 데 반해 보육에 대한 공공정책이 시행된 적이 없는 이 나라에서는 본래 육아나 가사도우미로 필리핀이나 인도네시아 이주노동자를 입주도우미나 '출퇴근' 형태로 개인적으로 고용하는 경우가 아주 일반적이다. 외국인 여성노동자를 가정부 개념으로 고용해온 이 나라에서는 양질의 개호 서비스를 제공할 수 있는 사회적 인재 육성 시스템 마련이 급선무이다.

국제적인 수직분업이 개호의 세계에서 사적인 계약으로 기능하고 있는 가운데 공적 사회적 자금이 서비스 시설에 투입되기 시작한 특이한 경우인 것이다. 이러한 과제 해결에 대해 복지국가 부정선언(否定宣言)을 철회했다고는 할 수 없는 싱가포르 정부가 어떻게 주도권을 발휘해나갈 것인가, 또는 윌렌스키가 예언한 바와 같이 인구 고령화에 의해 마침내 복지국가로의 길을 열게 될 것인가가 주목된다.

4) 중국 상해시의 경우

(1) 인구 고령화의 현 상황

2005년의 호적인구가 1,400만 명, 비호적인구가 500~600만 명으로 추정되는 상해시는, 주지하는 바와 같이 개혁개방 경제정책 속에서 중국 내에서 경제발전이 가장 현저한 곳이다. 중화동(中華東) 사범대학 인구학센터의 꾸이스쉰(桂世勳, 2006) 교수에 의하면 생활수준의 향상에 따라 평균수명이 급속히 늘어나고 있어, 1961년에 67.0세(남녀 합계)였던 것이 1995년에는 남성 74.11세, 여성 77.97세, 2000년에는 남성 76.71세, 여성

〈표 15-2〉 1995~2050년 상해시 상주(常住) 호적 고령인구 추계

연도	60세 이상 인구 수(만 명)	비율(%)	65세 이상 인구 수(만 명)	비율(%)	80세 이상 인구 수(만 명)	비율(%)
1995	226.83	17.4	155.60	12.0	23.01	1.8
2000	238.30	18.2	183.82	14.0	29.62	2.3
2010	291.58	21.5	197.24	14.5	47.09	3.5
2020	449.61	32.9	301.41	22.0	52.38	3.8
2030	488.60	37.1	401.20	30.4	72.58	5.5
2040	438.17	35.5	357.58	29.0	129.36	10.5
2050	415.62	36.8	323.48	28.6	105.78	9.4

자료: エイジング総合研究センター(1997).

80.81세, 2005년에는 남성 77.78세, 여성 81.81세로 나타나 선진국 수준으로 신장되었다. 더욱이 상해시는 1979년 이후의 '한 자녀 정책'이 가장 성공한 도시로, 합계 특수출생률은 1998년에 이미 0.86을 기록했고 지금도 0.9를 하회하고 있다. 1993년에 인구 자연증가율이 마이너스가 되었고, 2005년에는 출생 수 6만 2,000명에 대해 사망 수 10만 1,000명으로, 대폭 감소되었다(그러나 유입 비호적(非戶籍)인구가 많기 때문에 시 전체 인구의 사회증가율을 고려할 필요는 있다).

이러한 점에서 상해시는 1979년에 이미 중국에서도 가장 빠른 고령화율 7%를 기록했고(인구에서 차지하는 60세 이상), 2005년 현재에는 19.6%이다(上海市統計局, 2006). 2005년 현재 60세 이상 고령자 266만 3,700명 가운데 84만 4,300명이 75세 이상이다(桂世勳, 2006). 향후 10~30년 사이에 후기 고령자가 증가하고 동시에 가족의 소위 '2 - 4 - 8' 구조가 주류화되면 한꺼번에 개호 문제가 분출될 가능성이 높다.

상해시 인구와 발전 연구센터에 따르면, 고령자가 있는 세대총수 137만 6,900명 가운데 고령자가 한 사람인 세대가 64.7%, 두 사람인 세대가 34.4%이다. 〈표 15-2〉는 상해시 상주 호적인구의 향후 고령화를 예측한

것이다.

(2) 고령자의 개호보장에 관한 정책 전개

필자는 2001년에 싱가포르에서 개호보장정책이 변경되었다는 것을 듣고 중국에서는 어떠한 변화가 일어날 것인가에 관심을 갖고 있었다. 후술하는 바와 같이 상해시에서는 마리종(馬利中)이나 주지밍(朱卽明) 등이 중심이 되어, 일본의 개호보험제도를 모델로 이와 유사하지만 중국에서 실시할 수 있는 정책의 시안도 작성하고 있었기 때문이다.

그러나 사태는 예측하지 못했던 방향으로 움직이고 있었다. 상해시 차원이라기보다 국가의 민생부 차원에서 2001년부터 새로운 '성광(星光)계획'이라는 정책이 전개되었기 때문이다. 이 정책의 전개에 대해 조사하기 위해 2006년 2월 28일부터 5일간, 그리고 같은 해 6월 25일부터 4일간 상해시 민생부, 화동(華東) 사범대학 인구학연구센터를 방문했다. 이하는 그 시점까지의 수집자료와 청취자료의 분석적 기술(記述)이다.

상해시는 소위 선진국의 '양고일소(兩高一少)', 개발도상국의 '일속일저(一速一低)'라는 이중의 도전에 직면하고 있다. 또한 전통적 3세대 동거 비중은 낮아지고 고령자 자신도 정든 집과 그 주변환경 속에서 말년을 보내고 싶다는 희망을 가지고 있다. 1999년 3월의 신문보도(新民夕刊)에서는 동거 희망자는 10%에 지나지 않았고 별거 희망이 60%, 근거리 거주 희망이 30%라고 보도된 바 있다.

개호를 필요로 하는 고령자에 대해서는 1995년 10월의 "상해시 고령자 인구 종합조사"에 의하면 주로 배우자의 개호를 받고 있는 고령자가 42.3%, 주로 자녀가 개호하는 경우가 21.2%, 친구·이웃·타인이 개호하는 경우가 6.7%, 가정부 개호가 21.2%, 그리고 사회적 개호가 4.8%였다(馬利中·朱卽明·倪波, 1999). 사적 개호가 압도적으로 많은데, '가정부'라는 형태에서 '서비스를 사적으로 산다'는 카테고리가 5분의 1을 차지하고 있다는 점도 주목할 만하다. 그 후에도 평균 수명이 급속히 늘어나고, 저출산, 남녀평등적 취업, 개혁개방경제의 진전에 따른 도시 내외로의 인구유동 등과 같은 요인으로 인해 고령자 사회보장의 개호·간호 문제가 급속히 사회 문제로 떠오르게 된 것이다.

이러한 가운데 개호보장에 관한 시의 정책 추이를 살펴보면 세 시기로 구분할 수 있다. 각각의 시기의 특징적인 정책전개 동향을 보면 아래와 같은 전개를 볼 수 있다(강조 표시는 중국 정부 차원의 법 제도나 정책).

① 제1시기: '노동단위' 복리(福利)+구빈(救貧) 사회복리에서 개혁개방 체제 복리로 이행기
1) 상해시 노령위원회는 1980년대부터 고령화의 개호·간호 문제 연구와 이 연구에 입각한 사회사업 방식에 대한 시안을 제출('지역사회가 노인을 위해 서비스를 제공하는 사업', '비교적 젊은 고령자가 보다 고령의 고령자를 위해 봉사한다' 등).
2) 1989년, 상해시 '고령자보호조례' 시행
3) 1992년, 상해시 노년법정 설치

② 제2시기: '개호 서비스의 사회화' 체제로의 모색기
4) 1996년, 상해시 노령위원회는 시(市) 노령과연중심(老齡科硏中心)과 함께 '도시고령자의 개호보험 연구' 과제집단을 결성. 연구조사 결과, '다계층, 다형식, 다루트'의 고령자 개호보험체계를 설립하기 위한 시안을 제출
(1996년, 「중화인민공화국 고령자권익보장법」 공포)
5) 1997년 9월, 상해시 정부, 고령자사업에 관한 협력회의 개최. '현재 상해시 고령자를 고민하게 하는 가장 큰 문제는 개호 문제'라고 인식

6) 1998년 3월 및 6월, 상해시 노령위원회, 노령과연중심이 전문가와 직원과 함께 시의 고령자 개호 문제 검토를 위한 좌담회 실시
7) 1998년 8월 18일, 상해시 '고령자권익보장조례'가 상해시 제11회 인민대표대회 상무위원회 제4차 회의를 통과, 공포(1999년 1월 1일부터 시행, 보호조례는 폐지)
8) 1998년 8월, 시 노령위원회 및 노령과연중심의 연구자와 시 민정국·노동국·위생국·총공회(總工會), 관계 고등학교 전문학자 등이 연계해서 '상해시 고령자 생활개호 호조회(互助會, 이하 호조회)'의 모델 실시법안 및 설계를 위한 '과제 집단'을 결성
9) 1998년 12월, '과제 집단' 구성원, 상해인민방송과 연대해 방송국의 〈고령자 광장〉 프로그램에서 '상해 고령자 개호의 향후의 과제'에 대해 토론. 개호비용, 인적자원, 외국의 경험, 조직형태에 이르기까지 시청자로부터의 전화 등 큰 반응
10) 1999년 초, 시 노령위원회와 노령과연중심, '호조회'에 관한 연구성과를 제시하고 시 정부에 '호조회 모델 케이스의 사업전개 신청'을 제출. 시는 이 건을 매우 중시해서 중요지시 회답. 모델 케이스 설치에 동의. 징안(靜安)·홍코우(虹口)의 두 구(區)에 모델사업 실시를 결정
11) 2000년, 상해시 민생국, 시내 6개구에서 고령자시설 확충 및 개선을 실시(馬利中·朱卽明·倪波, 1999)

③ 제3시기: '성광계획' 도입 실시기(국가정책 전개의 거점화)
12) **2000년, 중앙정부 국무원 '노령사업추진에 관한 결정'**
13) **2001년, 민정부(民政部) '지역공동체(社區) 노년복리복무 성광계획 실시방안' 발표**
14) 2001년, 상기에 이어, 상해시 민정국 '지역공동체 노년복지 서비스 성광계획' 실시에 관한 의견(통지). 실시의 계획화, 서비스 다양화,

정보화라는 관리의 삼위일체 체제와 사구건설(社區建設, 커뮤니티 조성), 고령화 대책·사회복지·사구복무·사구관리·사구정보화 건설 등과 유기적으로 연대

15) **2001년, 상해시 '노령법정'을 '민사3정(廷)'으로 명칭 변경**(최고법원의 지도에 의해). '성광계획'의 실시기간은 2001년에서 2003년으로 되어 있으며 4년 이후에도 계속. 주된 내용은,

① 고령자 서비스 시설(고령자 활동실이 최대 중점, 고령자 입소시설 포함)의 신설·개축

② 재택요양 서비스(생활개호=홈헬퍼, 데이 서비스, 긴급통지 시스템, 정서적 지원 등)

③ 사구의 고령자 서비스 정보화

④ 공산당 및 시의 강한 리더십, 복지부문의 '세 대표'를 구현

⑤ 자금원, 복지복권의 수익금의 80% 사용(2001년도는 8,000~8,500만 위안). 기부금 모금(면세조치)

⑥ 어필과 감독 평가(고령자로부터의 평가도 포함)

16) 2003년, 시 민정국, 시내 여러 구의 '재택요양 서비스' 및 '사구 조로(社區助老)와 만인(万人) 재취직 프로젝트'를 실험 도입

17) 2004년, 시 민정국 '재택양로 서비스 사업 촉진에 관한 통지'에서 상기 사업을 시 전체로 확대. 이렇게 해서 '성광계획'은 실험단계를 마치고 2004년부터 전면적으로 추진되게 되었다. 이 계획에 의한 시책의 특징을 살펴보면,

① 고령자 개호시설 병상 증대·확대

② 고령자 재택개호와 재취직 촉진을 결합

③ 복지 혼합(정부추진과 시장화 운영 시스템의 결합을 원칙으로)

④ 개인의 자비 서비스 구입과 정부보조의 결합을 원칙으로

⑤ 요개호도 인정제 도입

⑥ 개호자의 연수훈련 도입

⑦ '사구(커뮤니티)' 단위를 기반으로 전가하며, 사구복무중심을 정비 등으로 요약할 수 있다.

①의 개호입소시설 건설이나 지역의 고령자 복지센터 건설은 정부에 의해 복지라는 산업개발로 자리매김되어 적극적으로 추진되고 있다. 특히 제2기에 구상된 상해식 개호보험 구상과 다른 점은, ① 서비스노동자를 주로 '실업 상태의 남녀(실질적으로는 국유기업에서 해고된 여성이 대부분)'로 설정하고 있는 점, ② 서비스 구입 시에는 '자비'가 포함되지만 사회연대적인 보험료 의무를 지우지는 않는다는 점이다. 다만, 정부의 재원은 기본적으로 '복지복권'이며, 항상성이나 안정성이 꼭 있다고는 할 수 없다는 점도 지적된다. 이러한 점은 토지 이용권 기부나 복지시설 건설에 대한 기업이나 개인의 기부금을 특전을 주기로 하고 장려하고 있다는 점과 관련해서 볼 때, 방문개호 등 재택개호 서비스의 종류와 양, 질 향상을 어떻게 도모할 것인지 그 전망을 어렵게 만들고 있다고 생각된다.

이 이후에도,

18) 2004년 4월 상해시 민생국, 노동국, 사회보장국, 재정국「본 시의 사구조로 서비스 항목 실시에 관한 시행안」통지
19) 2005년 10월,「상해 민생사업발전보고서」발표 등 고령자 개호보장에 대한 시책이 이어지고 있다.

(3) 개호의 사회화의 현 상황

이어서 2006년 8월 필자는 상해시 민생부 및 조하가도(朝霞街道)에서의 청취조사를 통해, 시책 추진을 통해 개호의 사회화가 얼마나 진전되었는지와 관련해 아래와 같은 상황을 파악했다.

① 중국의 사회보장제도 중 의료, 연금, 실업, 육아, 산재는 사회보험

제도, 개호는 사회복지제도에 포함된다.
② 고령자 개호시설은 대부분 공설공영이지만 직업단체에 의한 설립·운영, 민설민영도 있다. 각각의 설치 상황은,
　－직업단체 설립·운영: 474개 시설 4만 9,525개 병상
　－민설민영: 고령인구의 1.9%
　－공설민영: 2010년에는 10만 이상의 병상을 예정
③ 요개호자에 대한 개호자 비율은 4:1 정도
④ 1인당 개호비용: 250위안/월
⑤ 개호자에 대한 임금: 교통비 포함 800위안/월(실업·양로·의료보험료 추가)
⑥ 시설의 건설에 정부보조금 지급(부지 면적, 방 면적을 기준으로)
⑦ 재택개호 서비스의 종류는 방문개호(가사 지원, 신체 개호) 및 출퇴근 개호. 이 서비스는 2000년부터 개시했으나 아직 미성숙 단계이고 2005년 통계로는 5만 5,000명이 서비스를 받았다. 이 가운데 1만 6,000명이 자비, 3만 9,000명이 보조(일부 및 전부)를 받았다.

(4) 개호자의 훈련 연수: 반 달(노동국이 경비 부담)

제3기는 중앙정부에 의한 정책 추진이다. '성광계획'은 1990년대에 본격화된 '사구복무'를 토대로 복지복권을 재원으로 하는 기발한 생각을 도입했다는 점과 해고당한 사람들(대부분 40~50대 여성)과 농촌 잉여노동력, 실업자를 개호인력으로 흡수한다는 점이 큰 특색이다. 또한 높아지는 시설개호의 필요를 충족시키기 위해 증설과 함께 병상을 늘리도록 하고, 건강한 고령자를 위한 지역활동센터를 건설하는 등 하드웨어 측면의 정비에서 성과를 거두고 있다. 이러한 것들을 복지와 연계해서 설립·운영하는 길을 개척하고 있다는 점에서 창업으로서의 효과도 거두고 있다고 할 수 있으며, 시장경제를 추진하고 있는 중국의 정책과도 정합성이 높다고 할 수 있다. 그러나 시장주의

적 개호 서비스 인재의 육성은 노동력의 질 저하나 노동조건의 저하를 고정화시키는 원인이 되기도 한다. 또한 이로 인해 개호 서비스 노동에 대한 유인을 저하시켜, 이용자의 생활의 질을 높여주는 개호를 실현시키기가 어렵게 되는 악순환에 빠지게 된다. 나아가 이로 인해 국가 간 경제격차를 바탕으로 보다 낮은 노동조건에서 일하고 있는 서비스 제공자를 외국에서 빼내오는 현상도 생길 수 있다.

다른 한편으로는 개호 담당자들의 노동조건이나 개호의 질을 위한 연수, 요개호자의 개호 필요의 양과 질이라는 양면에 대한 적절한 대응, 즉 소프트웨어 측면이 향후 커다란 과제인 것이다. 양적인 면만 보더라도 일본에서는 고령자 인구의 약 20%가 개호인정을 받고 있으나 이 비율을 상해에 적용해보면 약 52만 명에 이른다. 상해시에서는 재택·시설을 합해 2007년에 약 10만 명이 서비스를 받았다고 보고된 바 있다. 서비스의 공급부족은 향후 상당히 문제가 될 것이라고 예상된다(상해의 언론보도에 따르면 2008년 현재 요개호자는 거의 15만 명이라고 보는 경우가 많다고 한다). 또한 앞으로 서비스 이용자 수만이 아니라 한 사람당 서비스 시간도 포함해 양적 확대가 필수적일 것이다.

(5) 과제

또한 개호종사자의 임금 등 조건의 개선이나 연수방식도 큰 문제이다. 특히 해고된 중년여성의 임금조건은 냉엄한 상황으로, 남녀평등 이데올로기를 가지고 사회운동을 해왔던 중국에서도 시장경제 도입 후의 남녀격차는 무엇보다 개호 서비스 분야에서 뚜렷하다. 개호나 의료의 보험료, 자기부담 지불능력이라는 점에서 보면 고령자 중 남녀격차 문제도 존재할 것이라고 여겨지지만 향후의 연구과제로 삼기로 한다.

'효도법'과의 관련이라는 점에서 보면 '성광계획'의 도입과 거의 동시에 '불효 문제'에 대처하기 위한 '노인법정'의 설치가 해제되었다. 그러나 오늘날도 법적으로는 사회복지사업의 근간은 「고령자권익보장법」

및 상해시의 '고령자권익보장조례'이며, 가족책임을 강력히 규정한 법을 근간으로 시장경제를 저해하지 않고 오히려 같이 달리면서 지역(사구)을 재조직화 하기 위해 다원적인 고령자 개호사업을 상부하달식으로 전개해나가고 있는 실정이다.

4. 나가는 글

이상에서 일본, 싱가포르, 중국 상해시의 고령자 개호의 사회적 보장에 대한 움직임과 그 과제를 정리해보았다. 특히 지금까지 인류 역사상 경험해본 적이 없는 엄청난 고령화율과 고령자의 절대인원을 보유하게 되는 중국에서는 개호보장시책을 어떻게 전개할 것인지, 평생에 걸쳐 안심할 수 있는 삶과 존엄이라는 관점에서 주시하지 않을 수 없으며, 앞서 시작한 일본의 개호보험제도의 형태가 모델로서의 역할을 할 수 있을 것인가도 문제가 될 것이다.

개발을 서두르고 경제개발에 최우선순위를 두어왔던 동아시아에 공통된 점은 다음과 같다.

① '개호의 가족화'와 '개호의 시장화'라는 이중 시스템
② 사회보장 재원의 억제와 인재 확보를 위한 노동조건 정비
③ 초고령화가 향후에도 진전되는 가운데 증대하는 개호 수요에 어떻게 대응할 것인가 하는 문제
④ 이용자, 특히 여성이 많은 저소득층의 비용부담 방식
⑤ 재택개호의 여성화 시정·노노(老老) 개호에 대한 적절한 지원
⑥ 서비스 인정의 공평성·객관성 확보
⑦ 치매를 포함한 의료적 필요성을 지닌 요개호자에 대한 대응 과제
⑧ 개호나 관리의 질 확보와 이를 위한 인재 육성

⑨ 개호노동자의 수요 증가에 대해 국내뿐만 아니라 국외로부터의 일손에 대한 적절한 처우 및 공생, 송출의 지속가능성

위의 모든 항목에서 개호하는 사람과 개호를 받는 사람 쌍방이 모두 젠더와 관련된 여러 문제를 가지고 있으며, 이것을 파악하고 해결해가면서 진정 존엄한 말기 개호를 어떻게 시스템으로 구축해갈 것인가가 사상 첫 시도로서 주목을 받을 것이다. 이를 위해 동아시아의 국가·지역 연대를 제창하고자 한다.

참고문헌

宮本太郞. 2001. 「比較福祉國家論の可能性」. 社會政策學會 編. 『'福祉國家'の射程』. ミネルヴァ書房.
_____. 2003. 「福祉レジーム論の展開と課題」. 埋橋孝文 編. 『比較の中の福祉國家』. ミネルヴァ書房.
馬利中·朱卽明·倪波. 1999. 「'上海市高齡者生活介護互助會'實施方案の硏究」. ≪社會關係硏究≫, Vol. 5, No. 1/2, pp. 63~82.
三浦文夫 編. 2006. 『図說高齡者白書2005年度版』. 全國社會福祉協議會.
上海市統計局. 2006. "2005年上海人口槪況", from http://www.shanghai.gov.cn/shanghai/node2314/node2315/node4411/userobject21ai150974.htm
篠崎正美. 1999. 「東アジアの高齡化といわゆる '親孝行法'」. 篠崎正美·田村慶子 編. 『アジアの社會變動とジェンダー』. 明石書店.
エスピン·アンデルセン, G(G. Esping-Anderson). 2001. 『福祉資本主義の三つの世界―比較福祉國家の理論と動態』. 岡澤憲芙·宮本太郞 監譯. ミネル

ヴァ書房.
エイジング總合研究センター. 1997. 『東アジア地域高齢化問題研究-都市の少子高齢化と高齢化社會對策シリーズⅠ』.
ウィレンスキー, H. L.(H. L. Wilenski). 1984. 『福祉國家と平等 公共支出の構造的·イデオロギー的起源』. 下平好博 譯. 木鐸社.
ウィレンスキー、 H. L. and Ch. ルボー(H. L. Wilenski and Ch. N. Lebeau). 1971. 『産業社會と社會福祉』. 四方壽雄他 監譯. 岩崎學術出版社.
イト·ペング. 2001. 「東アジア福祉國家とその新たな挑戰」. 社會政策學會 編. 『「福祉國家」の射程』. ミネルヴァ書房.
前田由美子. 2006. 「國民医療費·介護費の現狀分析と國民医療費の將來推計(2004年版)」. ≪日医總研ワーキングペーパー≫, No. 135.
田村慶子. 1999. 「創られる'家族の肖像」. 篠崎正美·田村慶子 編. 『アジアの社會変動とジェンダー』. ミネルヴァ書房.
桂世勳. 2006. 「廣い意味での高齢者介護システムの構築-上海を事例に-」. 陳曉 譯. 上海市主催 介護の質に關する國際學術研究會 提出論文.
厚生勞働省 老健局總務課. 2004. 「第2回社會保障審議會介護保險部會議事錄資料3」. 『介護保險制度實施狀況參考資料』, from http://www.mhlw.go.jp/shingi/hosho.kaigohoken

필자 소개

허라금 이화여자대학교 여성학과 교수. 2007년부터 동 대학 아시아여성학센터 소장을 맡고 있다. 여성주의 윤리 등 이론적 기초 연구를 전공영역으로 하고 있으며, 최근에는 보살핌의 사회화, 성 주류화 정책 등 정책 분야를 포함해서 정치철학적 주제들에까지 연구주제를 확장하고 있다. 대표 저서로는 『원칙의 윤리에서 여성주의 윤리로: 자기성실성의 철학』(2004) 등이 있다.

로지 브라이도티(Rosi Braidotti) 네덜란드 유트레흐트 대학 인문학부 교수. 주요 연구주제는 여성주의 철학과 문화학/대중문화학이며, 특히 탈구조주의와 정신분석학, 성차 이론, 페미니스트 개념의 역사 등에 관심을 가지고 있다. 최근 저서로는 *Transpositions: on Nomadic Ethnics* (2006), *Metamorphoses: Towards a Materialist Theory of Becoming* (2002) 등이 있다.

강혜령 미국 네바다 대학교(Reno) 철학과 교수. 사회 및 정치철학, 지구·국제 정의 이론, 여성주의 철학, 법철학 등에 관심을 가지고 연구를 진행하고 있다. 박사 논문으로 *Rethinking Global Justice in Non-Ideal Conditions* (2007)가 있다.

린다 마틴 앨코프(Linda Martín Alcoff) 미국 헌터 칼리지(CUNY) 철학과 교수. 대륙철학, 인식론, 페미니스트 이론, 라틴철학, 인종철학 등에 관심을 가지고 연구를 진행하고 있다. 최근 주요 저서로는 *Constructing the Nation: A Race and Nationalism Reader* (2009), *Visible Identities: Race, Gender, and The Self* (2005) 등이 있다.

김화선(金花善)　중국 연변대학 여성연구중심 교수. 2006년부터 연변대학 여성연구중심 주임을 맡고 있으며, 사단법인 중국여성연구회 이사 및 중국여성학 학과건설 전국네트워크 이사 등으로 활동하고 있다. 중국소수민족 여성학 학과건설과 조선족의 국내외 이주연구에 관심을 갖고 있으며, 박사 논문으로 『중국 비농화 과정에서 나타난 조선족 마을의 이민모촌화와 여성의 이주』(2010)가 있다.

라마니 자야틸라카(Ramanie Jayatilaka)　스리랑카 콜롬보 대학교 사회학과 교수. 이주와 젠더 문제, 농촌의 사회적 변화, 재난과 관련한 주제에 관심을 가지고 연구를 진행하고 있다. 주요 저서로는 *Women Migrant Workers and Trafficking in Sri Lanka* (2008), *Migrant Care Workers* (2006) 등이 있다.

수와나 사타-아난드(Suwanna Satha-Anand)　태국 추랄롱코른 대학 철학과 교수. 아시아 철학, 여성철학, 종교와 사회변화에 관심을 가지고 연구를 진행하고 있다. *New Essays Reconstructing Eastern Philosophy* (2004) 등을 편집·집필했다.

오딘 드 구즈먼(Odine de Guzman)　필리핀 대학교 영어·비교문학과 교수. 여성학, 여성의 자서전적 글쓰기, 해외 필리핀 노동자들의 문화와 담론, 서사 및 서사적 글쓰기 등에 관심을 가지고 연구를 진행하고 있다. *From Saudi With Love: 100 poems by OFWs* (2003) 등 다수의 책을 편집, 집필했다.

리티퀴(Le Thi Quy)　베트남 하노이 대학교 사회학과 교수. 하노이 대학교의 젠더와 개발연구센터 소장으로, 젠더 문제를 연구하며 젠더 감수성 훈련과 토론 등을 진행하고 있다. 대표 저서로는 *Prevention of Trafficking in Women and Children Cross-Borders* (2005)가 있다.

이재경　이화여자대학교 여성학과 교수. 2010년 현재 한국여성학회장 및 이화여자대학교 한국여성연구원장을 겸임하고 있다. 근대 한국 가족을 페미니스트 시각에서 분석하고, 사회계급/계층적 차이의 관점에서 모성, 결혼 및 가족의 변화에 관한 연구들과 가족정책에 관한 논문들을 다수 진행하고 있다. 주요 저서로는 『여성학(공저)』(2007), 『가족의 이름으로: 한국 근대가족과 페미니즘』(2003) 등이 있다.

김민정　강원대학교 문화인류학과 교수. 필리핀 지역연구, 젠더와 친족, 아시아 여성이주 등이 연구관심이다. 최근의 연구논문으로는 "Filipina Wives and 'Multicultural' Families in Korea"(2010), 「한국 관광호텔 라이브바의 필리핀 여가수: '뮤지션'과 '엔터테이너' 사이」(2009), 「국제결혼 가족과 자녀의 성장: '여러 종류의' 한국인이 가족으로 살아가기」(2008) 등이 있다.

오가야 치호(Ogaya Chiho)　일본 국립 요코하마 대학교 교육·인문학부 교수. 국제이주, 젠더관계, 필리핀 관련 주제에 관심을 가지고 연구를 진행하고 있다. 대표 저서로는 *Towards an analysis of social mobility of transnational migrant women: The case of Filipina domestic workers* (2006)가 있다.

오이시 나나(Oishi Nana)　일본 소피아 대학교 교양학부 교수. 연구의 주요 키워드는 이주, 젠더, 지구화이며, 최근에는 돌봄노동자의 지구적 이동과 고숙련 노동자들의 복합적 이주에 관심을 가지고 연구를 진행하고 있다. 주요 저서로는 *Women in Motion: Globalization, State Policies, and Labor Migration in Asia* (2001) 등이 있다.

장명선　서울시여성가족재단 연구위원. 이화여자대학교에서 법여성학을 전공했으며 학위논문으로는『성평등 실현을 위한 적극적 조치에 관한 연구』가 있다. 주요 연구분야로는 다문화가족, 여성인권, 여성노동, 여성대표성 등이며 최근에는 북한이탈주민 여성, 다문화가정 자녀에 대한 연구를 하고 있다. 대표 논문으로는 「유엔여성차별철폐조약의 선택의정서와 여성인권에 대한 소고」(2007), 「다문화가족 관련 법제에 대한 소고」(2010) 등이 있다.

사사타니 하루미(笹谷春美)　일본 홋카이도 교육대학 교수. 주요 연구주제는 개발과 젠더, 교육과 젠더, 노인 개호 등으로, 노인 개호 시스템의 성별과 가족의 시각에서 실증분석을 진행하고 있다. 또한 이와 관련해서 가족에 의한 가족 보살핌, 홈헬퍼와 시설개호 직원 등의 관리작업, 돌봄노동자 양성교육 문제 등 실태조사 및 개호예방대책의 검토 등을 수행하고 있다. 주요 논문으로「介護保険法改正に伴う在宅介護への影響」(2009) 등이 있다.

시노자키 마사미(篠崎正美)　일본 구마모토 학원대학 사회복지학부 교수. 가족사회학, 농촌사회학, 젠더 연구를 키워드로 해서 포스트 산업화시대의 가족 변화 등을 젠더 관점, 지역사회와 정책의 관계라는 관점에서 분석하고 있다. 주요 논문으로「介護保険制度下での家族介護の変化」(2002) 등이 있다.

한울아카데미 1328
글로벌 아시아의 이주와 젠더

ⓒ 허라금, 2011

기　획 _ 이화여자대학교 아시아여성학센터
엮은이 _ 허라금
펴낸이 _ 김종수
펴낸곳 _ 도서출판 한울

편집책임 _ 김경아
편집 _ 이소현

초판 1쇄 인쇄 _ 2011년 1월 20일
초판 1쇄 발행 _ 2011년 2월 10일

주소(본사) _ 413-756 경기도 파주시 교하읍 문발리 535-7 302
　　　(서울사무소) _ 121-801 서울시 마포구 공덕동 105-90 서울빌딩 1층
전화 _ 영업 02-326-0095, 편집 031-955-0606(본사)/02-336-6183(서울)
팩스 _ 02-333-7543
홈페이지 _ www.hanulbooks.co.kr
등록 _ 1980년 3월 13일, 제406-2003-051호

Printed in Korea.
ISBN 978-89-460-5328-1 93330(양장)
　　　978-89-460-4388-6 93330(학생판)

* 책값은 겉표지에 표시되어 있습니다.
* 이 도서는 강의를 위한 학생판 교재를 따로 준비했습니다.
　강의 교재로 사용하실 때에는 본사로 연락해주십시오.